数字政府建设

领导干部读本

中央党校（国家行政学院）电子政务研究中心◎编

中共中央党校出版社

图书在版编目（CIP）数据

数字政府建设领导干部读本 / 中央党校（国家行政学院）电子政务研究中心编 . -- 北京 : 中共中央党校出版社，2023.4

ISBN 978-7-5035-7383-5

Ⅰ. ①数… Ⅱ. ①中… Ⅲ. ①电子政务—中国—干部教育—学习参考资料 Ⅳ. ① D63-39

中国版本图书馆 CIP 数据核字（2022）第 152614 号

数字政府建设领导干部读本

策划统筹 冯 研
责任编辑 王玉兰
责任印制 陈梦楠
责任校对 魏学静
出版发行 中共中央党校出版社
地 址 北京市海淀区长春桥路 6 号
电 话 （010）68922815（总编室） （010）68922233（发行部）
传 真 （010）68922814
经 销 全国新华书店
印 刷 廊坊市佳艺印务有限公司
开 本 787 毫米 ×1092 毫米 1/16
字 数 486 千字
印 张 33.75
版 次 2023 年 4 月第 1 版 2023 年 4 月第 1 次印刷
定 价 118.00 元

微 信 ID：中共中央党校出版社 **邮 箱**：zydxcbs2018@163.com

《数字政府建设领导干部读本》编委会

加快推进数字政府建设*

王钦敏

第十二届全国政协副主席、国家电子政务专家委员会主任

近日，《关于加强数字政府建设的指导意见》由国务院正式发布。文件的出台是深入贯彻落实习近平总书记关于网络强国的重要思想，推进国家治理体系和治理能力现代化的重要举措，为下一阶段数字政府建设指明了方向。在推进数字政府建设过程中要把握好以下关键点。

一、坚持党的全面领导是推进数字政府建设的根本遵循

党的十八大以来，我国网络安全和信息化工作实现深层次、根本性的变革，取得全方位、开创性的成就，最主要的经验就是坚持党的领导。习近平总书记指出："要把坚持和加强党的全面领导贯穿数字政府建设各领域各环节，坚持正确政治方向。"

数字政府建设是一项系统工程，贯穿政治、经济、社会、文化、生态文明建

* 选自第十二届全国政协副主席、国家电子政务专家委员会主任王钦敏在人民网《加快推进数字政府建设》解读文章。

设各方面，我们要坚持党总揽全局、协调各方的领导核心作用，以前瞻性思考、全局性谋划、系统性布局、协同性推进的思路与方法统筹制度、组织、人员、技术和数据等各种资源，协调一致地开展数字政府建设的各项工作。一是在党的领导下健全科学规范的数字政府建设制度规则体系，推进政府职能转变，为国家治理体系和治理能力现代化提供有力支撑；二是在党的领导下推进数字化改革，融合新一代信息技术，丰富治理手段，进一步推动政府治理模式的变革，构建纵向贯通、横向协调、执行有力的数字治理体系；三是在党的领导下提升干部的数字治理能力，形成多层次、全方位的数字治理能力提升架构，在技能、知识方面提高基本数字技术素养，在政务、决策、服务等方面提高公共部门数字化转型的执行能力，在管理、效率方面优化数字化环境与创新发展的数字领导力等，创造加快推进政府数字化转型的人力资源环境。

二、坚持以人民为中心是推进数字政府建设的价值导向

党的十八大以来，以习近平同志为核心的党中央提出以人民为中心的发展思想，坚持一切为了人民、一切依靠人民。习近平总书记在网络安全和信息化工作座谈会上指出，“网信事业要发展，必须贯彻以人民为中心的发展思想”。数字政府建设的根本目的就在于更好地为人民服务，不断增强人民群众的获得感、幸福感和安全感。

在数字政府建设中，要把以人民为中心的发展思想贯穿其中，把满足人民对美好生活的向往作为数字政府建设的出发点和落脚点，打造泛在可及、智慧便捷、公平普惠的数字化服务体系，形成让人民参与治理、人民监督政府、人民共享成果的格局。始终把是否让亿万人民在共享信息化发展成就上有更多的获得感作为衡量数字政府建设成效的主要指标。一是精准对接公众需求，持续优化全国一体化政务服务平台功能，全面提升公共服务数字化、智能化水平，着力破解企业和群众反映强烈的办事难、办事慢、办事繁问题，不断满足企业和群众多层次多样

化服务需求；二是坚持数字普惠，促进数字包容，拓展公平普惠的民生服务，提高干部群众数字素养和能力，消除“数字鸿沟”，推进基本公共服务数字化应用，提升普惠性、基础性、兜底性服务能力，让数字政府建设成果更多更公平地惠及全体人民；三是提高风险防范意识，筑牢数据安全堤坝，完善法律法规制度，全面建设数字法治政府，依法依规推进技术应用、流程优化和制度创新，消除技术歧视，保障个人隐私，维护人民利益，在法治的轨道上和框架内保障公众的信任度和安全感。

三、坚持改革引领是推进数字政府建设的行动指南

党的十八大以来，党中央、国务院从推进国家治理体系和治理能力现代化全局出发，围绕实施网络强国战略、数字中国建设、“互联网+”行动等作出了一系列重大部署。习近平总书记指出：“要全面贯彻网络强国战略，把数字技术广泛应用于政府管理服务，推动政府数字化、智能化运行，为推进国家治理体系和治理能力现代化提供有力支撑。”数字政府建设是引领驱动数字经济和数字社会建设发展、营造良好数字生态、加快数字化发展的必然要求，是建设网络强国、数字中国的基础性和先导性工程，坚持改革引领是推进数字政府建设的行动指南。

数字政府建设必须紧紧围绕经济社会发展迫切需要，着力强化改革思维，注重顶层设计、系统工程和基层探索的有机结合，技术创新和制度创新的双轮驱动，以数字化改革助力政府职能转变，以数字政府改革建设为引领，推动政府、经济、社会全方面与数字化深度融合。一是提升政府治理能力，将数字技术广泛应用于政府管理服务，全面推进政府治理流程优化、模式创新和履职能力提升。二是优化政府治理体系，以数字化改革促进制度创新。坚持以优化政府职责体系引领政府数字化转型，以数字政府建设支撑加快转变政府职能，推进体制机制改革与数字技术应用深度融合。三是健全统筹协调机制，推动各类行政权力事项网上运行、动态管理，助力优化营商环境，精准服务行业和企业、城镇和乡村的发展需求，促进数字经济发展和数字社会建设，引领经济社会高质量发展。

四、坚持数据赋能是推进数字政府建设的发展动力

党的十八大以来，党中央、国务院高度重视数据基础资源价值，围绕实施大数据战略、发挥数据要素价值等作出了一系列重大部署，国务院印发《促进大数据发展行动纲要》，提出要加快培育数据要素市场。习近平总书记在中共中央政治局第二次集体学习时强调，“推动实施国家大数据战略，加快完善数字基础设施，推进数据资源整合和开放共享，保障数据安全，加快建设数字中国，更好服务我国经济社会发展和人民生活改善”，指出“善于获取数据、分析数据、运用数据，是领导干部做好工作的基本功”。

数据赋能是数字政府建设的关键和发展方向，一是建立健全数据治理制度和标准体系，创新数据管理机制，明确数据归集、共享、开放、应用、安全、存储、归档等责任，加快推进全国一体化政务大数据体系建设；二是加强数据汇聚融合、共享开放和开发利用，高度重视公共数据质量，依法依规促进数据高效共享和有序开发利用，充分发挥数据的基础资源作用和创新引擎作用；三是激发数据要素新动能，实现技术、业务与数据要素的深度融合，提高政府决策科学化水平和管理服务效率，提升各行业各领域运用公共数据推动经济社会发展的能力，充分释放数据要素价值，催生经济社会发展新动力。

五、坚持整体协同是推进数字政府建设的实践路径

党的十九大报告提出从2020年到2035年，基本实现社会主义现代化的目标，高度强调了统筹推进“五位一体”总体布局的重要性。“十四五”时期要进一步统筹推进数字政府、数字经济、数字社会、数字文化、数字生态建设，为建设成为社会主义现代化国家提供强有力的支撑。

数字政府、数字经济、数字社会、数字文化和数字生态的协同发展、互为支

撑、彼此渗透、相互交融，将高质高效推进全国一盘棋的数字中国建设和发展。一是数字政府建设统筹推进技术融合、业务融合、数据融合，提升跨层级、跨地域、跨系统、跨部门、跨业务的协同管理和服务水平。通过部门间的协同合作机制，构建无缝衔接的数字政府协同高效数字化履职能力体系，向社会提供一体化公共服务；二是数字政府推进过程中的数字化投入、数字化服务、数字化政策和数字化监管等举措整体优化、融会贯通，打造适合数字中国融合发展的良好生态；三是数字政府推进过程中会创造一个鼓励数字化转型的学习文化，积极塑造数字环境、优化组织结构、创新工作方式，为数字中国人力资源培育创造融合发展的优越条件。

六、坚持安全可控是推进数字政府建设的先决条件

党中央历来重视网络安全问题，党的十八大以来，以习近平同志为核心的党中央对网络空间安全提出了明确要求，党中央关于网络安全建设的进程有了重大推进，先后成立了中央国家安全委员会、中央网络安全和信息化委员会。习近平总书记指出，“网络安全和信息化是相辅相成的。安全是发展的前提，发展是安全的保障，安全和发展要同步推进”。

在推进数字政府建设过程中，要坚持安全可控。数字政府基础设施、产品、服务、数据采用自主可控的先进技术、安全可靠的结构设计，规避各个环节的安全风险，增强网络安全防范意识。中央全面深化改革委员会第二十五次会议强调“要始终绷紧数据安全这根弦，加快构建数字政府全方位安全保障体系，全面强化数字政府安全管理责任”。一是统筹建设数字政府关键基础设施，为各类政务信息化应用提供安全、稳定、可靠的计算和存储能力；二是建设完善政务数据共享交换平台，通过常态化网络安全保障机制，实现各领域可信数据的节点部署；三是构建数据安全防护体系，厘清数据生产者、管理者、使用者责任，综合运用法律、制度、督查、监管等多种手段保障数据安全，推进可量化、可追溯、可评估的数据安全管理工作。

目录

CONTENTS

第二章　构建协同高效的政府数字化履职能力体系

第三章　构建数字政府全方位安全保障体系

第四章 构建科学规范的数字政府建设制度规则体系

第五章 构建开放共享的数据资源体系

第六章　构建智能集约的平台支撑体系

第七章　数字政府建设创新实践

1

第一章

加强党对数字政府建设工作的全面领导
以数字政府建设全面引领驱动数字化发展

坚持党建引领　践行人民至上
数字政府建设助力首都高质量发展

夏林茂

北京市委常委，市政府党组副书记、常务副市长

习近平总书记强调，“要全面贯彻网络强国战略，把数字技术广泛应用于政府管理服务，推动政府数字化、智能化运行，为推进国家治理体系和治理能力现代化提供有力支撑”，深刻阐释了数字化和中国式现代化的内在关系。党的二十大提出了要加快建设网络强国、数字中国。数字政府建设作为建设网络强国、数字中国的基础性和先导性工程，是全面推进国家治理体系和治理能力现代化、建设人民满意的服务型政府的重要引擎与迫切需要，也是发挥数字化驱动引领作用、推进中国式现代化的必然选择。《关于加强数字政府建设的指导意见》的出台，标志着我国数字政府建设有了总规划、总方略、路线图，迈上了改革发展的快车道。

近年来，北京市认真贯彻落实党中央、国务院决策部署，全面推进政府履职和政务运行数字化转型，充分发挥数字政府建设对数字经济、数字社会、数字生态的引领作用，在服务首都高质量发展、优化营商环境、提升政务运行效能等方面成效明显，企业群众满意度、获得感与幸福感显著提升，数字政府建设取得丰硕成果。下面，从四个方面谈谈对数字政府建设的认识和理解。

一、坚持党建引领，始终坚持和加强党对数字政府建设的全面领导

“党政军民学，东西南北中，党是领导一切的”。党的领导是做好各项工作的

根本保障。党的十八大以来，以习近平同志为核心的党中央围绕实施网络强国战略、大数据战略等作出一系列重大部署。加快推进数字政府建设，是建设网络强国、数字中国的重要抓手，是构筑共建共治共享数字社会治理体系和普惠便捷数字民生保障体系的坚实基础，对促进经济社会高质量发展、驱动营商环境优化、推进国家治理体系和治理能力现代化有着不可替代的重要支撑作用，已成为全面建设社会主义现代化国家的历史性、全局性、战略性任务。当前，数字政府建设已经进入全面加速期，必须充分发挥党总揽全局、协调各方的领导核心作用，把坚持和加强党的全面领导贯穿数字政府建设各领域各环节，把党的政治优势、组织优势转化为数字政府建设的强大动力和坚强保障。各级政府要在党委的统一领导下，深入学习贯彻习近平总书记关于数字政府建设的重要讲话精神，履行数字政府建设的主体责任，不折不扣落实中央各项决策部署，谋划落实好数字政府建设各项任务，确保改革沿着正确方向阔步前进。

二、坚持整体协同，加强数字政府建设的顶层设计与系统布局

数字政府建设是一项全局性要求和战略性举措，是推动政府行政运行迈向开放、共享、协同、合作的系统工程。以数字化改革助力政府职能转变，必须坚持顶层设计、改革牵引、整体布局、纵横贯通，推动体制机制改革与数字技术应用深度融合。几年来，北京市在市大数据工作推进小组的统一领导下，持续完善顶层设计与工作机制，以制度改革为牵引、平台建设体系为基石、数据服务能力为驱动，实现“一张图规划、一体化部署、一盘棋推进”，形成各方联动的工作合力。

顶层规划与工作机制更加完善。制定出台了《北京市“十四五”时期智慧城市发展行动纲要》《北京市数字政务建设行动方案（2021—2022年）》《北京数字服务实施方案》等不同层面的规划文件，从整体统筹的高度出发，健全完善与数字化发展相适应的政府职责体系，明确推进路径，形成了整体布局、急用优先、共

性统建、个性统筹的工作格局。重点聚焦政务服务、市场监管执法、营商环境改革等与企业群众获得感、满意度密切相关领域的数字化改革任务，成立了数字政务工作专班，全面加强跨部门、跨层级、跨领域的整体统筹与工作协同。

制度改革牵引效能愈发凸显。数字服务建设以用户视角的“一件事”为导向，聚焦个人和企业全生命周期，全面梳理场景涉及的政策、事项、流程、办理渠道等，通过部门协同、政策归集、流程再造、数据共享等措施，打造“一次告知、一表申请、一口受理、一网通办”的集成化服务。数字监管建设在全国率先建立了“6+4”一体化综合监管制度，运用风险监管、信用监管、分级分类监管、科技监管、协同监管、共治监管等6种监管方式，制定“一册”“一单”，开展“一查”“一评”，做到“一套规则管行业、一张清单管监管、一个标准查主体”。数字营商建设推动市区两级改革任务从网上分派、办理、督查、统计、到落地“最后一公里”监测和评价全流程闭环管理，实现市区协同推进。

平台建设体系更加智能集约。以智慧城市“四梁八柱深地基”为总体框架，整合构建结构合理、互联互通、集约高效、安全可控的数字政府平台支撑体系，形成了包括城市码、空间图、基础工具库、算力设施、感知体系、通信网络、政务云以及大数据平台(简称：一码、一图、一库、一算、一感、一网、一云、一平)在内的“七通一平”共性支撑底座，并在此基础上打造了“一网通办”“一网统管”“一网慧治”等核心业务场景，以及面向服务、办公和决策的“京通”“京办”“京智”等统一应用，夯实技术支撑、业务支撑、数据支撑“三位一体”的共性能力，向全市提供集约化、安全化、智慧化的共性资源和服务，全面推动数字化全市“一盘棋”协调发展。经过几年的建设，智慧城市底座加速夯实，建成了统一申办受理、电子证照、电子印章、统一物流、统一预约等业务中枢和统一身份认证、政务区块链、AI智能、城市码平台等技术中枢，跨地区、跨部门、跨层级公共支撑能力显著提升，实现了轻量开发、灵活配置、快速上线，有力支撑了政务服务、市场监管等领域全程电子化应用。目前，各级政府部门共刻制4143枚电子印章并在政务服务事项受理、补正、审批等环节应用超5500万次，汇聚573

类1.2亿条电子证照数据并在企业群众办事材料免提交、移动端亮证等场景中应用超4000万次。

数据治理服务能力大幅提升。在全国首创“目录区块链”系统，建立起部门职责、系统、数据之间的对应关系，实现全市政务数据“一本账”展示、“一站式”申请、“一平台”调度，并对应用成效开展“月报季评”。建立了“国家—市—部门（区）”三级协同供需对接机制，充分依托国家政务服务平台和市大数据平台，打通各类数据共享路径，实现数据供给与场景落地高效衔接。截至目前，市大数据平台累计汇聚400多亿条政务数据以及1750多亿条社会数据，向各市级部门、各区以及国务院部门共享数据656亿余条，支撑了疫情防控、复产复工、重大活动保障、区域城市大脑建设等市区两级160余项业务应用场景。加大数据开放力度，建成市公共数据开放平台，优先开放民生密切相关、社会迫切需要、经济效益明显的公共数据，已覆盖包括公共服务、财税金融、城市管理、医疗健康等领域超过71亿条数据。

三、坚持以人民为中心的发展思想，打造百花齐放的数字化惠企利民应用场景

推进数字政府建设，要坚守人民至上，将不断满足人民群众对美好生活的向往作为出发点和落脚点。北京市在推进数字政府建设过程中，立足优服务、促发展、惠民生，将区块链、人工智能、大数据等各类数字技术广泛应用于企业群众生产生活方方面面，有效促进行政管理与服务的质量变革、效率变革、动力变革，推动服务更加友好便利、监管更加规范高效、营商环境更加科学精准、社会治理更加韧性智能、政策服务更加直达快享、数据要素价值充分释放。

打造更加友好便利的服务体验。依托市数字服务平台，建成了覆盖市、区、街道（乡镇）、社区（村）四级的网上政务服务体系，形成了以“网上办、掌上办、自助办、集成办、智能办、跨省办”为代表的一体化服务格局，服务能力连续三

年保持全国领先，在线导办、用户空间、引导式办事指南等智能化建设成果入选2022年联合国电子政务调查报告。截至2023年3月，线上用户总数达5280余万，除涉密等特殊情形外，市区两级依申请政务服务事项基本实现“全程网办”，1100余项事项可在4个移动端渠道实现“掌上办”，230余项服务可在2830台自助终端上就近办理，37个服务场景实现“一件事一次办”，实现151项国家“跨省通办”事项在北京市落地，推出224项事项“京津冀+雄安”四地通办，便民利企的服务能力和服务效率显著提高。围绕老年人、残疾人等特殊群体需求，对市政府门户网站、市政务服务网等各类线上服务渠道全面开展无障碍改造，并在各移动端推出“长者版”专属界面，破解“数字鸿沟”。聚焦乡村振兴，建设乡村振兴大数据平台，推动农业大数据在农业产业链各环节及乡村治理中的创新应用，提升普惠性、基础性、兜底性服务能力。

打造更加规范精准的数字监管。强化标准化建设，完成双随机抽查清单、行政检查职权清单、“互联网+监管”事项（检查）清单等“三单合一”，形成《北京市行政检查事项清单》，确保各级监管事项规范统一。全面实施“双随机、一公开”监管，将除直接涉及国家安全、公共安全和人民群众生命健康等以外的全市39家部门1209个事项纳入随机抽查。建立4等9级信用标准，聚焦交通运输、文化旅游、金融等37个重点行业开展分级分类监管，完善信用修复机制，提高抽查的靶向性、精准性。实施“一码检查”，率先推动国家市场监管总局“企业码”与北京“城市码”完成对接，“一码”汇集登记注册、行政许可、行政处罚等多种信息，实现180余万户市场主体统一赋码，扫码检查时可通过移动端同步记录执法人员、检查任务来源等信息，实现检查任务自动留痕、监管过程透明规范。

打造更加韧性智能的社会治理。全面推行接诉即办数字化转型，依托12345市民服务热线平台，完成64条服务热线整合，运用大数据分析、智能算法、人工智能等技术，建设智能受理、智能派单、智能回访等场景应用，提升派单精准度和市民感知度。推动接诉即办向互联网延伸，形成“17+N”网上诉求响应矩阵，实现多渠道全时受理。建立统一的民意诉求数据库，通过大数据分析民生痛点，建立“每月一题”机制，对企业群众急难愁盼问题加强主动治理、源头治理。通过“每月一题”解决450余万高频难点共性问题，诉求解决率、满意率分别提升至94%、95%。

打造更加直达快享的政策服务。以政策数字化改革为牵引，将数字化理念贯穿于政策管理服务全生命周期，结合多维度政策画像和用户信息，对政策条款进行智能拟定、模型演算、智能匹配，实现“政策拆解到事项、事项匹配到用户”的精准推送，并整合项目申报入口，联通数据资源应用，实现“政策直达快享”，实现政策制定公平普惠、政策群体精准覆盖、政策资金准确预判、政策兑现直达快享、政策效果量化评估、政策决策科学高效。目前，依托市数字服务平台企业用户空间，将各区各部门政策集中汇聚、拆解要素、匹配标签、精准推送，企业可通过政策月历查看现行政策与申报信息、通过政策体检查验申报条件符合度、根据自身条件匹配适合的政策等，实现惠企利企政策直接触达企业身边，已提供主动提醒、政策推送等服务970万余次。

打造更加科学精准的营商环境。建立营商环境评价分析体系，动态监测政策执行和落实情况，探索分析营商环境改革对宏观经济、产业发展的推进作用，支撑各部门找准改革关键点，提升改革效能，形成营商环境全景图。开展营商环境监测分析，实时汇聚国家、本市、其他省市优化营商环境政策文件及国际先进做法，及时掌握前沿动态，通过政策对比分析，为开展前瞻性、可操作性的改革举措提供支撑。搭建市、区、街道（乡镇）三级统一的服务包工作平台，形成“统分结合、协同联动”的工作模式，及时掌握重点企业、重点产业发展情况，精确研判发展态势，为企业提供更加精准精细的服务，助力经济高质量发展。

充分激活并释放数据要素价值。北京市抓住“数据”这个新型生产要素和“算力”这个核心生产力，以区块链等新技术为保障，以应用场景为驱动，优化“数据+场景+工具”一揽子服务，开展大数据应用创新，最大限度释放数据资源的价值与活力，更好地服务企业和群众。以国家营商环境创新试点城市为契机，推动国家授权共享的各类电子证照和政务数据支撑本市改革任务，已在出租汽车经营许可、车辆运营证核发、体育设施注册登记等376个应用场景落地，有力支撑了企业群众在线办事“少填少报”和电子证照免提交。助力京津冀协同发展，利用区块链技术建设京津冀区块链数据共享平台，打通了三地电子证照系统，目前已有150个电子证照具备支撑三地业务系统证照查询、核验下载相关能力。助力培育数据要素市场，成立北京国际大数据交易所，并落地国内首个可支持企业数据跨境流通的数据托管服务平台，为数据跨境流通的安全性、合规性和便捷性提供保障。

四、统筹发展和安全，坚决守好数字政府建设“生命线”

发展是硬道理，安全是“生命线”。大数据、云计算、人工智能等数字技术是当代创新最活跃、应用最广泛、带动力最强的科技领域，数据要素也正在成为最先进、最活跃的新生产要素，为各领域全方位改革提供了强大驱动力。《关于构建数据基础制度更好发挥数据要素作用的意见》《全国一体化政务大数据体系建设指南》等文件的陆续出台，初步搭建了我国数据基础制度体系，有力促进了数据依法有序流动，充分释放数据资源价值。与此同时，《中华人民共和国数据安全法》《中华人民共和国个人信息保护法》等法律的出台，也为数据的安全与管理提供了有力支撑。北京市切实筑牢数字政府建设安全防线，推进数据安全管理体系建设，加强数据安全治理，开展数据资产梳理和分类分级工作，建立多方参与、职责清晰、各负其责、上下联动的管理机制，守好安全底线。提升技术防护水平，全面落实等级保护与关键信息基础设施安全防护要求，强化身份鉴别、访问控制、安全审计等能力，探索应用多方安全计算、联邦学习、同态加密等技术，构建围绕数据全生命周期的数据安全防护能力，保障公共数据及个人隐私安全。强化安全可信技术和产品应用，切实提高自主可控水平。开展数据安全运营，通过人员、流程和工具的有机融合，从数据资产管理、威胁监测识别、预警、分析研判、处置等多个维度，构建体系化、流程化、闭环管理的数据安全运营体系。

当前，我国已开启全面建设社会主义现代化国家新征程，加快推进数字政府建设，既是为了满足人民日益增长的美好生活需要，也是推进国家治理体系和治理能力现代化的需要，对全体党员干部的数字思维、数字技能和数字素养提出了更高的要求。我们务必要切实提高认识、开拓思维、提升本领，以推动政府全方位、系统性的数字化变革，更好服务经济社会发展大局，加快形成数字治理新格局，为中国式现代化发展提供有力支撑。

以政务服务“一网通办”、城市运行“一网统管”为牵引　加快实现高效能治理

吴　清

上海市委常委、常务副市长

数字政府建设是贯彻习近平总书记关于网络强国的重要思想和数字中国战略的重要举措，也是推动治理体系和治理能力现代化的必由之路。2022年4月19日，中央全面深化改革委员会第二十五次会议审议通过《关于加强数字政府建设的指导意见》(以下简称《指导意见》)。习近平总书记在主持会议时强调，要全面贯彻网络强国战略，把数字技术广泛应用于政府管理服务，推动政府数字化、智能化运行，为推进国家治理体系和治理能力现代化提供有力支撑。这为我国数字政府建设指明了方向，对各地结合实际推进数字政府建设具有重要的指导意义。

城市治理是国家治理体系和治理能力现代化的重要内容。作为超大城市，上海市在推进数字政府建设、提升城市治理现代化水平上开展了一系列实践探索，并将认真落实《指导意见》部署，准确把握数字政府建设的内涵和要求，结合全面推进城市数字化转型工作，持续探索符合超大城市治理规律的数字政府建设新模式，努力加快实现高效能治理。

一、牢牢把握正确方向，不断加深对数字政府建设的规律性认识

习近平总书记考察上海时指出，要着力提升城市能级和核心竞争力，不断提高社会主义现代化国际大都市治理能力和治理水平。上海通过治理

数字化转型，着力加快提升城市治理的科学化、精细化、智能化水平，并在此过程中进一步加深对数字政府建设的认识。

（一）党的全面领导是推进数字政府建设的根本保证

数字政府建设是党和国家顺应数字时代发展趋势作出的一项全局性、长远性、战略性的重要部署，是事关国家治理体系和治理能力现代化的重要工程。推进过程中，必须坚持和加强党的全面领导，才能确保数字政府建设始终坚持正确政治方向，才能有效推动治理模式变革、治理方式重塑、治理体系重构、治理能力升级。同时，数字政府建设是涉及方方面面的改革，是一项复杂的系统性工程，必须充分发挥各级党委总揽全局、协调各方的领导核心作用，以前瞻性思考、全局性谋划、系统性布局，加强统筹协调、整合优化资源，才能高效推进数字政府建设重大决策部署落地落实。上海在治理数字化转型过程中，始终坚持和加强党的全面领导，将“一网通办”“一网统管”等数字政府建设重点工作作为各级党委“一把手”工程，市、区党委都成立了由主要领导牵头的数字化转型领导小组，全面推进城市的数字化转型，并有效确保重要决策部署落地和各项工作开展。

（二）制度驱动改革是推进数字政府建设的核心要义

满足人民对美好生活的向往，是数字政府建设的出发点和落脚点，其实现路径就是通过数字化手段的应用，推动体制机制改革、治理体系重构和业务流程再造，实现整体性转变、革命性重塑、全方位赋能，更好服务企业群众。数字政府建设的重点和根本在于制度，必须坚持改革引领、制度驱动，把数字化技术和大数据资源作为关键手段，破解传统治理的堵点难点问题，加快转变政府职能。必须统筹推进技术融合、业务融合、数据融合，聚焦“一网通办”“一网统管”和数据治理等重点领域，巩固提升改革成果，加快构建更为科学完备的数字政府建设制度体系，不断提高服务效能。

（三）坚持数据赋能是推进数字政府建设的关键支撑

数据作为新型生产要素，已经全面融入生产、分配、流通、消费以及政府管理服务等各环节，深刻改变着生产方式、生活方式和治理方式。在需求端，现代社会人口高度密集、资源高度集中、要素频繁流动，特别是像上海这样的超大城市，有着复杂巨系统的特征，单纯依靠传统管理手段无法有效满足数字时代的治理需求。在供给端，随着信息化的发展，越来越多的人口、建筑、企业等基本数据和经济发展、社会运行、城市管理等动态数据不断产生、存储、沉淀在公共部门，成为一座座“数据富矿”。我们必须主动顺应数字发展新趋势，加快建设数字政府，依托数字化治理手段，更好分析掌握经济发展和城市运行的态势和规律，提高决策科学化水平。下决心打破“数据孤岛”“数据烟囱”，促进公共数据高效共享和有序开发利用，为政府管理、服务、运行深度赋能，打造科学化、精细化、智能化的“数治”新范式。

二、上海依托“一网通办”“一网统管”开展数字政府建设先行探索和实践

2018年以来，上海持续探索以政务服务“一网通办”、城市运行“一网统管”为代表的城市治理新路子，形成了一些经验。

（一）依托“一网通办”开展服务模式创新

“一网通办”作为上海首创的政务服务品牌，在推进过程中，坚持以“更高效、更便捷、更精准”为目标，努力为企业群众打造规范化、便利化、智能化的全方位服务体系。

一是推进业务流程革命性再造。明确“六个一”改革标准（“一次告知”“一表申请”“一口受理”“一网办理”“统一发证”“一体管理”），强化数据赋能，再

造业务流程，推出医疗付费、企业纳税缴费、居住证办理、小孩出生等27个“高效办成一件事”标杆场景，在全市25个行业推行“一业一证”改革，深化“两个免于提交”(上海政府部门核发的材料，原则上一律免于提交；能够提供电子证照的，原则上一律免于提交实体证照)，推出一批“个性指南+智能申报”的“好办”服务和“3分钟填报+零材料提交”的“快办”服务。二是提供主动精准的个性化服务。推进数据精准集成，打造“市民主页”和“企业专属网页”，推送个性化政策服务超过3亿次。推进惠企利民政策“精准兑现”，实现服务、资金、补贴、税收等政策“免申即享”。拓展“随申码”社会化应用场景，在疫情防控、看病就医、公交地铁等场景推动实现“一码通办、一码通行、一码通服”。为老年人、残疾人等群体提供无障碍出行办事服务，逐步弥合“数字鸿沟”。三是推行线上线下一体化帮办服务。首创线上线下全渠道、全覆盖帮办制度，线上智能机器人+专业人工帮办，实现“1分钟首次响应，90%解决率”；线下由领导干部陪同办理，更好发现和解决困扰企业群众办事的复杂疑难问题。深入开展“综合窗口”改革，全市“综合窗口”设置比例达80%，排队时间减少1/3。四是推进区域一体化协同服务。依托全国一体化政务服务平台，推进长三角“一网通办”，让三省一市企业群众享受“同城服务”。累计上线126项服务，全程网办超过543万件，实现37类高频电子证照共享互认。

(二)依托“一网统管”提升城市运行管理效能

聚焦“一屏观天下、一网管全城”目标定位，建设城市运行“一网统管”框架，实现“观、管、防、处”有机统一。

一是全面感知态势。构建8个方面、435类指标项，初步形成超大城市运行数字体征体系，从宏观、中观、微观三个层面，开展实时动态监测，推动城市运行全生命周期管理。二是智能预判趋势。运用数字孪生、智能算法摄像等先进技术和算法模型，加强对实时数据的分析研判，精准预判事件发展，为科学处置提供决策支撑。推进“城市最小管理单元”数字治理试点，加快实现城市空间、城市部件、城市运行动态数字化，提高风险防范智能化水平。三是全面统筹资源。围绕城市日常运行、公共安全、社会稳定等，建立2700多项风险清单，汇集全市72个部门的220个系统、1202个应用，实现城市运行中的高频、高发、重点事件的统筹管理。发挥“市民端”“网络端”哨点作用，用好“12345”市民服务热线、“随申办”人民建议征集和“随申拍”等功能，收集社情民意、汇聚民智民声。四是协同人机行动。在市、区、街镇三级打造平战一体、双向协同的“1+16+16+215”融合指挥体系（1个市级指挥平台、16个市级专项指挥平台、16个区级指挥平台和215个街镇指挥平台），实现远程调度、联动指挥，提高城市运行管理和突发事件处置效率。

（三）深化数据治理应用，赋能数字政府建设

依托全市一体化大数据资源平台，推动公共数据汇聚、共享、开发和利用，打造科学、高效、协调、联动的公共数据治理和应用体系。

一是完善数据管理体制。由市人大立法出台了《上海市数据条例》，细化7个方面37项具体举措，深入推进数据有关政策、制度、机制、体系及数据治理规范的建设。成立上海市数据标准化技术委员会，建立数据标准化工作协调机制，实现全市数据标准统筹归口管理，提升数据标准化水平。开展自然人、法人、空间地理三大综合库建设，推动各领域公共数据的有效整合，累计建成37个专题数据库。二是加强数据归集共享。完善公共数据目录管理体系，共编制1.8万余个目录、汇聚1344亿条数据。开展“数源”工程，从数据源头抓好数据质量管理工作。统筹社会大数据资源，整合全市218类1.9亿余个感知终端，每日汇聚共享约10亿条数据，形成动态神经元数据集群。加强数据属地返还，提高基层获取数据的即时性、动态性。构建国家、市、区三级数据共享交换体系，支撑跨层级、跨部门、跨区域数据共享。三是深化数据开发利用。加强数据分析和开放共享，支撑疫情防控、普惠金融、营商环境建设等城市治理和公共服务领域的数据需求。为支撑疫情防控，接入87亿余条数据，发挥“三公（工）一大（公卫、公安、工信和大

数据部门）”机制作用，保障核酸筛查重点人群“应检尽检”和支撑“混管追阳”，特别是在常态化防控阶段，支撑疫情早发现、快处置；开发社区疫情防控智能应用系统、“核酸码”系统以及“核酸查询”“核酸采样点查询”“电子通行证”等功能，加强疫情数据分析，研判防控形势，同时更好服务基层和群众防疫需求；开发部署应用“场所码”“数字哨兵”，加强公共场所健康信息核验，日均扫码量、数据核验调用量突破5000万人次。打造并升级大数据普惠金融应用，向银行开放957项公共数据，为33万户中小微企业融资提供授信支持。在金融、交通等领域率先试点公共数据授权运营，完善工作机制、建设运营平台、编制技术规范，深度挖掘公共数据价值，更好地服务市民和企业。

三、深入践行人民城市重要理念，以数字政府建设加快推进超大城市治理体系和治理能力现代化

习近平总书记考察上海时明确提出“人民城市人民建，人民城市为人民”的重要理念。以治理数字化牵引治理现代化，是践行人民城市重要理念，推动城市治理体系和治理能力创新的必由之路。上海将坚持把数字政府建设作为关键路径，全面提高治理数字化水平，彰显善治效能。

（一）推进“经济治理、社会治理、城市治理”应用体系建设

加强改革系统集成，统筹推进各行业各领域政务应用系统集约建设、互联互通、协同联动，构建协同高效的政府数字化履职能力体系。经济治理方面，聚焦企业全周期服务、综合经济运行、综合监管等领域，推动数字技术的深度应用，助力打造市场化、法治化、国际化的营商环境。推进综合监管“一件事”改革，以公正监管促进公平竞争。社会治理方面，构建党建引领的基层治理体系，形成系统融合、数据融通、多方参与的基层治理新模式。面向市民就医、出行、教育等需求，打造从出生到养老的数字生活服务体系。推动公检法司和相关行政部门

之间高效联动，打造全流程协同的数字法治体系。城市治理方面，适应不同层级、不同领域需求，加强数据共享，辅助科学决策，加快推进韧性城市建设，健全城市安全预防体系，完善公共卫生应急管理机制，不断提升城市智能化管理水平。

（二）深化“一网通办”“一网统管”改革

推动政务服务“一网通办”迭代升级，打造国际一流营商环境。深化业务流程革命性再造，推进更多惠企利民政策服务“免申即享”，深化“一件事”改革，巩固“好办”“快办”“智能办”等成效，持续放大政务服务集成改革的规模效应。深入推进“两个集中”（企业事项向区行政服务中心集中、个人事项向街道乡镇社区事务受理服务中心集中），全面实施线上线下“帮办”制度，着力打造“15分钟政务服务圈”，提升适老化和无障碍服务水平，积极帮助老年人等困难群体跨越“数字鸿沟”。依托城市运行“一网统管”提升智能化水平，实现城市全周期管理。坚持“科技之智”与“规则之治”“人民之力”结合，用好数字孪生技术，持续深化城市运行数字体征体系建设，实现24小时智能监测，进一步提高发现问题、快速处置问题的能力。坚持“应用为要、管用为王”，创新丰富更多应用场景，优化提升社区疫情防控智能应用系统等，做到实战中管用、基层干部爱用、群众感到受用。推进“一网通办”“一网统管”融合发展。围绕数据、场景、系统，推动“一网通办”“一网统管”双向融合、相互协同，促进政府职能转变和业务流程再造，进一步提升数字化治理能力。

（三）夯实集约融合的“一体化”数字底座

强化基础设施支撑。按照“全市一朵云”的总体要求，构建市、区两级政务云统筹联动管理体系，实现集约建设、统筹管理、协同服务。强化电子政务内外网支撑作用，全面提升集约建设能力、综合承载能力、协同联动能力、安全防护能力。深化全域数据治理。深化数据标准化建设，推动实现“一数一源一标准”。优化数据共享应用场景授权机制，以“告知承诺+过程监督”为基础，推进公共数据便捷共享。优化数据属地返还机制，支撑基层治理、疫情防控等重点工作。持续探索公共数据与非公共数据融合治理与开发利用，积极稳妥推进公共数据授权运营，充分发挥数据要素功能。提升共性应用能力。持续拓展深化电子证照、电子印章、“随申码”等数字政府建设基础工具。推广数字身份认证、电子档案、电子票据等重要共性应用。根据常态化疫情防控要求优化完善“场所码”“数字哨兵”等数字化防控工具。完善制度标准体系。持续抓好有关法律法规的贯彻落实，细化完善配套措施。充分发挥标准的引领和促进作用，进一步统筹各行业领域数据标准体系建设。牢牢守住安全底线。强化安全制度保障，夯实建设和运营责任，落实数据分类分级保护、信息安全等级保护和个人信息保护制度，完善安全运营管理机制。深化安全技术运用，探索借助区块链、隐私计算等新技术，不断增强公共数据安全保护能力。

加快推进数字政府高质量建设 着力提升数字治理现代化水平

费高云[*]

江苏省委常委、常务副省长

党的十八大以来，以习近平同志为核心的党中央放眼未来、顺应大势，作出建设网络强国、数字中国、智慧社会的战略决策。2022年4月19日，中央全面深化改革委员会第二十五次会议审议通过了《关于加强数字政府建设的指导意见》（以下简称《指导意见》），习近平总书记主持会议时强调，要全面贯彻网络强国战略，把数字技术广泛应用于政府管理服务，推动政府数字化、智能化运行，为推进国家治理体系和治理能力现代化提供有力支撑。习近平总书记的重要讲话，为我们推进数字政府建设厘清了认识、指明了方向、提供了遵循。2022年6月6日，国务院正式印发《指导意见》，就顺应经济社会数字化转型趋势、开创数字政府建设新局面作出全面部署。

近年来，江苏省认真学习贯彻习近平总书记重要指示要求，坚决贯彻落实党中央、国务院决策部署，扎实推进数字政府建设。江苏省第十四次党代会明确要求提升数字政府建设水平。江苏省委原书记吴政隆多次对江苏省数字化转型工作作出部署，强调要更加积极主动地拥抱数字化，以加快建设现代一流、人民满意的数字政府为引领，加快推动治理现代化，增加数字化公共服务供给，提升政府治理数字化水平、场景应用数字化水平，持续增强群众获得感幸福感安全感。省长许昆林要求，大力推进数字政府建设，加快推进“一网通办”“一网统管”，充

---

* 现任安徽省委常委、省政府常务副省长、党组副书记。

分发挥数字政府建设对数字经济、数字社会、数字生态的引领作用。2021年以来，省委、省政府印发实施《江苏省“十四五”数字政府建设规划》《江苏省公共数据管理办法》《关于加快统筹推进数字政府高质量建设的实施意见》等一系列政策文件，进一步完善江苏省数字政府建设顶层设计，明确数字政府建设的“任务书”“路线图”。2022年上半年，江苏省先后召开全省数字经济发展推进会议、全省推进政府数字化转型工作专题会议，就科学统筹推进数字政府建设、不断提升数字化治理服务水平作出部署。江苏省数字政府建设已经迈出坚实步伐，进入全面推进阶段。

一、坚持系统变革和整体重塑，科学谋划数字政府建设路径

《指导意见》指出，要坚持改革引领，围绕经济社会发展迫切需要，着力强化改革思维，以数字化改革助力政府职能转变，促进政府治理各方面改革创新，推动政府治理法治化与数字化深度融合。数字政府建设的本质是适应时代要求推动数字治理系统变革。当前，江苏省数字政府建设按照整体设计、分步实施的原则，分三个阶段进行：2022年着力结构重塑，以平台思维与数字逻辑为牵引，扎实推动业务单元化、数据产品化、技术组件化，着力打破地区、部门、层级界限，整体重塑政府数字治理体系。以全面梳理政务服务“一件事”、社会治理“一类事”、政务运行“一体事”为牵引，倒逼各地各部门政务流程优化再造和管理模式创新，全面推进各行业领域数字化转型和治理体系变革，不断提升政府治理效能和人民群众获得感、满意度。2023年着力规范运行，建立健全数字政府制度规则体系，保障数字政府建设和运行更加协同高效。2024年着力优化升级，全面提升数字政府建设效能，政府履职数字化智能化水平显著提升。力争通过2—3年的努力，江苏省数字政府建设呈现竞相发展、亮点纷呈、争先率先的生动局面。

二、强化统筹推进一体化建设，加快构筑数字政府“四梁八柱”

《指导意见》指出，强化安全可信的信息技术应用创新，充分利用现有政务信息平台，整合构建结构合理、智能集约的平台支撑体系，适度超前布局相关新型基础设施，全面夯实数字政府建设根基。当前，江苏省树立“一盘棋”思想，紧扣“云、网、数、用、安”数字政府建设五大关键，积极运用新一代信息技术，统筹推进云网环境、应用平台、通用技术等基础能力集约化一体化建设，实现业务、技术、数据融合发展。一是统筹建设全省政务“一朵云”“一张网”。按照省级统筹原则，加快建设全省政务“一朵云”，实现新建系统全部上云、存量系统逐步上云；优化升级电子政务外网，实现省、市、县、乡、村五级全覆盖，推动各级各类非涉密业务专网整合归并至政务外网。二是集约建设高效运行“主平台”“总门户”。优化升级全省一体化政务服务、一体化综合监管两大主干应用平台，按照“一部门一系统”“一市一平台”原则，尽快整合各级各类政务服务系统，做到统一接入、全面贯通；加快建设数字政府“苏服办”总门户，覆盖全省政务服务网、移动端、自助终端和办事窗口，做到“一入口、好办事、管全程”。三是统一规范政务信息化项目建设管理。制定出台《江苏省省级政务信息化项目建设管理办法》《省级政务信息化建设项目和运维经费审核审批有关流程操作指引》，加强政务信息化项目审核审批和运维资金管理，明确要求凡不符合数字政府建设规划、不符合数据共享要求的，不列入年度建设任务清单，不安排项目建设，着力解决重复投资、重复建设和粗放管理问题。

三、突出数据赋能和应用牵引，聚力打造数字政府创新高地

《指导意见》指出，要坚持数据赋能，建立健全数据治理制度和标准体系，加强数据汇聚融合、共享开放和开发利用，促进数据依法有序流动，充分发挥

数据的基础资源作用和创新引擎作用，提高政府决策科学化水平和管理服务效率，催生经济社会发展新动能。数据作为新型生产要素，是数字化、网络化、智能化的基础，既是数字政府建设的"堵点""难点"，也是数字政府建设的"切入点""突破口"。当前，江苏省坚持问题导向、需求导向，围绕破除"数据壁垒"、联接"数据孤岛"、打通"数据瓶颈"，采取有效措施加快数据流动循环畅通。目前全省一体化大数据共享交换平台体系已基本建成，人口、法人、电子证照、自然资源和空间地理、社会信用等基础数据库已形成服务能力，初步实现全省数据资源一体化统筹管理。2022年2月，江苏省上线公共数据开放平台，推动公共数据安全有序开放；4月，按照全覆盖、穿透式要求，在全省集中开展数据汇聚治理攻坚行动，摸清省级政务信息化项目和信息系统、数据资源家底，全力开展数据汇聚和综合治理工作。下一步，江苏省将着力完善创新数据管理机制。一是加强数据供需对接。整合归并部门政务数据共享通道，全面对接省市数据共享交换平台，积极对接中央部委平台，推动数据双向共享，提升数据共享质效。二是持续深化数据汇聚治理。以应用场景为牵引，优化升级五大基础数据库，建设一批跨地区、跨部门、跨层级的高质量主题库、专题库，进一步完善数据治理标准、优化数据治理流程、提升数据治理质量，做到数据真实、完整、准确、通用。三是推进公共数据开发利用。聚焦群众急需急盼和社会关切，在中小企业融资、智能制造、教育、人力资源社会保障、交通运输、医疗健康、生态环境、市场监管等重点领域，探索公共数据开放开发、综合利用新模式，打造标志性数据开发利用场景。

四、聚焦重点行业和关键领域，不断提升数字化治理服务水平

《指导意见》指出，全面推进政府履职和政务运行数字化转型，统筹推进各行业各领域政务应用系统集约建设、互联互通、协同联动，创新行政管理和服务方式，全面提升政府履职效能。近年来，江苏省围绕加快数字化发展、建设数字

中国重大战略部署，扎实推进数字经济发展，全省数字经济规模已经超过5.1万亿元，发展水平整体走在全国前列。下一步，江苏省将数字政府建设作为助推数字经济、引领数字社会、营造数字生态的先手棋，全面推动经济社会各行业领域数字化转型，充分释放数字化发展红利，着力提升数字化治理服务水平。一是着力推动产业数字化、数字产业化。2022年上半年，江苏省已有2.2万家规上工业企业启动实施数字化改造、赋能，加快推动工业化、信息化“两化融合”，大力推动智能制造，目前势头良好、成效明显，计划用3年时间实现规上企业全覆盖。二是强化数字技术融合应用，加快数字城乡建设。着力推动智慧城市建设，打造新一代智能化城市基础设施，构建完整的城市运行监测“一张图”，让城市感知更灵敏、运行更安全。着力提升数字乡村建设水平，深入实施乡村新一代信息基础设施振兴工程，实现农村数字基建提档跨越，以数字化助推新时代鱼米之乡建设。三是优化便民利企数字化服务，提升公共服务效能。针对疫情对经济的持续冲击，整合优化企业服务数字化应用场景，推动涉企审批“一网通办”、惠企政策精准推送、政策兑现直达直享，进一步提高“互联网+政务服务”效能。在就业、教育、医疗等领域推广数字化应用，让群众充分感受到数字化生活的便利。四是创新数字化治理模式，增强社会治理效能。推动将数字技术广泛应用于社会治理领域，健全疫情防控全生命周期管理，推进应急管理全流程数字化建设，完善网上行政复议、网上信访、网上调解、智慧法律援助功能，着力提升公共安全、应急管理、社会矛盾纠纷化解等领域数字化治理能力和水平。五是促进生态环保数字化转型，助力美丽江苏建设。结合全国生态环境治理体系和治理能力现代化试点，坚持以数字技术赋能生态环境治理，提升生态环保协同治理能力。加快推动智慧国土建设，持续提升国土空间规划实施、自然资源开发利用水平。加快构建碳排放智能监测和动态核算体系，推动形成集约节约、循环高效、普惠共享的绿色低碳发展新格局。

五、注重规范管理和自主可控，切实筑牢数字政府安全防线

《指导意见》指出，要坚持安全可控，全面落实总体国家安全观，坚持促进发展和依法管理相统一、安全可控和开放创新并重，严格落实网络安全各项法律法规制度，全面构建制度、管理和技术衔接配套的安全防护体系，切实守住网络安全底线。安全是数字政府建设的生命线。习近平总书记强调，没有网络安全就没有国家安全，就没有经济社会稳定运行，广大人民群众利益也难以得到保障。加强数字政府安全保障，就是要全面强化数字政府安全责任，落实安全管理制度，完善安全防护体系，切实把安全贯穿数字政府建设全过程。近年来，江苏省认真贯彻网络安全法、数据安全法、个人信息保护法等法律法规，以政务网、政务云、数据、应用为防护重点，构建了涵盖安全管理中心、区域边界、通信网络以及计算环境的“一个中心、三重防护”的安全防护体系，切实保障数据安全和公民隐私。下一步，江苏省将建立数字政府安全评估、责任落实和重大事件快速处置机制，明确监管红线，加强重点领域执法，在完善安全标准体系、健全审查制度、提高应急能力上下更大功夫，在落实网络安全等级保护、关键信息基础设施安全防护、数据分类分级保护上下更大功夫，在密码应用安全管理、从严规范企业参与建设、新一代信息技术运用上下更大功夫，把必须管的坚决管住、管到位，切实保障数字政府建设运行安全。

六、加强党的全面领导，确保数字政府建设正确方向

《指导意见》指出，要坚持党的全面领导，充分发挥党总揽全局、协调各方的领导核心作用，全面贯彻党中央、国务院重大决策部署，将坚持和加强党的全面领导贯穿数字政府建设各领域各环节，贯穿政府数字化改革和制度创新全过程，

确保数字政府建设正确方向。中国共产党领导是中国特色社会主义最本质的特征，是中国特色社会主义制度的最大优势。在数字政府建设中，必须始终遵循党的全面领导这一首要原则，自觉用习近平新时代中国特色社会主义思想武装头脑、指导实践、推动工作，把党的政治优势、组织优势转化为数字政府建设的强大动力和坚强保障，认真履行各级政府主体责任，构建完善数字政府建设工作推进机制，建立健全科学规范的制度规则体系，保障数字政府建设和运行整体协同、智能高效、平稳有序；必须始终坚持以人民为中心的发展思想，把满足人民群众对美好生活的向往作为数字政府建设的出发点和落脚点，紧扣群众急难愁盼问题，鼓励先行先试，聚力攻坚克难，积极开展探索性、创新性、引领性实践，着力破解群众反映强烈的办事难、办事慢、办事繁问题，切实提升人民群众获得感、幸福感。各级领导干部和公职人员应不断提升自身数字思维、数字技能和数字素养，深入研究数字政府建设的趋势和规律，研究当前面临的形势和任务，研究数字政府建设的优势、短板、思路和举措，更有力地推动江苏省数字政府建设持续健康发展、走在前列。

以数字化改革助力政府职能转变 提升政府履职科学化精准化智能化水平

徐文光

浙江省委常委、常务副省长、省政府党组副书记

《关于加强数字政府建设的指导意见》(以下简称《指导意见》)系统阐述了我国数字政府建设的时代背景、系统架构和战略部署，是对习近平总书记关于数字政府建设重要论述精神全面系统贯彻的重要指导文件，是党中央从战略和全局的高度抢抓数字化时代浪潮，擘画以数字化改革助力政府职能转变的宏伟战略蓝图。浙江是数字政府建设的先行地，是习近平总书记关于网络强国、数字中国建设重要论述的实践地。习近平同志在浙江工作期间就作出了建设数字浙江的战略部署，推动了浙江数字经济、数字社会、数字政府等领域走在前列；到中央工作后，又对浙江数字化改革等作出重要指示批示，为浙江高质量发展注入强大动力。浙江必须扛起时代使命、扛起更大担当，把党的十八大以来习近平总书记系列重要论述与数字浙江建设战略部署有机结合起来，更加全面、更为系统地学习领悟习近平总书记关于数字政府建设重要论述精神，在贯彻落实《指导意见》上更加深入、更见成效。

一、《指导意见》全面系统贯彻了习近平总书记关于数字政府建设重要论述精神

党的十八大以来，习近平总书记在多个重要场合、重要会议上，对数字中国、

网络强国、数字政府建设发表了系列重要讲话，形成了内涵丰富、思想深刻的战略思想和理论。特别是2022年4月在中央全面深化改革委员会第二十五次会议上强调“以数字化改革助力政府职能转变”，对数字政府建设作出重大决策部署，明确了数字政府建设顶层设计和战略部署，为我们推进数字政府建设提供了根本遵循。

一是明确了“坚持和加强党的全面领导”的根本要求。把“坚持和加强党的全面领导”贯穿于数字政府建设各领域各环节，坚持正确政治方向，健全完善党领导数字化建设的机制体制，构建党建统领的“整体智治”体系。

二是指明了以“为国家治理体系和治理能力现代化提供有力支撑”为目标导向。把数字技术广泛应用于政府管理服务，建立健全大数据辅助科学决策和社会治理的机制，推进政府管理和社会治理模式创新，做到准确识变、科学应变、主动求变，实现政府决策科学化、社会治理精准化、公共服务高效化。

三是提出了以“满足人民对美好生活的向往”为宗旨方向。把满足人民对美好生活的向往作为数字政府建设的出发点和落脚点，打造泛在可及、智慧便捷、公平普惠的数字化服务体系，让百姓少跑腿、数据多跑路。坚持问题导向，抓住民生领域的突出矛盾和问题，深度开发各类便民应用，不断提升公共服务均等化、普惠化、便捷化水平。

四是明确了“集约建设、互联互通、协同联动”的工作要求。统筹推进各行业各领域政务应用系统集约建设、互联互通、协同联动，发挥数字化在政府履行经济调节、市场监管、社会管理、公共服务、生态环境保护等方面职能的重要支撑作用，构建协同高效的政府数字化履职能力体系。

五是总结了“三融五跨”的方法路径。强化系统观念，破除体制机制障碍，统筹推进技术融合、业务融合、数据融合，提升跨层级、跨地域、跨系统、跨部门、跨业务的协同管理和服务水平，推动政府部门横向联动、纵向贯通。

六是强调了“确保数据安全”的底线。始终绷紧数据安全这根弦，加快构建数字政府全方位安全保障体系，健全安全管理制度和标准规范，全面强化数字政府安全管理责任，提高防范和抵御安全风险能力。

二、突出泛在可及，着力构建优质便捷的公共服务新模式

“坚持以人民为中心”是数字政府建设的出发点和落脚点。要坚持以人为本，坚持问题导向、需求导向和效果导向，围绕“打造泛在可及、智慧便捷、公平普惠的数字化服务体系”目标，用数字化理念、技术和手段破解企业和群众急难愁盼问题，着力提升公共服务数字化、智能化水平。

（一）让服务泛在可及，群众企业随时随地办事

“泛在可及”是指突破时空的束缚，通过构建全时在线、渠道多元、全国通办的一体化政务服务体系，让企业和群众随时随地享受到政府提供的服务。

全时在线。充分发挥一体化政务服务平台的作用，以服务事项标准化为基础，构建线上线下全面融合的政务服务体系，推动电脑端、大厅端、移动端、自助端的“四端”联动及功能升级，实现线上线下服务同质，政务服务触手可达。

渠道多元。融合线上与线下、政府与社会各类办事渠道，推动政务服务向第三方渠道同源发布，充分发挥社会力量，持续推动“一网通办”改革成效向偏远地区辐射，向乡镇（街道）、村（社区）延伸，打通基层办事“最后一公里”，实现“办事不出镇（村）”。

全域通办。以标准化服务事项体系建设为基础，推动政务服务从全市通办向全省通办、跨省区域通办、全国通办、全球通办演进，实现服务不受区域限制，无差别受理、同标准办理。聚焦群众企业跨省、跨国办事需求，特别是与人口流动密切相关、受益面广的政务服务事项，加快推动跨省、跨国政务服务数据共享共用、电子证照跨地区共享互认，推动“全国、全球通办”。以“户口迁移”为例，通过迁移信息网上流转取代纸质证件线下流转，即可实现“一地办理、网上迁移”。

（二）让服务智慧便捷，群众企业一站精准办事

“智慧便捷”是指依托数字化手段，通过政务服务集成改革，打造“掌上办事”服务新模式，实现服务一站式集成、精准化直达、智慧化体验。

一站式集成。从群众企业办事的视角，围绕个人出生到死亡、企业准入到退出两个全生命周期，整合便民惠企的高频刚需服务，实现各类场景化应用“一端”集成、“网购式”办事。浙江聚焦多部门联办的“一件事”，按照“整体智治”理念，推出56个“一件事联办”事项，通过多表合一、串联改并联等流程再造，系统集成、数据共享，实现“一套材料、一次提交、一窗受理、一网通办、一次办结”，“一件事”全流程“最多跑一次”。

精准化直达。借助人工智能、大数据等数字技术，逐步实现事前服务“免申即享”及主动推送、事中服务精准化引导和审批精准化分发、事后评价精准化反馈。浙江省通过“浙里助企”应用，聚焦助企纾困，集成惠企政策11758条，逐步实现涉企审批“一网通办”、惠企政策精准推送、政策兑现直达快享。

智能化体验。加强智能搜索、智能问答、智能推荐、智能审批等服务方式创新，丰富并优化服务体验。以智能审批为例，通过数据比对、程序判断代替人工审批，推动业务流程再优化、表单材料再精简、数据共享再提升，实现审批零人工、准实时。

（三）让服务公平普惠，消除“数字鸿沟”

“公平普惠”是政府通过提供普惠性、兜底性服务，消除“数字鸿沟”，让老弱妇幼群体也能够通过数字化手段公平享受到政府提供的服务。

普惠性服务。创新政银社合作模式，依托银行等基层服务网络资源，实现政务服务“一网通办”向偏远山区、海岛延伸扩面。适应老年人、残疾人等特殊人群需求，适时推出长者关怀及助残服务专区，为老年人和残疾人提供退休养老、健康医疗、身份户籍、交通出行等领域服务，支持家庭成员间授权代办，解决老

年人、残疾人在接受数字化服务方面所遇到的困难。

兜底性服务。推广“帮代办”模式，依托社区志愿服务队资源，建立常态化上门服务机制，通过上门“零距离”服务、“手把手”指导，帮助老年人、残疾人等特殊群体线上办事。密织便民服务网，推进服务下沉，推行“基层便民服务点+自助服务终端+网格员”的便民服务模式，方便群众企业“异地事就近办”。

三、突出整体智治，着力构建公平公正的新型执法监管机制

习近平总书记强调，要正确认识和把握资本的特性和行为规律，对资本进行有效监管，做到反垄断、反暴利、反天价、反恶意炒作、反不正当竞争。《指导意见》要求大力推行智慧监管，提升市场监管能力。要运用数字技术支撑手段构建新型监管机制，加强线上线下一体化监管和智慧监管，加快建立全方位、多层次、立体化监管体系，以有效监管维护公平竞争的市场秩序。

（一）强化一体监管，深化“互联网+监管”改革

依托“互联网+监管”平台，实现部门和地方监管类业务系统的一网集成，构建全方位、多层次、立体化的数字监管体系，推动政府监管领域全覆盖、多部门联合监管常态化，行政检查、行政处罚、行政强制等监管执法事项全程网办、无缝衔接、自动留痕。浙江省通过“互联网+监管”平台建设，形成横向到边、纵向到底的统一行政执法监管格局，实现省市县一线执法人员全覆盖。聚焦社会关注、群众关切的高频率、高需求、高综合监管事项，推行“综合查一次”组团执法，运用部门联合“双随机、一公开”和信用监管等机制，通过数字化再造监管流程，减少重复执法和扰民扰企。

（二）促进公平竞争，加强重点领域监管

聚焦平台经济、网络餐饮安全、电动车安全、药品安全等新技术、新产业、

新业态、新模式领域，创新运用知识图谱技术和风险动态评估模型等算法模型，应用电子预警围栏、视频阳光、物联感知、产品统一赋码等新型监管手段，集成打通市场监管、发改、网信、商务、税务等部门相关数据，形成风险预警、线索核查、调查处置的线上线下协同闭环管理，实现行业智治，推动算法向善体系的形成，有效提升监管规范化、精准化、智能化水平。针对平台经济垄断"二选一"、大数据杀熟、虚假宣传、网络传销等违法风险问题，浙江省建设"公平在线"应用，截至2021年底，已覆盖全国重点网络平台436家，监测店铺1800余万家，发现并落地处置风险线索33456条，有效促进平台经济健康发展，为强化反垄断和深入推进公平竞争先行探路。

四、突出全域智慧，着力构建贯通一体的协同治理新体系

《指导意见》要求强化经济运行大数据监测分析，提升经济调节能力；推动数字化治理模式创新，提升社会管理能力；强化动态感知和立体防控，提升生态环境保护能力。运用云计算、大数据、物联网、人工智能等数字化手段，构建即时感知、科学决策、主动服务的新型政府治理形态，实现经济治理、生态保护、应急管理等领域的全过程可视可控，推动治理更加一体化、精准化。

（一）聚焦稳进提质，深化经济调节治理

围绕宏观调控分析决策、国家重大战略实施、经济社会发展统计、投资监督管理、数字经济治理、要素市场化配置、数字人民币改革、财税金融体制改革等重点领域，以数字化手段推动就业、产业、投资、消费、贸易、区域等经济治理领域数据的汇聚与连接，全面感知经济社会发展态势，对苗头性、倾向性问题及时预警预报，对经济发展趋势进行精准研判，针对性出台财政、金融政策，推动经济实现质的稳步提升和量的合理增长，助力打造便利化、市场化、法治化、国际化的一流营商环境。

（二）聚焦碳达峰碳中和，深化生态保护领域治理

贯彻落实习近平总书记关于推动能源“双控”向碳排放总量和强度“双控”转变的重要指示精神，围绕节能降碳的三类主体，以金融为切口，构建动态核算模型，通过市场化手段引导个人、企业和社会参与“双碳”行动，深化碳达峰碳中和集成改革，推动社会生产方式、生活方式绿色化、低碳化发展。聚焦生态环境监测、山水林田湖草沙全要素生态治理、自然资源高效利用、耕地保护、生态价值转换等关键领域，以空间治理平台“一张图”为基础，强化动态感知和立体防控，构建全域感知、精准监管、高效协同的生态治理体系。

（三）聚焦除险保安，深化应急管理

围绕疫情防控、自然灾害风险预警防控、安全生产等影响人民群众生命财产安全的关键领域，构建数字化全链路风险闭环管理体系，显著提升重大风险防范化解能力。以自然灾害风险预警防控为例，围绕城市内涝防治、燃气安全管理、小流域山洪灾害等典型场景，依托CIM、BIM、GIS、物联网、人工智能、卫星遥感、干涉雷达等新型技术手段，整合自然资源、水利、气象、城市管理、城市建设等相关部门数据，全面重塑物理空间和社会空间、城市地上空间和地下空间，集成打造城市运行管理数字孪生底座，构建“感知—分析—处置—评价”闭环指挥管理体系，形成城市运行管理生命体征指数一张图，通过“一屏掌控”“一触即发”“一体指挥”，推动预警决策从传统人工判断向机器辅助智能决策转变，使应急指挥从“单打独斗”向“合成作战”转变。针对台风洪涝灾害防御应对中存在的风险底数不清晰、风险管控不闭环、人员转移不精准、抢险救援不高效、协同机制不健全等问题，浙江省建设“防汛防台在线”应用，通过风险研判“一张图”、人员转移“一个码”、指挥调度“一张屏”、管控能力“一指数”，有效形成高效协同、精准配合、上下一体的应急管理和指挥能力。

五、突出效能变革，着力构建协同高效的政府运行新形态

坚持改革引领，以数字化改革助力政府职能转变，加快数字机关建设，对政府运行的体制机制、组织架构、方式流程、手段工具进行全方位系统性重塑，再造政府运行流程和治理模式，推动政府运行方式的数字化、智能化，进而提升政府行政执行能力、行政监督能力、辅助决策能力。

（一）加强组织变革，提升行政执行能力

打造政务协同总平台。集成即时通讯、支撑组件、工作门户及政务应用等功能，纵向覆盖省市县乡村五级，横向连接党政机关、人民团体、企事业单位，高效支持重要工作指令“一键触达”、跨部门跨区域重大任务协作，推动政府组织从分散化向整体化、层级化向扁平化转变，显著提高政府多跨业务的协同效率。针对突发紧急事件，各级指挥中心依托线上办公平台可迅速建立起多部门多层级实时联动的应急指挥体系，实现各方资源快速调度和远程精准指挥。以“浙政钉”为例，在新冠肺炎疫情防控期间，共建立专项工作群8.9万个，上线抗疫应用45个，日均发起音视频服务超6.7万次，成为“精密智控”的硬核工具。

健全专班运作机制。组建工作专班进行重大改革、重大任务集中攻坚，有效保障跨部门、跨层级、跨区域的协同合作。专班由“一把手”亲自挂帅，负责顶层设计及重点任务的谋划和决策。引入多元化团队，政府部门技术及业务专家、外部企业技术专家、科研机构专家等共同参与。迭代形成一套专班运作机制，通过“工作—目标—政策—评价”体系法、日常工作例会、重难点问题攻关、专家咨询论证、挂图作战、定期亮晒等工作方法，提高政府运行效率。

（二）丰富监督手段，强化行政监督能力

加强政务信息公开。推进政府网站集约化建设及功能升级，通过一体化在

线政务服务平台，统一政策查询、民生服务窗口，实现政府信息“一网可查、一网可答、一网可办”。畅通新媒体政企民沟通渠道，动态在线收集民情民意民需，构建“群众提、政协商、部门研、人大定、政府办、群众评”的全流程量化闭环机制，实现民生实事谋得准、办得快、办得好、办得实。以数字化赋能政策发布解读，依托大数据分析研判，精准把握民生政策需求热点，统一制作政策发布解读精品，多部门组团、线上线下渠道互补、省市县联动，形成“送政策、讲政策、执行政策、完善政策”闭环，切实推动便民、惠民政策走进群众、进入万家。

加大智慧政务督查。围绕重大决策、民生实事、建议提案等典型督查场景，形成政府重点工作“晒进度—看质量—识风险—督整改”量化闭环。浙江省通过集成项目投资、形象进度、用工用电等各类数据，将全省843个重大项目、2万多个民生实事、14000多项政策实施情况精准落到“一图”，进展在线可看可感。通过“一表”分部门、分地区、分类别亮晒重点工作整体进度，各项核心指标可排位、可比较，实现工作推进整体化。通过红黄绿“三色码”抓早抓小、预警预判，从事后监督变为事前事中监督，实现评价体系透明化、督帮机制良性化。

（三）服务精密智控，提高辅助决策能力

建立健全大数据辅助决策机制，加强无感监测、机器视觉、语义理解、语音识别、算法模型等辅助决策新技术应用，有效提升政府决策预警能力、预测能力和战略目标管理能力。以浙江省疫情防控精密智控综合集成应用为例，一是通过打通卫健、公安、通管局等部门数据，以数据流整合提升决策流、业务流、执行流（管理流、服务流），实现病例、密接次密接人员数据“一口子录入、一平台流转、全省域贯通”，保证风险点放大器分析可视化。二是构建“决策—执行—评估—改进”的量化闭环，围绕初阳吹哨、流调溯源、核查纳管、核酸检测、转运隔离等关键环节，构建快检测、快流调、快编组、快转运、快隔离“五快”评估模型，快速精准绘制“三区图”，赋能找对人、送准人、关注人，把有限的防控资

源最高效地配置到最需要的地方，推动分区分级差异化、精准化管控，快速提升管控能力，实现疫情防控快响激活、多跨协同。

六、突出数据驱动，着力构建一体智能的数字政府建设新底座

数据资源、平台支撑、安全保障是数字政府体系的重要支撑。按照“四横四纵”整体架构，建设省市县三级一体化智能化公共数据平台，推进政务数据、应用、组件、算力等数字资源高质量供给、高效率配置和安全稳定运行。

（一）加强基础资源集约建设

集约建设政务外网，实现省市县乡四级行政机构全覆盖，有效保障政务外网全面互联互通。集约建设省市两级政务云，按需打造特色行业云，逐步完成所有政府应用系统和数据统一接入政务“一朵云”。集约开发满足共性需求的智能化组件、通用算法模型、业务智能模块，构建支撑应用的能力集和动力集。浙江省探索建设一体化数字资源系统，摸清系统、数据和云资源家底，在此基础上构建资源快速申请、自动开通通道，实现“算力一体调度、安全一体监测、数据一体配置、组件一体共享、应用一体管理、端口一体集成”。

（二）加快数据资源共享开放

公共数据归集。统筹建设人口库、法人库、信用信息库、电子证照库、自然资源和空间地理信息库等基础数据库以及应用驱动的专题主题库。加快推进“一数一源一标准”治理，推动数据服务增值产品开发。

数据共享开放。充分发挥平台枢纽作用，实现各行业各领域系统互联互通和数据共享回流，推动公共数据精准、高效、权威共享。探索利用联邦学习、多方安全计算等新型技术，推动税务、海关、金融等国家垂管部门数据的按需归集及回流共享，促进数据赋能基层治理。加强公共数据与社会数据的深度融合，有力

推动公共数据向社会分类分级开放，探索公共数据授权运营创新，有效支撑应用创新和数据价值发挥。

（三）健全全方位安全保障

落实安全责任。强化政府部门数据管理职责，健全网络安全工作责任体系，全面落实主体责任和监督责任，强化数据安全监管，切实防范公共数据篡改、泄露和滥用。探索建立首席网络安全官制度。

建立制度规范。制定并贯彻公共数据相关法律法规，健全数据归集、共享、开放、授权运营、安全管理等制度。2022年3月1日，浙江省正式实施《浙江省公共数据条例》，是全国首部以公共数据为主题的地方性法规。建立网络安全等级保护、涉密信息系统分级保护及风险评估制度，制定推广公共数据安全领域地方或行业标准规范。

加强技术保障。构筑公共数据全生命周期安全防护体系，推进数据存储传输加密、数据水印、数据使用侧监管等技术能力全面应用，强化数据安全风险监测防范，全面提升云、网、终端、数据、应用防护能力。强化个人数据隐私保护，加强数据安全业务培训、技术防范和应急演练。

以集约高效的平台支撑为数字政府建设提供有力保障

张红文

安徽省委常委、副省长

2022年4月19日，中央全面深化改革委员会第二十五次会议审议通过了《关于加强数字政府建设的指导意见》(以下简称《指导意见》)。习近平总书记强调，要全面贯彻网络强国战略，把数字技术广泛应用于政府管理服务，推动政府数字化、智能化运行，为推进国家治理体系和治理能力现代化提供有力支撑。习近平总书记的重要讲话，为数字政府建设把舵定向，标定了前进路径，擘画了清晰未来。

《指导意见》是国家层面关于数字政府领域的指导性、改革性文件，明确了数字政府建设的指导思想、基本原则和主要任务，具有很强的前瞻性、针对性和操作性。随着数字政府建设的全面展开，必将推动政府决策科学化、社会治理精准化、公共服务高效化取得重要进展。当前，安徽省委、省政府正在谋划推进“数字安徽”建设，作为打造数字化发展新优势、培育三次产业高质量协同发展新动能的重要举措。我们将以习近平总书记关于网络强国的重要思想为引领，始终把党的全面领导作为加强数字政府建设、提高政府管理服务能力、推进国家治理体系和治理能力现代化的根本保证，坚持正确政治方向，以《指导意见》的印发实施为契机，加强统筹、加快推进、加力建设，全面推进政府政务流程优化、业务模式创新和履职能力提升，确保数字政府建设重大决策部署贯彻落实，努力开启安徽数字政府建设新篇章。

一、强化平台支撑，为数字政府建设夯实基础

数字政府的重要特征是知识信息共享、机构在线协同和业务高效运转，看得见的政务运行背后是海量看不见的数据流动，这需要强大的底层信息化平台有力支撑。《指导意见》明确提出，要整合构建结构合理、智能集约的平台支撑体系，适度超前布局相关新型基础设施，全面夯实数字政府建设根基。《指导意见》同时要求，要强化系统观念，加强系统集成，全面提升数字政府集约化建设水平。这既是数字政府建设的基础，也是当前信息化建设必须打通的堵点。

近年来，安徽省着力构建“皖事通办”服务体系，省级政府一体化政务服务能力连续4年位居全国第一方阵。但现有信息化建设模式也存在一些短板和不足，最为突出的是缺乏统一的支撑平台，难以实现各领域数据资源的统一管理、共享复用和集约化建设。部门自建的政务信息化系统和机房很多，既容易造成分散建设和重复建设，也容易导致“信息孤岛”和“数据烟囱”。针对这些短板和不足，我们将重点推进以下工作。

一是统一支撑平台。由省级建设一体化的数据资源中枢和能力底座，涵盖省市县乡村五级应用和云管、数管、用管全领域。平台统筹对接和管理分散的云、数据、视频、物联感知、大数据和人工智能应用组件等信息化资源，在统一纳管各类政务云和政务数据的基础上，接入各类异构行业云资源和行业数据，实现政用、商用、民用全领域数据高质量供给。同时以标准化、组件化、平台化方式供给基础应用组件，提供统一的可视化“低代码”开发工具，支撑各类应用快速开发迭代和复制推广。安徽已启动了全省一体化数据基础平台建设，力争到2023年底全面建成，为数字政府提供高质量的平台支撑。

二是统筹基础设施。集约节约建设云网等政务基础设施，原则上部门新建信息化系统一律部署在统一的政务云上，逐步减少部门数据机房和专网，构建一体化政务云平台体系。按照统一规划布局、统一采购建设、统一资源共享、统一标

准规范、统一监督管理的要求，建设和布局视频摄像头等物联感知终端设备，减少重复建设。加快打造高端低碳算力集群，推进公共基础设施感知网、视联网等网络互联、信息互通，形成覆盖全域的新型物联感知网络。

三是融合升级系统。围绕“群众企业高效办成一件事”和“机关内部高效运行一件事”，以应用场景为核心串联业务流程和业务系统，整合形成覆盖数字政府重点政务应用的业务协同体系。各部门基于“一件事”场景，梳理现有业务体系和信息系统情况，通过确定核心业务，优化业务流程，定义关键数据，对已建政务信息系统进行整合升级，对新增业务功能进行模块化耦合。基于统一支撑平台和统筹基础设施，正在建设全省统一的协同办公系统“皖政通”，为地方和部门提供通用、统一、可扩展的业务协同平台，推动技术融合、业务融合、数据融合。

二、坚持应用导向，为群众和企业提供便捷服务

习近平总书记指出，要把满足人民群众对美好生活的向往作为数字政府建设的出发点和落脚点，打造泛在可及、智慧便捷、公平普惠的数字化服务体系，让百姓少跑腿、数据多跑路。《指导意见》强调以人民为中心，坚持数字普惠，消除“数字鸿沟”，让数字政府建设成果更多更公平惠及全体人民。《指导意见》要求全面提升公共服务数字化、智能化水平，不断满足企业和群众多层次多样化服务需求。在数字政府建设过程中，数字技术的运用是手段而不是目标，群众和企业满意不满意才是衡量工作的标尺。应当秉承用户思维和应用导向，通过数字化、大数据的广泛应用，努力提升人民群众和市场主体的便利度和获得感。

一方面，持续提升公共服务数字化智能化水平。大数据在保障和改善民生方面大有作为。运用数字技术赋能，政府将更好地从群众角度出发对接需求与供给，提供高质量、便捷化、精准性的公共服务。近年来，各地依托全国一体化政务服务平台，深度开发各类便民应用，“互联网+政务服务”水平大幅提升。安徽重点

围绕群众和企业在移动端便捷办事的实际需求，打造了“皖事通”移动端，提供各类与生产生活密切相关的高频服务和电子证照，注册用户超8000万人，最高日活跃用户2600万人，收到了良好成效。下一步，要按照《指导意见》的要求，持续打造泛在可及的服务体系，提升智慧便捷的服务能力。尤其要围绕解决民生领域的突出矛盾和问题，探索推进“多卡合一”“多码合一”，推进基本公共服务数字化应用，加快实施居民服务“一卡通”和“一人一证一码”“一企一照一码”“一车一码”等多领域场景，真正办好人民群众牵肠挂肚的民生大事，做好人民群众天天有感的关键小事，积极打造多元参与、功能完备的数字化生活网络。

另一方面，全面提升政务运行方式数字化智能化水平。要为群众和企业提供便捷服务，党政机关就必须高效运行，政府在加强对外数字服务能力的同时，也要提升自身政务运行效率。《指导意见》提出“加快推进数字机关建设”，这是文件的一大亮点，也是数字政府建设的创新举措。要大力推行移动审批，实时受理、审批群众和企业网上申请的服务事项，压缩审批时间。推行移动监管，将“双随机、一公开”监管事项上线移动端，为基层一线执法人员赋能减负。推广“免申即享”，通过大数据比对、流程再造、信用监管等方式，将符合条件的惠企政策实施流程简化为“数据比对、意愿确认、拨付到账”，努力实现政策直达、补贴直领、免申即享，变“人找政策”为“政策找人”。推动协同办理，探索行政办公、人事管理、后勤管理等机关内部事项集成办理，实现跨层级、跨地域、跨系统、跨部门、跨业务的协同管理和服务。

三、创新体制机制，有效引领政府数字化转型

加强数字政府建设是创新政府治理理念和方式的重要举措，要将“数字化思维”融入政府治理全过程，以数字化改革助力政府职能转变，构建协同高效的政府数字化履职能力体系。作为一项涉及面广、系统性强的改革，《指导意见》明确提出，要以数字化改革促进制度创新，保障数字政府建设和运行整体协同、智

能高效、平稳有序，实现政府治理方式变革和治理能力提升，并从以数字化改革助力政府职能转变、创新数字政府建设管理机制、完善法律法规制度、健全标准规范、开展试点示范等方面，对构建科学规范的数字政府建设制度规则体系作出了顶层设计和系统安排。这为各地抓好工作落实、推进改革创新提供了有力指导和规范依据。借鉴各地经验，结合工作实践，我们将在以下几个方面积极探索，取得突破。

一是用工业互联网思维改造优化政府工作流程。运用工业互联网思维和协同办公信息化平台，通过重塑业务流程、创新协同方式、优化机构设置，推进跨层级办理、多部门协同、扁平化运行，以数字化改革持续推动政府运行整体化、协同化、高效化、智能化。

二是统筹政务信息化项目建设管理。政务信息化项目实行统一平台支撑、统一规划计划、统一资金管理、统一专家把关、统一立项审批、统一项目验收。数据资源部门统一提供基础设施和公共能力，各业务部门重点研究自身业务，基于统一支撑平台和基础设施进行低成本、轻量化建设。

三是鼓励建设多元开放的场景应用。围绕“需求”和“案例”两方面，建设具有本地特色的“应用服务市场”，以丰富的应用场景吸引更多市场主体、高校、科研机构按照规范参与数字政府建设。

四是强化安全保障措施的落地落实。基于电信运营商的基础能力和防护体系，完善本地安全管理和保障联动机制，加强政府投资信息化项目资产管理，全面构建制度、管理和技术衔接配套的安全防护体系。

数字政府建设前景广阔、大有可为。我们将认真贯彻落实党中央、国务院的决策部署，改革创新、奋勇争先，努力走出一条具有安徽特色的数字政府建设之路。

坚定不移推进数字福建建设
高标准打造高效协同数字政府

郭宁宁

福建省委常委、省政府常务副省长

早在2000年，习近平同志在福建工作时，就深刻洞察信息科技发展趋势，极具前瞻性地作出了建设数字福建的重大战略决策，亲自部署推动全省电子政务建设。2022年4月，习近平总书记主持召开中央全面深化改革委员会第二十五次会议时强调，要把数字技术广泛应用于政府管理服务，推动政府数字化、智能化运行，为我们加快数字政府建设指明了前进方向、提供了根本遵循。福建省委、省政府高度重视数字福建建设，始终按照习近平总书记擘画的数字福建建设宏伟蓝图，以数字化建设推动高质量发展，以数字化平台提供高效率政务服务，以数字化应用创造高品质生活，不断推动数字福建建设深度融入全省经济社会发展各个方面。

近日，国务院印发了《关于加强数字政府建设的指导意见》(以下简称《指导意见》)，标志着数字政府建设进入统筹化、标准化、规范化的新时代。作为数字中国的思想源头和实践起点，福建省将深入贯彻习近平总书记关于网络强国的重要思想，全面落实《指导意见》部署要求，围绕新发展阶段数字福建建设，加快推动政府数字化转型、智能化运行，打响“便利福建”服务品牌，打造数字中国样板区。

一、提高思想认识，增强建设数字政府的责任感紧迫感

党的十八大以来，习近平总书记站在党和国家事业发展全局的高度，对数字政府建设重大理论和实践问题进行了深刻阐述。我们要深刻学习领会、认真贯彻落实，以加快数字政府建设的实际行动和实际成效忠诚拥护“两个确立”、坚决做到“两个维护”。

（一）加强数字政府建设，根本是始终坚持和加强党的全面领导

习近平总书记强调，要把坚持和加强党的全面领导贯穿数字政府建设各领域各环节，坚持正确政治方向。数字政府建设不仅涉及政府职能转变，还贯穿于经济、政治、文化、社会、生态文明建设各方面全过程，加强数字政府建设，必须把坚持和加强党的全面领导作为根本保证，充分发挥领导核心作用，确保党把方向、谋大局、定政策、促改革，确保数字政府建设始终沿着正确的方向前进。

（二）加强数字政府建设，目的是满足人民对美好生活的向往

习近平总书记始终把以人民为中心的发展思想摆在重要位置，多次强调要把增进人民福祉作为信息化发展的出发点和落脚点。数字政府建设，一头连着党和政府，一头连着企业群众，数字政府建设要始终聚焦企业和群众的现实关切，着力破解办事难、办事慢、办事繁问题，打造泛在可及、智慧便捷、公平普惠的数字化政务服务体系。

（三）加强数字政府建设，方向是以数字化转型整体驱动治理方式变革

习近平总书记强调，要以数字化改革助力政府职能转变，构建协同高效的政府数字化履职能力体系。数字政府建设，就是要将新一代数字技术与政府治理创新深度融合起来，全方位推动政府治理流程再造和模式优化，对治理的体制机制、

组织架构、方式流程、手段工具进行全方位、系统性重塑，提高政府决策科学化水平和管理服务效率，催生经济社会发展新动能。

（四）加强数字政府建设，关键是强化系统观念

习近平总书记强调，要强化系统观念，健全科学规范的数字政府建设制度体系，依法依规促进数据高效共享和有序开发利用。数字政府建设是一项系统性改革工程，必须加强顶层设计，以制度体系建设为重要抓手，统筹建设公共基础设施和共性支撑平台，加快构建数字政府全方位安全保障体系，实现公共数据全量汇聚、融合治理、共享开放和深度利用，更好赋能数字经济发展、数字场景应用和数字社会建设。

二、数字福建的探索实践为福建推进数字政府建设提供了坚实基础

20多年来，福建始终牢记习近平总书记的嘱托，持续推进信息化建设，在电子政务、数字经济、智慧社会等方面率先探索。福建把电子政务作为数字福建的引领工程，持续优化政务服务，2021年福建省级数字政府服务能力在全国位列优秀级，闽政通在省级政务类App中位列优秀级，福建省人民政府门户网站在全国排名第二。2018年以来，福建还连续成功举办四届数字中国建设峰会，将数字政府作为峰会重要内容，集中展示全国数字政府建设和发展成果，为各地提供理论实践交流平台。福建以举办峰会为契机，认真学习借鉴各地先进经验做法，全面提速数字政府建设。多年来，福建不断深化数字政府创新实践，为全国数字政府建设探索了路径、提供了样本。

（一）坚持统一领导，构建协同推进的体制机制

习近平总书记强调，数字福建建设是一项关系全局和长远发展的系统工程，各级各部门都要注重总体规划，统筹安排，密切协作，努力形成自己的特色，促

进福建省信息化的跨越式发展。20多年来，福建省委、省政府坚持一张蓝图绘到底，持续强化和提升数字福建领导和推进机制，形成了纵向横向职能协同、业务衔接、分工负责的信息化组织管理体系。同时，加强制度设计、政策引领，先后制定实施5份数字福建专项规划、22份年度工作要点，确保数字政府建设始终沿着习近平总书记当年指引的方向前进。

（二）坚持统建共享，构建集约融通的建设格局

习近平总书记在数字福建建设伊始就提出了“要统筹、不要多头”的建设原则。在基础平台层，福建建成被习近平总书记称为数字福建“点睛工程”的全省政务信息网，避免各部门重复建设专网，节约投资近7亿元，并于2012年建成全国首个省级政务云平台。在业务平台层，持续迭代优化省级一体化协同办公平台、省统一实名认证和授权平台、省市两级政务服务总线、公共数据开放平台、公共数据开发服务平台等公共平台，省级政务数据汇聚共享平台已汇聚79个省直部门、6200多项、400多亿条数据记录和文件，日均提供在线数据共享、查询/核验100多万次，日均批量交换3600多万条，为经济发展、政务服务和社会治理提供了强大数据支撑。

（三）坚持服务为先，构建贴近民生的应用体系

习近平总书记强调，数字福建要“贴近社会、贴近民生、贴近企业”。福建始终把服务部门、服务全局作为出发点，把服务民生、服务基层作为落脚点，积极开展网上政务服务应用创新，大力推进“省内通办”“跨省通办”，整合各级政务服务资源，形成全省行政审批“一张网”，全力打造能办事、快办事、办成事的“便利福建”，各级政务服务事项全程网办比例超过80%，“一趟不用跑”事项占比90%以上，闽政通App已覆盖1300余项民生服务，实现高频便民事项掌上办。福建还上线金融服务云平台，汇聚对接市场监管、税务、电力、社保等17个政府部门和公共事业单位4410多项涉企数据，运用人工智能算法对企业信用进行综合评

估、精准画像，解决传统审批流程数据不对称难题，帮助金融机构全面及时掌握企业真实经营和资信情况，精准对接融资需求和金融供给，有效破解中小微企业融资难融资贵问题。目前，平台已入驻金融机构116家，注册用户超21万户，省内各家金融机构通过平台发布570余款金融产品，累计为超3.7万户企业（含个体工商户）解决融资需求近4.4万笔、金额超1500亿元。新冠肺炎疫情发生以来，福建大力开展数字抗疫，依托闽政通App开发上线并迭代优化“福建健康码”，实现“一码通行”“一码通用”。按照平战融合理念，构建省市县乡村多级协同、全省涉疫系统融合联动的省疫情防控一体化服务平台，构建覆盖全省的疫情防控数字网，实时汇总防疫大数据生成“防疫一张图”。上线“福建省疫情防控便民服务平台”和“惠企政策‘掌上知’服务平台”，便利企业群众生产生活。

（四）坚持安全防护，构建可靠守底的保障制度

习近平总书记强调，网络安全和信息化是一体之两翼、驱动之双轮，必须统一谋划、统一部署、统一推进、统一实施。20多年来，福建始终坚持数字政府建设与保障信息安全并重，成立数字福建顾问委员会和专家委员会，聘请包括多位院士在内的知名专家对规划编制、项目论证、安全防护等全过程进行咨询指导，在全国率先建立起网络与信息安全组织协调机构，网络安全体系建设与信息化建设同步协调推进，同步规划、同步建设、同步验收，20多年来福建未发生重大网络安全事故。

三、全方位纵深推进数字政府建设，以更大力度更实举措提升政务服务能力

当前，福建数字政府建设进入了新阶段、开启了新征程。福建将深入贯彻习近平总书记关于网络强国的重要思想和关于数字中国、智慧社会的重要论述，全面落实国务院《指导意见》，把数字政府建设作为数字福建建设的重要内容，聚

焦提高效率、提升效能、提增效益，加快推进数字政府建设，以高质量政务服务助力全方位推进高质量发展超越。

（一）以基础平台为依托，着力提升公共底座支撑能力

要提升政务云、电子政务网络、重点共性应用和业务协同平台支撑能力，整合构建结构合理、互联互通、集约高效的基础平台体系。福建建设上线了“福建省经济社会运行和高质量发展监测与绩效管理平台”，通过运用信息化手段，密切跟踪分析地区行业走势，科学做好监测预警，实现“用数据说话、用数据决策、用数据管理、用数据创新”。当前，福建正在积极再造数字政府整体新布局，规划建设“1241+N”一体化体系，形成结构合理、泛在智联的数字基础设施布局。其中，“1”是建设覆盖全省的上下贯通、横向联通的政务“一张网”；“2”是指政务业务云和政务数据云“两朵云”，并建设统一云管平台；“4”是一体化应用支撑平台、一体化公共数据平台、一体化运维监管平台、一体化综合集成平台，实现数据共享和业务协同；“1”是一个综合门户，打造数字政府的官方唯一总入口；“N”是创新数字政府N个应用服务。

（二）以提升效能为导向，着力优化数字应用服务能力

要以数字技术与政府治理深度融合为抓手，统筹经济调节、市场监管、社会管理、公共服务、生态环境保护和政府内部运行数字化转型，全面提升政府履职效能。福建将秉持“经济管理要统筹、社会治理要下沉”理念，更大力度推进政务流程全面优化、系统再造，加快政府管理服务标准化、规范化、透明化，积极改进政务服务模式，拓展政务服务功能，提高政府行政效率，让企业和群众办事更便捷，切实提升基层社会治理水平。当前，福建正加快建设全省公共数据汇聚共享服务体系，全省各级各部门政务信息系统基本实现应接尽接，推动公共数据资源应汇尽汇，着力破除部门壁垒、打破“数据烟囱”，为打造政务服务“一网通办”、省域治理“一网统管”、政府运行“一网协同”高效协同数字政府提供坚实

数据基础。

（三）以数据共享为核心，着力强化数据要素供给能力

要加强数据统筹管理，持续丰富数据资源，强化数据治理，加强数据高效共享，促进数据有序开发利用，充分释放数据要素价值。2021年，福建成立了省属国企福建省大数据有限公司，作为全省公共数据资源一级开发机构，对公共数据进行汇聚、整合、治理、脱敏脱密等一系列基础性的数据处理，形成可供开发利用的数据资源。下一步，福建还将筹建福建大数据交易中心，积极探索数据要素市场化配置，建立数据资源基础制度和标准规范，完善数据资源分类分级和授权使用制度，建立公共数据“网上超市”，扩大公共数据有序开放和开发利用，加快实现从“用数据治理”向“对数据治理”的全面转变。同时，加强数据安全保护，构建涵盖分类分级、合规检测、安全管控、数据鉴权、数据脱敏等业务模块的数据安全防护体系，切实强化数据安全保护。

（四）以高效有序为标准，着力健全制度规则保障能力

要建立健全与数字政府建设相适应的法律法规、标准规范、运行规则等制度规则体系，突破制约建设发展的瓶颈。近年来，福建先后出台了《福建省大数据发展条例》《福建省电子政务建设和应用管理办法》《福建省政务数据管理办法》等一系列地方性法规和规范性文件，正在研究制定《福建省公共数据资源开放开发管理办法》。下一步，福建将加快完善全方位、多层次、立体化的数字化治理法规制度体系，研究制定一整套与数字政府相适应的体制机制和工作规范，加快构建科学先进、层次分明、管用实用的数字政府标准规范体系，在创新实践中总结形成更多理论成果和制度成果，为推进国家治理体系和治理能力现代化贡献更多“福建经验”。

开启新时代数字政府建设新篇章

孙志洋

广东省政府副省长

2022年4月19日，中央全面深化改革委员会第二十五次会议审议通过了《关于加强数字政府建设的指导意见》(以下简称《指导意见》)，习近平总书记主持会议时强调，要全面贯彻网络强国战略，把数字技术广泛应用于政府管理服务，推动政府数字化、智能化运行，为推进国家治理体系和治理能力现代化提供有力支撑。2022年6月，《指导意见》由国务院正式印发，引起广泛关注。习近平总书记的讲话和《指导意见》的出台为未来一段时期我国数字政府建设提供了根本遵循。

一、深刻认识加强数字政府建设的重大意义

加强数字政府建设是党中央、国务院深刻把握时代发展趋势，立足新发展阶段，从全局和战略高度作出的重大部署，是习近平总书记关于网络强国的重要思想在政府数字化改革领域的具体实践。

党的十八大以来，以习近平同志为核心的党中央高度重视信息化、数字化。习近平总书记指出人类历史先后经历了农业革命和工业革命，现在正在经历信息革命，这是中华民族的一个重要历史机遇，并提出要以信息化推进国家治理体系和治理能力现代化。党的十九大提出建设网络强国、数字中国、智慧社会，党的十九届四中、五中全会分别提出推进和加强数字政府建设，国民经济和社会发展“十四五”规划和2035年远景目标纲要将数字政府建设单列为一章，擘画了数字

政府蓝图。

“十四五”时期是我国全面开启社会主义现代化国家新征程、向第二个百年奋斗目标进军的第一个五年，也是抢抓信息革命历史机遇，加快全面数字化发展和政府治理数字化、智能化转型的攻坚期和关键期。面对新的形势要求，我国数字政府建设要在过去重点突破的基础上，进一步实现全国“一盘棋”高质量发展。《指导意见》以习近平新时代中国特色社会主义思想为指导，贯彻落实党中央、国务院决策部署，吸纳全国各地系列探索实践成果，对数字政府建设作出全面安排，为全国各地加强数字政府建设指明路径，必将开启我国数字政府建设新篇章。

二、系统谋划、整体协同，构建数字政府建设新格局

坚持系统观念，是习近平总书记提出的推动各领域工作和社会主义现代化建设的基础性思想和工作方法。数字政府建设既是全面深化改革的重要内容，同时其自身也是一项系统性、整体性改革。《指导意见》坚持系统观念，提出了数字政府建设的目标和基本原则，明确了未来一段时期的主要任务，对全国数字政府建设进行了详细部署。

（一）加强领导、健全规则，理顺数字政府建设体制机制

有力的统筹协调、科学的制度规则是数字政府建设整体协同推进的重要条件。《指导意见》从党的领导、具体工作的组织领导和配套的制度规则体系建设提出具体要求。

一是将坚持党的全面领导作为数字政府建设的基本原则。《指导意见》以习近平总书记关于网络强国的重要思想为引领，提出发挥党总揽全局、协调各方的领导核心作用，将坚持和加强党的全面领导贯穿数字政府建设各领域各环节，把党的政治优势、组织优势转化为数字政府建设的强大动力和坚强保障，确保数字政府

建设重大决策部署贯彻落实。《指导意见》要求各级党委切实履行领导责任，各级政府要在党委统一领导下，履行数字政府建设主体责任。

二是建立强有力的工作推进机制确保数字政府建设有序推进。数字化建设是重要的基础性、先导性工程，必须高位推动、全面统筹。《指导意见》提出成立由国务院领导同志任组长的数字政府建设工作领导小组，统筹指导协调数字政府建设，办公室设在国务院办公厅，具体负责组织推进落实，并要求各地各部门建立健全领导协调机制。

三是以构建数字政府建设制度规则体系作为机制创新的保障。数字政府建设实质是数字化与政府改革的深度融合，数字技术应用与政府改革在数字政府建设进程中相辅相成、缺一不可。《指导意见》部署了四项任务落实制度规则体系建设。以数字化助力政府职能转变方面，要求将体制机制改革与数字技术应用深度融合，健全完善与数字化发展相适应的政府职责体系。创新管理机制方面，要求明确运用新技术进行行政管理的制度规则，推进建设管理模式创新，推动技术部门参与业务运行过程，鼓励和规范产学研用等多方力量参与数字政府建设。法律法规方面，要求全面建设数字法治政府，加快完善与数字政府建设相适应的法律法规框架体系。标准规范方面，提出构建多维标准规范体系，加大标准推广执行力度，研究设立全国数字政府标准化组织。

（二）改革引领、注重效能，提升政府履职服务能力

加强数字政府建设是举措，切实提升政府履职服务能力，以数字化转型打造适应数字时代的政府治理体系才是目的。《指导意见》提出坚持改革引领、整体协同的原则，将满足人民对美好生活的向往作为出发点和落脚点，创新行政管理和服务方式，全面提升政府履职效能。

一是提升经济调节能力。当今世界正在经历百年未有之大变局，经济全球化遭遇逆流，世界经济低迷，保持经济高质量发展面临前所未有的挑战。《指导意见》要求强化经济运行大数据监测分析，全面提升政府经济调节数字化水平，并

提出加强经济数据整合、汇聚、治理，运用大数据强化经济监测预警，提升经济政策精准性和协调性三项举措，为防范化解系统性风险，保持经济健康稳定运行赋能。

二是提升市场监管能力。深化“放管服”改革是推进政府职能转变、优化营商环境、激发市场活力的重要举措，其关键在于既要放得下，又要管得住。《指导意见》提出运用数字技术支持构建新型监管机制，以数字化手段提升监管精准化水平，以一体化在线监管提升监管协同化水平，以新型监管技术提升监管智能化水平，实现事前事中事后全链条全领域监管，以有效监管维护公平竞争的市场秩序。

三是提升社会管理能力。习近平总书记指出，要“着力推进社会治理系统化、科学化、智能化、法治化，不断完善中国特色社会主义社会治理体系”，“加快用网络信息技术推进社会治理”。《指导意见》贯彻落实习近平总书记重要指示精神，加强和创新社会治理，提出积极推动数字化治理模式创新，提升矛盾纠纷化解、社会治安防控、公共安全保障、基层社会治理等领域的数字化治理能力，推动治理模式从单向管理转向双向互动、从线下转向线上线下融合。

四是提升公共服务能力。习近平总书记强调，网信事业要发展，必须始终坚持以人民为中心的发展思想。近年来，国务院办公厅启动全国一体化政务服务平台建设，打造政务服务总枢纽、总入口；以人民群众服务需求为导向，持续提升政务服务标准化、规范化、便利化水平。根据2020年联合国电子政务调查报告，我国电子政务在线服务指数在全球排名第9，进入世界先进行列。《指导意见》将坚持以人民为中心作为加强数字政府建设的基本原则，要求持续优化全国一体化政务服务平台功能，打造泛在可及的服务体系，提升智慧便捷的服务能力，提供优质便利的涉企服务，拓展公平普惠的民生服务，不断满足企业和群众多层次、多样化服务需求。

五是提升生态环境保护能力。生态文明建设是“五位一体”总体布局的有机组成，习近平总书记指出，要像保护眼睛一样保护生态环境，像对待生命一样对待生态环境。现代数字技术的快速发展，尤其是物联网、智能感知等技术的广泛应用，为打造数字化、智能化生态环境防控体系创造了有利条件。《指导意见》以习近平总书记关于生态文明建设重要论述为指引，提出建立一体化生态环境智能感知体系，打造生态环境综合管理信息化平台，强化动态感知和立体防控，全面推动生态环境保护数字化转型。

为支撑政府履职五大领域数字化转型，《指导意见》还提出加快推进数字机关建设，提升政务运行效能；推进公开平台智能集约发展，提升政务公开水平。以数字化，提升政府决策、执行和监督能力，畅通政民互动渠道。

（三）保障安全、筑牢底线，确保数字政府安全发展

网络信息安全是国家安全的重要组成，习近平总书记指出，没有网络安全就没有国家安全。而且由于政府治理覆盖了经济社会各领域，数字政府的安全显得尤为重要。《指导意见》提出构建数字政府全方位安全保障体系，一是强化安全管理责任，按照职责分工，构建全方位、多层级、一体化安全防护体系，并且提出加强对参与政府信息化建设、运营企业的规范管理。二是落实安全制度要求，加强数据全生命周期安全管理和技术防护、关键信息基础设施安全保护和网络安全等级保护，建立健全相关评估机制，定期开展网络安全、保密和密码应用检查，提升数字政府领域关键信息基础设施保护水平。三是提升安全保障能力，建立数字政府安全技术保障体系，充分运用安全技术强化监测感知。四是提高自主可控水平，加快核心技术攻关，强化安全可靠技术和产品应用。

（四）打通数据、强化支撑，夯实数字政府建设基础

数据资源体系和应用支撑体系是数字政府建设的底座，对数字政府建设起着基础支撑作用。过去我国政府信息化建设长期受到数据共享难、业务协同难的困扰，制约政府数字化转型效能的充分发挥。习近平总书记高度重视数据资源体系建设，多次对推进数据共享、构建全国信息资源共享体系作出重要

指示。

《指导意见》将构建开放共享的数据资源体系作为重要任务，提出创新数据管理机制，强化政府部门数据管理职责，优化完善各类数据库，加快构建全国一体化政务大数据体系。充分发挥全国一体化政务服务平台的数据共享枢纽作用，提升国家数据共享交换平台支撑保障能力，实现政府信息系统与党委、人大、政协、法院、检察院等信息系统互联互通和数据按需共享。有序推进国务院部门垂直管理业务系统与地方数据平台、业务系统数据双向共享。编制公共数据开放目录及责任清单，构建国家公共数据开放平台，分类分级有序推动公共数据资源开放和开发利用，促进社会数据与公共数据融合应用，充分释放数据要素价值。

共性应用支撑方面，《指导意见》一是明确统筹整合现有政务云资源，构建全国一体化政务云平台体系，各地区按照省级统筹原则开展政务云建设，集约提供政务云服务。二是强化电子政务网络统筹建设管理，降低建设运维成本，提升网络支撑能力，在安全可控的前提下拓展覆盖范围，有序向企事业单位延伸。三是身份认证、电子证照、电子印章、电子文件等共性应用将按照集约化建设思路，推进全国互通。

（五）政府牵引，引领驱动全面数字化发展

加快数字化发展是“十四五”规划和2035年远景目标纲要作出的重要部署，数字政府、数字经济、数字社会和数字生态相互融合促进，共同构成全面数字化发展蓝图。由于政府履职服务范围覆盖经济社会各领域，因此数字政府建设也对全面数字化发展具有引领驱动作用。《指导意见》要求，以数字政府建设为牵引，拓展经济发展新空间，完善数字经济治理体系，壮大数据服务产业，进一步释放数据红利。通过普及数字设施、优化数据资源供给，推进智慧城市和数字乡村建设，提升城市治理科学化、精准化、智能化水平，支撑现代乡村治理体系，提高农业农村综合信息服务水平，促进数字社会发展。推进数据要素市场化配置改革，

完善数据交易制度规则，夯实网络安全基础，为数字化发展营造安全可靠环境，构建良好生态，打造数字政府驱动全面数字化发展的格局。

（六）提升素养、试点先行，有序提升数字政府建设水平

数字政府建设是复杂的系统工程，落实数字政府建设要求，需要高素质人才队伍和科学的推进路径。人才队伍方面，《指导意见》提出提升数字素养，建立懂业务、懂技术、懂管理的复合型干部队伍，引导高校和科研机构设置数字政府相关专业，成立数字政府建设专家委员会。推进路径方面，《指导意见》提出坚持加强党的领导和尊重人民首创精神相结合，坚持全面部署与试点带动相结合，鼓励先行先试，形成创新经验，各地复用，同时要求在各级党委领导下，建立常态化考核机制，建立完善评估体系，不断跟踪建设成效，形成工作闭环，促进持续健康发展。

三、全面贯彻落实党中央、国务院决策部署，深入推进广东数字政府2.0建设

广东省委、省政府高度重视数字政府建设，组织全省认真学习贯彻习近平总书记关于网络强国的重要思想，将数字政府改革建设作为基础性、先导性改革任务，全省“一盘棋”推进。我们创新体制机制，成立由省政府主要领导同志任组长的领导小组，成立数字政府改革建设专家委员会，省市县三级均组建政务服务数据管理局，成立市场化的数字政府建设运营中心，创新“政企合作、管运分离”机制，在政务服务创新、省域数字化治理、数据开发利用、政府协同运行等方面形成一批具有示范意义的成果，为全国贡献了数字政府建设的广东经验。当前，广东数字政府改革建设已经从打基础、优服务的1.0阶段进入全面优化提升的2.0新阶段，2022年广东省政府工作报告将推进“数字政府2.0”建设作为重要任务向全省部署。《指导意见》的正式印发，为广东省加快数字政府建设注入了一针强心

剂，极大地鼓舞了我们深入推进数字政府改革建设、继续争先创优的决心。我们将认真贯彻落实习近平总书记重要讲话精神和《指导意见》的各项部署，把数字政府建设作为落实国家战略、实现高质量发展的抓手，按照数字政府“12345+N”业务工作体系，全面、深入推进。

一是培育“1”个统一的数据要素市场。广东已经按照中央关于推进要素市场化配置改革的部署精神，率先印发《广东省数据要素市场化配置改革行动方案》，实现数据要素市场化配置改革破局。下一步要加快搭建数据要素市场规则体系，为释放数据红利、加快推进全面数字化发展创造良好基础。

二是构建以“2”个地方性法规为基础的制度体系。加快《广东省数据条例》《广东省政务服务条例》起草工作，固化改革成果，为数字政府建设创造良好制度环境。

三是夯实数字政府建设的“3”大支撑。广东省数字政府建设运营中心负责专业技术运营支撑，广东省政务服务数据事务中心重点承担政务服务、核心网络和系统运维、公共资源交易等政务事务支撑，以广东数字政府研究院、广东省数字政府改革建设专家委员会为骨干，聚集高校科研机构的研究生态提供数字政府理论、政策、规划等研究支撑。

四是把握“4”个主攻方向。政务服务“一网通办”提升政务服务“三化”水平，增强企业群众获得感。省域治理“一网统管”赋能省域数字化、智能化治理，助力全省经济社会高质量发展。政府运行“一网协同”提高政府协同运行效率，打造多跨协同政府运行新模式。数据资源“一网共享”构建全省一体化数据资源体系，打通全面数字化发展数据动脉。

五是突出“5”大产研带动。培育形成广东省信创产业联盟、数字政府建设产业联盟、数据发展联盟、数字政府网络安全产业联盟和省电子政务协会，更好发挥数字政府建设对数字经济、数字社会发展的驱动作用，营造数字经济和数字社会发展的良好生态，引领全面数字化发展。

六是形成系列标志性成果。持续打造粤省事、粤商通、粤政易、粤省心、粤智助、粤优行、粤治慧、粤公平等“粤系列”平台，以及数字财政、智慧水利、数字住建、智慧医院、智慧消防等一大批数字政府创新成果。

七是培养高水平人才队伍。联合高校科研机构打造广东政数学院，定期开展公务员数字技能培训，建立专业人才培养和多层次人才选拔机制。

着力打造数字政府　加快建设数字四川

李云泽

四川省委常委、常务副省长

建设数字政府是顺应数字时代发展的必然要求，是推动政府职能转变、建设高效便捷服务型政府的重要举措。四川省紧密结合实际，积极采取创新措施，着力打造数字政府，加快建设网络强省、数字四川，不断提升治理体系和治理能力现代化水平。

一、聚焦顶层设计，构建高位推动、统筹协调的运行机制

党中央、国务院高度重视数字政府建设，习近平总书记强调，要把数字技术广泛应用于政府管理服务，推动政府数字化、智能化运行。国务院出台《关于加强数字政府建设的指导意见》，就主动顺应经济社会数字化转型趋势，充分释放数字化发展红利，全面开创数字政府建设新局面作出系统部署。四川省认真贯彻落实党中央、国务院决策部署，将坚持和加强党的全面领导贯穿数字政府建设各领域各环节，贯穿政府数字化改革和制度创新全过程，大力推进数字政府建设，政府管理服务效能持续提升。

一是党委政府强力推动。四川省委、省政府把数字政府建设作为一项重大战略任务来抓，充分整合资源力量予以推动。四川省第十二次党代会对数字政府建设作出总体部署，省委常委会会议、省政府常务会议专题研究数字经济、网络安全、数字政府建设等工作。省政府每月召开推进职能转变和“放管服”改革工作

例会，谋划推动数字政府建设各项任务，协调解决重点难点问题。省级各部门强化协调配合和督促指导，各市（州）、县（市、区）落细落实工作举措，全面压实工作责任，形成了党委领导、政府统筹、部门协同、全社会广泛参与的数字政府建设格局。

二是强化规划引领支撑。《四川省国民经济和社会发展第十四个五年规划和二〇三五年远景目标纲要》专章对数字政府建设作出规划，明确强化数字政府基础支撑能力、提升政府数字化监管水平、提高政府数字化服务效能等重点工作。精心编制《四川省“十四五”数字政府建设规划》，提出到2025年全省数字政府建设整体水平迈入全国先进行列的总体目标，明确夯实数字政府建设基础、深化数据资源共享利用、提升数字化管理服务效能三方面13项主要任务，绘就了数字政府建设的四川蓝图。

三是着力理顺体制机制。成立四川省政府信息化建设领导小组，统筹整合各部门数字政府建设职责，一体推进全省政府信息化建设。建立一个单位牵头、协同联动的工作机制，省政府办公厅、省发展改革委、省大数据中心分别牵头负责政务信息资源整合共享、数字政府建设项目审批管理、数字政府建设技术支撑保障等工作，省委网信办、财政厅、公安厅、省保密局、省密码管理局等部门按照职能职责负责数字政府建设和运行相关工作。部门（单位）统筹内部信息化职能，实行一个机构管总，加强行业系统内部统一管理和对外有效衔接。

二、聚焦基础建设，打造系统集成、互联互通的数字底座

统一的智能集约平台体系，是建设数字政府的重要支撑，是实现数字政府网络通、数据通、业务通的重要保障。近年来，四川省不断强化数字政府基础能力建设，实现了电子政务外网“省市县乡”全覆盖，省、市两级政务信息资源共享交换体系和公共数据开放平台全面建成。针对存在的共享平台支撑能力不足、政务大数据体系尚未成形、集约化效应发挥不明显等问题，着力构建统一的智能集

约平台支撑体系，为数字政府建设纵深贯通奠定“智能”“集约”“融合”的数字化支撑基础。

一是加快织密“一张网”。完善电子政务外网网络架构，通过构建省级核心管理区，打造扁平化管理体系。优化升级骨干网，实现从“一主两备”到三条链路聚合、流量负载均衡，提升网络整体可靠性和可用性，加快网络向村（社区）延伸，不断提高基层覆盖面和接入率。充分利用5G等信息基础设施，提高电子政务外网移动接入服务能力。通过网络融合、业务迁移等方式，推动专网整合到统一的电子政务网络体系。

二是统筹打造“一朵云”。按照“省级统筹、集约建设、共享开放、集中调度”原则，持续打造全省政务“一朵云”。省级及市（州）全面完成政务云建设，其中省级政务云共承载近480个信息系统，市（州）级政务云承载4100多个信息系统。优化政务云布局，形成省级大数据资源中心核心节点加地区节点的“1+N”架构，有效支撑全省大规模应用以及关键核心应用。建设一体化政务云管理平台，制定政务“一朵云”资源监管和资源调度标准规范，实现算力统一调度、存储统一管理、网络统一配置、资源集中监控。打造全省云灾备中心，为省级政务信息系统提供异地数据备份能力，切实提升安全运营水平。

三是全力建好一个平台。以全国一体化算力网络国家枢纽节点和省级大数据资源中心建设为重点，加快建设全省一体化政务大数据平台，已形成以省和21个市（州）以及省直部门现有的行业大数据平台为支撑的“1+21+N”的体系架构，推动数据资源跨部门、跨层级、跨区域共享共用。建设一库聚数、一站赋能、一体共用的数据底座，支持多维度数据资源交换汇聚，为上层应用提供基础数据和通用能力支撑。推动国家、省、市三级数据共享交换，在统一数据采集与交换标准的基础上，形成纵横贯通的数据归集、数据治理和数据服务体系。健全川渝两地数据流通体制机制，完善共享专区建设，有效推动数据要素在川渝两地有序流转。

三、聚焦职能转变，提升便民利企、普惠均等的服务效能

从国内外发展规律来看，随着数字政府逐步转向纵深和高效建设阶段，将更加注重以满足人民群众需求为导向，不断提升政务服务的高效性、精准性和集成性。四川总面积达48.6万平方公里，各地自然条件、人口密度、文化底蕴和基础条件各不相同，决定了政务服务也面临着多元化、差异化和个性化需求。近年来，四川坚持以人民为中心，精准对接公众需求，通过为民众提供一站式、一键式和个性化的便民服务，打造线上与线下深度融合、集中与分散有效互补的数字化服务体系，着力破解企业和群众反映强烈的办事难、办事慢、办事繁问题，持续推动公共服务高效化。

一是深入推进"一网通办"前提下的"最多跑一次"改革，努力为基层、群众和企业办事提供方便。以省一体化政务服务平台为枢纽，全面整合各地各部门独立、分散的政务服务业务系统，实现标准统一、整体联动、业务协同。目前，政务服务接入便民服务应用已达3100余个，掌上可办高频政务服务事项2900余个，省自建业务系统对接率达100%，全省范围内政务服务事项基本实现"应上尽上"，实现了企业群众办事"一次登录、一点认证、一网通办"。同时，深度运用数字技术，推动服务方式变革，印发电子证照和电子印章暂行办法，采集电子印章2.2万枚，汇聚电子证照584类、4.19亿张，实现共享171类、亮证76类，推出跨部门"一件事一次办"事项102个，投资项目审批平均办结时间缩短至26.5个自然日，较2020年提速44%。

二是大力推进"一网统管"，不断提高监管精准性、有效性。建成省"互联网+监管"平台，对接28个重点监管系统，上线10个监管专题应用，归集4.4亿条各类监管数据，基本建成综合监管"一张网"。积极构建以信用为基础的新型监管机制，依托省社会信用信息平台、企业信用信息公示系统，对全省206万户企业信用风险状况进行分级，对应制定监管措施，开展差异化监管。推动落实联

合奖惩制度，组织开展重点领域信用联合奖惩试验。通过省级联合“双随机、一公开”平台，统筹制定监管计划、抽查工作细则和抽查事项清单，合理确定抽查比例、频次，切实减少对市场主体的多头重复检查。建成重点产品质量信息追溯平台，对食品药品、农业生产资料、医疗器械、特种设备、危险化学品等，实行全主体、全品种、全链条严格监管。

三是加快构建“一网协同”，提升机关运转效能。全面推进政府机关运行方式数字化、智能化转型，用数字化平台和数据赋能行政决策、行政执行、行政组织和行政监督，不断提高政府整体行政效率和履职水平。牢固树立用数据决策意识，建成省政府指挥中心，依托职能部门各类专业系统和智能分析模型打造智能辅助决策平台，推进科学民主依法决策。加快推进一体化协同办公体系建设，实现政府内部办文、办会、办事等提质增效。用数字赋能和流程再造，推动机关事务管理核心应用升级，实现机关内部“一件事”高效协同办理，降低机关运行成本。积极推行行政事务移动办、掌上办，打造扁平高效、整体联动、弹性敏捷的数字化组织体系，推动实现政府内部信息知识共享、组织协同在线和业务高效运转。加强业务流和数据流分析，重塑业务流程、优化协作方式，助力政务运行效能提升。

四、聚焦数字赋能，形成融通互促、共享开放的发展格局

随着数字化转型的深入，数据已经成为经济社会发展的基础性战略资源和关键性生产要素。数字政府建设以数据汇聚融合、共享开放和开发利用为基础，通过挖掘数据要素潜力，推动政府决策科学化水平和管理服务效率提升，进而催生经济社会发展新动能。四川是经济大省、人口大省，得天独厚的经济社会条件决定了其数据资源大省的地位。近年来，四川坚持数据赋能，针对数据“汇集难、共享难”、流通使用堵点较多等问题，多措并举、综合施策，全力推动由数字资源大省向数字价值大省转变。

一是着力助推数字经济发展。充分考虑四川省产业优势、产业规模、发展潜力、经济贡献，因地制宜鲜明提出构建“5+1”现代产业体系，即打造电子信息、装备制造、食品饮料、先进材料、能源化工5大支柱产业和大力发展数字经济。特别是集中资源优势，大力发展数字经济，2021年全省数字经济规模达1.85万亿元。大力推进数字产业化，着力打造“芯屏存端软智网”等核心产业集聚集群，成都软件与信息服务业入选国家先进制造业集群，全国首个跨省域国家级网络安全产业园区落地成渝，成都、绵阳、眉山已形成全国最大柔性屏生产基地。加快推进产业数字化，成渝地区成为继长三角之后全国第二个跨省级行政区域的工业互联网一体化发展示范区，四川成为首批国家工业领域数据安全管理等多项国家级试点省份，围绕工业互联网、制造业与互联网融合、企业上云等打造200余个国家级标杆典型和示范应用，培育了近40个省级工业互联网平台、12家省级数字化转型促进中心。“企业上云”累计超31万户，全省数字化研发设计工具普及率达79.6%。

二是着力引领数字社会建设。聚焦服务群众和精准防控要求，加快推进疫情防控管理平台建设，建成全省统一的“四川天府健康通”大数据平台，服务疫情常态化精准防控和局部应急处置，覆盖用户超1.1亿人，成为国内用户活跃度最高的疫情防控便民服务平台之一。立足交通管理需要，建成投用覆盖全省的交通运行监测与应急指挥系统，ETC用户使用率居全国前列。大力开展数字校园建设，“四川云教”直播平台覆盖范围加速拓展，以信息化手段推动优质教育资源向偏远山区、民族地区、薄弱学校覆盖，有效推动了优质教育资源均衡化发展。居民健康信息平台加快建设，形成了覆盖全人口、全生命周期的健康信息服务体系。扎实抓好社会保障卡“一卡通”应用试点，推动社保卡在政务服务、交通出行、文化旅游、医疗健康、资金发放等重点应用取得更大实效。大力建设数字“三农”大数据平台，助力全省农业农村现代化发展。持续推进“慧眼工程”与“天网”“雪亮工程”等公共安全视频监控建设联网应用，不断提升群众安全感。

三是着力促进数字金融发展。加大货币信贷政策支持力度，引导数字经济金融产品和服务多样化发展。向全国性银行线上推送数字经济等科创企业白名单，推动央行科技创新再贷款在川落地落实。各市（州）创新推出“天府科创贷”“天府知来贷”等风险补偿资金池，引导金融机构结合数字经济企业“轻资产、重智产”特征，创新基于股权、订单、仓单、知识产权、应收账款等的信贷产品。加强金融支持平台建设，鼓励针对数字化转型促进中心开展创新服务。支持有条件的金融机构为全省数字化转型重点项目开通授信审批绿色通道，提供建设期中长期固定资产贷款和运营期流动资金贷款。充分运用天府信用通地方征信平台，推动数字经济等市场主体公共信用信息接入平台，实现融资申请、融资增信、信用画像、信息交互等全流程在线化。

四是着力营造良好数字生态。组建四川省大数据发展联盟，建立省大数据专家智库，围绕学术课题研究、提供决策咨询服务、助力企业数字化转型、促进产业创新发展等，推动大数据知识传播、技术创新、示范应用和产业发展。成功举办两届数字四川创新大赛，一批优秀作品创投签约并孵化落地。持续发布公共数据开放指数、网上政务服务能力第三方评估，引导地方政府和部门提高应用大数据的能力。探索建立数字资产交易中心，规范培育数据交易市场主体，完善数据跨区域、跨领域共享开放制度。开展政府数据授权运营试点，挂牌成立全国首个数据要素产业园，积极探索数据流通新路径。针对数字经济等创新型市场主体，在省级层面实施“首违不罚”制度，主动为其纠错减负。

五、聚焦自主可控，健全科学规范、推进有力的保障体系

数字政府建设是一项系统工程，四川把打造数字政府、加快发展数字经济，作为推进经济社会高质量发展、提高治理体系和治理能力现代化的重要抓手，统筹发展和数字政府安全，着力推动政府治理模式的变革，大力提升领导干部的数字治理能力，为数字政府建设提供强大动力和坚强保障。

一是完善法规标准。积极推进《四川省数据条例》立法工作，为加快建设网络强省、数字四川、智慧社会提供法治保障。扎实推进标准规范体系建设，成立大数据标准化技术委员会，完善数字政府建设标准体系框架，发布“天府通办”政务服务平台技术规范、公共信息资源标识规范等一批数字政府标准规范，强化数据标准管理。

二是构筑安全防线。构建省域统一的网络安全监测防护体系，将市（州）电子政务外网纳入监测范围，提高网络安全监测的及时性、精准性。加强数据安全管理和个人信息保护，实行数据资源全生命周期管控，实现数据资源清晰可用、共享规范、质量可控。

三是加强人才保障。成立数字政府建设专家委员会，引导在川高校和科研机构组建四川省互联网学院、设置数字政府相关专业，加强数字理论应用研究。制定《加强现代产业发展人才支撑的十条措施》，从人才培养、评价、薪酬激励等方面，对数字政府建设人才给予强有力的政策支持。开展网络信息安全、大数据与人工智能专业职称评定，举办全省数字政府建设专题研讨班，持续提升干部队伍数字思维、数字技能和数字素养。采取“产研训融合、政企社协作”模式，整合高校、企业、科研机构等多方资源，在成都、宜宾“一体两地”布局建成四川省网络信息化人才培养基地。

四是创新政策体系。出台省级政务信息化项目管理办法和备案规则，完善项目审批、招投标、采购、监理、验收、绩效评价等环节管理制度，强化政策支撑。按照分级保障原则，将数字政府建设项目纳入同级政府预算，加强资金保障。建立政府引导、社会投入的数字政府建设投融资机制，通过市场化手段积极引导带动各类社会资本投入。探索“政研学企”共建模式，支持省、市、县三级政府和各类社会主体参与数字政府建设。整合优化省属国有数字经济企业和运营商力量，推动组建数字四川集团，为数字政府建设提供技术支撑。

五是强化考核落实。完善《四川省数字经济核心产业统计分类目录》，开展针对数字经济新领域、新业态和新模式的专项统计研究，探索数字经济增加值测算方法。建立省级数字经济核心指标定期发布机制和动态监测制度，完善市（州）数字经济发展评估体系，健全常态化考核机制，将数字政府建设纳入全省各级政府绩效考核，保障数字政府建设各项工作落地见效。

贯彻以人民为中心的发展思想推进数字政府建设

田国立

中国建设银行党委书记、董事长

习近平总书记在中央全面深化改革委员会第二十五次会议上指出，加强数字政府建设是创新政府治理理念和方式的重要举措，对加快转变政府职能，建设法治政府、廉洁政府、服务型政府意义重大。《关于加强数字政府建设的指导意见》（以下简称《指导意见》）是具有里程碑意义的重要文件，将在推进国家治理体系和治理能力现代化，加快构建网络强国、数字中国进程中发挥深远影响和重要作用。

《指导意见》以习近平新时代中国特色社会主义思想为指导，全面贯彻党的十九大和十九届历次全会精神，坚持以人民为中心的发展思想，践行新发展理念，通过数字技术的深化应用，优化政府治理架构、运作程序和管理服务，促进政府经济调节、市场监管、社会管理、公共服务和生态环保能力现代化建设。《指导意见》的科学性、系统性、前瞻性、战略性和操作性特点突出，为加强数字政府建设描绘了目标愿景、确定了重点任务、明确了实施路径，对加快推进数字政府建设，构建协同高效的政府数字化履职能力体系、科学规范的数字政府建设制度规则体系、开放共享的数据资源体系、智能集约的平台支撑体系、全方位安全保障体系等具有重大指导意义。

一、坚持以人民为中心，贯行数字政府建设的全方位全过程

《指导意见》强调，要把坚持和加强党的全面领导贯穿数字政府建设各领域各环节，坚持正确政治方向。人民立场是我们党的根本政治立场，坚持以人民为中心，做到数字政府建设为了人民、依靠人民，建设成果由人民共享，让企业和群众成为数字政府建设的推动者、监督者、受益者。随着科技进步和应用深化，我国政府先后经历了电子化、信息化、网络化发展，到现在的数字化和智能化阶段。从本质上看，数字技术是手段而不是目的，更好地为人民服务才是目的。因此，必须坚持以人民为中心，把满足人民对美好生活的向往作为根本目的，贯行数字政府建设的全方位和全过程。

（一）以民为本促民生保障

民之所盼，政之所向。数字政府建设顺应了人民群众对美好生活的新期待，让政务服务由政府供给导向转为群众需求导向。数字政府建设将有力带动民生短板的补齐，加快民生保障领域的数字化转型步伐，重点在"幼有所育、学有所教、劳有所得、病有所依、老有所养、住有所居、弱有所扶"等民生保障体系上，进一步提升数字化、精细化和均等化水平，降低政府、企业、社会组织等不同主体的服务和治理成本，持续推动我国民生保障事业实现高质量发展。

（二）数字改革促职能转变

《指导意见》提出，全面推进政府履职和政务运行数字化转型，统筹推进各行业各领域政务应用系统集约建设、互联互通、协同联动。数字化改革促进政府职能转变，不仅能提高政府治理科学化、精细化、智能化水平，还能更好地支持经济社会数字化发展。一是以支持数字化的制度改革，促进前沿技术创新、数字产业化和产业数字化的新格局加快形成。二是以适应数字化的治理改革，形成更

加包容审慎的监管体系，促进平台经济、共享经济等新业态的规范创新发展。三是以孕育数字化的保障改革，推动数据要素包括产权保护和交易定价等保障机制形成，为数据资源价值转化提供根本保障。

（三）体系创新促提质增效

《指导意见》要求强化系统观念，就需要以体系化创新来促进政府管理服务的提质增效，着力在政府服务体系、业务体系、数据体系、组织体系和环境体系的创新上下功夫。一是服务体系创新，以数字化打破时空限制，建立全向供给、全时响应和全程跟踪的服务机制，推进服务融合优化和服务能力提升，为百姓提供一站式、菜单化、主题型、全周期服务。二是业务体系创新，立足政府职能业务线的数字化，以政务事项梳理及流程再造为抓手，推进跨部门跨层级跨区域业务协同，构建纵横贯通、协调联动的业务体系。三是数据体系创新，数据是数字政府的核心特征，通过建立无缝联通、汇聚共享、广泛应用的数据体系，形成用数据说话、用数据决策、用数据管理、用数据创新的新型治理体系。四是组织体系创新，建立适应数字化发展的组织架构体系，改变传统垂直运作、部门内向循环模式，合理推动政府部门机构改革和职能转变。五是环境体系创新，着力在数字基础设施、数字运行机制、数字安全保障等方面，充分发挥数字政府建设的基础支持和引领带动作用，为高质量建设社会信用体系、进一步优化营商环境、加快建设全国统一大市场提供重要支撑。

二、运用一体化、融合化、精准化手段，打造泛在可及、智慧便捷、公平普惠的数字化服务体系

《指导意见》指出，加强数字政府建设是创新政府治理理念和方式的重要举措，对加快转变政府职能、建设服务型政府具有重大意义，并明确提出要打造泛在可及、智慧便捷、公平普惠的数字化服务体系，让百姓少跑腿、数据多跑路。

政府数字化服务体系建设涉及社会方方面面，各级政府在人力、成本和渠道等方面的资源条件相对有限，面对人民群众日益增长的公共服务需求，在客观上需要动员社会力量积极参与。银行等服务业身处竞争充分的行业市场，注重以用户客户为中心，积累了提升服务体验的科学方法和专业工具，不仅能提供可借鉴的实践经验、可依靠的专业支持，还能成为开展数字化服务融合创新的合作力量。以共建共享方式打造数字化服务体系，需要积极运用一体化为民、融合化便民、精准化惠民的手段，全方位满足广大企业百姓各类多元服务需求。

（一）一体化为民

一体化为民就是打造线上线下服务的一体化，有力增强为民服务的泛在可及。一体化需要科学的顶层设计、合理的体系架构和完善的互通互联来支撑保障。以统一标准为前提，加强事项梳理、流程再造、运行优化，推进系统联通、数据联用、业务联动，建立纵横贯通的公共服务网络，形成线上线下灵活衔接、办理高效便捷的一体化服务体系，做实“一网通办”“跨省通办”“就近可办”及“单一窗口”服务内涵，使终端屏面服务和网点柜面服务的功能一致、流程一致、体验一致，让企业和群众办事更方便、更快捷、更有效益、更显关怀。

（二）融合化便民

融合化便民就是打造政务服务与行业服务的融合化，有效提升便民服务的智慧便捷。通过政企合作模式创新，携手银行等服务企业，共同打造融合化服务。一是将银行等行业服务引入政务服务场景，针对广大群众的办事主题需求，提供强关联集成式的深度服务。二是将政务服务进驻银行等企业的服务渠道，在网点柜台、自助终端、各类平台等渠道进行广泛部署，提供常用高频的政务服务，为城乡居民打造“百姓身边政务大厅”和“15分钟政务服务圈”，有效打通政务服务“最后一公里”，实现“网点办、就近办、村口办”。三是推进智慧融合应用，创新采用数字身份认证、电子证照、电子印章、电子签名、数字支付等基础数字支持功能，面向企业百姓高频热点与深度关联的服务需求，推出集政务服务与行业服务于一体、智慧便捷的数字化产品服务。

（三）精准化惠民

精准化惠民就是打造公共服务供需匹配的精准化，有益增进惠民服务的公平普惠。运用大数据、人工智能等新技术，描绘出服务对象的行为特征与精细画像，准确定位个性服务需求，支持服务供给组合配置，做到精准匹配和精确推送，实现从“人找政策”到“政策找人”，使广大企业和百姓在享受改革红利、政策惠利和公共福利上“一个都不能少”，让均等的基本公共服务公平普惠地输送到每家每户，在数字化中成为现实。

三、以创新驱动、融合赋能、统筹推进，激发数字政府建设的新动能

《指导意见》明确要建立数字化履职能力、建设制度、数据资源、平台支撑、安全保障五大体系。通过制度和技术创新驱动，业务和数据融合赋能，发展和安全统筹推进，突出“有”“牢”“全”“实”“稳”五个特征，激发数字政府建设的新动能，持续推进五大体系建设发展。

（一）体制机制“有”

构建应有尽有的体制机制，形成科学完备的制度规则。一是完善法律法规，构建与数字化发展相适应的法律法规，形成完备的数字政府法律制度体系。二是统一标准规范，建设数字政府标准体系，支持数字政府建设一体化。三是健全运行规则，建立纵向联动、横向协同、统筹分工、新技术应用、多方参与的运行规则和创新机制。

（二）基础底座“牢”

高质量建设数字政府需要牢固的基础底座，通过技术创新实施驱动，不断夯实基础底座。一是进一步加强全国一体化数字政府平台体系建设，以国家政务服务和“互联网+监管”平台为总枢纽，充分联通各地区各部门的业务平台系统。二是提升政务云支撑能力，统一政务云框架和标准规范体系，统筹分级建设国家和地方政务云平台。三是提升政务网络支撑保障能力，拓展深化政务外网、内网的联通覆盖，为多跨的业务协同与信息共享提供网络支撑。四是统一公共应用支撑，增强数字资源高效管理配置能力，提升数字政府整体效能。

（三）资源要素“全”

党的十九届四中全会首次将数据作为新的生产要素，健全了数字新时代的生产资源要素。《指导意见》提出要充分发挥政务数据共享协调机制，提升数据共享统筹协调力度和服务管理水平。这就需要促进数据高效共享和有序开发利用，实现数据全生命周期治理和全方位赋能。数据要素的价值创造水平取决于数据基础能力，主要靠人才、方法和工具予以支撑。一是规模化培养掌握数据技能的复合型人才，可借助社会专业力量支持，加快建立数据治理和应用人才队伍，体系化提升数据开发利用水平。二是在实践中科学总结有效的通用方法，包括政务数据的标准规范、资源目录编制、应用指标、质量提升、应用平台、数字实验室和“互联网+监管”风险预警模型等多类通用设计建设方法，深入推进政府数据治理应用实践。三是打造先进的数据应用建模通用工具，大幅降低技术门槛、充分共享知识技能、快速复用创新样板，让政府工作人员通过短期培训就能开展数据建模，加快数据治理应用能力的提升。

（四）场景赋能"实"

《指导意见》强调将数字技术广泛应用于政府管理服务的目的，具体体现在数字化对管理服务场景赋能的实效上，通过数字化、智能化的场景赋能，形成业务和数据深度融合的政府运行新形态。聚焦创新数据管理体制、深化数据高效共享、促进数据有序开发利用等重点任务，逐步实现业务数据化、数据资产化、资产价值化的场景赋能范式，推动政府职能运行数字化转型，推动数据对经济社会发展、营商环境优化、领导决策支撑等方面的场景赋能应用。

（五）安全保障"稳"

安全保障是数字政府建设的底线，守好底线方能行稳致远，要坚持发展和安全统筹推进。《指导意见》强调，要始终绷紧数据安全这根弦，加快构建数字政府全方位安全保障体系，全面强化数字政府安全管理责任。这就需要依法依规持续加强数据安全、网络安全、个人信息保护，加大信息技术应用创新，不断提升网络安全保障能力和风险防范水平，安全有序推进政务及公共数据资源开放共享与开发利用，以及与企业数据资源、社会数据资源的融合应用。

四、发挥新金融"科技、普惠、共享"的特性，服务数字化高质量发展

中国建设银行成立60周年之际，习近平总书记作出重要批示，要求进一步增强服务国家建设能力、防范金融风险能力、参与国际竞争能力，为中华民族伟大复兴作出更大贡献。这不仅为中国建设银行，也为整个银行业高质量发展提出了要求、指明了方向。新金融是以新发展理念为指引，积极把握数字时代发展机遇的金融变革与重构，其内涵是指构建以数据为关键生产要素、以科技为核心生产工具、以平台生态为主要生产方式的现代金融供给服务体系。政府数字化体现共

建和共享，新金融具有“科技、普惠、共享”特性，二者同频共振，新金融服务数字政府建设，加快数字化高质量发展，正是以实际行动深入贯彻习近平总书记的重要批示精神。

（一）新金融力量彰显家国情怀、责任担当

新金融立足于数字化进程，数字金融与数字政府建设同根连枝，都是数字中国的重要内容。新金融以数字技术构筑“水利工程”，引金融之水灌溉实体经济的田间阡陌，导数字之利奉献数字政府的建设过程，彰显了家国情怀与责任担当的力量。国家战略和社会需要是新金融力量推进数字化经营的航向坐标，在服务实体经济方面，建设银行推出“惠懂你”服务终端，认证企业600多万户，实现秒申、秒审、秒贷，小微企业普惠金融贷款超2万亿元，有效破解“融资难、融资贵”问题；在助力乡村振兴方面，部署51万个综合金融服务、智慧村务和便民事务的“裕农通”服务点，覆盖全国80%的乡镇及行政村，提供“裕农快贷”等多种产品线，乡村振兴涉农贷款达2.47万亿元，有力支持美丽乡村建设。

（二）新金融手段服务经济社会、民生关切

新金融让银行不再仅是传统金融服务的提供者，更是拥有融智赋能手段的资源整合者，通过服务数字政府建设，将更加高效地服务经济社会发展，更加及时地回应民生关切，更加深度地融入各类场景。建设银行积极参与“教育强国”，打造了从幼儿园到大学多个“建融慧学”样板间，已为500多所高校及40000多家K12教育客户提供了综合服务；助力实现“健康中国”，以“建融智医”为患者提供全流程线上就医服务，已服务600多家医院；对接配套“金民工程”，与民政部门合作推出“安心养老”数字服务，已覆盖180多个地市；等等。

（三）新金融优势赋能数字治理、“三融五跨”

新金融在服务实体经济、风险共治和数字治理方面具有显著优势，发挥新金

融优势助力数字政府建设，探索赋能数字治理新路径，促进技术融合、数据融合、业务融合，形成跨层级、跨地域、跨系统、跨部门、跨业务的协同管理和服务。近年来，中国建设银行新金融躬身入局数字政府建设，相继为十多个省级政府和部委单位搭建了政务平台，拓展了各类风险预警模型的风险共治应用，打造了政府数字治理的多种样板间，有力支持了“三融”数字化进程。目前平台注册用户已达2亿户，办理量超25亿笔；让更多的网点办政务，让网点办更多的政务，在14000余个银行网点里，可预约、查询和办理政务服务事项合计超过6000项，通过STM机提供的政务服务超过4700余万笔；建设了网点STM“跨省通办”专区，提供了包含1000多项涉及“五跨”的政务服务事项，实现全国31个省、自治区、直辖市“跨省通办”的全覆盖，并在上海率先上线试运行。这些新金融实践，为赋能数字治理，推进“三融五跨”进行了有益尝试、积累了有效经验。

（四）新金融格局厚植金融向善、文化自信

新金融秉持人民至上的深情真意，厚植金融向善的精神底蕴，弘扬义利兼顾的文化自信，在助力政府数字化转型中发挥独特的作用。通过融合资源、汇合诉求、聚合能量，开创发展数字力、拓展新应用的新金融格局，致力提升公共服务和社会治理的数字化智能化水平，夯实数字政府公共服务基础支撑作用，引发数字与政府、金融、产业、社会的化学反应及各领域间的共振效应，纵深推进数字民生、数字乡村、智慧城市、智慧行业等“数智”建设，共同加快数字化高质量发展。

随着《指导意见》的正式出台，国家推进数字政府建设的宏伟蓝图已经绘就。我们坚信，在党中央坚强领导下，到“十四五”期末，将数字技术广泛应用于政府管理服务的各项目标一定会胜利实现！新金融胸怀“国之大者”，坚守初心砥砺前行，将一直在服务数字政府建设的路上奋发有为。

奋力开创数字政府建设新局面
引领驱动数字中国新发展

刘烈宏

中国联通党组书记、董事长

数字政府是将数字技术广泛应用于政府管理服务，推动政府治理流程优化和模式创新，不断提高决策科学性和服务效率的政府运行新形态。以习近平同志为核心的党中央高度重视数字政府发展，将其作为数字中国的重要组成部分，引领和驱动数字经济、数字社会全方位协同发展。2022年4月19日，中央全面深化改革委员会审议通过了《关于加强数字政府建设的指导意见》(以下简称《指导意见》)。习近平总书记在主持会议时强调，要全面贯彻网络强国战略，把数字技术广泛应用于政府管理服务，推动政府数字化、智能化运行，为推进国家治理体系和治理能力现代化提供有力支撑。

一、深刻学习领会习近平总书记重要论述，充分认识数字政府建设的重大意义

早在福建、浙江工作期间，习近平同志就高瞻远瞩作出建设“数字福建”“数字浙江”的战略决策。习近平同志曾形象地描述“数字福建”工程：“各地的信息就是千根线，电子政务平台就像一根针，把数据穿起来”，并且提出了“要统筹、不要多头”的原则。党的十八大以来，以习近平同志为核心的党中央高度重视发

展数字经济，将其上升为国家战略。“要坚持以人民为中心的发展思想”，“让百姓少跑腿、数据多跑路”[①]，“要激发数字经济活力，增强数字政府效能，优化数字社会环境，构建数字合作格局，筑牢数字安全屏障，让数字文明造福各国人民”[②]。2022年4月，习近平总书记在中央全面深化改革委员会第二十五次会议上又对数字政府建设作出重要指示。习近平总书记一系列重要论述，为新时代数字政府建设提供了根本遵循，也是习近平新时代中国特色社会主义思想在数字政府领域的一贯体现。

数字政府作为数字中国的重要组成部分，通过推动政府治理手段和治理模式的数字化转型，已经成为国家治理体系和治理能力现代化的重要抓手，是强化政府运行、决策、服务、监管能力的重要引擎，对于助力政府职能转变、实现经济社会高质量发展意义重大。

数字政府建设是落实网络强国战略、数字中国建设的基础性工程。在全面建成社会主义现代化强国的第二个百年奋斗目标的伟大进程中，数字政府建设具有重要的基础性和引领性作用，是数字中国的重要组成部分，也是落实网络强国战略的关键环节。大力推进数字政府建设是顺应变革趋势、构筑数字化时代国家竞争新优势的时代之需，是落实习近平总书记关于网络强国的重要思想，开启全面建设社会主义现代化国家新征程，推动经济社会实现高质量发展的必然要求。

数字政府建设是构建法治政府、廉洁政府、服务型政府的必然要求。一方面，数字政府通过数字化手段管理好公共权力、公共资金、公共资源和公职人员，加强对权力运行的制约和监督，为推动法治政府、廉洁政府建设提供支撑。另一方面，数字政府着力破解人民群众反映强烈的突出问题，通过创新服务方式，为人民群众提供更加智能、便捷、优质的公共服务，与人民满意的服务型政府的价值

① 《审时度势精心谋划超前布局力争主动　实施国家大数据战略加快建设数字中国》，《人民日报》2017年12月10日。

② 《习近平向2021年世界互联网大会乌镇峰会致贺信》，《人民日报》2021年9月27日。

取向高度一致。

数字政府建设是推动有效市场和有为政府结合，充分激活经济发展新动能的关键途径。数字政府是数字技术革命时代政府治理改革发展的必然结果，建设好数字政府，不断提高政府数据治理能力，是国家创新力和竞争力增强的重要体现。按照《指导意见》体系化推进数字政府建设，夯实经济社会数据资源底座基础，能够有效解决效率与公平、发展与稳定等问题，强力支撑市场要素向高质高效流动，提振经济发展新动能。

数字政府建设是坚持以人民为中心，增进人民福祉的重要保障。将数字技术广泛应用于政府决策和管理服务，推动政府治理流程优化和模式创新，实现政府治理方式全方位、系统性变革，能够提供更加智慧精准的公共服务，使政务服务从政府供给导向向人民群众需求导向转变，进一步实现数字便民惠民，加快弥合数字鸿沟，完善数字治理规则，让人民群众在数字化发展中有更多获得感、幸福感、安全感。

二、准确理解和深刻把握数字政府的丰富内涵和内在要求

党的十八大以来，按照党中央、国务院工作部署，各地区、各部门统筹协调电信运营商、互联网企业等多行业，积极运用数字技术推动政府管理和服务模式创新，不断完善政策法规和体制机制，持续强化平台支撑和技术应用，推动我国数字政府建设取得显著进展。建成了全国一体化政务服务平台体系，“最多跑一次”“不见面审批”等服务创新模式不断涌现；“一网通办”“一网统管”“异地可办”“跨区通办”渐成趋势，“掌上办”“指尖办”逐步成为政务服务标配；“行程卡”“健康码”等应用在数字抗疫中发挥重要作用；电子政务在线服务指数跃升至全球第9位。政务信息整合共享工作基本实现“网络通、数据通”的阶段性目标。建成全国一体化数据共享交换平台，一体化的数据共享响应机制日趋完善。这些成绩的取得，为我国全面推进数字政府建设积累了宝贵经验，

为《指导意见》的出台实施奠定了坚实基础。

作为贯彻落实习近平总书记关于数字政府建设既一脉相承又与时俱进的集中体现,《指导意见》在系统回答了数字政府为谁而建、怎么建、如何建等问题的基础上,又面向“十四五”时期以及2035年远景目标,围绕推进国家治理体系和治理能力现代化,对数字政府建设工作作出了统筹部署,提出了与新时代治国理政相适应的新内涵与新要求。

(一)准确理解新时代数字政府建设的丰富内涵

新时代赋予了数字政府建设新的内涵。《指导意见》提出,要强化党总揽全局的领导核心作用,以建设法治、廉洁、服务型的现代政府为目标,以大数据、人工智能、区块链等数字技术为支撑,以满足人民对美好生活的向往作为数字政府建设的出发点和落脚点,推动政府数字化、智能化运行,不断提高数字政府建设水平。具体体现在以下四个方面。

一是更加注重以人为本。《指导意见》明确要求,要坚持以人民中心,把满足人民对美好生活的向往作为数字政府建设的出发点和落脚点。这揭示了,数字政府建设的根本目的在于更好地为人民服务,不断提升人民群众的获得感、幸福感和安全感,要把“为老百姓做了多少好事实事”[①]作为检验数字政府建设成绩的最重要标准。

二是更加注重数据价值。《指导意见》提出,要加强数据汇聚融合、共享开放和深度利用,通过推进全国一体化政务大数据体系建设,不断深化政务数据全流程治理,赋能政府治理流程优化和模式创新。这意味着,数据共享开放与深度开发利用是提升数字政府建设水平的着力点,对于构建完善的数据资源体系,进一步推动数据要素市场化配置改革具有重要意义。

三是更加注重统筹协调。《指导意见》明确了各地方各部门在数字政府统筹

① 《全面建成小康社会 乘势而上书写新时代中国特色社会主义新篇章》,《人民日报》2020年5月13日。

规划、建设指引、标准规范建设中的主导职责，要加强对数字政府建设的统筹管理；要推进全国一体化数字政府平台体系建设，加快建设完善国家级枢纽平台，构建互联互通的基础支撑体系。这表达了，越是系统性改革，越需要贯彻系统观念，处理好全局和局部、全面和重点的关系。要强化系统观念，统筹推进技术融合、业务融合、数据融合，开展一体化、集约化、科学化、协同化建设。

四是更加注重系统安全。《指导意见》提出，要全面落实总体国家安全观，统筹发展和安全，要构筑全方位安全保障体系，全面落实数字政府建设安全责任，持续提升数字政府安全保障水平。这明确了，数字政府建设的安全涉及数据安全、系统安全、公共安全、国家安全等，要通过建立多层次、全方位自主安全体系，实现从单一的安全手段到整体的安全体系的转变。

（二）深刻把握新时代数字政府建设的内在要求

面对新时代赋予的新使命，《指导意见》进一步明确了推动数字政府建设高质量发展的新要求，更加强调一体化协同，为有效促进行政管理、政务服务的质量变革、效率变革、动力变革，更好地服务新发展格局指明了方向。

一是要把坚持和加强党的全面领导贯穿数字政府建设各领域各环节，坚持正确政治方向。在党中央集中统一领导下，全面贯彻党中央、国务院关于加强数字政府建设的决策部署，着力培养党员干部数字思维和数字素养，提升数字化管理能力和行政履职能力。将坚持和加强党的全面领导贯穿数字政府建设全过程，确保党的基本理论、基本路线、基本方略贯彻落实到数字政府建设各领域各环节。

二是打造泛在可及、智慧便捷、公平普惠的数字化服务体系，让百姓少跑腿、数据多跑路。以数字技术与政府治理深度融合为抓手，加强数据汇聚融合、共享开放和深度利用，充分发挥数据要素的叠加倍增效应，推动数据资源和数字能力持续转化，赋能政府治理流程优化和模式创新，不断提高政府决策科学性和管理服务效率。

三是要以数字化改革助力政府职能转变，统筹推进各行业各领域政务应用系统集约建设、互联互通、协同联动。加强全国一体化数字政府平台体系建设，优化拓展政务云支撑能力，提升基础网络建设和保障能力，推进公共应用支撑设施的集约化建设，统筹推动经济调节、市场监管、社会管理、公共服务、生态环境保护等政府职能向政府内部运行数字化转型。

四是要强化系统观念，提升跨层级、跨地域、跨系统、跨部门、跨业务的协同管理和服务水平。将系统观念作为数字政府建设基础性的思想和工作方法，加强前瞻性思考、全局性谋划和战略性布局，充分调动各地区、各部门和社会各方面积极性，实现发展质量、结构、成效、安全相统一，形成强大工作合力。

五是要始终绷紧数据安全这根弦，加快构建数字政府全方位安全保障体系。要全面落实总体国家安全观，统筹发展和安全，树立安全底线思维，加大信息技术应用创新，为数字政府提供体系化、常态化、实战化的安全防护体系，不断提升安全保障能力和风险防范水平，切实保障网络和数据安全。

三、坚持党的全面领导，全面推动数字政府建设向纵深发展

贯彻落实中央全面深化改革委员会第二十五次会议精神，做好数字政府建设工作，要以习近平新时代中国特色社会主义思想为指导，立足新发展阶段，完整、准确、全面贯彻新发展理念，构建新发展格局，以深化供给侧结构性改革为主线，以服务市场主体和便利广大群众为重点，综合运用新技术新理念新模式，形成与数字经济发展相适应的数字治理能力，为推进国家治理体系和治理能力现代化提供有力支撑。

（一）坚持党对数字政府建设的全面领导，推动形成协同高效的工作合力

加快推进数字政府建设，必须把坚持和加强党的全面领导贯穿到各领域各

环节，推动形成共商、共建、共享、共治的数字政府建设新局面。中国联通坚决贯彻落实党中央决策部署，顺应数字政府发展新趋势，立足新征程，聚焦“新战略”①，勇担“数字信息基础设施运营服务国家队、网络强国数字中国智慧社会建设主力军、数字技术融合创新排头兵”，全面服务政府数字化、智能化运行，积极为数字政府建设贡献联通力量。

（二）充分发挥数据倍增作用和融通价值，助力打造智慧泛在、便捷普惠的数字化服务体系

加快构建标准统一、布局合理、管理协同、安全可靠的全国一体化政务大数据体系，持续推动政府数据“看得见、管得住、用得好”，全面赋能政府治理和科学决策，让数字政府建设成果更多更公平地惠及全体人民。中国联通结合自身网络资源优势和技术能力禀赋，全面支撑和服务20多个国家部委、31省级数字政府建设，落地750余个智慧城市项目，为超过17万个行政村提供数字乡村服务，始终坚持增供给、提品质、降资费，助力经济社会转型升级和民生改善，更好满足人民日益增长的美好生活需要。

（三）不断提升数字信息基础设施建设的供给能力和水平，为政府数字化改革提供坚实基础

加快5G、云计算、大数据、人工智能等新型基础设施布局，构建全国一体化政务云，推进政务网络共建共享，强化数据共享和业务协同支撑，夯实算网基础设施能力。中国联通着力打造数网云边协同、绿色集约智能的一体化算网基础设施，承建47个部委级全国政务专网，积极支撑国家电子政务“一张网”“一朵云”建设。目前，建成全球规模最大的5G共建共享网络②，打造“时延毫秒级、开通

---

① “新战略”：2021年12月，中国联通将公司战略升级为“强基固本、守正创新、融合开放”12个字。在新定位新战略下，发力数字经济主航道，将“大联接、大计算、大数据、大应用、大安全”作为主责主业。

② 5G共建共享网络：截至2022年4月，与中国电信开通5G共享基站74.1万站，建成了全球规模最大的5G共建共享网络，实现了城区、县城及重点乡镇5G连续覆盖。

分钟级、自主化管理、服务更安全”的高品质专线，构建承接国家“东数西算”工程的“5+4+31+X”新型数据中心体系[①]，助力数字政府基础设施集约化和互联互通水平不断提升。

（四）深入贯彻新发展理念，有效助力健全科学规范的数字政府建设模式和制度创新

综合运用法律、标准和技术等手段，加强政府数字化改革、制度化建设，完善政府运行管理机制，构建统一标准规范、上下整体联动、资源有效融合的数字政府支撑制度体系。中国联通认真落实央企政治责任、经济责任、社会责任，充分发挥信息通信行业惠民生、促投资、稳就业的多重效应，积极助力政府业务流程和服务模式数字化智能化水平不断提升。围绕政府经济治理与调节、就业监测与服务、国土空间规划、应急处突、生态环保等领域，中国联通持续加大资源投入，提供“浙里突发快响”[②]“中国联通智慧数享大数据平台”[③]等多种服务，运用大数据技术不断推动政府治理与服务模式创新。

（五）强化一体化安全保障，持续提升数字政府安全保障水平

全面贯彻落实总体国家安全观，统筹发展和安全，强化通信运行安全保障，加强基础网络安全建设，深化信息安全综合治理，构建“云、管、端、数”一体化安全能力体系，保障数字政府“生命线”。中国联通高度重视网络安全和数据安全保障工作，坚持锻造坚强网络，持续提升基础网络安全防护水平，圆满完成庆祝建党百年、北京冬奥会和冬残奥会、全国两会、“云外交”等最高等级的通信

---

① “5+4+31+X”：全面布局5个国家“东数”枢纽节点和大区中心枢纽节点、4个国家“西算”枢纽节点、31个省级核心数据中心以及X个地市级城域及边缘数据中心。

② “浙里突发快响”：该应用是为省、市、县三级党委政府感知预测、研判预警，防范化解苗头性、倾向性突发事件的重大风险，以及快速响应、科学调度、高效协同处置各类突发事件提供数字化支撑的重大应用。该应用荣登第二批浙江省数字化改革“最佳应用”榜首。

③ “中国联通智慧数享大数据平台”：2021（第十六届）中国电子政务论坛暨首届数字政府建设峰会，重磅发布智慧数享大数据平台。

安全保障，努力打造“管理+技术+运营”的数据安全和个人信息保护体系，勇担现代产业链“链长”，为数字政府构筑网络空间攻防兼备、安全可信的第一道防线。

深化数字技术融合创新
支撑数字政府智能集约发展

杨　杰

中国移动通信集团有限公司董事长、党组书记

党的十八大以来，以习近平同志为核心的党中央围绕实施网络强国战略、大数据战略等作出一系列重大部署，擘画了数字中国建设的宏伟蓝图。2022年4月19日，中央全面深化改革委员会第二十五次会议审议通过了《关于加强数字政府建设的指导意见》(以下简称《指导意见》)，将数字政府建设提到了前所未有的高度，我国数字政府建设有了总蓝图、总路线，迈上了全面改革、深化提升的新阶段。

一、提高政治站位，深刻认识建设数字政府的重要意义

习近平总书记强调，要把坚持和加强党的全面领导贯穿数字政府建设各领域各环节；把数字技术广泛应用于政府管理服务，推动政府数字化、智能化运行，为推进国家治理体系和治理能力现代化提供有力支撑。建设数字政府是对治理体系和治理能力的全方位、系统性重塑，对于政府更好感知社会态势、畅通沟通渠道、辅助决策施政，具有重要意义。

(一)建设数字政府，有助于促进公共服务更加便民

《指导意见》提出要把满足人民对美好生活的向往作为数字政府建设的出发

点和落脚点，打造泛在可及、智慧便捷、公平普惠的数字化服务体系，让百姓少跑腿、数据多跑路。建设数字政府，推动公共服务标准化规范化，构建全国一体化政务服务体系，有助于加速政务数据在不同层级、地域、系统、部门、业务之间的流通互认共享，提升全链条、全过程、全覆盖的一体化服务水平，实现公共服务泛在可及；有助于推动政务服务协同集成，精简服务流程，促进公共事项“一网通办”“跨省通办”一体服务，催生“网上办、掌上办、一次办”等创新模式，实现公共服务智慧便捷；有助于推动教育、就业、医疗健康、住房、交通、体育健身等领域公共资源数字化供给和网络化服务，促进优质资源共享复用，实现公共服务公平普惠。

（二）建设数字政府，有助于促进政府履职更加高效

《指导意见》提出要以数字化改革助力政府职能转变，统筹推进各行业各领域政务应用系统集约建设、互联互通、协同联动，构建协同高效的政府数字化履职能力体系。建设数字政府，深化数据要素汇聚整合、挖掘利用、分析研判，推进政府履职方式系统性数字化重塑，有助于实现对经济运行动态和结构变化的实时跟踪，提升市场分析、形势研判、政策模拟、效果反馈能力，及时发现和破除制约市场发挥决定作用的障碍，提高经济调节科学性；有助于推进市场监管信息资源共享开放和系统协同应用，更好赋能信用监管、数字监管、智慧监管，简政放权优化营商环境，构建公平竞争市场秩序；有助于构建数字机关，推动政府机关组织架构、管理架构、业务架构数字化、智能化转型，促进政府运行效能整体跃升。

（三）建设数字政府，有助于促进社会治理更加精准

《指导意见》提出要统筹推进技术融合、业务融合、数据融合，提升跨层级、跨地域、跨系统、跨部门、跨业务的协同管理和服务水平。建设数字政府，以“场景化”为抓手，创新“三融五跨”数字化治理模式，有助于打造立体化公共安

全保障体系，推进国家安全、社会稳定、自然灾害事件等相关系统融数赋智，提高突发公共事件预测预防能力；有助于推动政务网络体系支撑能力向街道、乡镇延伸，促进矛盾纠纷数据互联互通，形成矛盾纠纷多元化解“一体化”工作格局，提高矛盾纠纷处理能力；有助于拓展基层数据资源和政务服务平台应用场景，促进智慧社区、数字乡村等集成创新，提高基层社会治理能力。

二、把握特征规律，积极探索助力数字政府建设

近年来，中国移动锚定世界一流信息服务科技创新公司的目标定位，发挥网络强国、数字中国、智慧社会主力军作用，顺应政务服务数字化转型需求，把握数字政府建设、发展、演进特征规律，积极探索实践赋能政府管理、社会治理和民生改善，目前已为27个省、近200个地市提供公安、司法、应急、水利等领域政务信息化解决方案。2021年以来，在甘肃省委、省政府支持和指导下，中国移动整体承建甘肃省数字政府建设项目，按照“中西部领先、全国一流”标准，构建省、市、县、乡、村贯通的信息基础设施，打造“网+云+平台+应用”的一体化政务管理和服务体系，提供咨询规划、产品研发、解决方案、系统集成到交付运维的全链条服务，取得了初步成效。

（一）把握数字政府整体创新特征，打造技术领先的数字政府架构

建设数字政府是治理模式和技术应用融合变革的过程，具有理念创新、制度创新、技术创新、服务创新、安全创新的整体创新特征，应强化顶层设计，构建上下联动、纵横协同、条块结合的数字政府创新发展格局；强化系统推进，以数字技术创新推动流程再造、规则重构、方式重塑；强化安全运行，创新建设涵盖基础设施、数字技术、数据要素、业务应用的安全保障体系。比如，我们按照甘肃省数字政府“省级统筹、全省共用”的建设思路和“省级主建、市县主用”的建设模式，重构省市县三级“入口统一、业务统一、运管统一、能力统一、数据

统一、云网架构统一”的技术体系，建设省级数字政府平台24个系统和各地州、区县的数字政府平台，提供政务云网安全、政务数据安全、政务应用安全一体化保障，基础设施和公共资源初步实现共享复用。

（二）把握数字政府整体智治特征，建设集中运营的数字政府体系

建设数字政府是业务数据化和数据业务化融合互促的过程，具有全层级、全流程、全场景、全环节和全系统融数赋能的整体智治特征；应把握宏观与微观治理一体化、纵向与横向治理一体化、分层与协同治理一体化等要求，强化整体性数字制度规则建设；把握治理主体数字化、治理工具数字化、治理模型数字化、治理资源数字化、治理对象数字化等要求，强化整体性数字基础设施建设；把握系统治理、依法治理、综合治理、源头治理等要求，强化整体性数字技术系统建设。比如，我们支撑甘肃省数字政府建设纵向覆盖省市县三级的102个运营指挥中心，横向打通各厅局指挥调度系统，形成全省“一盘棋”的综合指挥调度体系；构建“省市两级共享交换平台+1个数据湖+多个数据仓”一体化大数据基座，归集治理政务服务数据超200亿条。

（三）把握数字政府整体集成特征，升级利企便民的数字政府应用

建设数字政府是业务应用体系与管理服务体系融合叠加的过程，具有协同融合、相互渗透、交叉重组、融为一体的整体集成特征，应注重标准体系、技术体系、工程体系、产业体系、制度体系的整体集成，促进服务供给与社会需求协同融合；注重重大项目、重大枢纽、重大平台、重大应用的整体集成，促进基础支撑与共性应用协同融合；注重组织领导、建设管理、考核评估、示范试点、标准规范的整体集成，促进运转机制与业务应用协同融合。比如，我们支撑甘肃省数字政府面向企业开通疫情防控、公共资源交易、智慧税务、投资审批等重要事项，为市场主体、百姓大众提供数字化、便利化服务，为深化“放管服”改革、优化营商环境提供技术支撑。开发统一的全省政务服务移动

端入口，推动更多政务服务事项实现“掌上办”“自助办”。

通过探索实践，我们深切感受到，加快建设数字政府，将促进社会资本和人力资本在更大范围实现资源整合与优化配置，对于我国这样一个幅员辽阔、人口众多、国情复杂的大国而言，有利于支撑解决长期面临的超大规模治理问题，切实推动经济社会高质量、可持续发展。

三、发挥禀赋优势，全方位支撑数字政府智能集约发展

数字政府建设是一项长期性、持续性、系统性的宏大工程。作为网信领域中央企业，落实《指导意见》各项部署要求，助力数字政府建设取得更多标志性成果，我们将发挥基础设施、数据、平台、应用端到端贯通的禀赋优势，推进新基建、融合新要素、激发新动能，全面提升面向数字政府建设的一站式、全流程信息服务能力，勇当支撑数字政府智能集约发展的排头兵。

（一）构建智能集约的基础设施，畅通数字政府“经络”

围绕高质量满足数字政府集约建设和高效运行需要等目标，以基础通信网络、算力网络、智慧中台等为重点，加速构建智能集约的新型信息基础设施，形成“连接+算力+能力”新型信息服务体系，为促进政务服务互联互通提供坚实支撑。

1. 建设品质一流通信网络

高速、移动、安全、泛在的通信网络为数字政府提供了连接工具，实现了政府治理主体的物理连接。依托覆盖全国、技术先进、品质优良的5G网络和千兆光网，建强电子政务网络移动支撑能力、智能运维能力、安全防护能力，促进各类政务专网迁移整合、顶层互联，加快网络向基层、乡村和社区延伸覆盖，提供移动办公、政务服务、社会治理、应急管理等应用场景的连接服务。

2. 部署泛在融合算力网络

构建以算为中心、网为根基，网、云、数、智、安、边、端、链

（ABCDNETS）等深度融合，提供一体化服务的算力网络，提供像水、电一样“一点接入、即取即用”的算力服务。通过算力网络，助力打造智能集约的政务云平台，面向政务部门提供绿色集约、共享共用、安全可靠的一体化算力服务，满足数字政府大规模业务承载、大数据开发利用、共性履职应用和容灾备份等算力需求。

3. 打造开放共享智慧中台

建设运营“业务+数据+技术”协同联动的智慧中台，输出“统一封装、灵活调用”的能力服务，支撑社会全域信息多维采集、海量分析、实时处理。利用智慧中台，推动全社会数智化应用支撑能力汇聚整合，促进基础通信、人工智能、大数据、区块链、安全认证、精准定位等技术能力集成封装，助力数字政府共性应用能力体系集约建设。

（二）打造智能集约的数据通路，激活数字政府“细胞”

围绕数据高效共享和有序开发利用等目标，集成融合各行业各地区各部门大数据平台，形成数据按需归集、高效共享、合规利用的赋能格局，构建数智驱动的新增长模式〔Y产出=F（L劳动，K资本，D数据；A技术）〕，为释放数据要素价值提供坚实支撑。

1. 支撑数据按需归集管理

依托统一公共数据目录系统，促进社会化公共数据与政府公共数据融合打通，扩大公共数据按需归集和管理范围。支撑建设一体化数据资源系统，打造高保障、高可用的数据供应链，健全数据实时采集机制，实现多源异构数据的融合汇聚，提升数据归集的时效性、完整性。

2. 助力数据高效交换共享

依托全国一体化政务服务平台和“互联网+”监管平台数据共享枢纽，助力构建互联互通、循环利用的数据共享通道，规范数据提供模型与标准化处理方式，提高数据共享质量。支撑完善数据交换平台，围绕国家区域发展、城市发展、新型城镇化建设，建设跨层级、跨区域的数据双向赋能和场景对接通道，提高数据共享效率。

3. 促进数据合规有序开放

依托各级公共数据开放系统，支撑建设全国集中的公共数据多层次一体化开放平台，为社会、企业和个人提供精准化、多样化的数字化服务。探索打造数据定向开放专区，支撑完善受限开放类数据的申请审批机制，提升监测监控、数据脱敏等模块功能，确保数据开放合规有序。

（三）搭建智能集约的运行平台，建强数字政府“大脑”

围绕构建覆盖数字政府重点业务应用的业务协同平台等目标，搭建业务服务智慧高效、指挥调度一体联动、管理运作安全可靠的数字政府运行平台，为政府管理、服务整体协同提供坚实支撑。

1. 促进业务服务智慧高效

依托国家政务服务一体化平台，综合运用新技术、新架构、新标准，为数字政府建设提供基础性、通用性系统开发组件，灵活满足各地区各部门业务上线运行需求。构建数字化权责体系和智能化业务协同体系，强化电子证照、合同、签章、发票、档案等能力建设和应用拓展，打造标准化规范化政务事项库，更好发挥平台作为政务服务公共入口、公共通道、公共支撑的枢纽作用。

2. 支撑指挥调度一体联动

依托各地区各部门建设的数字平台，加强横向各部门、纵向各层级整合集成，建设智慧融合的指挥调度平台，实现政务一体化协同办公、监督、决策。强化本地区本层级决策指挥能力建设，建设“智慧驾驶舱”，提升态势感知、决策指挥、监督管理能力，为政策制定、经济运行、疫情防控、公共安全等工作提供科学依据。

3. 保障管理运作安全可靠

依托BSN区块链服务网络，加强共性安全能力建设，支撑打造物理分散、逻辑集中、分层部署的数字政府安全平台，实现事前审核、事中监控、事后溯源的全流程安全管控。建立数据可信安全保障机制，运用多方计算、数据沙箱、联邦学习、隐私计算等技术，提供公共数据确权、溯源防伪、流通交易等服务。

（四）创新智能集约的场景应用，延伸数字政府“触角”

围绕提供简化便捷、场景丰富的政务应用和公共服务应用等目标，逐步构建全国一体运行、区域协同互补、基层百花齐放的应用体系，为提升政府履职效能、做强做优做大数字经济、更好满足广大人民美好生活需要提供坚实支撑。

1. 完善全国一体共性应用

坚持共性应用全国统筹规划、统一标准，加强上下之间战略对接与层级联动。以强化业务协同为目标，支撑完善一批规划一体、工程一体、建设一体、保障一体的共性应用，进一步优化提升民政、社保、医疗、教育、就业、住房公积金办理等全国一体化服务能力。

2. 创新区域治理协同应用

依托算力枢纽体系和政务数据要素体系，丰富拓展区域协同应用，服务京津冀、长三角、粤港澳大湾区、成渝等国家重大区域战略。支撑地方政府结合实际需求开发本地治理应用，构建特色鲜明、高效便民的区域政务服务体系，提升区域经济发展、市场监管、社会管理、公共服务、生态环境保护等综合治理能力。

3. 丰富基层治理融合应用

顺应基层网格化治理模式，围绕基层治理核心职能，丰富拓展基层智慧党建应用、网格化精细管理应用、多元矛盾纠纷处理应用、疫情防控应用、智慧社区应用、数字乡村应用等，提升基层治理现代化水平。探索基于应用场景的业务创新，提升适老化和无障碍信息服务水平，赋能基层政策宣传、民情沟通、便民服务等能力建设。

数字政府建设蓝图已经绘就、号角已经吹响。我们将更加紧密地团结在以习近平同志为核心的党中央周围，以习近平新时代中国特色社会主义思想为指导，勇于担当、主动作为，切实把思想和行动统一到中央关于数字政府建设的决策部署上来，全力支撑数字政府智能集约发展，助力提升国家治理体系和治理能力现代化水平。

2

第二章

构建协同高效的政府数字化履职能力体系

践行网络强国　坚持人民至上
全面开创数字政府建设新征程

陈宏曲

国务院办公厅电子政务办公室主任

党的二十大擘画了以中国式现代化全面推进中华民族伟大复兴的宏伟蓝图。在迈向中国式现代化的新征程中，信息化、数字化作为现代化的最显著特征，始终与中国式现代化进程同向同行。坚持以习近平新时代中国特色社会主义思想为指引，主动顺应经济社会数字化转型趋势，充分释放数字化发展红利，发挥制度优势建设数字政府，以数字政府引领驱动数字化发展，是数字文明背景下实现中华民族伟大复兴的宝贵机遇。

一、践行网络强国重要思想，准确把握新时代新征程数字政府建设的时代背景和使命任务

世界之变、时代之变、历史之变正以前所未有的方式展开，当今世界正经历百年未有之大变局，数字化正在成为全球经济增长的重要引擎和变革力量，深刻重构全球竞争发展格局。从全球范围来看，数字化转型已经成为引领创新和驱动转型的先导力量，成为信息社会衡量综合国力和国际竞争力的重要标志，通过数字政府建设推动实现经济社会“数字蝶变”，已经成为世界各国的普遍共识。从国内发展来看，“十四五”时期我国发展仍然处于重要战略机遇期，信息化为中华民族带来了千载难逢的机遇，推进数字政府建设是顺应变革趋势、构筑数字化时

代国家综合实力新优势的时代之需，更是开启全面建设社会主义现代化国家新征程、打造高质量发展新引擎的必然要求。

（一）敏锐抓住信息化发展的历史机遇，以数字政府建设助力中国式现代化

没有信息化就没有现代化。党的二十大报告提出，“从现在起，中国共产党的中心任务就是团结带领全国各族人民全面建成社会主义现代化强国、实现第二个百年奋斗目标，以中国式现代化全面推进中华民族伟大复兴”。习近平总书记指出，西方发达国家是一个“串联式”的发展过程，工业化、城镇化、农业现代化、信息化顺序发展，发展到目前水平用了二百多年时间。我们要后来居上，把“失去的二百年”找回来，决定了我国发展必然是一个“并联式”的过程，工业化、信息化、城镇化、农业现代化是叠加发展的。当前，实现中华民族伟大复兴进入了不可逆转的历史进程，落实好高质量发展这个全面建设社会主义现代化国家的首要任务，加快推进“四化”“并联式”发展，必须敏锐抓住信息化、数字化发展的历史机遇，以中国式现代化的中国特色和本质要求为引领，围绕加快数字化发展、建设数字中国重大战略部署，加快推进数字政府建设，为实现中华民族伟大复兴作出新的更大贡献。

（二）全面贯彻习近平总书记关于网络强国的重要思想，以数字政府建设全面引领驱动数字化发展

党的十八大以来，以习近平同志为核心的党中央着眼信息时代发展大势和国内国际发展大局，统筹推进网络强国、数字中国建设，形成了习近平总书记关于网络强国的重要思想，系统明确了数字化发展的一系列方向性、全局性、根本性、战略性问题。这一思想既是习近平新时代中国特色社会主义思想的重要组成部分，也是运用马克思主义立场观点方法推动数字化发展、加强数字政府建设的行动指南。数字政府是数字化、智能化的政府运行新形态，着力普及数字基础设

施，强化数字资源供给，激发数字经济活力，优化数字社会环境，营造良好数字生态，引领驱动数字化发展。政府数字化改革为各领域各行业数字化转型奠定良好基础，对形成与数字化改革相适应的发展理念、创新氛围、持续动力具有十分重要的作用。

（三）创新政府治理理念和方式，以数字政府建设推进国家治理体系和治理能力现代化

以互联网、大数据、人工智能为代表的新一代信息技术日新月异，给经济社会发展、国家管理、社会治理、人民生活带来重大而深远的影响。面对复杂多变的国际形势，面对数字经济新业态，面对人民群众对美好生活的新期盼，传统政府治理面临多方面挑战，必须切实加强政府自身建设，进一步转变职能、提升效能、改进作风，以数字化转型整体驱动政府治理方式变革。数字政府建设作为政府自身改革的突破口和刀刃向内的自我革命，将数字技术广泛应用于政府管理服务，是创新政府治理理念和方式、形成数字治理新格局的重要举措，对于倒逼政府转变职能，建设法治政府、创新政府、廉洁政府和服务型政府意义重大。

二、坚持人民至上，科学认识新时代新征程数字政府建设的根本立场和价值要求

民之所忧，我必念之；民之所盼，我必行之。党的二十大报告以“六个坚持”对习近平新时代中国特色社会主义思想的世界观和方法论作出系统概括和阐述，并将“坚持人民至上”作为首要内容，体现了党的理想信念、性质宗旨、初心使命。坚持人民至上，推动人的全面发展，是马克思主义唯物史观的根本要求，也是我们做好数字政府建设工作的基本遵循。

人民性是马克思主义的本质属性和最鲜明品格。马克思主义唯物史观认为，人民是社会物质财富和精神财富的创造者，是社会变革的决定力量，在创造历

史的过程中发挥着决定性作用。是否站在最广大人民的立场上，揭示了马克思主义唯物史观的本质属性和理论品格，也成为判断马克思主义政党的试金石。党的二十大报告将“坚持以人民为中心的发展思想”作为全面建设社会主义现代化国家必须牢牢把握的重大原则，这不仅是马克思主义政党的内在理论要求，同时也是中国共产党在领导中国人民认识世界和改造世界的过程中得出的重要论断。

治国有常，而利民为本。人作为发展的主体，既是国家数字化发展的重要参与者和推动者，也是数字化转型的最大受益者和见证者。数字化发展过程中，数据与数字技术有机结合，二者形成了密切关联的强耦合关系，催生了以数据和数字技术为核心的社会运转新模式，深刻变革人类的劳动形式，推动生产力快速发展，加快生产关系优化重塑，并进一步促进人的发展与数据、数字技术融合，创新出了发展的新形式、新关系和新格局。同时，数字化转型坚持发展为了人民、发展依靠人民、发展成果由人民共享，通过数字政府、数字经济、数字社会和数字生态全方位协同发展造福人民。

习近平总书记指出，推动社会全面进步和人的全面发展，促进社会公平正义，让发展成果更多更公平惠及全体人民，不断增强人民群众获得感、幸福感、安全感。推动数字政府建设，也必须始终围绕人的全面发展，坚持人民至上，坚持尊重社会发展规律和尊重人民历史主体地位的一致性，站稳人民立场、把握人民愿望、尊重人民创造、集中人民智慧。要始终将满足人民对美好生活的向往作为数字政府建设的出发点和落脚点，把让亿万人民共享信息化发展成果作为始终不渝的奋斗目标，不断完善数字化政务服务体系，更好保障和发展民生，以数字化服务提升人民群众获得感。要弥合数字鸿沟，坚持数字普惠，促进数字包容，强化数字参与，优化数字公共产品供给，提升弱势群体数字素养与技能，最大程度释放数字红利，提升社会大众幸福感。要加强数字权益保护和法治建设，坚持安全可控和开放创新并重，加快安全技术发展，强化个人信息保护，构建以网络安全、数据安全、技术安全等为重点的保障体系，确保数字政府建设行稳致远，不断提升人民群众在数字时代的安全感。

三、夯基垒台积厚成势，扎实奠定新时代新征程数字政府建设发展基础

党的十八大以来，以习近平同志为核心的党中央对数字政府建设工作高度重视，作出一系列重要指示批示和重大决策部署。我国政府敏锐抓住信息化发展的历史契机，促进信息技术与政府管理深度融合，在政府职能转变、优化营商环境、提升服务质量等方面取得显著成效，为新阶段数字政府建设打下坚实基础。十年来，我国电子政务发展逐渐从“追赶者”进入到“领跑者”行列，电子政务排名在193个联合国会员国中从2012年的第78位上升到了2022年的第43位，成为全球增幅最高的国家之一。

（一）政府数字化履职能力持续提升

各地区各部门以数字化思维积极推动信息技术与政府管理服务深度融合，经济调节、市场监管、社会管理、公共服务、生态环境保护等政府职能数字化、智能化取得重要进展，“一网通办”“一网统管”等创新实践不断涌现，数字技术在行政决策、行政执行、行政监督和政府运行保障中的应用全面深化，数字政府建设为政府治理理念创新和治理模式优化提供了有力支撑。

（二）政务数据共享成效持续深化

权威高效的政务数据共享协调机制不断完善，全国一体化政务大数据体系加快构建。依托全国一体化政务数据共享枢纽，国务院部门垂直管理业务信息系统与各地区政务服务平台加快实现数据互联和业务互通，分批发布数据共享责任清单和供需对接清单，更好满足普遍性高频数据共享需求。

（三）平台支撑体系建设持续推进

得益于连续多年的数字化转型工作，我国电子政务建设和应用取得显著进展，形成了“云、网、数、用”基础支撑体系。以“金字工程”为代表的一大批重要业务信息系统投入使用，建成了世界上规模最大的国家电子政务体系。全国一体化政务服务和监管平台不断完善，在支撑政府高效履职、更好服务广大人民群众方面发挥了突出作用。

（四）技术创新应用持续深化

通过大力培育人工智能、物联网、下一代通信网络等新技术新应用，推动了经济社会各领域从数字化、网络化向智能化加速跃升，我国已经迈入创新型国家行列。数字化新兴技术与政府治理各领域业务深度融合，数字技术正在广泛应用于政府管理服务，推进政府治理流程优化、模式创新和履职能力提升，为构建数字化、智能化的政府运行新形态提供了强力支撑。

（五）政策体制保障持续完善

绝大部分地区和不少国务院部门强化了数字政府建设领导机制，明确了工作机构，相关规划文件迭代出台，有力保障了数字政府建设和运行整体性推进。通过不断优化建设管理机制、多元参与机制和多渠道资金保障机制，更好满足数字政府建设迭代升级和弹性扩展的需要，有力保障数字政府建设高效推进。

四、强化顶层设计，科学擘画新时代新征程数字政府建设总蓝图

2022年6月，中央全面深化改革委员会第二十五次会议审议通过的《关于加强数字政府建设的指导意见》（以下简称《指导意见》）正式印发，《指导意见》高度阐明了新阶段加强数字政府建设的发展格局和改革方向，绘就了数字政府建设

的中国方案，描绘了中国特色的政府数字化转型道路，标志着我国数字政府建设进入国家层面全局性谋划、整体性部署、系统性推进的新阶段，具有里程碑式的重要意义。

（一）充分认识《指导意见》的重大意义

《指导意见》是首部国家层面关于数字政府建设的指导性、改革性文件，明确了新的历史起点、新的历史方位上数字政府建设的目标、路径和重点任务，是“十四五”时期统筹推进数字政府建设的规划图、施工图、实景图，具有重大的理论意义、实践意义和时代意义。

一是系统设计数字政府建设规划图。数字政府建设是党中央、国务院作出的一项重要决策部署，也是涉及方方面面的长期性、战略性工程，需要凝心聚力、久久为功。《指导意见》深刻把握新发展阶段加强数字政府建设的历史方位和战略定位，系统梳理总结了政府信息化的发展历程和现状，明确了加强数字政府建设的指导思想，确立了坚持党的全面领导、坚持以人民为中心、坚持改革引领、坚持数据赋能、坚持整体协同、坚持安全可控六项数字政府建设的基本原则，提出了两阶段工作目标，到2025年，政府数字化履职能力、安全保障、制度规则、数据资源、平台支撑等数字政府体系框架基本形成；到2035年，整体协同、敏捷高效、智能精准、开放透明、公平普惠的数字政府基本建成，为基本实现社会主义现代化提供有力支撑。《指导意见》的出台是贯彻落实党中央、国务院决策部署的重要举措，是我国加快数字化发展的时代之需，标志着数字政府顶层设计和总体规划迈出了关键一步。

二是精准制定数字政府建设施工图。数字政府建设是一项全方位系统性工程，在全面深化改革背景下，其改革属性和作用正在全面彰显。《指导意见》着眼长远、立足当前、论证充分、凝聚共识，深刻阐释了数字政府为什么建、怎样建、建什么的理论和实践问题，深刻把握全面深化改革的内在规律和信息化发展趋势，围绕经济社会发展重大问题、全面深化改革难点问题、事关人民群众切身利益关键问题，提出了一系列富有前瞻性、全局性、基础性、关键性的重要举措。《指导意见》作为未来一个时期全面加强数字政府建设的行动指南，将数字政府建设作为建设网络强国、数字中国的基础性和先导性工程，系统谋划了加快推进政府数字化转型的时间表、任务书、路线图。

三是科学描绘数字政府建设实景图。《指导意见》体现问题意识，坚持问题导向，强化改革思维，注重顶层设计和创新探索有机结合，在充分借鉴各地区各部门实践经验的基础上，以企业群众幸福感为“标尺”，重点围绕体制机制不够健全、创新应用能力不强、数据壁垒依然存在、数字素养有待提升等关键问题，对政府数字化改革面临的主要矛盾、战略要点和重点任务作出了统一部署，着力明确一些事关数字政府建设持续发展的重大问题，着力解决一些长期想解决而没能解决好的堵点问题，着力破除一些数字政府建设实际工作中的难点问题，让数字政府建设成果更多更公平地惠及全体人民，更强更有力地支撑国家治理体系和治理能力现代化。

（二）落实落细《指导意见》的重点任务

一是构建协同高效的政府数字化履职能力体系。通过全面推进政府履职和政务运行数字化转型，强化经济运行大数据监测分析，大力推行智慧监管，积极推动数字化治理模式创新，持续优化利企便民数字化服务，强化生态环境动态感知和立体防控，加快推进数字机关建设，推进政务公开平台智能集约发展，创新行政管理和服务方式，全面提升政府履职效能。

二是构建数字政府全方位安全保障体系。通过全面强化数字政府安全管理责任，构建全方位、多层级、一体化安全防护体系，加快关键核心技术攻关，提高自主可控水平，提升数字政府领域关键信息基础设施保护水平，切实筑牢数字政府建设安全防线。

三是构建科学规范的数字政府建设制度规则体系。通过充分发挥数字技术创新变革优势，助力政府职能转变，推动政府履职效能持续优化。通过创新数字政府建设管理机制，规范政府部门有序运用新技术手段，不断提高数字政府建设效率。通过完善法律法规制度，健全标准规范，开展试点示范，保障数字政府建设和运行整体协同、智能高效、平稳有序。

四是构建开放共享的数据资源体系。通过创新数据管理机制，加快构建标准统一、布局合理、管理协同、安全可靠的全国一体化政务大数据体系，全面提升数据共享服务、资源汇聚、安全保障等一体化水平。通过充分发挥政务数据共享协调机制作用，推动数据精准高效共享，大力提升数据共享的实效性。通过促进各类数据资源有序开发利用，充分释放数据要素价值，加强数据流通利用。

五是构建智能集约的平台支撑体系。通过整合构建结构合理、智能集约的平台支撑体系，加强政务云资源互联互通、集约共享，强化电子政务网络统筹建设管理，完善统一身份认证、电子证照、电子印章等共性应用支撑能力，全面夯实数字政府建设根基。

五、踔厉奋发勇毅前行，奋力谱写新时代新征程数字政府建设新篇章

推进数字政府建设，使命光荣、责任重大，前景广阔、任务艰巨。全面开创数字政府建设新征程，我们要坚持以习近平新时代中国特色社会主义思想为指导，全面贯彻落实党的二十大精神，坚定不移“吃改革饭、走开放路、打创新牌”，把党中央、国务院关于数字政府建设的决策部署转化为具体行动和生动实践，把数字技术广泛应用于政府管理服务，一步一个脚印把数字政府建设蓝图变为美好现实。

（一）坚持党的领导，践行人民至上

实践证明，数字政府建设之所以能承载推动政府治理体系和治理能力现代化的历史使命，之所以能成为全面深化改革的重要支撑和引领数字化发展的关键力

量，根本在于以习近平同志为核心的党中央坚强领导，在于有习近平总书记关于网络强国的重要思想掌舵领航。全面开启数字政府建设新征程，必须把握好习近平新时代中国特色社会主义思想的世界观和方法论，把党的政治优势、组织优势转化为数字政府建设的强大动力和坚强保障，将党把方向、谋大局、定政策、促改革的能力和定力充分体现在数字政府建设的全过程。同时，始终把满足人民群众对美好生活的向往作为我们的奋斗目标，贴近老百姓的实际感受去谋划、推进，以效能提升为方向，以数据驱动为核心，以场景服务为重点，打造泛在可及、智慧便捷、公平普惠的数字化服务体系。要当好执行者、行动派、实干家，坚决把党中央的决策部署贯彻好、落实好，围绕人民所需推进数字政府建设，真正做到民有所盼、政有所为。

（二）坚持改革引领，注重双轮驱动

牢牢把握高质量发展这个首要任务，树牢改革思维、形成改革合力、凝聚改革共识，站在全面深化改革的高度，更好发挥数字化在政府履行经济调节、市场监管、社会管理、公共服务、生态环境保护等方面职能的重要支撑作用，从整体上推动经济社会发展和治理能力质量变革、效率变革、动力变革。以深化行政体制改革为数字政府建设奠定发展基础，破除影响数字化发展的体制机制障碍，为数字政府建设深入推进提供保障；同时，运用数字化智能化手段多措并举固化改革成果，推动政府治理流程优化、模式创新，持续赋能行政体制改革，充分运用数字技术提高创造性执行效能。

（三）坚持协同发展，加强统筹协调

强化“一盘棋”意识，加强系统观念和整体协同，以加快“通”、注重“同”、坚持“统”、破解“痛”的工作思路，蹄疾步稳抓好数字政府建设各项重点任务。加快“通”就是加快实现数字政府“底座通、数据通、业务通”，整合构建结构合理、智能集约、适度超前的“云、网、数、用”等平台支撑体系；注重“同”就

是强化全方位协同，围绕“三融五跨”目标打造协同联动的数字政府建设运行机制，助力部门协作配合，提高部门联办效率和规范化水平；坚持“统”就是加强数字政府建设与各领域改革统筹推进，做好与法治政府、创新政府、廉洁政府和服务型政府建设的有机衔接；破解“痛”就是坚持问题导向，着力破解在体制机制、法律制度、技术创新、数据共享、安全保障等方面的痛点问题，在发现和解决问题中不断开创数字政府建设新局面。

在当前和今后一个时期，特别要注重从全局上谋划和推进数字政府建设，着力把握好“四个统筹”。统筹好顶层设计和实践探索，通过顶层规划把握全局、指导创新，通过实践探索积累经验、破解难题，实现顶层规划和基层探索的良性互动、有机结合；统筹好数据赋能和安全保障，依法依规促进数据高效共享和有序开发利用，充分释放数据要素价值，同时加快构建全方位安全保障体系，以新安全格局保障新发展格局；统筹好技术应用和制度创新，深入实施创新驱动发展战略，以技术变革驱动加快转变政府职能，以制度创新支撑深化数字化转型；统筹好平台支撑和业务融合，深化平台与业务的互促互进、协同发展，全面推进政府履职和政务运行数字化转型，全面提升政府协同管理和服务水平。

新征程是充满光荣和梦想的远征。迎接数字化时代，把握信息化发展规律，全面开创数字政府建设新征程，要始终坚持以习近平新时代中国特色社会主义思想为指导，按照党中央、国务院决策部署，勠力同心，锐意进取，在数字化浪潮中把握新机遇，应对新挑战，塑造新优势，以数字化书写“中国之治”新篇章。

民政数字政府建设应用和实践

范一大

民政部信息中心党委书记、主任

党的十八大以来，党中央、国务院从推进国家治理体系和治理能力现代化全局出发，准确把握全球数字化、网络化、智能化发展趋势和特点，对政府信息化工作作出了一系列重大部署，政府数字化转型取得重要进展。在全面建设社会主义现代化国家的新征程上，要全面贯彻网络强国战略，把数字技术广泛应用于政府管理服务，打造泛在可及、智慧便捷、公平普惠的数字化服务体系，构建协同高效的政府数字化履职能力体系，健全科学规范的数字政府建设制度体系，构建数字政府全方位安全保障体系。习近平总书记在中央全面深化改革委员会第二十五次会议上的重要讲话，为数字政府建设吹响了“冲锋号”、打响了“发令枪”、发出了“动员令”。

一、准确理解把握数字政府建设的内涵

（一）数字政府建设是创新政府治理理念和方式的重要举措

数字政府建设对加快转变政府职能，建设法治政府、廉洁政府、服务型政府，推动国家治理体系和治理能力现代化具有重要意义。数字政府建设关键不在于“数字”，而在于“治理”，数字是手段、治理是目的，政府治理现代化是数字政府建设的本源。通过数字技术应用，以数字化改革助力政府职能转变，推动流程再造和模式优化，促进政府决策科学化、社会治理精准化、公共服务高效化。数字

政府坚持以人民为中心，着力破解人民群众反映强烈的突出问题，通过创新服务方式，为人民群众提供更加智能、便捷、优质的公共服务，与人民满意的服务型政府的价值取向高度一致。

（二）数字政府建设要以满足人民对美好生活的向往作为出发点和落脚点

数字政府建设是为满足人民日益增长的美好生活需要，要紧紧围绕人民群众反映强烈的办事难、办事慢、办事繁的问题，打造泛在可及、智慧便捷、公平普惠的数字化服务体系，大力推进“一网通办”“异地可办”“跨省通办”，实现更多的政务服务事项网上办、掌上办、一次办，推动政务服务从政府供给导向向群众需求导向转变，从“线下跑”向“网上办”转变。归根结底，通过数字化使人民生活的安全感、获得感和幸福感显著提升。

（三）数字政府建设需要自我革命的勇气

面对高质量发展要求，只有通过数字政府建设，才能有效促进行政管理、政务服务的质量变革、效率变革、动力变革，更好服务新发展格局。表面看，数字政府建设是个技术问题，实质上是对权力使用的态度问题。审批事项削减，意味着手中权力“缩水”，“见面办”变成“网上办”是对传统权力的“转让”，数字政府建设不是简单技术驱动的结果，而是政府适应数字技术发展自觉进行的一场自我革命。没有自我革命的精神，没有向权力开刀的勇气，就不可能有政府运行程序的优化，不可能有治理效能的提升。

（四）数字政府建设对党员干部信息化素养提出了更高要求

习近平总书记强调：“善于获取数据、分析数据、运用数据，是领导干部做好工作的基本功。”党员干部是政府履职的具体承担者，也是数字政府建设的发起者、执行者。党员干部信息化意识足不足、信息化知识储备够不够、信息化能力强不强，直接关乎数字政府建设的成效，这就要求广大党员干部要具有良好的数字思维、数字技能和数字素养，重点聚焦运用数字技术推动政府转变职能、改善管理服务的关键环节和短板弱项。在考虑技术上“能不能”时，更要考虑现实中“可不可行”，群众感受“好不好”，避免出现为数字化而数字化的情况。

二、积极开展民政数字政府建设应用实践

近年来，民政部认真贯彻落实党中央、国务院关于网络强国、数字中国、智慧社会建设决策部署，坚持“一盘棋”布局、“一张网”建设、一体化发展，不断加强顶层设计和创新实践，信息化统筹发展能力显著增强，“互联网＋民政服务”全面深化，“一网通办”“跨省通办”成效显著，数据要素的应用价值显著提升，民政数字化转型取得积极进展，为基本民生保障、基层社会治理、基本社会服务提供了重要支撑和保障。

（一）数据赋能促进基本民生保障精准化

为政之道，民生为要。党的十八大以来，习近平总书记就做好民生保障工作作出一系列重要指示，深刻指出民生是最大的政治，增进民生福祉是发展的根本目的，并强调要进一步健全社会救助、社会福利对象的精准认定机制，实现应保尽保、应助尽助、应享尽享，在发展中补齐民生短板、促进社会公平正义。《“十四五”国家信息化规划》中明确要求“构建普惠便捷的数字民生保障体系”，提出“建设低收入人口动态监测体系，创新‘互联网＋救助’模式，整合社会救助信息资源，提升社会救助精准度”的要求。民政部和各地区围绕精准化要求，利用大数据积极开展工作，取得显著成效。

一是强化救助对象精准。通过摸清底数，建立了全口径困难群众基础信息库，依托全国联网审查机制、生存状态识别、用电行为分析等数字化的手段，逐步清

退不合规社会救助对象。从2018年4月起，民政部针对个别地区在低保政策执行过程中存在的“人情保”“关系保”等问题，连续3年开展农村低保专项治理，创新应用数字化手段提升社会救助对象认定的精准度。2021年，初步建立全国低收入人口动态监测信息平台，集中汇聚6200万低保对象、特困人员、低保边缘人口等低收入人口信息，建立全国联网审查机制，向各地区提供低收入人口保障状态查询服务，有效减少跨业务、跨区域重复保障问题发生。同时，持续推进与公安部、卫健委等部门开展数据共享交换，通过调用国家人口库、死亡证明等数据查询核验接口，实现对已认定和新申请低收入人口生存状态精准掌握，按照政策规定将不合规人员退出保障范围。2021年，与国家电网公司合作，利用电力大数据开展低收入人口动态监测，围绕用电特征画像、异常用电行为筛查等内容对我国东部某省30多万户低收入人口用电情况进行深度分析，发现低收入人口家庭平均用电量显著低于正常户用电量等规律，并筛查出240余户存在多户共用电表、因病用电量大等用电异常家庭，经基层民政工作人员入户核查，结果均属实。

二是强化救助措施精准。坚持分类救助、因人因户精准施策，通过数据比对主动发现特殊贫困人口，并将其全部纳入社会救助兜底保障，实现共同富裕路上“不漏一户、不落一人”。“十三五”期间，民政部通过加强数据比对，与其他国家部委间建立常态化数据分析机制，实现了对不同类型困难群众的分层分类救助，比如定期将社会救助对象与建档立卡、脱贫不稳定、边缘易致贫、残疾、大重病等5类人群进行分析比对，筛选出符合条件的未脱贫、易致贫、老年、未成年、重残、重病等人口，并将其纳入兜底保障范围，截至2020年底，全国共有1936万建档立卡的贫困人口纳入低保或特困供养范围，占全部贫困人口的19.6%。

三是强化救助服务精准。加强跨部门数据共享交换，提供不同种类的数据核验、查询服务，推动业务流程优化再造，实现困难群众办事“少跑腿”、材料“少提交”。各地区在具体实践过程中由于需求情况不同，对于数据服务需求也出现差异。例如，上海市为解决外籍人员子女参加中考、高考时需核对外籍婚姻情况问题，通过全国一体化政务服务平台接入民政部涉外婚姻登记信息查询服务，累计使用超4000万次，大大提升报名资格审核工作效率，同时免去了外籍人员子女报考“交材料”“多次跑”的问题。与此类似，浙江省为解决在办理死亡注销户口事项时需要提交火化证明等材料问题，通过全国一体化政务服务平台接入民政部殡葬火化信息查询服务，实现了自动共享全国火化证明信息，有效解决群众办事过程中“证明多”等问题。

（二）智慧社区建设驱动基层社会治理精细化

党的十九届五中全会指出，要“加强基层社会治理队伍建设，构建网格化管理、精细化服务、信息化支撑、开放共享的基层管理服务平台”，推动实现“社会治理特别是基层治理水平明显提高”的目标，为新时代新发展阶段我国基层社会治理提供了科学指引。中共中央、国务院印发的《关于加强基层治理体系和治理能力现代化建设的意见》围绕“加强基层智慧治理能力建设”，对进一步推动基层社会治理数字化、智能化水平提升提出具体要求。

一是做好智慧社区统筹规划。民政部按照党中央、国务院的决策部署，统筹推进智慧城市、智慧社区基础设施、系统平台和应用终端建设，强化系统集成、数据融合和网络安全保障，健全基层智慧治理标准体系，推广智能感知等技术。2021年以来，民政部牵头有关部门，在认真总结各地探索推进智慧社区建设行之有效经验做法的基础上，积极推进关于深入推进智慧社区建设有关指导意见编制工作，从集约建设智慧社区平台、拓展智慧社区治理场景、构筑社区数字生活新图景、推进大数据在社区应用、精简归并社区数据录入、加强智慧社区基础设施建设改造等方面，指导各地深化物联网、大数据、云计算和人工智能等信息技术应用，提升城乡社区治理服务智慧化、智能化水平。

二是整合基层治理数据资源。近年来，民政部积极实施“互联网+基层治理”行动，完善乡镇（街道）、村（社区）地理信息等基础数据，共建全国基层治理数据库，推动基层治理数据资源共享，根据需要向基层开放使用。同时，推进村（社区）数据资源建设，实行村（社区）数据综合采集，实现一次采集、多方利用。新冠肺炎疫情暴发以来，为精准掌握全国村（居）委员会、城乡社区队伍、城乡社区组织等基本信息，民政部依托全国基层政权建设和社区治理信息系统推广应用，持续开展全国城乡社区基层治理数据资源汇聚采集，推动民政领域基层治理数据资源体系构建。截至2022年4月底，已累计覆盖全国村（居）委员会60.7万个，汇聚全国城乡社区工作者信息420.5万条、城乡社区组织信息67.9万条。

三是拓展社区服务应用场景。近年来，各级民政部门、各地区注重发挥信息技术驱动作用，积极探索基层社会治理新途径新方法。例如，上海市浦东新区深入推进社区服务智能化便捷化，自2018年起开发应用“远程视频帮办”系统，于2020年升级为“远程智慧帮办”，实现个人社区事务从街镇受理“窗口”延伸至社区“家门口”，实现在村（社区）可办理街镇所有服务事项；同时，推行村（社区）电子台账系统，推广台账“多表合一”系统，减少数据重复采集，逐步实现数据一口采集和智能搜索、自动推送、实时共享。宁波市江北区以数字化改革为牵引，推进基层治理“一件事”集成改革，推进治理重心下移，强化街乡基层政权治理能力，打造部门联动，推动协同治理，形成系统联动，全面激活数字协同治理作用，在提升基层治理服务能力，实现治理效能的提升方面做出了有益探索。

（三）跨省通办推动基本社会服务便捷化

数字政府的一个重要目标是实现跨层级、跨地域、跨系统、跨部门、跨业务的政府数字化协同管理和服务，从而更好地为人民群众解决急难愁盼等问题。近年来，随着经济社会发展，流动人口大量增加，“人户分离”成为普遍社会现象，我国有4.93亿人处于“人户分离”状态，流动人口70%以上为外出打工、经商办企业、求学参军人员等，在这类人群中适婚年龄段占绝大多数，对婚姻登记业务“跨省通办”提出迫切需求。另外，我国现有1900多万残疾人享受生活困难补贴和护理补贴，这类特殊群体由于存在身体功能障碍，出行存在诸多不便，返回户籍地办理两项补贴面临着实际困难。此外，不少地区存在长期生活在户籍地之外的孤儿、事实无人抚养儿童，在儿童现居住地民政机构为这类儿童办理或受理服务保障业务时，面临缺乏户籍地资料，难以提供相应服务，无形中增加了为儿童享受服务进行资格认定的申报成本，甚至因申报不便导致儿童无法及时享受兜底保障。针对上述情况，对解决群众异地办事面临的“多地跑”“折返跑”等问题，适时推出“跨省通办”举措，对于提升基本社会服务便捷化水平具有重要意义。2021年，民政部针对特殊群体高频服务事项在“跨省通办”方面先行先试，助力便民措施发挥实效，不断提升人民群众幸福感、获得感、满意度。

一是开展婚姻登记“跨省通办”试点。2021年6月1日，民政部正式在全国7省2市试点实施婚姻登记“跨省通办”，满足流动人口婚姻登记就近化、便利化的需求，试点地区居民办理结（离）婚登记手续不再需要回户籍地，在一方当事人经常居住地也可以进行办理。截至2022年3月底，全国共办理“跨省通办”结婚登记32269对、离婚登记6987对，婚姻登记当事人涉及全国31个省（区、市），其中35岁以下人员占比77%。以广东省为例，作为人口流入大省，35岁以下人员占比为75%，以湖南、湖北、广西、四川、江西在粤务工人员居多，婚姻登记“跨省通办”让这些离家在外的打工者不再为爱而奔波。

二是实现残疾人两项补贴“全程网办”。2021年4月1日，民政部全面开展残疾人两项补贴资格认定申请“跨省通办”，明确了残疾人申请办理困难残疾人生活补贴和重度残疾人护理补贴时不受户籍地限制，实现补贴申领“一次都不跑”和“不见面审核”。截至2022年5月，各地已接收残疾人两项补贴“跨省通办”申请1062例，审定通过551例。2022年5月15日起，在全国范围内实行残疾人两项补贴申请“全程网办”，截至5月19日，已接收残疾人两项补贴申请“全程网办”1400余人次。从“跨省通办”到“全程网办”，充分体现了对残疾人“格外关心、格外关注”，让残疾人享受到了更有温度的服务，极大提高了残疾人的幸福感、满意度、获得感。

三是实现儿童资格认定“跨省通办”。2021年6月30日，民政部在全国范围内全面实施孤儿、事实无人抚养儿童认定申请受理“跨省通办”，明确了申请人可以不受户籍地限制，向全国范围内任一乡镇人民政府（街道办）提出申请，各地按照异地代收代办方式，统一使用全国儿童福利信息系统受理孤儿、事实无人抚养儿童认定申请，满足广大群众异地办事需求。截至2022年5月，孤儿、事实无人抚养儿童认定“跨省通办”累计申请184例、已受理177例、成功办理84例。孤儿、事实无人抚养儿童认定“跨省通办”举措推出，极大地节省了从申请、受理到享受政策待遇时间，将党和政府对广大特殊儿童群体的关心关爱落到了实处，让孤儿感受到了党的温暖。

三、精心谋划民政数字政府建设发展

（一）加强民政数字政府顶层设计

为发挥信息化支撑和引领民政事业高质量发展重要作用，积极促进民政领域治理体系和治理能力现代化，2021年12月，民政部制定出台《“十四五”民政信息化发展规划》，作为未来五年民政数字政府建设的行动纲领和指导性文件。规划顺应数字化发展新形势，强化数字转型、智能提升、融合创新，提出了1个总目标、2个导向、3条线、4大任务的民政数字政府“1234”顶层设计（见图1）。其中，1个总目标是，到2025年，全面形成与网络强国、数字中国、智慧社会建设相适应的民政信息化发展新局面，体系规划设计更加完善，统筹协调机制更加有效，数字技术与民政工作融合更加深入，民政领域网络化、数字化、智能化水平显著提升，基本民生保障精准化、基层社会治理精细化、基本社会服务便捷化取得明显进展，信息化在促进民政事业高质量发展、提升人民群众满意度等方面发挥更大作用。2个导向是，民政数字政府建设以“统筹难、整合难、共享难、协同难”为问题导向，以“业务通、系统通、数据通、网络通”为效果导向。3个条线分别是，坚持党的领导、坚持人民至上的“政治线”，坚持“一盘棋”布局、“一张网”建设、一体化发展的“发展线”，坚持安全可控的“安全线”。4大任

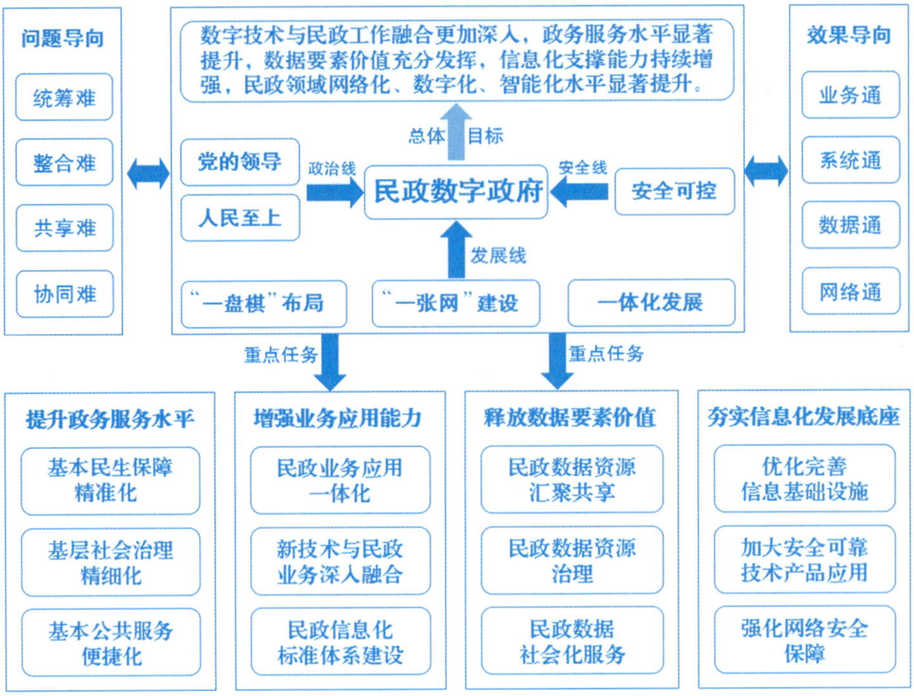

图1　民政数字政府“1234”顶层设计

务，分别是提升政务服务新水平、增强业务应用新能力、释放数据要素新价值和夯实信息化发展新底座。

（二）全面加快民政数字政府建设

“十四五”时期，坚持以习近平新时代中国特色社会主义思想为指导，不断增强“四个意识”、坚定“四个自信”、做到“两个维护”，认真贯彻落实党中央、国务院关于加快数字政府建设的决策部署，全面践行以人民为中心的发展思想，按照“一盘棋”布局、“一张网”建设、一体化发展理念，加快推动民政数字政府建设。一是全面加强党的领导。在党中央集中统一领导下，将坚持和加强党的全面领导贯穿于数字政府建设的各领域各环节，贯穿于民政数字化改革和制度创新的全过程，确保民政数字政府建设正确方向。二是建立健全体制机制。按照国家数字政府建设提出的任务和分工要求，推动建立健全民政数字政府建设的体制机制，明确工作职责，细化任务分解，确保各项任务落到实处。三是提升政务服务水平。深化“互联网+民政服务”，全面推进政务服务数字化改革，整合服务资源，优化业务流程，提高基本民生保障精准化、基层社会治理精细化、基本社会服务便捷化水平。四是增强业务应用能力。围绕民政事业高质量发展需要，围绕“大平台、大系统、大数据”发展路径，加强信息技术与民政业务深度融合，体系化推进民政政务系统迭代升级，在更高水平上实现系统集成和协同高效。五是释放数据要素价值。以数据赋能民政事业高质量发展为目标，创新数据管理机制，完善数据标准、提升数据质量、挖掘数据价值、创新数据应用，推进数据资源高效共享和有序开发利用。六是筑牢网络安全防线。全面强化民政数字政府安全管理责任，落实安全制度要求，构建制度、管理和技术衔接配套的安全保障体系，提升安全保障能力，确保网络、数据和个人信息安全。

在数字政府建设中展现市场监管新担当体现新作为

——数字政府大力推行智慧监管，提升市场监管能力浅析

王 海

国家市场监督管理总局信息中心党委书记、副主任

加强数字政府建设是党中央国务院开启全面建设社会主义现代化国家新征程的一项重大决策部署。市场监管作为政府履行经济社会管理的一项重要职责，是数字政府建设的重要组成部分。超大规模市场和不断涌现的新业态、新产业以及数字经济、数字社会和数字生态的新发展，对我国市场监管工作提出了更高要求。加强市场监管是更好发挥政府作用的重要体现，是保障我国市场体系有效运转的关键环节。当前，信息技术的发展呈现出数字化、网络化和智能化融合发展的新态势，并不断推动政府治理模式和治理体系的创新。大力推行智慧监管，以数字化手段助推市场监管能力提升，既是加强数字政府建设，又是实现国家治理能力现代化的内在要求。

一、推行智慧监管对数字政府提升市场监管能力的重要意义

随着我国社会主义市场经济体制改革的不断深入和发展，我国已形成超大规模市场，市场中合作和竞争、优胜和劣汰格局正在发生深刻演化，商品和服务市场在相互渗透中加快融合，线上和线下市场在并行交织中形成复杂生态，新产业、新业态、新模式不断涌现，国内市场国际化、国际市场中国因素增多的特征日趋

明显，党中央、国务院要求加快建设全国统一大市场，人民群众对消费安全和消费升级的期待也不断提高，对市场监管提出了新的要求，带来了新的挑战。推进智慧监管要胸怀“两个大局”、心系“国之大者”，围绕“讲政治、强监管、促发展、保安全”理念，运用数字技术创新市场监管机制，不断丰富监管工具与监管手段，提升监管效能，营造超大规模市场健康发展环境，为新经济发展注入活力，满足人民群众日益增长的消费期待，成为数字政府市场监管数字化建设的重要遵循。

智慧监管是市场监管伴随数字经济时代转变，创新监管方式、提升监管效能的重要方式及必然路径。智慧监管运用人工智能、大数据、云计算、物联网等新一代数字技术，通过流程优化、业务协同、系统整合、资源统筹、数据治理和安全管控，形成对市场环境和市场秩序状态和演变过程的及时感知、快速反应、系统监管、主动服务、融合共治的新型市场监管模式。智慧监管旨在提升市场监管活动中决策的科学化、监管的精准化、执法的规范化、运行的高效化、服务的便民化能力，推动实现监管能力现代化。

智慧监管通过推动数字技术与市场监管业务深度融合与监管机制创新，优化监管流程、高效配置利用监管资源，推进市场监管全链条全周期协同运作，让监管工作能够对超大规模市场的环境秩序、演化过程和复杂生态等做出及时、精准和智能的响应，通过与法治监管和信用监管的有机结合，推动公平公正监管和监管效能提升，让市场主体和社会公众能够切身感受到便捷、规范和高效的服务，营造促进新经济发展的健康环境，支撑建立全方位、多层次、立体化监管体系，实现事前事中事后全链条全领域监管，推动监管现代化，为加快建设高效规范、公平竞争、充分开放的全国统一大市场，全面推动我国市场由大到强转变，为建设高标准市场体系、构建高水平社会主义市场经济体制提供有力保障。

二、数字政府中推行智慧监管，提升市场监管能力的工作重点

运用数字技术推行智慧监管，通过对市场监管数字化建设的提质增效，提升

市场监管的规范化、精准化、协同化能力，加强监管机制创新，增强数字政府市场监管效能。

（一）运用数字技术提升监管规范化水平

市场经济是法治经济，市场监管的公平公正需要健全公开透明的监管规则和标准体系。通过推行智慧监管，加强数字化建设，推动市场监管实现规范统一与公开透明，保障市场监管的公平公正。

加强监管事项清单数字化管理，实现监管事项清单全国统一管理、公开透明和动态更新维护，明确监管主体、监管对象、监管措施、设定依据、处理方式，为监管提供明确指引。运用数字技术，实现市场监管的规则、程序、标准和监管执法结果向社会公众和市场主体公示公开。

加强监管手段与监管工具数字化创新，监管执法人员的职责权限、操作过程、执法记录得以明确、规范和固化，实现全程留痕和规范管理。加强对监管执法大数据管理，为监管执法人员提供案件数据查询和辅助决策分析，提高监管工作效率，推动执法裁量规范统一，严格限制自由裁量空间，减少执法随意性。

（二）以数字化手段提升监管精准化水平

充分运用数字技术，健全以“双随机、一公开”监管和“互联网+监管”为基本手段、以重点监管为补充、以信用监管为基础的新型监管机制。

加强市场主体数据的全面归集、管理，依托国家企业信用信息公示系统，加强监管信息归集共享，将政府履职过程中形成的行政审批、监督检查、行政处罚、行政强制等信息，司法判决、违法失信、抽查抽检等信息，以及社会投诉举报、有关第三方平台等数据进行关联整合，归集到相关市场主体名下，依法运用多源数据为市场主体精准“画像”。

加强统一的“双随机、一公开”监管工作平台建设，通过数字化手段提高双随机抽查的规范化、专业化水平，合理确定抽查范围、抽查行业、抽查比例、抽查频次和被抽查概率。大力推进信用分级分类监管，与“双随机、一公开”监管、专业领域风险防控等有机结合，充分归集运用涉企信息，构建企业信用风险分类管理指标体系和风险监测预警模型，利用数字化手段对企业信用风险状况进行分类和监测预警，并根据分类结果采取差异化监管措施，实现监管资源合理配置和高效利用，做到对风险早发现、早提醒、早处置，提高监管的及时性、精准性、有效性。

对直接涉及公共安全和人民群众生命健康等特殊重点领域，依法依规实行全覆盖的重点监管，建立健全以全国统一信用代码、产品编码管理为主键的追溯体系，形成来源可查、去向可追、责任可究的信息链条，实施全主体、全品种、全链条数字化追溯监管，严守安全和质量底线。

（三）以线上线下一体化监管提升监管协同化水平

大力推行“互联网+监管”，构建全国一体化在线监管平台，充分运用大数据、人工智能、云计算、区块链等数字化技术手段，推动监管数据归集共享和有效利用，强化监管数据治理，打破条块分割，打通准入、生产、流通、消费等监管环节，推动建立跨地区、跨部门、跨层级联动响应和协同监管机制，加强各类监管的衔接配合，实现违法线索互联、监管标准互通、处理结果互认，实现针对问题企业进行重点监督、重点防范，避免监管重复和监管漏洞，节约监管资源。

依托全国“互联网+监管”系统体系、国家企业信用信息公示系统、全国信用信息共享平台，推动形成数据同步、措施统一、标准一致的信用监管协同机制，充分发挥信用基础性作用，推动信用与重点领域监管深度融合，加强协同联动，形成监管合力，提升监管效能。

（四）以新型监管技术提升监管智能化水平

充分发挥大数据、人工智能、物联网、云计算、区块链等现代科技手段在市场监管中的作用，加速推动监管创新，运用非现场、物联感知、掌上移动、穿透式监管等新型监管手段，弥补监管短板，努力做到监管效能最大化、监管成本最优化、对市场主体干扰最小化。

非现场监管基于风险为本的监管理念，全面、持续地收集、监测和分析监管对象的风险信息，针对监管对象的主要风险隐患制定监管计划，并结合风险水平高低和对市场体系稳定的影响程度，合理配置监管资源，实施一系列分类监管措施。

物联感知监管基于物联网技术，加强对监管对象现场环境的感知、监测，通过对监测结果数据的分析，发现被监管机构的风险信息，进而合理配置监管资源，实施相应监管措施。

掌上移动监管运用移动互联网等技术手段，推动市场监管向移动端延伸，完成任务接收、现场采集、结果录入、信息查询、风险预警等多项功能，实现"指尖管""掌上查"全程电子化操作，打通监管"最后一公里"，为基层监管执法人员减负赋能，全面提升执法监管效能。

穿透式监管主要应用于金融监管领域，穿透式监管利用数字化手段透过金融产品的表面形态看清业务实质，将资金来源、中间环节与最终投向穿透联接起来，按照"实质重于形式"的原则甄别业务性质，根据业务功能和法律属性明确监管规则。穿透式监管的监管理念与监管方式也可为其他监管领域提供有益的借鉴。

针对新技术、新产业、新业态、新模式等实行包容审慎监管，按照鼓励创新、平等保护原则，充分运用数字化技术手段，强化以网管网，开展信息监测、在线证据保全、在线识别、源头追溯，增强对行业风险和违法违规线索的发现识别能力，分类实施相应的监管规则和标准，加强和规范事中、事后监管，全面提升对新技术、新产业、新业态、新模式的监管能力与水平。

三、数字政府中推行智慧监管，提升市场监管能力的保障措施

推行智慧监管，必须加强顶层设计，以持续深化业务改革、流程优化和监管

方式创新为要义，通过对市场监管数字化建设的提质增效，构建统一的市场监管数字化体系，推进市场监管体制机制创新，推动监管方式由传统向智慧转变，实现数字政府市场监管能力提升。

（一）加强智慧监管顶层设计与工作统筹

推进智慧监管，必须加强对智慧监管工作的顶层设计和战略谋划，瞄准建设高效规范、公平竞争、充分开放的全国统一大市场和建成高标准市场体系的战略要求，为构建全方位、多层次、立体化监管体系，实现事前、事中、事后全链条全领域监管提供强有力支持。为此，智慧监管的顶层设计工作需要深入研究我国超大市场的基本特征和复杂变化，深入研究推进市场监管现代化的内在规律与发展需求，结合现代数字技术的发展特点和趋势，积极探索市场监管业务和数字化的融合创新。以提升监管效能为目标，加强工作管理统筹力度，推进智慧监管统筹规划、共建共享、业务协同和安全可靠运行。按照以统为主、统分结合、注重实效的原则组织跨部门、跨层级的市场监管数字化建设，建立健全工作统筹、业务衔接、资源共享、运行保障的一体化工作机制，推动智慧监管工作的顺利实施，不断提升市场监管治理能力现代化水平。

（二）加强统一的市场监管数字化体系建设

推行智慧监管，提升数字政府的规范化、精准化、协同化能力，运用数字技术加强监管手段与监管方式创新需要市场监管数字化提质增效，构建统一的市场监管数字化体系。统一的数字化体系为市场监管充分运用数字技术，发挥最大监管效能提供了实施载体。统一的数字化体系聚焦新发展阶段市场监管领域重大任务和难点、堵点关键问题，加强市场监管数字化统一规划和顶层设计，通过构建统一的标准规范体系、技术架构体系、数据资源体系、业务应用体系，强化统一平台管理，统筹推进信息系统建设，为监管数据归集共享和有效利用、实施推动建立跨地区、跨部门、跨层级联动响应和协同监管机制，加强各类监管的衔接配合，发挥最大监管效能，推动实现市场监管现代化，为加快建设高效规范、公平竞争、充分开放的全国统一大市场，建设高标准市场体系提供有力保障。

（三）加强数字技术市场监管应用创新

推进智慧监管，必须坚持创新引领的理念。数字化建设要以服务经济社会发展、促进市场监管体制机制创新、增强市场主体活力、提升监管效能为目标积极开展制度规则创新、技术创新、管理创新和建设模式创新。通过市场监管制度规则、业务和数字化融合创新，大力推进大数据、区块链、人工智能、物联网、移动互联、智能终端和绿色节能等新技术在市场监管工作中的应用，提升市场监管的智慧化能力。围绕市场监管改革创新，探索智慧监管建设产学研用的合作模式，推动智慧监管的共建、共享与共创；鼓励地方结合自身特色和工作基础，开展智慧监管应用示范，形成创新“亮点”；鼓励社会各方参与改革创新活动，更便捷有效地参与监管和监督，以利于形成社会共治良好局面；在此基础上，总结经验，形成可复制的经验推广应用。

（四）做好数字化人才队伍建设

加强推进智慧监管的人才队伍和相关机构建设，建立与新形势下智慧监管工作相适应的、能够反映工作特性和专业特点的管理体制与运行机制，优化人才培养机制，着力培育数字化领域高水平研究型人才和具有工匠精神的高技能人才。加大数字技术和市场监管业务知识培训力度，支持技术和业务方面人才交流，着力培养和建设一支“政治硬、业务熟、技术精、素质高、专业强”的强有力支撑队伍。

以政府运行保障数字化助力数字政府建设

陶雪良

国家机关事务管理局政策法规司司长

政府运行保障是对政府运行所需经费、资产、服务、能源等资源要素进行统筹配置，为政府履行职责提供保障支撑的行政活动。政府运行保障数字化是以传统机关事务工作为基础，以数据要素为核心，利用人工智能、大数据、云计算、物联网等技术手段，打通机关事务领域的物理体系与数字体系，实现数字赋能和流程再造，降低机关运行成本，提高政府运行效能的工作。《关于加强数字政府建设的指导意见》指出，要“加快一体化协同办公体系建设，全面提升内部办公、机关事务管理等方面共性办公应用水平，推动机关内部服务事项线上集成化办理，不断提高机关运行效能”。这体现了政府运行保障数字化在数字政府建设中的基本定位，也为下一步工作明确了目标和方向。

一、秉要执本，政府运行保障数字化建设意义重大

2022年6月，习近平总书记对机关事务工作作出重要指示，为机关事务部门做好包括政府运行保障数字化建设在内的管理服务保障工作提供了根本遵循、指明了前进方向。

政府运行保障数字化建设提升管理服务保障能力，为落实“两个重大”提供有力保障。机关事务工作为党和人民事业发展提供重要保障，责任重大、意义重大。在当前数字化已高度普及的背景下，数字化转型会整体驱动服务保障方式和

治理手段变革，打通需求、供给、管理、决策全链条，推动服务保障供给能力、响应能力、管理能力优化升级，有助于推动机关事务部门更好肩负起“两个重大”的职责使命。

政府运行保障数字化建设提高资源配置效率，为“勤俭办一切事业”提供有力支撑。机关事务部门要坚持“勤俭办一切事业”，在厉行勤俭节约、反对铺张浪费上做表率。政府运行保障数字化建设利用数字化工具，加强渠道互联和数据共享，使用算法模型精准投放资源、强化自动匹配、减少人力成本，探索有效控制机关运行成本的新手段，有助于推动机关事务部门更好履职尽责、发挥表率作用。

政府运行保障数字化建设重塑政府运行保障体制机制，为实现“两个更好服务”提供有效路径。机关事务工作要更好服务党和国家中心工作，更好服务国家治理体系和治理能力现代化。政府运行保障数字化建设紧扣数字政府建设要求，以核心业务高效协同为基础，全面推进流程再造、制度创新，系统重构政府运行保障的体制机制，以数字化改革驱动机关事务治理现代化，为实现“两个更好服务”的目标追求提供重要抓手和助力。

二、多措并举，政府运行保障数字化建设点面开花

党的十八大以来，为全面贯彻落实党中央、国务院关于实施国家大数据战略、加强数字政府建设、加快建设数字中国等部署要求，国家机关事务管理局统筹推进全国政府运行保障数字化建设，深入推动政府运行保障的理念创新、技术变革、模式创新。

加强数字化顶层规划。《机关事务工作“十四五”规划》提出“全面推进机关运行保障方式、业务流程和服务模式数字化智能化”的发展目标，并以专节明确数字转型重点工作。在此基础上，国管局办公室、国务院办公厅电子政务办公室联合印发《机关事务信息化工作“十四五”规划》，坚持统一规划、集中管理，分

步实施、稳步推进，业务协同、资源共享，按照统筹协调、创新引领、协作共建、经济适用、安全可靠的基本原则，遵循规划先行、标准支撑、试点探索、示范推广的基本方法，逐步实现跨层级、跨部门、跨业务的统筹管理和服务，全面推进机关事务管理流程再造、服务模式优化、保障能力提升。

健全数字化标准体系。坚持数据标准统一、互认共享、系统兼容、协调发展，构建以《机关事务信息化建设指南》《机关事务信息化基础数据规范》《机关事务云接入管理规范》等推荐性国家标准为核心的机关事务信息化建设标准体系，为全国政府运行保障数字化建设提供技术标准支撑，避免分散和重复建设，消除“数据孤岛”问题。同时，对于建立健全集中统一、资源统筹、管理规范、运行高效的现代机关事务管理体制和政府运行保障机制亦具有重要意义。

推动数字化平台上线。全国层面，国管局牵头组织开发全国机关事务云平台，于2021年12月上线试运行，各级机关事务部门约28000余名干部职工参与试运行。目前，该平台上线了协同办公平台、政策宣传平台和部分生活服务模块。协同办公平台实现在国家电子政务外网环境下的统一门户登录、分级授权使用，完善全国会议系统和政务通讯录的统一接入，实现即时通讯、文件管理和消息送达等功能，保障协同办公安全可控。政策宣传平台实时更新发布相关法律法规、制度标准和新闻动态，为系统内干部职工提供个性化、互动强、可移动、分场景的内部学习平台。中央国家机关层面，国管局于2021年11月启动中央国家机关数字后勤建设工作，初步形成国管局牵头、企业主建、部门管用的合作模式，研发推广集数字办公、智慧社区为一体的数字后勤平台，确定水利部、体育总局、林草局、社科院等为首批试运行单位，从运营端、管理端、小程序端三端搭建框架，设置了住房服务、餐饮服务、通行服务、物业服务、办公服务、生活服务六大功能模块，推动中央国家机关后勤服务事项线上集成化办理，提升政府运行保障共性应用水平。

与此同时，全国各级机关事务部门对数字化工作的重视程度不断加强，上线业务系统、建设门户网站、推出手机应用，取得明显成效。一方面，通过重要业务系统建设提升管理水平。以省级为例，据统计，目前有28个省完成公务用车“全省一张网”平台建设，有18个省初步完成了办公用房管理系统建设，有19个省完成了公共机构节能管理系统建设，开发并投入使用的国有资产、住房保障、住房公积金等各类管理信息系统或模块已经超过100个。不少地区公积金事项已经基本实现“一站式”全流程在线办理，较好落实了国务院“放管服”改革关于群众办事“一网通办”“最多跑一次”的工作要求。另一方面，通过创新应用提升后勤服务品质。近年来，各地区、各部门在后勤服务保障理念和方式上积极创新，不断推广各类新应用，如山东省“易鲁通”、桂林市“桂勤通”、福州市“数字乌山”等手机App和关联微信小程序，创新以用户为中心、以需求为导向的服务机制，融合微门户智慧访客、智慧餐饮等内容，并注重对服务需求、服务质量等信息的收集、分析和评价，持续改进服务方式，提升服务质量，最大限度满足多元化、个性化用户需求，着力打造办事便利、服务优质的“智慧机关”。

三、先行先试，地方政府运行保障数字化建设成果丰硕

国家机关事务管理局在工作实践中，坚持先行先试，围绕重点领域、关键环节等选取有关地方和部门，开展政府运行保障数字化试点，注重基层数字治理经验的总结与推广。2019年3月，在山东省、贵州省和浙江省宁波市开展机关事务信息化建设相关试点工作；2021年5月，联合国家市场监管总局在江苏省无锡市、浙江省温州市、广西壮族自治区桂林市和辽宁省盘锦市4个市级机关事务部门开展标准化信息化“两化融合”试点；2022年9月，在浙江省启动机关事务数字化建设试点工作。推进试点工作过程中，突出实用，以业务需求为主线，让数字化手段为业务工作赋能；突出同频，积极融入本地区数字政府建设大局；突出安全，对数据进行合理分类，实现不同程度的开放。

以浙江为例，浙江省政府运行保障数字化改革探索较早，2016年公车改革完成后，启动公务用车全省“一张网”建设，2021年，全面启动了政府运行保障数

字化改革，上线了14个服务保障应用系统，在全省开展40个改革试点，发布了全国首个省级地方标准《浙江省数字机关事务建设指南》。2022年6月，对原有政府运行保障数字化改革架构进行了迭代升级，突出综合集成、多跨协同，成为浙江省数字政府建设的重要组成部分。改革的总体思路是打造机关运行保障数字化综合平台，融入党政机关整体智治系统，建设机关事务部门综合应用和专题门户；贯通全省办公用房、公务用车、公共机构节能三个系统，打造全局“一屏通览”、保障“一键智达”、服务“一网通办”、管理“一掌全控”的机关运行保障数字化协同工作场景。

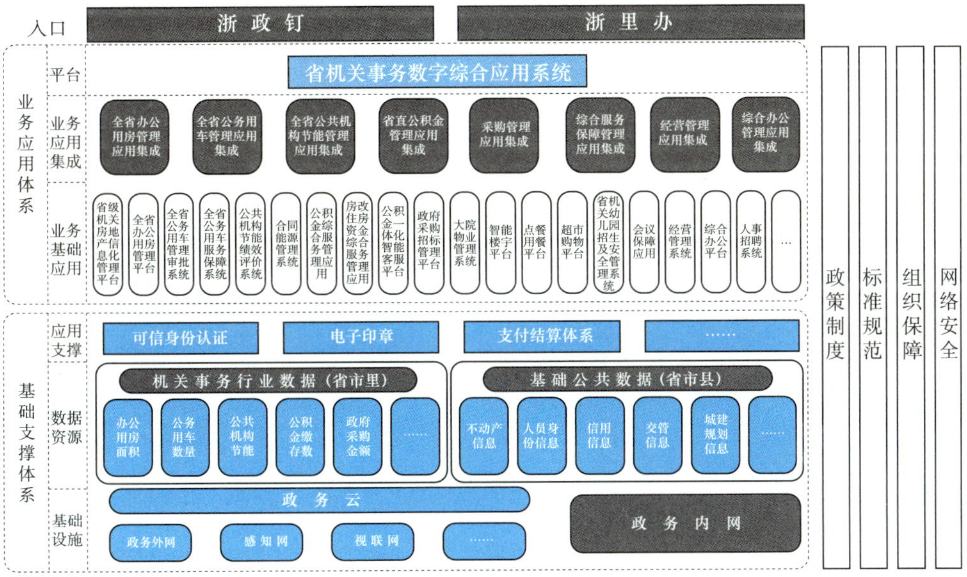

图1 浙江省数字机关事务系统框架

以贵州为例，贵州省机关事务管理局紧紧依托全省大数据战略优势，建设“贵州省机关事务云”，总体构架是“1+1+1+N”，即按照“一云一网一平台”总体规划，建设1个机关事务大数据中心、1个“机关事务云”一体化平台，建立1套完备的“贵州省机关事务云”标准规范体系，接入“N”个机关事务管理业务应用系统。该架构的突出特点：一是以平台驱动数字机关事务治理，变部门视角为全省视角，汇聚人社、财政、编办、市场监管、应急、公安、信访等多方数据，实现跨部门、跨层级数据互联与共享；二是一体化平台由省大数据局统筹，集成各部门系统建设需要的共性组件，接入地图、视频等各类中台，并向各部门开放使用，避免部门重复建设；三是应用系统按照统一标准进行建设和接入平台，实现应用快速迭代升级，搭建微服务应用市场，解决了机关事务业务类型和地域差异大、需求变化快等问题。

四、治本寻根，政府运行保障数字化建设力破难题

近年来，政府运行保障数字化转型坚持了集中统一管理的基本方向，不断采用前沿技术创新治理手段，虽然整体上成效明显，但也暴露出一些不足和短板，如大部分业务系统管理范围只局限在本级党政机关，上下一体、互联互通的网络体系还没有形成；不同地区和不同业务数字化建设发展不均衡等。究其原因，主要是政府运行保障治理存在碎片化，包括治理理念碎片化、组织结构碎片化、运行机制碎片化等。整体性治理理论可以提供解决此类问题的思路。整体性协同治理是现代政府治理发展的新趋势，着眼于政府部门间、不同政府间的整体性运作，强调公共管理与服务机构为完成共同目标而开展跨部门协作，主张政府管理"从分散走向集中，从部分走向整体，从破碎走向整合"，坚持问题导向，从而建立起纵横交错、内外联结的协作机制，力求从根本上解决政府管理碎片化问题，提升政府部门整体治理能力①。这一治理模式不同于基于强制的科层治理，是不同行动主体之间形成互动、协商关系以实现共同利益的治理模式。应用到政府运行保障领域，主要用以调节不同层级政府运行保障主体的关系，即每一层级的机关事务部门都是政府运行保障工作的行动者，有共同的目标和利益，遵循共同的规则，并形成整体合力。基于以上理论，政府运行保障要有效解决上述碎片化问题，需要以提升保障效能为理念，各相关部门间协同配合，形成整体运行机制。

"平台驱动的数字政府"是符合这一治理模式的全新尝试。2017年，英国政

① 孙迎春：《现代政府治理新趋势：整体政府跨界协同治理》，《中国发展观察》2014年第9期。

府在《政府转型战略：2017—2020》中提出，“政府即平台”，要“创建共享平台、组件和可复用的业务功能”。平台驱动的数字政府，强调以办公办事平台上的服务为导向，牵引整个数字政府基础设施的安装与配置，从而实现多方协同[①]。数字化平台为在线协同提供了技术可行性，实现人、数据、事项、时间与活动的聚合和匹配，自动形成各种主体与资源的组合，从而聚集各方围绕特定问题开展行动。在平台驱动的数字政府架构中，一体化平台是动力和引擎，也提供基础和支撑。

以上理论和模式为政府运行保障数字化建设提供了一个方法框架，通过搭建全国统一的政府运行保障平台，促进各级机关事务部门间的沟通联系，为政府运行保障的业务融合、数据打通和流程再造提供支持，还能大幅缩短业务应用的开发时间，实现集约化建设，节省运行成本。实践中要充分挖掘机关事务工作的业务共性，实现技术融合、业务融合和数据融合，形成跨地域、跨层级、跨部门、跨业务共享的政府运行保障整体性协同治理格局。这一格局是数字政府运行保障治理的实施方式，也是政府运行保障治理现代化的实现途径。

五、革故鼎新，政府运行保障数字化建设整体升级

“十四五”时期，政府运行保障工作面临着新的发展机遇和挑战，进一步立足新发展阶段、贯彻新发展理念、构建新发展格局，从战略高度谋划政府运行保障数字化建设，推动全国机关事务系统数字化转型、智能化跃升，开创系统布局、整体优化、数字运行、协同保障的工作新格局。

（一）统筹布局顶层设计

政府运行保障涉及跨层级、跨部门、跨业务的统筹管理和服务，这要求政府运行保障数字化建设方案必须从一开始就要做好系统规划，综合考虑数据、算法、

① 北京大学课题组：《平台驱动的数字政府：能力、转型与现代化》，《电子政务》2020 年第 7 期。

算力和应用平台等各部分的有机整合，同时充分挖掘应用场景需求，以点带面、由面及点，走出一条敏捷化、个性化、生态化的技术集成之路。对全国机关事务系统信息化建设进行整合提升，基于“大平台、广应用、微服务”的理念，按照“底座+应用”的思路，采用国家、省、市、县四级架构，打造更有效率、更有整体性的一体化云平台。进一步明确数字化建设思路、提出量化指标、策划具体项目，对全国机关事务系统数字化建设进行系统布局和政策指引，确保建设方向明确、路径清晰。相比其他领域的政务服务数字化转型，政府运行保障数字化建设当前还处在探索、试点过程中，要应用好后发优势，充分吸收其他部门的成功经验，少走弯路，形成系统创新。

（二）推进全国机关事务云平台迭代升级

机关事务一体化云平台作为政府运行的支撑性平台，要为政策制定、公共服务供给、信息技术运用和公务员管理等方面提供具体的保障性实施方案，进而为消除部门主义和各自为政，促使各种公共管理主体协调一致，达到功能整合，并有效利用稀缺资源，提供整体性的无缝隙服务创造基础平台。一是实现横向到边的协同办公和集成化服务。建设协同各部门的机关事务统一办公平台，打破部门间的“数据壁垒”，实现数据的互通共享、工作流程的优化重组，打破时空和部门分隔限制，推动办公协同、信息协同、应用协同，为业务应用系统开发和接入提供平台支撑。推动数字后勤建设，实现后勤服务平台集中建设、统一管理、共同使用、业务协同，推动后勤服务事项线上集成化办理，进一步提升数字后勤保障水平和管理效能。二是打造纵向到底的统一平台。坚持统建分建相结合，国管局明确全国层面管理平台建设思路，省级机关事务部门在既有信息系统基础上，通过国家电子政务外网按照统一标准与国家平台进行对接和数据联通，市县级机关事务部门可同步数据到省级机关事务部门，实现数据在省级层面集中。通过建设入口统一、用户整合、业务融合、数据共享的一体化平台，逐步实现对国有资产、办公用房、公务用车、公共机构节能、机关运行成本、公务接待等主要业务数据的实时抓取监测，依托数据开展智能分析、历史回溯和可视化展示，为机关事务部门科学决策提供数据支撑，推动建成政府运行保障数字化全国“一张网”。

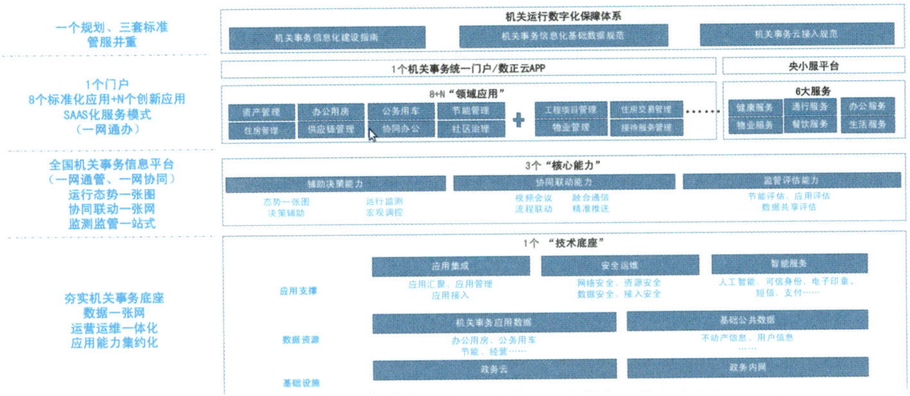

图2　政府运行保障数字化平台总体架构

（三）在数字化进程中实现“双轮驱动”

政府运行保障数字化建设要致力于构建与数据整合共享相适应的组织结构，更好对接供需两端，更好匹配供需双方的压力与要求。不能简单地把数字化等同于建网络、上系统，而是要努力把政府运行保障数字化建设融入国家治理体系和治理能力现代化的进程之中。特别是伴随着政府运行保障工作职能和范围的不断拓展，如何安全有效调动社会资源参与政府运行保障的服务供给，将逐渐成为突出挑战。国内外的经验表明，政府运行保障数字化建设的内涵外延正在发生重大变化，已从过去的“业务驱动”模式逐渐转变为“供给与需求双轮驱动”模式。“业务驱动”是在既定的业务流程框架下，探索技术应用的可能性和效用，通常以管理者为中心，往往会导致各部门业务系统相互分立、数据“割据”。“双轮驱动”模式则是从政府运行保障现代化建设需要出发，以服务对象为中心，深化供给侧结构性改革，重塑业务流程，以管理效率的提升来推动服务水平的提升。

全要素自然资源"一张图"构筑数字政府时空信息基础

吴洪涛

自然资源部信息中心总工程师，研究员

习近平总书记指出，数字技术正以新理念、新业态、新模式全面融入人类经济、政治、文化、社会、生态文明建设各领域和全过程，给人类生产生活带来广泛而深刻的影响。随着数字技术发展及第四次工业革命的到来，人类社会正在进入数字化、智能化的数字时代，传统的管理决策正在从以管理流程为主的线性范式逐渐向以数据为中心的新型扁平化互动范式转变①，数据已经成为推动生产力发展和生产关系优化的关键要素②。必须主动适应数字化变革的时代潮流，打造数字优势③，激活数据要素潜能，推动政府治理流程再造和模式优化，不断提高决策科学性和服务效率④，是创新政府治理理念和方式、形成数字治理新格局、推进国家治理体系和治理能力现代化的重要举措。国务院《关于加强数字政府建设的指导意见》(以下简称《指导意见》)恰逢其时。

自然资源部成立之初，就把信息化、数字化作为提升自然资源管理和国土空间治理能力提升的重要抓手，编制了《自然资源信息化建设总体方案》，确定了"一张网""一张图""一个平台""三大应用体系"的信息化总体框架，强调建成

① 段盛华、于凤霞、关乐宁:《数据时代的政府治理创新——基于数据开放共享的视角》,《电子政务》2020年第9期。

② 保建云:《世界各国面临数据与数字技术发展的新挑战》,《人民论坛》2022年第6期。

③ 庄荣文:《营造良好数字生态》,《人民日报》2021年11月5日。

④ 《中华人民共和国国民经济和社会发展第十四个五年规划和2035年远景目标纲要》，中国政府网2021年3月13日。

以自然资源三维立体“一张图”为基础的自然资源大数据体系，通过数据赋能，以数据流打通业务流，基本形成“数据驱动、精准治理”的自然资源管理和国土空间治理的决策机制，实现山水林田湖草沙系统治理、自然资源科学配置、国土空间格局持续优化、自然资源资产高效管理。

《指导意见》明确要求要完善自然资源三维立体“一张图”和国土空间基础信息平台，表明自然资源三维立体“一张图”在数字政府建设中非常重要。

一、自然资源三维立体“一张图”定位分析

建设生态文明是中华民族永续发展的千年大计。“必须树立和践行绿水青山就是金山银山的理念，统筹山水林田湖草系统治理”①。自然资源部门承担着自然资源统一调查和确权登记、全民所有自然资源资产管理、所有国土空间用途管制和生态保护修复职责，负责对自然资源开发利用和保护进行监管、建立空间规划体系并监督实施，着力解决自然资源所有者不到位、空间规划重叠等问题②。自然资源是发展之基、生态之源、民生之本，国土空间是生态文明的载体③，自然资源工作要坚持在不超越资源环境承载力前提下支持经济建设，实现发展与保护“双赢”；要坚持系统协同观念，在统一的国土空间规划下对山水林田湖草沙进行综合治理、统一修复，行使用途管制职责，与其部门共建共享国土空间，共筑生态文明和美丽中国；要坚持以人民为中心的发展思想，满足人民日益增长的物质文化需要。因此，自然资源部门承载着发展保障、生态保护和民生服务三大功能④。

自然资源三维立体“一张图”正是围绕自然资源部门承载的三大功能确定的基本定位。

---

① 《深化党和国家机构改革方案》，中国政府网 2018 年 3 月 21 日。
② 《深化党和国家机构改革方案》，中国政府网 2018 年 3 月 21 日。
③ 《中共中央国务院关于加快推进生态文明建设的意见》，中国政府网 2015 年 5 月 5 日。
④ 董祚继：《关于新时代自然资源工作使命的思考》，《资源导刊》 2018 年第 6 期。

1.服务于自然资源管理

通过“用数据说话，用数据管理，用数据决策”，更合理地编制国土空间规划，更科学合理配置土地、矿产、海洋、林草、水、湿地等自然资源，更高效地管理自然资源资产，为经济社会可持续发展提供物质基础保障。

2.服务面向生态文明的国土空间治理

建立数字化的“数、线、图”一致的时空信息基底，为全社会参与的国土空间开发利用活动提供统一的底图、底线，促进国土空间规划确定的分类管控规则、山水林田湖草沙系统治理措施的落实。

3.服务于企业、公众办事

通过数字技术和互联网思维改进政务服务模式，打破部门间地区间信息壁垒，以数据协同共享推动更多服务事项“一网通办”、更多服务事项“一站式”办理和“不见面”审批，让百姓少跑腿、数据多跑路，更好解决企业和群众办事难、办事慢、办事繁问题[①]。

4.构建时空信息基础设施

在现实生活中，自然资源和国土空间是人类社会经济发展的物质基础。在数字空间，自然资源三维立体“一张图”是数字中国、数字政府、智慧社会的时空信息基础。习近平总书记要求，要“统一底图、统一标准、统一规划、统一平台”，因此，自然资源三维立体“一张图”实际上是在数字时代的信息空间[②]构筑的一套可以支撑数字中国建设、数字经济发展、数字政府建设的数字时空基础设施。

由此可知，自然资源三维立体“一张图”建设与《关于加强数字政府建设的指导意见》中提到的“坚持改革引领”“坚持数据赋能”“坚持整体协同”的原则是一致的，与“助推数字经济发展”“引领数字社会建设”“营造良好数字生

① 马兴瑞：《加快数字化发展》，《求是》2021年第2期。

② 郭仁忠、林浩嘉、贺彪、赵志刚：《面向智慧城市的GIS框架》，《武汉大学学报（信息科学版）》2020年第12期。

态”“引领驱动数字化发展”的要求是相符的。

二、自然资源三维立体“一张图”数据内容设计

自然资源三维立体“一张图”以空间位置为纽带，以数字高程模型（DEM）为基底，以高分辨率遥感影像为背景，以自然资源调查、国土空间规划、自然资源管理等数据为主要内容，辅以社会经济数据，以地理信息形式组织、以“地图”形式表达的全国覆盖、地上地下、陆海相连的自然资源大数据体系，是全要素、全过程表达的自然资源与国土空间的电子沙盘。

1. 基本考虑

根据自然资源“一张图”建设的目标分析，自然资源“一张图”的数据要素须考虑五个方面：一是自然资源“一张图”应能客观、直观反映三维立体空间内各类自然资源、资产、权籍、不动产的现实状况，动态更新，体现“家底”，形成国土空间权威的统一“底图”。二是自然资源“一张图”应将永久基本农田、生态保护红线、城镇开发边界、五级三类国土空间规划有机融合，反映国土空间未来蓝图，体现国土空间开发利用规则条件，形成统一的开发利用“底线”。三是自然资源“一张图”各类数据应形成一个整体而不是简单地叠加，须相互关联，数值逻辑关系、空间拓扑关系、时间先后次序清晰准确，地上地下、陆海相连，各行政区无缝衔接，从区域宏观尺度到地块精细度无级缩放。四是自然资源“一张图”数据应方便使用，二、三维一体，能访问，能浏览，能分析。五是自然资源“一张图”数据应承担起国土空间时空信息基础设施的作用，既供自然资源系统内使用，也为更广大的其他政府部门、社会公众服务。

2. 分层模型

根据自然资源产生、发育、演化和利用的全过程，按照三维空间位置，对各类自然资源信息进行分层分类，按照各个自然资源体在地球表面、地表以上及地表以下的有序分布形式进行组织，形成一个完整的支撑生产、生活、生态的自然

资源立体时空模型①。共分四个大层，每个大层可再细分到多级子层。

第一层为地下空间层。主要描述位于地表（含海底）之下的矿产资源，以及城市地下空间为主的地下空间资源。

第二层为地表基质层。在地下空间层之上，是地球表层孕育和支撑森林、草原、水、湿地等各类自然资源的基础物质。海岸线向陆一侧（包括各类海岛）分为岩石、砾石、沙和土壤等，向海一侧为海底基质。

第三层为地表覆盖层。在地表基质层之上，是自然资源在地表的土地、耕地、林草、湿地、水、建设用地等若干覆盖类型，同时对自然资源利用、生态价值等方面的属性信息和指标进行描述。以森林资源为例，在地表覆盖的基础上，根据森林结构、林分特征等，从生态功能的角度，进一步描述其资源量指标，如森林蓄积量。

第四层为业务管理层。在地表覆盖层之上，叠加规划管控、各类日常审批管理、实际利用等数据，包括永久基本农田、生态保护红线、城镇开发边界、自然保护地界线、开发区界线、建设项目、矿业权、国土整治和生态修复项目等。

3. 数据内容

按照数据类别划分，主要包括以下三大类数据。如图1所示。

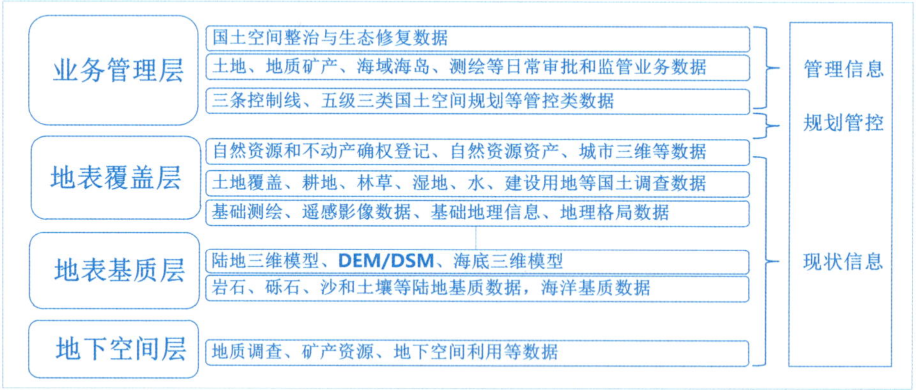

图1 自然资源“一张图”数据内容

① 《自然资源调查监测体系构建总体方案》，自然资源部2020年1月。

一是现状基础类数据。含地下空间层、地表基质层、地表覆盖层数据，反映自然资源和国土空间现实状况。主要包括地理格局、基础地理、遥感影像、基础地质、地质环境、土地资源、矿产资源、水资源、湿地资源、林草资源、海洋资源、地理国情、自然资源确权和不动产登记数据、自然资源资产数据等。数据来源于自然资源调查监测、自然资源确权和不动产登记、自然资源资产清查等数据，比例尺从1：500到1：400万，定期更新（年度为主）；影像以2.5米分辨率为主，部分地区分辨率优于0.5米，西部人烟稀少地区30米分辨率，季度更新。数据精细到每一个地理实体、每一个地质实体、每一个地块、每一宗权属和登记单元。

二是规划管控类数据。业务管理层数据的一部分，主要包括基本农田保护红线、生态保护红线、城镇开发边界数据，统一各类空间规划后形成的各级国土空间总体规划、详细规划和专项规划数据，也包括现有的土地利用总体规划、土地整治规划、矿产资源规划、城乡规划等数据。数据来源于各级各类规划编制、调整工作，比例尺从1∶1万到1∶400万，定期和实时更新。数据精细到每一个地块。其中三区三线和五级三类国土空间规划数据正在建设中。

三是管理类数据。业务管理层数据的一部分，主要包括用地、用矿、用海用岛、测绘等审批数据、各类自然资源开发利用数据、国土空间用途管制和生态保护修复数据、自然资源监督与执法数据等。数据来源于各级自然资源主管部门的审批、登记、监管和监督执法等日常管理工作，也来源于遥感监测发现的变化，以及通过网络媒体、社交媒体、移动通信等大数据挖掘分析提取的信息，比例尺从1∶2000万到1∶1万，准实时更新。数据精细到每一个项目。

4.汇聚机制

在“一张图”的建设过程中，自然资源部按照“各负其责、集成整合、共建共享”的原则，通过一系列研究、试验和应用开发工作，形成了相关单位负责数据生产，自然资源部信息中心负责集成的分布式共建共享的建设应用模式。其中，国土调查、地质调查、海洋调查、规划编制等专项工作完成后，作为一项目工作任务，成果或更新成果及时纳入自然资源“一张图”。自然资源部所有应用系统基于自然资源三维立体“一张图”和国土空间基础信息平台构建和运行，自然资源三维立体“一张图”即支撑各系统应用，各系统产生的数据也自动回落到自然资源三维立体“一张图”，各级自然资源管理部门用地、用矿、用海用岛、测绘等审批、开发利用等数据，通过网络实时从各级自然资源管理部门汇聚到部，自动集成融入自然资源三维立体“一张图”。通过这套机制，数据通了，业务也通了，不同业务线的数据融合了，业务也协同了，一个业务的输出，自然就可以成为另一个业务的输入，避免了数据“烟囱”和重复建设，翔实和流动的数据也促进了审批流程和模式的优化、决策的智能化和精准化，促进了数据赋能作用的发挥。

5. 整合路径

自然资源数据来源广泛，有的是改革前原国土部门、测绘部门、海洋部门等不同部门生产，有的是同一部门不同时间生产，单个数据一般采用了统一的数据标准，但各个数据之间的标准并未做到完全统一，造成不同数据之间存在一定矛盾和冲突。为了形成统一一体的“一张图”数据，采取了如下措施。

一是统一坐标基础。将原有的54坐标系统、80坐标系统、地方坐标系统统一转换为2000系统，新数据全部采用2000坐标系统生产。

二是统一数据分类标准。数据分类标准不统一，是各类数据不能融合的最大障碍。为此，自然资源部印发了《国土空间调查、规划、用途管制用地用海分类指南（试行）》《国土空间用途管制数据规范（试行）》等规范，后期产生的数据遵行新标准，以前的数据建立了与新标准的映射关系。

三是统一空间对象单元。地面要素以国土调查确定的地块为基本单元，其他要素以基本单元为空间对象扩展属性。如永久基本农田、生态保护红线、城镇开发边界、国土空间规划、自然资源资产、林草调查等数据。地下矿产以矿业权为空间单元，统一矿产资源储量、矿山开发利用等空间单元。

四是统一编码。对宗地地块、项目（申请阶段、审批阶段、开发建设阶段）、不动产登记等进行统一编码，建立时空信息链条，以码索骥，可在时间、空间序列上追踪空间单元的前世今生。

五是统一管理调度。通过国土空间基础信息平台对“一张图”数据进行统一管理、调度、显示和服务，提供数据和分析服务的统一接口。

数据整合工作由易到难，渐进式进行。目前基本形成了能统一应用分析的“一张图”。

三、自然资源“一张图”应用服务模式

如前所述，自然资源“一张图”通过国土空间基础信息平台统一提供应用服务（如图2所示）。国土空间基础信息平台提供通用浏览、条件查询、空间分析，提供数据在线调用、信息查询、空间分析的标准化接口功能，提供用户认证、权限管理、数据审计、访问日志管理等基础功能。应用服务模式有三种。

一是直接使用。在国土空间基础信息平台上注册用户，直接使用自然资源“一张图”数据，查询、统计、浏览耕地、林草、海洋、湿地、水等自然资源的总量、结构、空间分布等信息，查询区域国土空间规划确定的开发利用条件、指标，开展项目建设规划符合性分析，追踪建设用地项目进展等。

二是接口调用。通过接口调用数据服务、功能服务，嵌入本地应用系统，利用“一张图”数据进行各种查询、统计和空间分析。

三是离线共享。不具备网络条件的，可通过线下申请，获得“一张图”相关数据备份。

同时，自然资源“一张图”提供专题数据服务，供特定场景使用。其中三个最通用。

一是时空“基底”信息。包括基础地理（水系、居民地及设施、交通、管线、境界与政区、地貌、植被、地名等）、遥感影像、DEM等信息及相关空间分析功能，可作为空间位置框架和基底使用，实现基于地图的可视化。

二是国土空间“底图”。包括以国土调查成果为主的土地、矿产、森林、

图2　自然资源“一张图”应用服务模式

草地、海洋、湿地等自然资源要素分布，以及各地块单元边界、权属、用途、附着物等信息及相关空间分析功能。可作为各种经济社会开发利用活动空间落地的底图直接使用，实现基于底图的空间可视化或进行空间分析计算，避免空间冲突与矛盾，实现数、线、图一致。

三是国土空间开发利用“底线”。包括永久基本农田、生态保护红线、城镇开发边界等三区三线数据、国土空间规划数据及其形成的空间管控规则。可作为各种经济社会开发利用活动遵守的基本底线使用，预估各种开发保护与利用活动的规划符合性，遵循规划指引方向，不突破开发利用规则，为国土空间格局优化、生态文明建设贡献力量。

四、未来展望

自然资源三维立体“一张图”目前还处于初步阶段，取得了一定成果，在自然资源行政审批、资源监管、分析决策中发挥了重要作用，是日常管理不可或缺的工具，基本实现了“用数据说话、用数据管理、用数据决策”，也通过数据赋能实现了一定的管理模式改革和创新，正在推动着“放管服”的深入，但还存在数据整合不彻底、对政府部门和社会公众服务不充分等问题，时空信息基底、底图、底线的公共支撑服务能力还没有发挥出来。下一步，自然资源部将进一步提升数据获取能力和整合能力，提升数据的全面性、准确性、及时性、整体性，加强对政府部门和社会公众的服务，为数字中国、数字政府建设构建更稳固的时空信息基础设施。

把握十个方面关系　推进数字政府高质量建设

黄　璜

北京大学政府管理学院副院长

加强数字政府建设是创新政府治理理念和方式，推进国家治理体系和治理能力现代化的重要举措。近年来各级政府运用新一代信息技术，在经济调节、市场监管、社会管理、公共服务、生态环境保护等政府职能上创新治理手段，优化行政管理和政务服务方式，取得了很多成果，同时也存在一些突出问题，尤其是干部队伍的数字意识和数字素养还有待提升，政府治理数字化水平与国家治理现代化要求还存在较大差距。在党中央的集中统一领导下，进一步推动高质量的数字政府建设，在理论与实践的结合上可以把握以下十个方面的关系。

一、把握技术性与人民性的关系

数字政府建设将数字技术广泛应用于政府管理服务，不是对旧的管理模式的技术复制或固化，而是要推进政府治理流程优化、模式创新和履职能力提升，构建数字化、智能化的政府运行新形态，归根到底是要让人民群众都能有获得感、幸福感、安全感。数字政府建设要把满足人民对美好生活的向往作为出发点和落脚点。高质量的核心要求就是把人民性放在技术应用的中心位置。首先，数字政府“人民性”体现在“一切为了人民”，主动服务民生福利发展。办事流程透明、问题处置规范、办理操作便捷、信息使用安全，为群众提供公平、公正、公开和安全的办事服务环境，让群众能够从中感受到人性化与尊重感，这是数字政府“人民性”的底线。如何实现这个目标？数字经济的成功实践证明关键在于对细节的把握，而瞄准细节的关键不是技术，而是“用心”。只有“用心”应用技术，才能让人民群众自觉地将数字化作为解决问题的首选工具，这也是一种工匠精神。其次，数字政府“人民性”体现在“一切依靠人民”，坚持人民在数字化改革中的主体地位。人民群众是推动历史发展的主体，也是推动数字化改革的强大力量。毋庸置疑，数字技术拥有十分强大的能力，人工智能已经发展出可以实现机器自主计算的技术方案，然而数字技术并不能包办社会进步的全部内容，尤其是不能代替人民群众的积极性、主动性、创造性。数字化改革坚持人民的主体地位，要求数字技术不仅要用来为政府赋能，更须用来为人民群众赋能，也就是要为人民群众福利和权益的实现提供新手段、新途径。这些表现在拥有连接数字化的基础设施，掌握数字化基本技能，获得开放的公共数据，参与基层治理系统的设计，从而可以在改革中发挥更大更好的作用。

二、把握数字化和法治化的关系

法治化应以数字化为手段，数字化须以法治化为依托。数字政府建设与法治政府建设应互相补充，综合把握，一体推进。首先，运用数字化手段可以规范行政管理活动，提升依法行政水平。《法治政府建设实施纲要（2021—2025年）》明确提出“全面建设数字法治政府”，强调“坚持运用互联网、大数据、人工智能等技术手段促进依法行政，着力实现政府治理信息化与法治化深度融合”。数字政府通过软件程序实现政府运行规则的刚性化、管理事项的标准化、治理过程的透明化、依法行政的高效化，做到既要管好公权力，管好对公共资金和资源的使用，把公权力关进“数据铁笼”，又要让公众把办事“为啥办、到哪办、找谁办”弄得清清楚楚，还要促进公正监管，营造公平竞争的市场环境。其次，只有坚持在法治轨道上推进，才能有效保障数字政府建设的规范性和稳定性。对于数字化的快速发展，人们在普遍肯定其带来高效便捷治理方式的同时，也常常担忧其潜在风险。数字化运用提升了政府治理能力，但也可能带来公权力扩张和公众权利的压缩；各种算法尤其是机器学习算法的大规模应用加大了决策与管理的不透明程度，并且可能造成对不同群体的偏见和侵害。习近平总书记指出：法治是国家治理体系和治理能力的重要依托。数字政府建设必须坚持法治先行。一方面加大对涉及国家秘密、工作秘密、商业秘密、个人隐私和个人信息等数据的保护力度；另一方面应秉持“数字向善”的原则，建立并完善对公共数字系统的监管，保障公众对数字治理的知情权、参与权和监督权。

三、把握有效性、公平性和安全性的关系

数字政府建设的“人民性”原则落实在公共政策上，即要兼顾有效性、公平性和安全性。三者之间既对立又统一，共同构成数字政府建设的基本价值。首先，有效性是数字政府建设的基础。有效性，简言之是要让政府管理和服务变得更快、更强、更方便。数字技术被引入政府活动的初心即为提高机构管理的绩效，比如让老百姓可以更快捷地“触及”政府，让机构内部业务办公更加协同、高效。当前在人工智能、大数据、平台化等新技术加持下更加深入的政府数字化转型，正在推动各级政务机构提供更加高效的决策、管理和服务。其次，公平性是数字政府建设的责任。公平性即要让所有群众都能有条件、有能力享受数字政府建设带来的成果和机会。数字政府具有普遍服务义务。无论是在城市还是乡村，无论是对年轻人还是老年人或不同经济群体，数字政府建设成果必须更公平惠及全体人民。在数字政府建设中，不仅要从供给侧也即政府侧出发考虑数字化转型的结构和模式，也须从需求侧也即人民群众这一侧考虑其是否具备可获得性、可用性、易用性等。只有对所有人“可用”“会用”“易用”的数字政府才是真正成功的数字政府。最后，安全性是数字政府建设的保障。安全性要求保证网络和信息系统的可靠性、稳定性，使国家、企业和个人的数字行动免受非法侵害。自现代信息

技术创建以来，安全问题就始终是信息化建设无法回避的“痛点”与“难点”。传统安全问题主要集中在网络与系统层面，现在越来越多的风险来自于日益增长的数据。比如，多源数据间的关联性可能存在潜在的公共安全风险；跨境数据流动有可能对国家安全形成挑战；对数据的过度使用可能损害个体基本权利等。在数字政府建设中，既不能为追求效率而忽视安全和公平，也不能因为安全风险或存在数字鸿沟而全然否定或拒绝数字化。高质量的数字政府建设须在有效性、公平性和安全性之间寻找到平衡点，实现满足人民群众对美好生活向往的新空间。

四、把握系统性与演进性的关系

数字政府建设既具有目标上的系统性，需要在整体上把握和领导建设的总体方向；又具有过程上的演进性，所解决的问题与可以提供的方案总是交迭前行。有人认为技术可以包办一切，只要应用了某种技术，所有改革都可以实现。也有人讲只要研发出最佳的政府运行模型，就可以建立一个最佳的“孪生”数字系统。还有人对数字政府建设持负面态度，认为技术的应用没有提高效率，还会带来许多新的问题和负担。这些观点要么低估了数字政府建设的系统性和复杂性，要么忽视了它的动态性和演进性。首先，数字政府建设必须建立系统化的目标与战略。数字政府建设不是单个部门的任务，而是牵涉不同层级不同领域公共机构的系统性工程。无论在哪个层级上建设数字政府，都必然涉及时空过程、组织体系以及理论发展的系统构建问题：在迫切性和长期性之间，在不同地区及城乡之间，在不同利益相关者之间，以及在基于不同学科视角的数字政府理论之间都需要系统性协同性思维，综合把握其发展方向。其次，数字政府建设需要树立演进迭代的发展路径。数字政府面对的是开放环境中的复杂巨系统，其中不仅包含多层次多领域的无数子系统，而且所要解决的问题也在持续动态变化——这些问题本身不仅蕴含着内生演化的动力，也会根据干预而不断地做出适应性调整，人们对于这个系统和问题的理性认识需要在实践中不断完善，政府治理本身即是一个迭代地解决问题的过程。不能因为在数字政府实际运行中出现种种不完善、不到位等现象，就否认数字政府建设的必要性和重要性，而须秉持一种动态视角，即将数字政府建设视为一个持续改进完善的过程。一方面，不存在一个绝对的数字政府治理模型，随着技术进步和社会认知加深，数字政府能够承载的内容会不断更新，而面向特定场景的数字治理模型需要实现从物理场景向数字场景的持续转换，出现这样那样的问题不是数字政府的本性，而是模型不断优化的过程。另一方面，数字政府建设在不同地区、不同部门、不同领域展现出不同的特点和重点，存在不同的程度和进度，这些是由各地区各部门各领域的需求、资源和能力的差异而造成的，需要在建设中不断总结经验、探索创新，走出不同的数字治理路径。

五、把握统合性与开放性的关系

统合与开放都是数字政府高质量建设的内在要求。数字政府的统合性是指政府基于数字化技术形成在决策、管理、运行与资源调配上的统一化，比如对经济运行动态、社会态势、生态环境的智能感知，对决策信息资源系统的统筹建设，对政务服务的“一网”通办，对内部办公和机关事务管理共性应用的统一管理，以及全流程数字化监督等。只有掌握更多信息和知识才能作出更有效的决策，实施更精准的管理，提供更周到的服务。数字政府的开放性则是指政府部门将数据、计算、程序等资源以及决策、管理等过程向其他政府部门、机构以及社会公众和企业开放，不仅包括单向的公开，更重要的是双向的共享。信息资源只有在开放中持续地流动起来才能发挥价值，开放既为自己也为对方赋能。就技术本身而言，智能化有着内在的统合趋势，计算机、数据库等技术的出现意味着原先呈碎片化分布的计算和数据资源，逐步统一起来形成“智慧”；网络化则有着内在的开放趋势，网络的规律是接入越多、价值越大。统合意味着“收”，开放意味着“放”。此“收”彼“放”之间不是矛盾，而是相辅相成。数字政府的统合性建立在开放性的基础上，而真正有效的开放又必须基于各种资源和过程的统合。一方面，没有对诸如数据、计算、应用等资源的整合、治理，而是碎片化地分布在不同的物理位置或者服务器中，何谈能够提供有序的开放？另一方面，开放性不足也将导致统合的效率无法发挥，只有各类主体之间相互开放资源，打破数据壁垒，才能建立更加广泛的统合，实现更大的公共价值。在实践中，数据共享难仍然是制约数字政府建设的主要瓶颈。垂直管理业务系统与地方数据平台、业务系统数据的双向共享、公共数据和社会数据的融合应用都需要进一步有序推进。平台化或共性应用能力建设正在推进系统层面的统合与开放，一方面是系统“能力”实现统合共享；另一方面则通过标准化让更多人和机构可以参与数字治理。

六、把握顶层设计和基层探索的关系

顶层设计和基层探索是不可或缺、互为辅成的两方面，在数字政府建设中须有机结合。在数字政府建设中，基层部门常常要求上级部门能够出台顶层设计；同时也有基层观点认为，顶层设计没有面向或不能解决基层的实际问题。由于数字政府建设需要协调许多方面，顶层设计这把“尚方宝剑”的确在一定程度上有助于快速推进工作，然而从方法论上讲，顶层设计与基层探索应当相互支撑。首先，没有数字政府顶层设计的系统部署和方向指引，基层治理的数字化转型，既可能难以协调各方关系而停滞不前，也可能走入各自为战、不相协同的境地；相反，没有基层数字化实践的积极探索与大胆创新，缺少来自实践前沿的经验和知识，仅靠领导或专家“拍脑袋”，顶层设计也会成为无源之水，无本之木。其次，作为系统分析方法，顶层设计的基本思路，根据系统的性质也即简单系统还是复杂系统会有所不同。对于结构化程度比较高的简单系统来说，比如工程系统，可以根据系统工程或软件工程方法，自顶向下地分解目标任务，形成总体设计方案。对于非结构化程度更高的复杂系统而言，则很难事先形成适用全部“模块”的总体方案，需要通过原型演化的方法，从开放实践中寻找和识别系统演化的初始结构、演化条件和动力机制。数字政府建设不仅是政府自身行政运行的数字化，还包括政府对经济社会治理的数字化，这就决定了不可能从顶层形成全面设计，而需要从基层探索出发，比如试点示范，然后在系统顶层总结运行发展的动力和规律，进而再回到基层中去推广扩散。再次，顶层设计和基层实践之间，不能非此即彼地理解为一种上下级部门的分工关系。顶层设计不等于上级设计，也不等于全面设计，而是在上、下、左、右各方达成基本共识的基础上阐释系统级的使命和方向。所谓顶层设计是相对于系统整体而言的，基层的实践探索也需要系统化设计，明确其核心使命和约束条件。

七、把握供给侧和需求侧的关系

供给和需求是推动数字政府高质量建设的一体两面。各级政府及其部门构成了数字政府建设的供给侧，运用数字化技术输出公共价值。数字政府的服务对象，包括社会公众、企业，以及政府内部工作人员构成数字化服务的需求侧。供给侧与需求侧互为一体，互相带动。首先，需求侧应牵引供给侧的结构优化。围绕服务对象的需求来提供数字化服务是数字政府人民性的基本体现。诸如“最多跑一次”“不见面办事”等，把服务民生、服务营商放在首位，基于用户视角设计数字政府系统，尤其是围绕个人或企业“生命周期”的主题模式开发政务服务网站，不仅降低了办事办公的复杂度，让服务对象更加满意，而且有利于矫正一些地方频频制造的“数字形象工程”。其次，供给侧应简化需求侧的办事负担。在数字政府的大多数场景中，需求是由供给决定的：政府运行的数字化业务，包括面向外部办事和面向内部办公，通常都对应到各种具体的外部权力事项和内部管理事项。“放管服”改革不仅强调优化服务，而且更加强调简政放权。实现“让老百姓少跑腿”，一方面要打通数据壁垒，优化办事流程，另一方面更需要减少不必要的权力事项和管理事项，切实为群众和基层减负。再次，供给侧应赋能需求侧的参与和创新。政府通过公共计算和数据资源的开放，为需求侧赋能，降低社会计算和数据成本，促进经济社会高质量发展。比如，通过网络平台主动推进信息公开、政策解读、权威发布等，保障人民群众的知情权、参与权和监督权；通过开放公共数据、应用支撑平台、计算基础设施等，为企业创新群众创业提供信息资源和计算资源。

八、把握标准化和个性化的关系

人类社会的历史在某种意义上即是标准化与个性化交迭发展的历史。标准化奠定了个性发展的基础，个性化反过来推动标准的扩展。人类所有的个性活动建立在标准的基础上，没有互联互通的语言、文字和度量衡就没有人类社会的进步，而多样化的发展与竞争造就了文明的交融与趋同。就数字化而言，现代计算机在数学上的基础是二进制，基于这套最简单的标准化运算衍生出个性十足的万维世界，而后者带来的生活生产与治理的创新反过来又推动标准的现代计算机的日益普及。同样，没有标准化的通信协议就没有互联网的诞生与普及，而没有个性化的各种应用创新也就没有互联网的成长与繁荣。在数字政府建设中，标准化与个性化同样是互相促进的两条主线。首先，标准化是数字政府高质量建设的基石。从技术标准化，到业务标准化，再到管理标准化，可以说没有标准化，就没有网络的互联互通，没有数据的交换共享，没有系统的敏捷开发，没有事项的统一管理，也没有服务的“最多跑一次”。就技术而言，当前系统开发愈来愈朝着“低代码”“零代码”方向发展，这不仅带来系统开发成本的降低，更重要的是增强对问题的反应力，也让不同地区不同层级的数字政府建设质量能够趋向最佳应用。就服务而言，标准化从信息公开发展到“一站式”政务服务，群众办事和内部办公均日益走向规范化、透明化，让群众看得明白、办得顺当。其次，个性化是数字政府高质量建设的特征。数字政府建设将“以人民为中心”作为基本出发点，就应想人民所想，急人民所急。由于每个人的需求和使用技术的能力有所不同，在“互联网+政务服务”建设中有所谓“千人千面”的说法，即根据每位服务对象的特点和需求打造个性化、差异化的服务，比如可以通过人工智能预测并主动推送潜在的政务服务；可以选用不同的渠道或形式，比如新媒体、“数字人”等实现更加丰富而广泛的互动。聚焦对象特点的个性化服务有助于提升数字政府使用的满意度和获得感，进一步推动供需双方的数字化转型。

九、把握数字化手段和其他治理手段的关系

数字技术常常被某些观点描述为可以一揽子解决各种社会“失灵”现象的灵丹妙药，这在一定程度上夸大了技术的作用。数字化手段可以扩充政府治理的工具箱，然而数字化手段本身存在着固有的局限性，数字治理也存在“失灵”的可能。数字化作为一种手段，其本质是通过革新信息流动的媒介，重组治理系统中信息子系统的结构与环境，从而改变整个治理系统效率的发生基础。然而，一些内在缺陷始终是数字化不可回避的问题。比如，日益加深的网络连接必须依赖于稳定可靠的信息基础设施，后者一旦崩溃将导致数字化手段终止甚至全面失灵；数据资源的不断累积带来的管理责任风险会不断增加；基于统计意义的数字化先决在判断个体问题时可能产生严重偏误；技术不能代替人类的直觉和意志，在不同偏好和价值间做出善的取舍。归根到底，现有的资源和能力还不足以支撑数字化的“乌托邦”。正如市场总是在不同程度的规制下运行，科层组织内部也存在着不同程度的自组织，数字化手段本身存在的限度决定了其必须也必然与其他形式的治理手段，诸如行政手段、经济手段、法律手段以及自组织的手段等相互补充、互为牵制以共同形成治理方案，才能更充分地解决问题、应对风险。因而在面对实际治理问题时，无论是把希望都寄托于数字化，还是把责任都归咎于数字化，都是片面的观点。当然，不同手段孰多孰少，相互之间如何平衡，从理论上取决于解决问题的效率，在实践中则往往根据问题的实际瓶颈来动态地调整。

十、把握理论性与实践性的关系

数字政府不仅是新的理论，更是新的实践。常常有人讲，数字政府的“理论跟不上实践”或者“实践走在了理论前面”。这种观点既没有认清理论与实践的本质关系，也没有全面了解数字政府的理论发展。理论来源于实践，经受实践的检验并不断完善，同时正确的理论对实践具有指导和预测意义。从数字政府的理论发展来看，早在20世纪90年代，基于当时在政府改革中运用数字技术取得的初步成果，人们已经预测性地提出了许多理论概念或技术构想，可以说至今仍未过时。许多电子政务的建设者正是在这些理论学习中开始了解什么是电子政务的理想范型。随着数字技术的不断进步，这些构想正在逐步变成现实，并且推动更多深层次的变革，从而又带来了理论创新与升级。理论与实践必须紧密联系，但各自任务有所不同，为此要注意三个方面。一是理论的前瞻性与实践的渐进性。理论上探究数字政府发展的基本逻辑，辨明数字政府建设的可行路线。实践上则从解决最迫切的瓶颈问题或者决策者最重视的关键问题入手，同时还要受到资金、人才、知识等各种外部资源的约束。用前瞻的理论否认发展中的实践和用实践中的问题否认理论的价值都是不足取的。二是理论的理想性与实践的实干性。数字政府建设从根本上说是要改革既有已不合数字时代规则的治理结构与治理模式，为此需要勾画一个包含一体性、联动性、开放性、共享性、透明性、责任性等许多目标的理想蓝图。理想的实现绝非一日之功。对旧体制的改变不仅要摸清事项和数据的家底，还要破除原有的权利结构，这个蓝图实现必然面临很大障碍，必须依靠实干精神扎扎实实逐步推进。三是理论的先进性与实践的实用性。无论理论或技术的发展总是追求超越过去，然而在数字政府建设中并非新理论、新技术就一定是最好的选择。不难发现，在许多场景中简单的甚至是“过时”的技术也完全可以把工作做好。强调实用性并不是反对先进性，但是要对花费大成本去应用新技术保持谨慎态度，而所谓先进性应更多表现在治理机制的设计以及落实在服务对象的体验与获得感上。

数字政府建设已经成为加快转变政府职能、提升政府治理效能的主旋律。唱好这首主旋律，不仅需要数字技术的加持，还需要认识和尊重数字化发展规律，辩证地处理各种矛盾关系，运用科学的建设方法，遵守法律的界限与约束，保持实干的工作精神，实事求是地以现代化的面貌、气质与格局去应对不断涌现的治理挑战。

加快推进数字机关建设　不断提升政务运行效能

马运领

国务院办公厅电子政务办公室一处处长

《关于加强数字政府建设的指导意见》(国发〔2022〕14号，以下简称《指导意见》）提出，要加快推进数字机关建设，提升政务运行效能。《国务院关于印发〈国务院工作规则〉的通知》(国发〔2023〕7号）要求，要加强机关信息化应用和保障，积极推广电子公文，加快实现文件和简报资料网络传输和网上办理。数字机关建设是数字政府建设的重要组成部分，是支撑引领数字政府建设的关键驱动。我们要综合运用数字化技术和思维，推进数字技术和机关政务深度融合，优化重塑机关政务运行工作模式、业务流程和实现方式，推动实现机关政务运转“一网协同”，显著提升行政管理效能。

一、充分认识推进数字机关建设的重要意义

数字机关建设是数字政府建设的关键环节，是推动政务工作高质量发展的重要抓手，对于辅助领导决策、优化行政执行、提升行政监督具有重要意义。充分认识数字机关建设这项工作的重要性，是扎实高效推动机关数字化转型的首要之义。

（一）建设数字机关，有助于进一步提升辅助决策能力

促进决策精准化。通过充分汇聚整合多源数据资源，运用大数据分析能力，

将决策中原本基于直觉和经验的判断转变为基于数据的可靠研判，推动决策方式向“用数据决策”转变，进一步提升决策精细化水平。提升决策智能化。运用智能算法对决策支撑数据进行计算分析，总结归纳潜在规律和发展趋势，帮助决策者更有效地在决策过程中实时感知、事前预判、事中观测、事后跟踪，进一步提升决策科学化水平。优化决策执行方式。广泛梳理汇集各级政务部门对决策执行的反馈意见，通过大数据方式重点分析反映集中、影响广泛的意见建议，促进政策优化完善，推动形成政策制定、实施、评价、完善的完整闭环，助推政府决策执行方式创新。

（二）建设数字机关，有助于进一步提升行政执行能力

助力优化再造政务流程。推动机关内部服务事项线上集成化办理，通过数据“血液”畅通业务“经络”堵点。推动内部办文办会办事工作变“多次跑”为“一次跑”，变“多头报”为“集中报”，变“各自办”为“协同办”，借助数字优势优化重塑工作流程，推动实现机关各项工作“一次办成”，进一步提高机关行政运行效能。有效降低机关运行成本。通过数字技术将原本在线下运转的机关事务转变为线上运行，将原来靠人工跑腿转变为让数据跑路，进一步减少业务信息流转的时间、空间，进一步降低机关事务流转过程中的人员、交通、耗材等各方面损耗，推动实现各项事务“一网办理”，显著降低机关运行成本，为建设“节约型”机关提供有力支撑。助力创新行政执行方式。通过加强数据共享，有效增进机关内部部门协调配合程度，以“实时互联”的数据运行优势，破解“条块分割”的管理模式问题。同时可根据业务需要打破部门界限，在线上对同一业务实行跨部门、跨领域整合，打破管理边界和空间限制，实现机关各单位“一体办公”，进一步提高机关行政执行力和执行效率。

（三）建设数字机关，有助于进一步提升行政监督水平

促进行政权力规范透明运行。通过数字机关建设，不仅可以实现机关政务流

程的规范化、标准化、透明化，还可以利用数字技术的留痕性和可追溯性，将机关所实施的政务行为全程记录，进一步加强对政府管理过程的制约和监督，将行政权力关进“数据铁笼”。提升绩效考核水平。通过大数据分析手段，助力工作绩效考核，加强客观数据参考权重，减少工作绩效评价中人为参与的主观因素，使考核指标更科学、考核事项更精简、考核结果更公平、考核过程更高效，推动绩效考核工作质效倍增，促进机关政务工作高标准高质量完成。提升督查督办效能。对内建设督查督办系统，在机关内部开展扁平化、常态化网上督查；对外构建“互联网+督查”机制，实现督查工作提质增效和被督查对象减负并举。通过内外联动，形成目标精准、讲求实效、穿透性强的新型督查模式，有效提升督查效能，保障政令畅通。

二、推进数字机关建设的原则要求

（一）提高政治站位，强化责任担当

把准政治方向。始终牢记政府机关首先是政治机关，深入贯彻习近平总书记关于网络强国的重要思想，把坚持和加强党的全面领导贯穿数字机关建设各领域各环节，确保数字机关建设始终沿着正确方向前进。加强组织领导。紧密围绕中心任务，立足实际业务需求，谋划落实好数字机关建设各项任务，将数字机关建设工作纳入重要议事日程，充分协调机关各单位形成工作合力，切实抓好组织实施工作。强化工作作风。坚决践行习近平总书记关于办公厅工作“五个坚持”的重要指示精神，加强党性修养，忠诚履职尽责，坚持创新守正，全力以赴推动数字机关建设。

（二）加强顶层设计，统筹集约建设

强化系统思维。加强前瞻性思考、全局性谋划、战略性布局，研究制定数字机关建设的总体规划和指导性文件，统筹推进技术融合、业务融合、数据融合。

加强集约建设。充分利用现有政务信息平台和数据资源，集约建设基础设施平台，实现数据资源统一调度配置。统筹行业应用、综合办公、机关内部事务处理、辅助领导决策等多方面建设均衡发展、互相促进，推动统建共享、统采共用，实现投入产出效益最大化。注重迭代发展。坚持以用促建，既着眼眼前，重点选用成熟技术方案，尽快推动机关政务由“线下”向“线上”迁移，又适度超前布局相关新型基础设施，加强前沿技术跟踪应用，持续推动业务应用迭代升级，确保机关数字化转型长久发展。

（三）注重务实创新，稳妥有序推进

坚持因地制宜。立足机关实际，重点研究解决阻碍机关政务流程高效运转的核心问题，打通政务运转“断头路”，破解“堵点”、消除“盲点”、减少“易错点”，探索出适合于本单位的数字机关建设路径。注重点面兼顾。坚持全面部署和试点带动相促进，条件成熟的抓紧部署、加快推动，探索创新的工作按照试点先行、稳妥推进的原则，科学把握时序、节奏和步骤，推动数字机关建设走稳走实。加强新技术应用。加强大数据、云计算、人工智能、移动互联网、区块链等关键数字技术研究与应用，注重技术创新和制度创新双轮驱动，充分发挥数字技术创新变革优势，进一步激发潜能、提高效能。

（四）深化数据治理，强化业务协同

注重激发数据价值。加强本单位产生数据的存储、管理和价值发掘，以数据实时记录业务、多维串联业务、深度优化业务，助力行政管理实现从静态管理向动态治理、从分散管理向协同治理、从粗放管理向精细治理的转变，提高行政管理能力。注重数据整合共享。打破机关内部数据壁垒，促进数据高效共享和有序开发利用，破解政务数据供需对接不顺畅、支撑体系不完备、安全防护不完善、管理制度不健全等难题，提升基础支撑能力。注重数据业务协同。构建数字机关数据业务协同体系，加强数据业务整合能力，实现数据驱动业务全链条升级，提

升跨层级、跨地域、跨系统、跨部门、跨业务的协同管理水平，增强行政执行能力。

（五）加强安全管理，压实安全责任

强化安全意识。网络安全是数字机关建设的生命线。必须坚持安全与发展并重，时刻紧绷网络安全这根弦，随时保持安全防范意识，切实做到防微杜渐、防患未然。提升保障能力。持续推动信息技术应用创新，强化安全软硬件基础设施建设，加强动态感知和纵深防御能力，提升重要时期、重大活动的应急保障能力。夯实密码保障体系建设，确保密码使用管理安全可靠。构建安全体系。以加强人员安全管理为基础，以强化安全技术防护为保障，以落实安全管理制度为抓手，统筹构建“人防”“技防”和“管理”三位一体的全方位安全保障体系，确保网络安全万无一失。

三、推进数字机关建设的主要任务

紧密围绕中心工作和机关政务运转需要，以数字化改革为牵引，依托数字技术对机关业务进行系统性、数字化重塑，优化再造机关业务流程，推进机关政务运行数字化转型，推动实现协同办公“一网通办”、决策支持“一屏统览”、机关事务“一站办理”、监督管理“一网统管”，强化网络安全保密，提升机关干部数字化履职能力，打造整体智治、高效协同的现代数字机关。

（一）服务协同办公，提升政务运转效率

构建统一平台，实现“网络通”。强化电子政务网络、云平台等数字基础设施统筹建设，建立安全高效的跨网数据传输机制，推动实现机关政务专网向国家电子政务网络整合迁移。在安全可控的前提下按需扩大政务网络连接范围，提升网络支撑能力，以技术融合推动构建互联互通的基础网络平台。消除信息孤岛，

实现“数据通”。全要素归集分散在机关内部数据资源，建立标准统一、动态管理的政务数据目录，充分利用数据共享交换平台实现系统互联互通和数据按需共享，建立健全数据汇聚、数据共享和数据利用机制，实现数据资源清单化管理。建设大数据综合应用管理平台，对数据进行集中处理和有效整合，以数据融合推动构建“数据中央厨房”。强化一体联动，实现“业务通”。建设完善综合办公系统，实现公文运转、值班管理、会议组织、信息采编等机关办文办会办事业务全流程网上运行。进一步增强行业系统和办公系统的关联协同，推动办文办会办事业务上下联动，实现公文、信息、简报等电子文件的上传下达，逐步构建纵横一体的协同办公履职体系。加快推进移动办公应用，提升视频会议服务保障能力，改善呈现方式和交互体验，以业务融合推动构建便捷高效的业务支撑体系。

（二）服务领导决策，提升数据供给能力

擘画政务数据资源“全景图”。充分整合政府机关各类办公应用和业务系统信息资源，采集利用有关行业、企业、研究机构的重要信息数据，加强各类分析预测报告、调研报告、媒体数据库等数字化管理，分类分级建设数据资源目录，建立宏观经济、社会发展等决策支持信息资源数据库。建设可视化综合展示系统，将各类各级数据资源统一智能关联、集中动态可视化展现，把一棵棵分散的“数据盆景”连接汇聚成一片片靓丽的“数据风景”，为决策分析提供多维度、多层次的数据参考，实现“一图纵观全局”。打造预测预警分析“火眼金睛”。充分利用职能部门各类专业系统和智能分析模型，将相关数据资源整合量化归类，开展动态监测、统计分析、趋势研判、效果评估和风险防控，合理设置告警“红线”，模拟事件发展趋势，实现“一网感知态势”。研究建设领导决策“驾驶舱”。围绕政府中心工作和领导同志关注的热点问题，整合加工相关政务数据，构建形成各类辅助决策专题，为领导同志提供及时、全面、直观的数据服务，构建“一屏掌控”“一键操控”的数字化平台，实现“一站决策指挥”，使领导同志能够及时掌握经济运行与社会发展的实际状况和发展趋势。建立健全大数据辅助决策机制，

逐步实现从数据辅助决策向数据驱动决策的转变升级。

（三）服务机关事务，提升行政运行效能

实现“便捷化”服务事项办理。推动机关人事、行政、信息化、财务等内部服务事项全程网上流转，实现线上“一站式”办理，让“数据多跑路、干部少跑腿”。进一步加强机关热点服务的优化和潜在需求服务的主动推送，逐步推动机关服务方式实现从“人找服务”到“服务找人”的全面升级。提升“智能化”党建工作水平。打造智慧党建平台，创新党组织活动内容方式，把“支部建在网上”，把“党员连在线上”，使党员可以在网上开展理论学习、交纳党费、参加组织生活、交流汇报思想，推动党建传统优势与大数据赋能深度结合，进一步提升党建工作效能。实现“精细化”行政事务管理。充分利用大数据技术，通过全要素分类记录、全流程线上管理和全方位数据分析，及时掌握机关各类资产状态，实现更有效的资源调度、更低的资源消耗、更高的管理效率，持续推动机关行政事务服务管理精细化、智能化升级。

（四）服务监督管理，提升行政监督水平

推动行政管理数字化运行。围绕行政审批、干部任用、工程管理、资金使用等关键岗位、关键环节，推动构建流程导向的科学管理体系，并利用数字赋能推动行政管理全流程数字实现、线上运行。同时，为机关纪检监察部门授予监督权限，统一调度、管理、监控数字工作流程，促进行政权力规范透明运行，切实提升廉政风险防控能力。推动绩效考核数字化转型。建立全覆盖、可量化、能追溯的数字考核指标体系，打造数字绩效管理平台，实现指标设立、统计、分析、测评、反馈等绩效考核全流程数字化。利用智能算法将过程考核和结果考核有机结合，实现数据可核实、考评可操作、过程可查询、结果可运用、问题可追溯，确保绩效考核客观公正，进一步激发机关工作人员动力、活力和潜力。推动督查督办数字化升级。进一步提升督查督办系统数字化支撑能力，以任务目标、时间进

度、承办部门等关键要素为基准，对工作进展情况进行自动识别、智能比对和在线督查，及时提醒有关部门加快进度、适情提请领导统筹调度，实现工作落实全过程动态跟踪、实时督查、及时反馈，形成事前事中事后管理机制，切实提高督查督办水平。

（五）服务安全运行，提升安全可控水平

完善安全保护管理制度。进一步建立健全数字机关云、网、平台、系统、数据等关键信息基础设施和政务数据的安全保障制度，改进数据安全监测预警、数据备份恢复与应急响应机制。确定重要数据目录，加强重要数据保护，建立健全网络安全管理制度，全面防范安全风险，切实守住网络安全底线。健全技术安全支撑体系。建立健全数据安全技术标准体系，稳步推进异地备份中心建设，严格落实涉密信息系统分级保护要求和网络安全等级保护技术要求。充分运用主动监测、智能感知、威胁预测等安全技术，强化日常监测、通报预警、应急处置，拓展网络安全态势感知监测范围，化“被动防御”为“主动免疫”，加强大规模网络安全事件、网络泄密事件的预警和发现能力。加强安全可靠技术应用。注重补短板、强弱项，加强自主创新，加快基础软硬件产品迭代升级，强化安全可靠技术和产品应用，切实提升安全可靠水平。开展对新技术新应用的安全评估，建立健全对算法的审核、运用和监督规则，构建国产化、规范化的安全防线，构建可信可管可控的安全支撑体系。

（六）服务以人为本，提升干部队伍数字素养

机关干部是政府履职的具体承担者，也是建设数字机关的发起者、执行者，推动数字机关建设必然要求干部队伍具备更高的数字素养。健全培训课程体系。要紧扣数字机关建设的实际需要，依托现有干部网络教育平台，健全培训课程体系，增加干部队伍数字素养教育优质资源供给。同时以用促学，在研究解决数字机关建设实际问题中进一步提升干部数字素养，锻造“重视数字化、懂得数字

化、用好数字化”的干部队伍。培养数字思维意识。引导机关干部树立“数据就是生产力”理念，提升机关干部关注数字化发展趋势、数字赋能作用的意识，培养机关干部掌握数据、分析数据并依据数据决策的能力，使机关干部逐步“心中有数”。健全机关信息技术人才队伍职业发展体系，打通信息、业务部门横向交流、培养、使用渠道，促进数字技术和机关政务深度融合。完善数字素养考核评价。建立健全数字素养评价机制，并纳入干部人事绩效考核体系。通过必要的考核，逐步实现机关干部乐于、善于从数字角度看待政务行为，引导提高机关干部用数据说话、用数据决策、用数据调控、用数据管理的能力，鼓励机关干部积极运用数字技术创新机关管理和服务，助力提高数字机关建设水平。

充分发挥全国一体化政务服务平台“一网通办”枢纽作用　全面提升公共服务数字化智能化水平

陈治佳　徐　云*

民之所望，施政所向。公共服务关乎民生，连接民心。加强数字政府建设、全面提升公共服务数字化智能化水平是落实以人民为中心的发展思想、不断增强人民群众获得感幸福感安全感的重要举措。《关于加强数字政府建设的指导意见》（国发〔2022〕14号）（以下简称《指导意见》）对“持续优化利企便民数字化服务，提升公共服务能力”作出重要部署，明确提出要持续优化全国一体化政务服务平台功能，全面提升公共服务数字化、智能化水平。《指导意见》部署了打造泛在可及的服务体系、提升智慧便捷的服务能力、提供优质便利的涉企服务、拓展公平普惠的民生服务等系列重点任务，对构建协同高效的政府数字化履职能力体系、深化“互联网+政务服务”、创新公共服务提供方式、满足企业和群众多层次多样化服务需求等具有重要的指导意义。

一、我国公共服务数字化水平不断提升、成效显著

党中央、国务院高度重视运用数字技术提升公共服务能力。习近平总书记多次作出重要指示，强调要以信息化推进国家治理体系和治理能力现代化，加快推进电子政务，构建全流程一体化在线服务平台，更好解决企业和群众反映强烈的

* 陈治佳，国务院办公厅电子政务办公室二处处长；徐云，国务院办公厅电子政务办公室二处一级主任科员。

办事难、办事慢、办事繁的问题。党的十九届四中全会明确提出，要创新行政管理和服务方式，加快推进全国一体化政务服务平台建设。党的二十大报告提出，要采取更多惠民生、暖民心举措，着力解决好人民群众急难愁盼问题，健全基本公共服务体系，提高公共服务水平，增强均衡性和可及性。按照党中央、国务院决策部署，各地区各部门大力推进公共服务数字化建设，“互联网+政务服务”建设成效显著，“最多跑一次”“不见面审批”“一网通办”等重要改革措施深入推进，有力推动公共服务更加普惠均等，让发展成果更多更公平惠及全体人民，在深化“放管服”改革、优化营商环境、培育和激发市场主体活力等方面发挥了重要作用，群众获得感、幸福感显著增强。

（一）“互联网+政务服务”深入推进，服务网上办、掌上办成为企业和群众办事的重要方式

建设形成以国家政务服务平台为总枢纽，联通31个省（区、市）及新疆生产建设兵团、46个国务院部门平台的全国政务服务“一张网”，构建了国家、省、市、县多级覆盖的政务服务体系，推动90.5%的省级行政许可事项实现“网上受理”和“最多跑一次”。目前，国家政务服务平台已接入地方部门500万余项政务服务事项和1万多项高频热点办事服务，推动电子营业执照、电子社保卡、留学生学历学位认证、长三角地区“一网通办”等跨地区跨部门政务服务，推动120余个高频政务服务事项和300多个便民服务实现“跨省通办”。上线试运行三年来，全国一体化政务服务平台实名注册用户超过10亿人，其中国家政务服务平台实名注册用户超过8.2亿人，总访问量超过860亿人次，为各地区各部门提供数据共享服务4800亿余次、身份认证核验服务73亿余次、电子证照共享服务83亿余次，为全国政务服务“一网通办”提供了有力支撑。联合国经社部发布的《2022年联合国电子政务发展报告》显示，中国电子政务排名从2012年的第78位上升至2022年的第43位，成为全球增幅最高的国家之一。核心评估指标中，我国“在线服务”指数排名居全球领先水平。

（二）民生服务领域数字化建设加速推进，公共服务普惠化智能化水平显著提升

各地区各有关部门大力推进数字惠民服务，教育、医疗、就业、文旅等民生领域数字化、网络化、智能化建设取得显著成效，新业态、新模式不断涌现。数据显示，截至2021年末，全国中小学（含教学点）联网率已达100%，比2015年的69.3%大幅提升30余个百分点。国家医保信息平台建成运行，医保电子凭证用户量达到近4亿，累计支付超7000万笔。全国100余家网站和互联网应用初步完成适老化改造，推动提升民生服务可及性和包容性，助力消除“数字鸿沟”。数字乡村助力乡村振兴，我国现有行政村已全面实现“村村通宽带”，超过99%的行政村实现光纤和4G双覆盖，“互联网+”农产品出村进城带动农民增收，乡村旅游智慧化水平大幅提升，数字惠农取得积极成效。

（三）审批不见面、服务“不打烊”，在线服务为疫情防控中企业和群众办事提供便利

新冠肺炎疫情发生以来，国家政务服务平台第一时间推出疫情防控、复工复产、“小微企业和个体工商户服务专栏”“助企纾困服务专区”等近24个服务专题，汇集地方部门相关政策2万余条，接入办事服务1200余项，累计访问量超过129亿人次，为企业和群众提供“无接触”实时在线服务。依托全国一体化政务服务平台，推动疫情防控和健康码相关数据共享，为科学精准疫情防控提供支撑。推动地方部门充分发挥政务服务平台优势，大力推进政务服务网上办、掌上办、无接触办理，切实提升疫情防控中企业、群众办事和服务保障便利化水平。全国一体化政务服务平台已经成为企业和群众在疫情期间办理政务服务的重要方式，实现特殊时期的“服务不打烊”“办理不接触”“审批不见面”。同时，在数字化公共服务推动下，“无接触配送”“智能取餐柜”等服务模式有力保障居民生活需求，在线办公、在线问诊、直播教学、数字文娱等线上服务也满足群众的工作和生活

需求，助力高效统筹疫情防控和经济社会发展。

二、充分认识新时期全面提升公共服务数字化智能化水平的重要意义

（一）全面提升公共服务数字化智能化水平，是坚持以人民为中心、满足人民对美好生活向往的必然要求

当前，我国社会主要矛盾已经转化为人民日益增长的美好生活需要和不平衡不充分的发展之间的矛盾。具体到公共服务领域，企业群众对公共服务能力提出了新的更高需求，希望基本公共服务更加普惠均等，非基本公共服务更加多样化、个性化、高品质，到政府办事操作更加便捷、流程更加优化、服务更加贴心。要始终把满足人民对美好生活的向往作为数字政府建设的出发点和落脚点，充分运用数字技术不断优化政务服务，着力破解企业和群众反映强烈的办事难、办事慢、办事繁问题，持续推动提升公共服务的均等化、便捷化、精准化、智能化水平，不断丰富多层次多样化公共服务供给。

（二）全面提升公共服务数字化智能化水平，是加强数字政府建设、打造服务型政府的重要内容

李强总理在十四届全国人大一次会议的记者会上强调，要牢固树立以人民为中心的发展思想，扎扎实实办好每一件民生实事；政府工作就是要贴近老百姓的实际感受去谋划、推进，真正做到民有所盼、政有所为。全面提升公共服务数字化智能化水平是加强数字政府建设的题中应有之义，有助于保障和改善民生，增进人民福祉，也和广大人民群众的期盼相契合。运用数字技术创新政府治理方式，通过技术融合、业务融合、数据融合，实现跨层级、跨地域、跨系统、跨部门、跨业务协同管理和服务，加快职能转变，健全职责体系，完善公共服务，推动公共服务流程再造、机制优化、能力提升、质量改进，是推进打造人民满意的服务

型政府的重要内容。

（三）全面提升公共服务数字化智能化水平，是优化营商环境、助力经济社会高质量发展的迫切需要

新一轮科技革命深入发展，大数据、云计算、人工智能、物联网、区块链等新技术手段涌现，数字化助推公共服务发展能力越来越强。从全球角度看，积极运用数字技术，加快推进政府网上服务，已成为多数经济体优化营商环境的通行做法。推动我国经济社会高质量发展，对标世界先进水平优化营商环境，要进一步释放深化“放管服”改革潜力，充分依托全国一体化政务服务平台，发挥“一网通办”效能，加强政府部门业务协同，强化数据共享利用，优化办理流程，推动审批事项更少、办事效率更高、投资环境更优、企业获得感更强。

三、准确把握全面提升公共服务数字化智能化水平的总体要求和重点任务

（一）打造泛在可及的服务体系

数字化服务体系是全面提升公共服务数字化智能化水平的基础，最重要的特征是泛在可及，就是要将数字技术广泛运用于政府管理服务，持续推动公共服务扩大覆盖面、提升便捷度，着力解决公共服务的供给能力在城乡、区域以及不同人群之间存在的不平衡不充分问题。一是明确要充分发挥全国一体化政务服务平台“一网通办”枢纽作用。在全国一体化政务服务平台支撑下，网上办、掌上办、指尖办已经成为企业和群众办理政务服务不可或缺的重要方式。要充分发挥全国一体化政务服务平台公共入口、公共通道、公共支撑能力，打造数字化服务体系的坚实基础。二是强调推动政务服务线上线下标准统一、全面融合、服务同质。按照政务服务标准化、规范化、便利化，以及推动政务服务向基层延伸等相关要求，数字化服务体系要进一步支撑政务服务线上线下融合发展，推进政务服务事

项、办事指南等在政务服务平台电脑端、移动端、政务服务大厅、自助终端等服务渠道统一管理、同源发布、一体化服务，做到线上线下无差别受理、同标准办理、同质量服务。三是明确构建全时在线、渠道多元、全国通办的一体化政务服务体系。在深入推进“一网通办”“跨省通办”基础上，结合地方部门探索，明确数字化服务体系要支撑实现24小时不打烊的全时在线服务，拓宽线上线下更加多元化的服务渠道，实现高频服务事项全国同标准线上一网办理、线下就近办理，破解企业和群众办事难、办事繁问题。

（二）提升智慧便捷的服务能力

提升数字化服务能力，就是要依托数字化公共服务体系，积极运用数字技术，为进一步提升政务服务效能提供有力支撑，更加方便快捷智能地服务企业和群众。在创新服务方式方面，《指导意见》提出了推行政务服务事项集成化办理，推广“免申即享”“民生直达”等服务方式的重点任务。要加快推进政务服务“一件事一次办”改革，通过多元数据融合应用，增强基于大数据、人工智能等的预测预判能力，打造主动式多层次的创新型服务场景，助力政策免申请、直接达。在提升移动服务能力方面，提出了打造掌上办事服务新模式的重点任务。要持续提升移动政务服务便利化水平，不断丰富“扫码亮证”“一证通办”“无感通办”等应用场景，充分利用移动互联网新技术，推动政务服务事项从“掌上可办”向“掌上好办”转变。在增强数字化服务能力方面，提出了提高主动服务、精准服务、协同服务、智慧服务能力的任务要求。“主动服务”从服务场景创新维度，要求从“人找服务”转向“服务找人”，不断提升数字化服务主动化能力；“精准服务”从服务能力提升维度，要求坚持立足用户视角，结合用户画像分析和用户需求研判等手段，提供个性化精准化服务；“协同服务”从业务协同联动维度，要求依托全国一体化政务服务平台强化政务数据共享，实现跨地区、跨层级、跨部门业务协同，让百姓少跑腿、数据多跑路；“智慧服务”从数字化服务发展趋势维度，要求充分发挥数字技术泛在、连接、智能等优势，推动服务规则化、数字化进而实现智能化，让企业和群众办事更方便、服务体验更优化。

（三）提供优质便利的涉企服务

以数字技术助力提升涉企服务的优质便利水平，有利于大幅提高市场主体办事的便利度和可预期性，进一步激发市场主体发展活力，助力打造市场化、法治化国际化营商环境。优化涉企审批服务方面，《指导意见》提出以数字技术助推深化“证照分离”改革，探索“一业一证”等照后减证和简化审批新途径，推进涉企审批减环节、减材料、减时限、减费用的重点任务。要加快推进电子证照归集运用，推动电子证照扩大应用领域和全国互通互认，更好助力“证照分离”改革。强化企业全生命周期服务方面，提出推动涉企审批“一网通办”、惠企政策精准推送、政策兑现直达直享等重点任务。要充分发挥全国一体化政务服务平台作用，深化“互联网+政务服务”改革，进一步推动涉企服务事项标准化、服务流程集约化、办件流转实时化，推进在线服务、跟踪督办和无纸化改革，通过打造企业专属空间等方式，对企业精准画像，提升企业全生命周期全流程服务精准化、智能化水平。

（四）拓展均等普惠的民生服务

推动数字化民生服务均等普惠应用，就是要充分运用数字技术手段，推动数字技术赋能，为人民群众提供更智能、更便捷、更优质的公共服务。一是明确要推进基本公共服务数字化应用。围绕“幼有所育、学有所教、劳有所得、病有所医、老有所养、住有所居、弱有所扶、优军服务有保障、文体服务有保障”的民生保障目标，促进基本公共服务与数字技术深度融合发展，着力推动完善资源配置机制，优化设施布局与人口分布匹配，持续提升服务效能，进一步提升基本公共服务均等化水平，持续提升普惠性、基础性、兜底性服务能力。二是明确要积极打造多元参与、功能完备的数字化生活网络。要加快数字社会建设步伐，积极推进“互联网+公共服务”，构筑全民畅享的数字生活。要推动数字化服务普惠应用，推进线上线下公共服务共同发展、深度融合，运用数字技术拓宽社会力量参与渠道。要积极推动智慧生活建设，推动购物消费、居家生活、旅游休闲、交通出行等各类场景数字化，打造覆盖面广、智慧便捷的数字化生活网络。三是明确要围绕老年人、残疾人等特殊群体需求，完善线上线下服务渠道。对医疗、社保、民政、金融、电信、邮政、信访、出入境、生活缴费等高频服务事项，应保留线下办理渠道，并向基层延伸，为老年人、残疾人等群体提供便捷服务。实体办事大厅和社区综合服务设施应合理布局，配备引导人员，设置现场接待窗口，推广“一站式”服务，切实解决特殊群体在运用智能技术服务方面遇到的突出困难。

四、加快打造泛在可及、智慧便捷、公平普惠的数字化服务体系

作为构建协同高效政府数字化履职能力体系的重要内容，全面提升公共服务数字化智能化水平工作涉及面广、意义重大，要认真贯彻落实党中央、国务院关于加强数字政府建设、深化“互联网+政务服务”的部署要求，着力以数字化、智能化手段提升政府公共服务水平，充分发挥全国一体化政务服务平台“一网通办”支撑作用，加快打造泛在可及、智慧便捷、公平普惠的数字化服务体系，满足企业和群众多层次多样化需求，推动最大程度利企便民。

（一）在完善全国一体化政务服务平台体系上下功夫

一是统筹推进一体化政务服务体系优化工程，持续完善全国一体化政务服务平台功能，推动各地区各部门政务服务事项按照“应接尽接”“应上尽上”原则纳入全国一体化政务服务平台管理和运行，持续提升“一网通办”水平。二是结合基层治理现代化、数字乡村建设部署要求，加快推进网上政务服务省、市、县、乡镇（街道）、村（社区）五级全覆盖，加强市县政务服务平台建设，提供精准化、精细化服务，推动各地区加快实现省、市、县、乡、村五级网上政务服务体系全覆盖。

（二）在推动数字化服务普惠应用上下功夫

一是拓展均等普惠的公共服务，推进基本公共服务数字化应用，使不会使用互联网的老年人等群体也能享受精准便捷的公共服务，推动逐步消除“数字鸿沟”、实现数字普惠。二是推进水电气热、电信、公证、法律援助等与企业群众生产生活密切相关的服务事项接入政务服务平台，助力推进政务服务和公共服务融合，提供更多便民惠民数字化服务。三是推动打造多元参与、功能完备的数字化生活网络，促进数字技术在公共服务领域推广应用，鼓励支持数字创意、智慧就业、智慧医疗、智慧旅游、智能体育、智慧养老等新业态新模式发展。

（三）在推动政务服务智能化便利化上下功夫

一是围绕民政、社保、医疗等与企业和群众关系密切的领域，分批推动高频政务服务事项、公共服务事项“一网通办”“全程网办”。依托全国一体化政务服务平台推广“一件事一次办”等集成套餐式服务，减少办事环节、精简办事材料、压缩办理时限。二是大力推进政务服务应用创新，充分运用数字技术，推出免申即享、政务服务地图、“云上大厅”、一码办事、智能审批等创新应用模式。三是完善全国一体化政务服务平台网上办事在线咨询、引导服务，创新在线导办帮办、智能客服等方式，辅助在线办理，实现“一端在手、一看就懂、一点就能办”。四是大力推进政务服务掌上办、指尖办，进一步优化政务服务移动端智能化、个性化服务功能，不断丰富移动政务服务集成套餐式服务、“扫码亮证”“一证通办”“无感通办”等应用场景。

（四）在推动涉企服务直达直享和在线办理上下功夫

一是完善全国一体化政务服务平台“助企纾困服务专区”和企业专属服务空间，推进惠企政策一屏汇聚、一屏展示、在线办理和在线评价，运用大数据、人工智能等手段精准匹配企业生命周期和服务需求，提供更精准、更便利的在线服务。二是深化涉企服务“一件事一次办”，整合完善“企业开办”“生产经营”“用工招聘”等企业“一件事”专题服务，推广智能审批服务方式。三是充分发挥信息化手段优势，推动建立健全涉企政策服务直达直享机制，一网办理各类办事服务，变“企业找政策”为“政策找企业”。

（五）在扩大电子证照应用领域和互通互认上下功夫

一是依托国家政务服务平台电子证照共享服务系统，提供跨地区、跨部门应用的电子证照核验数据流转服务，推动电子证照跨地区互通互认。二是推进电子证照标准化规范化，建立健全涵盖电子证照应用业务、数据、技术、管理、安全等的标准体系，完善电子证照在移动服务、自助服务等领域的使用规范。三是会同有关方面，试点推动以社保卡、居民身份证、电子营业执照、政务服务码等为基础的“一卡通办”“一证通办”“一码通办”等工作。

（六）在推动政务服务线上线下融合发展上下功夫

一是依托全国一体化政务服务平台，深入推进线上线下深度融合，逐步实现线上线下一套服务标准、一个办理平台，推进政务服务事项、办事指南等在线上线下服务渠道同源发布、同步更新，推动线上线下无差别受理、同标准办理、同质量服务。二是推动各地区各部门线上线下并行提供服务，满足不同办事主体的多样化需求。已在线收取或通过部门间共享能获取规范化电子材料的，不得要求申请人重复提交纸质材料。三是推动打通政务服务“最后一公里”，依托全国一体化政务服务平台统一标准和数据支撑，推动集成式自助终端向村（社区）、园区、商场、楼宇和银行、邮政、电信网点等场所延伸，鼓励有条件地区整合公安、人社、医保、税务等自助服务功能，推动更多高频事项全程自助办理。

大力推行“互联网+监管”改革
以一体化在线监管提升政府监管效能

佟 舟

国务院办公厅电子政务办公室三处处长

大力推行“互联网+监管”改革，是监管理念和方式的重大创新，是数字政府建设的重点内容，是健全新型监管体制机制、完善监管制度框架的重要方式和基本手段，对提升政府治理体系和治理能力现代化水平具有重要意义，在推进中国式现代化的过程中发挥积极作用。

一、着眼加快建设全国统一大市场和推动高质量发展目标，准确把握“互联网+监管”改革时代背景和重大意义

习近平总书记主持召开的中央全面深化改革委员会第二十三次会议指出，“要加快建立全方位、多层次、立体化监管体系，实现事前事中事后全链条全领域监管”，“要创新监管方法，提升监管的精准性和有效性”。《中华人民共和国国民经济和社会发展第十四个五年规划和2035年远景目标纲要》首次提出，要健全以“双随机、一公开”监管和“互联网+监管”为基本手段、以重点监管为补充、以信用监管为基础的新型监管机制，推进线上线下一体化监管。2022年6月，《关于加强数字政府建设的指导意见》（以下简称《指导意见》）正式印发，就大力推行“互联网+监管”，构建全国一体化在线监管平台作出了部署。

一是推行“互联网+监管”有利于加快转变政府职能。党的十八大以来，随

着“放管服”改革深入推进，市场活力不断激发，市场主体数量呈井喷式增长。如何应对市场主体快速增长对监管工作带来的挑战，提高监管的有效性和针对性，进一步发挥市场在资源配置中的决定性作用，为市场主体的发展营造公平竞争的市场环境，是摆在当前的重要课题。推行“互联网+监管”，借助大数据、人工智能等数字技术，强化事前事中事后全链条监管，有利于理顺政府与市场、社会的关系，进一步推动政府职能转变，更好发挥政府作用，同时增强企业内生动力，释放社会创新活力。

二是推行“互联网+监管”有利于优化营商环境。党中央、国务院高度重视优化营商环境工作，近年来部署出台了一系列有针对性的政策措施，优化营商环境工作取得积极成效。但同时，我国营商环境仍存在一些短板和突出问题：一些地方监管执法不严与“一刀切”现象并存，部分监管政策制定不科学、落实不到位等。推行“互联网+监管”，推动系统互联、信息共享，逐步推进“双随机、一公开”联合检查、信用监管、大数据监管等新型监管方式，既能防止执法随意、标准不一等现象，又切实减少对企业的干扰，提高监管效能，为进一步打造市场化、法治化、国际化营商环境提供保障。

三是推行“互联网+监管”有利于提高国家治理体系和治理能力现代化水平。以大数据、区块链、人工智能等为代表的新一轮科技革命，促进了技术、资源、产业的深度融合，为全面建设数字政府创造了客观条件，也提出了更高的要求。推行“互联网+监管”，构建标准规范统一、上下整体联动、业务深度融合的全国一体化在线监管平台，带动各地区各部门监管业务数字化转型，促进监管信息系统整合共享和业务协同，有利于促进数字政府建设，为各级政府有效履行市场监管职能提供平台支撑，助力提高国家治理体系和治理能力现代化水平。

二、坚持系统观念和整体联动，着眼事前事中事后全链条监管效能提升，“互联网+监管”顶层设计得到持续强化

从一些地区和部门的实践看，“互联网+监管”已成为加强和创新事中事后监管、补齐监管工作短板的有效手段，但从全国层面看，各地区各部门“互联网+监管”系统建设还存在发展不平衡、标准不统一、系统不联通、监管不协同等突出问题，需要从国家层面加强统筹协调。国办电子政务办坚持问题导向，多措并举，会同有关方面着力加强“互联网+监管”顶层设计。

一是先后印发《国务院办公厅关于加快“互联网+监管”系统建设和对接工作的通知》（国办函〔2018〕73号）、《国务院办公厅关于进一步加快推进“互联网+监管”系统建设的通知》（国办函〔2019〕80号）等文件，系统部署“互联网+监管”的各项工作任务。

二是在科学设计国家“互联网+监管”系统的同时，合理编制《各省（自治区、直辖市）“互联网+监管”系统建设方案要点》和《国务院部门“互联网+监管”系统建设方案要点》，推动形成全国“一盘棋”的工作局面。

三是编制印发“互联网+监管”系统建设、数据治理、风险预警、信用监管、运行运维、安全保障等方面的20项标准规范，精心谋划全国一体化的“互联网+监管”体系。

四是选取工作基础较好的地区和国务院有关部门开展试点示范，形成可复制的试点成果供各地区各部门参考借鉴，全力推进地方和部门系统建设。

三、坚持创新引领，形成生动实践，“互联网+监管”应用取得积极成效

按照党中央、国务院的决策部署，2018年以来，国办电子政务办会同有关方

面全力推进国家“互联网+监管”系统建设和应用工作。2019年1月，国家发展改革委正式批复建设国家“互联网+监管”系统；2019年3月，正式启动建设工作；2019年10月，完成主体功能建设，国家“互联网+监管”系统开始面向各级监管业务人员试运行；2021年7月，完成竣工验收。目前，国家“互联网+监管”系统注册用户超过235万，日均使用人数超过3万人，并逐步建立了监管事项动态管理、监管数据汇聚共享、风险预警线索处置等工作机制，在提升政府监管效能中的支撑作用日益凸显。

以国家“互联网+监管”系统为核心枢纽的“互联网+监管”正从“从无到有”迈向“从有到优”的新阶段，在归集共享多源数据的基础上，结合具体市场主体监管业务场景构建指标体系和模型，及早发现防范苗头性和跨行业跨区域风险，已经成为国家“互联网+监管”系统的最大特点和优势。

一是初步形成了全国统一的监管事项目录清单。梳理形成1691个国务院部门监管事项和256余万个各地区监管事项，实现了“四级四同”、统一管理、一库汇聚和动态更新。

二是基本实现了部门数据、地方数据、互联网平台数据、舆情数据等的关联汇聚。监管大数据中心汇聚数据总量达48条，形成了监管对象库、监管行为库、执法人员库等8大数据库，为加强事中事后监管提供了有效数据支撑。

三是风险预警线索得到广泛应用。会同有关部门建立54个风险预警模型，形成了定期推送、检查、反馈机制，试运行以来共向各地区和国务院有关部门推送风险线索8.1万条，线索有效率平均达到44.02%，最高达到80%。

四是企业信用分级分类评价取得初步成效。每月对全国5600余万家企业开展信用分级分类评价，各地区累计订阅信用分级分类数据29.7余亿条，国务院有关部门累计订阅3.5余亿条。一些地区将国家“互联网+监管”系统提供的企业分级分类评价纳入本地区信用监管指标体系，较好地提升了“双随机、一公开”监管、重点监管的精准性。

五是综合分析能力持续得到提升。国家“互联网+监管”系统实现了对监管对象、监管事项、监管行为、投诉举报信息、舆情信息等内容的实时统计、综合分析和多维比对功能，为服务领导决策、查找监管短板、提升监管效能提供了数据支撑。

四、汇聚多元数据，开展精准分析，为助力统筹疫情防控和经济社会发展提供有力支撑

新冠肺炎疫情发生后，国办电子政务办充分发挥国家“互联网+监管”系统作用，会同有关方面开展大数据分析等相关工作，助力精准化疫情防控和复工复产，取得了积极成效。

一是实现疫情相关数据的多源、全量和实时汇聚。依托国家“互联网+监管”系统建立了疫情相关数据汇聚共享机制。实时汇聚外交部、公安部、卫生健康委、海关总署、移民局、民航局、国家铁路集团公司等有关方面的权威数据，形成防疫基础数据库。在汇聚多源数据、构建数据模型、开展综合分析的基础上，建设形成了早期涉疫重点人员库、“三同”密接人员数据库等23类主题库，实现了数据的实时动态更新，并通过国务院联防联控机制共享至各地区和有关部门使用，为疫情精准防控、健康码稳定运行等提供了有力的数据保障。

二是围绕疫情防控和复工复产开展大数据分析。国办电子政务办充分发挥国家“互联网+监管”系统数据汇聚和分析能力，会同北京市、发展改革委、科技部、工业和信息化部、公安部等地方和部门有关单位，以及国家电网、中国电科、中国联通、中国平安、阿里、腾讯等企业，共同开展疫情发展研判、人员精准防控、复工复产跟踪等多项大数据分析工作，编制形成110余期综合报告和专题大数据分析报告，为科学制定精准防疫、复工复产政策提供了有力的数据支撑。

五、贯彻党中央决策部署，提高创造性执行能力，推进“互联网＋监管”改革向纵深发展

未来几年，是全面建设社会主义现代化国家开局起步的关键时期，也是我国发展处于战略风险挑战并存、不确定难预料因素增多的时期。推进“互联网＋监管”改革向纵深发展，必须坚持系统观念、守正创新，明确基本原则，把握底层逻辑，抓住关键环节，纲举目张做好工作。

应坚持党的全面领导。坚决维护党中央权威和集中统一领导，充分发挥党总揽全局、协调各方的领导核心作用，全面贯彻党中央、国务院关于提高政府监管效能的重大决策部署，将坚持和加强党的全面领导贯穿于提升全国一体化在线监管能力建设各领域各方面各环节。

应坚持以人民为中心。将增进人民福祉作为推进“互联网＋监管”改革的出发点和落脚点，围绕人民群众需求，坚守安全底线，运用数字技术弥补监管短板、提升对数字经济的监管效能，切实管出公平、管出效率、管出活力，不断增强人民群众获得感幸福感安全感。

应坚持系统观念。加强顶层设计，注重整体联动，健全协同机制。坚持问题导向、需求导向、目标导向，持续推动技术与业务深入融合。推动系统建设集约化、监管事项标准化、监管流程规范化、监管业务协同化，不断提升事前事中事后全链条监管整体效能。

应坚持数据赋能。建立健全监管数据管理规则和标准体系，加强监管数据汇聚融合、有序共享和安全利用，充分发挥数据的基础资源作用和创新引擎作用，加强多源大数据关联和分析，为科学决策和有效监管提供有力数据支撑。

应坚持创新引领。充分运用大数据、人工智能、区块链、可信计算等数字技术，创新非现场、物联感知、掌上移动、穿透式等新型监管手段，丰富监管工具，完善监管资源配置，优化监管流程，转变监管理念，提升监管效能。

应坚持安全可控。坚定不移贯彻总体国家安全观，树立底线思维，加强自主可控，健全安全管理制度，落实安全主体责任，以保障监管数据安全为重点，强化一体化安全规划、安全建设、安全监测和安全态势感知分析，筑牢安全屏障。

政策发布数字化转型：机遇、挑战与实现路径

后向东

国务院办公厅政府信息与政务公开办公室处长

政策发布，是国家治理的基础性工作。国家政策必须有效发布，才能为执行机关和社会公众所知悉，从而为政策执行创造基本条件。这是政府管理服务社会的基本逻辑。自从人们组建起有效政府以来，政策发布便成为政府自发的选择，而不是外在约束的结果。近现代以来，世界各国普遍将政策发布作为政策发生效力的前置性法定程序环节，并确立起一系列配套工作规范，以加强和改进国家治理。

政策发布必须依托相应的技术作为支撑。不同技术条件下，政策发布的具体方式不同，相应地，配套工作规范等也有所不同。技术的发展，直接影响着政策发布的具体方式以及配套工作规范内容。技术发展永无止境，政策发布也因此成为一项与时俱进的工作，从口口相传到纸面印刷，从驿道传送到无线传输，莫不如此。当前，互联网、大数据等现代信息技术快速发展，深刻改变了人们的生产和生活方式，这既为政府提升包括政策发布在内的管理服务能力提供了契机，也提出了挑战。“加快数字化发展”已经成为国家战略选择。作为国家治理的基础性环节，政策发布工作应当再一次与时俱进，在积极采用最新信息技术以提高工作效率的同时，尤其要注重配套工作规范的相应调整，加快实现政策发布的实质性数字化转型。

一、政策发布是国家治理不可或缺的功能板块

自党的十八届三中全会提出“国家治理体系和治理能力现代化”这一重大命题以来，国家治理成为理论界和实务界较为关注的重要概念。人们从各种不同的角度阐释并使用这个概念，这一方面丰富了概念的内涵，另一方面也模糊了概念的外延，使其日渐泛化甚至成为一个万能标签。

追根溯源，习近平总书记在省部级主要领导干部学习贯彻十八届三中全会精神全面深化改革专题研讨班开班式上对国家治理的概念做过权威阐释：“国家治理体系和治理能力是一个国家的制度和制度执行能力的集中体现，二者相辅相成。”[①]据此而言，国家治理由两部分内容组成，一是国家制度，二是国家制度的执行，国家制度及其执行，就是国家治理。这个重要阐释，是在扬弃中国传统政治理论、融汇西方经典政治理论的基础上的全新概括，是理解和把握国家治理概念的基本遵循。中国传统政治理论有关国家治理的一个典型观点认为，“政治制度史的研究对象应当考虑三方面的内容：一是国家机构（国家的组织形式与结构形式）；二是政策法令；三是机构的运行和政策法令的执行情况”[②]。也就是说，国家治理由三部分组成，一是国家治理机构，二是国家制度，三是国家治理机构执行国家制度。西方传统政治理论有关国家治理的一个典型观点认为，“在所有的政府体制中都存在着两种主要的或基本的政府的功能，即国家意志的表达和国家意志的执行”，“国家作为一个政治实体，其行动既存在于国家意志表达所必需的活动中，也存在于国家意志执行所必须的活动中”[③]。也就是说，国家治理就是国家为实现其意志而实施的各项活动，包括国家意志的表达和国家意志的执行两个基本方面，国家意志表达的主要形式，就是国家制度；国家意志的实现，就是国

---

① 《习近平谈治国理政》外文出版社 2014 年版，第 105 页。

② 白钢：《中国政治制度史》（第三版），天津人民出版社 2016 年版，第 2 页。

③ 〔美〕弗兰克·古德诺：《政治与行政——政府之研究》，丰俊功译，北京大学出版社 2012 年版，第 18 页。

家制度的执行。

基于国家治理的权威解释框架，政策发布作为国家治理基础性工作的角色定位清晰可见。国家制度的有效执行，离不开有效的政策发布工作。对此，可从三个方面加以观察和把握。

从社会公众的角度看。国家制度必须公之于众，才能得到社会公众的支持与配合，从而顺利实施。制度发布，首先是国家管理者自身的需要，而不是外界施加于国家管理者的要求。一度有观点认为，法律曾经是不对外公布的，似乎法律不公布反而更具威慑力，即所谓的“法不可知威不可测”。必须明确指出，这种猜测不仅不符合基本逻辑，也已被考古资料证实为不符合实际的臆想，最起码从西周开始，“法规的公诸于众，金文、史籍均有实例可寻”①。

从中央与地方关系的角度看。“中央政府必须通过各级地方政府才能管理国家”②。决策与执行的分离，使得制度在执行环节存在一定代理人道德风险，制度执行者为了不正当的地方利益，可能人为制造信息不对称，为掌握国家政策的自由裁量权创造空间，使政策被空置或者执行过程中变形走样。宋代的法律规定：上级重要的惠民政策出台后，要向全体公务人员宣读，并在当地的人流密集场所张榜公开。③从政策执行机关的角度看。虽然他们主要是作为被监督对象看待，但对于政策发布，他们也有着自身的内在需求。中央层面下达的政策，日积月累，越来越多，基层官员看都看不过来，遑论执行。除数量上的负担外，制度之间前后不一、相互冲突则是更加严重的问题。从制度执行机关的角度，也希望加强政策发布工作，特别是加强政策的有序发布，以控制其无序膨胀，维持制度体系的良性新陈代谢，以便实际执行。

总之，从国家治理的角度看，政策发布是国家制度从制定到执行的基础性关键环节，它不能决定国家制度的优劣，因而不具备主动提升国家治理的能力。但

① 胡留元、冯卓慧：《夏商西周法制史》，商务印书馆 2006 年版，第 348 页。

② 周振鹤：《中国地方行政制度史》，上海人民出版社 2014 年版第 1 页。

③ 邓小南、曹家齐、平田茂树：《文书·政令·信息沟通：以唐宋时期为主》（下册），北京大学出版社 2012 年版，第 595 页。

是，它的缺位，却会让国家制度无法实际执行，进而使得中央政府失去对地方政府的有效掌控。政策发布之于国家治理，有之不必然，无之必不然，特别是对于实行单一制的中央政府而言，属于不可或缺的基础性支撑。

二、政策发布技术转型的历史考察及启示

不同技术条件下，人们通过不同的方式发布政策。从具体表现形式来看，政策发布就是信息的传播，将政策信息从中央政府向基层政府和社会公众传播，力求实现对受众的全覆盖。政策发布对于信息传播技术的革新格外敏感，任何一种新的、有利于提升传播效率的信息技术，都被首先用于政策发布。与此同时，政策信息不同于一般信息，其对安全性、准确性、时效性等的要求更高。因此，政策发布又不同于一般性的信息传播，每一次信息传播技术的更新迭代，都伴随着与之相配套的工作规范调整。

（一）口口相传技术条件下的政策发布方式与配套工作规范①

这主要对应我国先秦时期。松散的封建体制之下，诸侯国各自为政，小国寡民，民众文化水平低下，能识文断字的只是贵族统治集团的少数人。信息传递以口口相传为主。在这种技术条件下，从周朝开始探索形成了一套政策发布方式和配套工作规范，其主要内容大体可归结为四个方面。

一是政策发布频率为一年一次，发布时间固定为每年的头十天，发布主体为中央政府各部门主要负责人，发布方式为现场宣讲，辅之以在王宫门前固定场所悬挂制度。

二是国家制度向基层政府发布的方式是逐级传达，地方政府主要负责人现场获取国家制度后，回去向本级政府公务人员和下级政府主要负责人传达。

三是国家制度向社会公众发布的渠道有两个。一个渠道是最基层政府的主要

① 本部分内容主要依据《周礼》的相关记载。

负责人，以定期宣讲的方式向本地民众发布这些制度；另一个渠道是中央政府安排专职人员，以全国巡回宣讲的方式发布国家制度，以便公众了解掌握并更好地遵守。

四是体现政策权威性的方式有两种。一种是以官员身份为背书，这主要应用于基层政府官员宣讲国家制度的场合，因为基层政府官员天天与当地群众打交道，为大家所熟知；另一种是以特定标志宣示权威性，中央政府派出的专职宣令官，手持木铎以宣示其官方身份，从而体现其发布政策的权威性。

（二）竹帛文书技术条件下的政策发布方式与配套工作规范①

这主要对应我国秦汉至唐宋时期。秦汉以来，“海内为郡县，法令由一统”，中央政府对国家实施统一管理，“天下之事无小大皆决于上”②。为了有效统治这样一个大国，基于当时的技术条件，形成了一套以竹帛为基本载体的文书行政体制，“汉所以能制九州者，文书之力也。以文书御天下”③。文书行政体制下，政策发布方式与配套工作规范比口口相传时代丰富得多，其主要内容可归结为六个方面。

一是为保证权威性和准确性，国家制度出台后，确定一份标准文本在专门场所保管，严刑峻法防止被篡改。

二是中央政府一年集中发布一次国家制度。

三是在中央政府和地方各级政府，设立专门官吏，负责发布接收国家制度，向老百姓宣讲并解答政策咨询。

四是建立起专门的邮驿系统作为政策发布的物理通道。依托通达全国的驰道和驿站，以及接受专门训练、专职传递信息的人员④，确保国家制度能够发布至任何一级政府，“做中央统制地方的利器”⑤。

---

① 本部分内容主要依据《商君书》所记载的秦国有关制度。

② 宋濂、赵埙、王祎：《史记》，中华书局1959年版，第236—258页。

③ 《论衡校注》，上海古籍出版社2013年版，第270页。

④ 王俊：《中国古代邮驿》，中国商业出版社2015年版，第22—27页。

⑤ 楼祖诒：《中国邮驿发达史》，河南人民出版社2017年版第1页。

五是通过法律确保国家制度传递过程中各交接环节的安全与规范。[①]

六是以两种方式体现政策的权威性。一种是以渠道的权威性背书，经由官方邮驿系统发来的制度，可以信赖为官方发布；另一种是封泥印信，竹帛本身不好盖章，古人一般在竹帛的封口上进行泥封，并在泥封上盖章，以表明其权威性。

（三）印刷术和纸张普及使用条件下的政策发布方式与配套工作规范

这主要对应我国唐宋之后的时期，印刷术和纸张普及是信息传播技术的一次重大革新，很快被政府用于政策发布，以提高国家治理效能。在这一技术革新的推动下，政策发布方式与配套工作规范有了新的变化，主要包括以下六个方面。

一是政策发布频率，从一年一次调整为不定期动态发布。

二是随着政策发布频率的提高，国家制度数量快速增长，相应地，国家制度接收登记、保管、动态更新等方面的规定开始出现并不断完善。例如，宋代法律规定，地方政府在收到上级发来的国家制度后，应逐一登记并在专门场所、由专人负责保管，每半年清点一次，并将清点结果形成制度目录上报；[②]新的国家制度涉及对旧制度的修改，要在旧制度上做相应修改并加以标注，以确保国家制度动态更新。[③]三是随着纸张的普及使用，国家制度开始有了法定格式，以更好体现其权威性、规范性。出土的唐代制度实物已具备了相对一致的固定格式，[④]从宋代开始，有关国家制度格式的配套规定开始出现并不断完善。[⑤]这在以竹帛为主要文书载体的时代是不会出现的。

四是为保证政策发布的时效性，对政策誊抄所需时间作出规定，“满二百纸以下给二日程。过此以外，每二百纸以下加一日程。所加多者，总不得过

---

① 夏利亚：《睡虎地秦简文字集释》，上海交通大学出版社 2019 年版，第 166—167 页。

② 刘双怡、李华瑞：《〈天盛律令〉与〈庆元条法事类〉比较研究》，社会科学文献出版社 2018 年版，第 185 页。

③ 邓小南：《政绩考察与信息渠道：以宋代为重心》，北京大学出版社 2008 年版，第 339 页。

④ 邓小南、曹家齐、平田茂树：《文书·政令·信息沟通：以唐宋时期为主》（上册），北京大学出版社 2012 年版，第 119—165、183—207 页。

⑤ 邓小南、曹家齐、平田茂树：《文书·政令·信息沟通：以唐宋时期为主》（上册），北京大学出版社 2012 年版，第 119—165、183—207 页。

五日”①。

五是为保证政策发布的准确性，对政策誊抄过程中出现错误或者遗漏的予以惩罚，“写制书误者，事若未失，笞五十；已失，杖七十”②。同时，围绕发布前的编辑、校核等，开始逐步形成专门工作规范，例如，宋代“形成了进奏院官吏采集、撰写、编辑、完成初稿，都进奏院负责官员审稿，中书门下、枢密院负责官员审稿，审稿通过即可出版发行的编辑出版体制”③。

六是由专门工作机构统一负责政策发布工作，防止政出多门，确保政令统一。例如，元朝法律规定，“诸大小机务，必由中书，不由中书而辄上闻，既上闻而又不由中书径下所司行之者，以违制论。所司亦不禀白而辄受以行之者，从监察御史、廉访司纠之”④。

（四）广播、电视、传真、电报等远程信息传输技术条件下的政策发布方式与配套工作规范

远程信息传输技术，是信息技术的一次革命性迭代。但也许令人稍感意外的是，这一信息技术革新，目前尚未对政策发布产生与之匹配的重要影响。时至今日，政策发布的基本方式以及配套工作规范，依然没有脱离印刷术和纸张时代的基本范畴。

究其原因，广播、电视、传真、电报等远程信息传输技术虽然有着效率高、传播面广、速度快等明显优势，但对于政策发布而言，也存在明显的不足。广播、电视所发布的信息，属于一过性的信息，不便于固化，难以作为工作凭据。传真、电报虽然可以将所传输信息固化成纸质信息并作为工作凭据，但存在权威性不足问题，且在批量发送时，效率和成本方面并不具有优势，因而只被作为补充性的

① 岳纯之点校：《唐律疏议》，上海古籍出版社 2013 年版，第 162、163 页。

② 岳纯之点校：《唐律疏议》，上海古籍出版社 2013 年版，第 162、163 页。

③ 田建平：《〈邸报〉内容与宋代国政——哲宗时期李焘笔下的〈邸报〉记事》，《河北大学学报（哲学社会科学版）》2015 年第 6 期。

④ 宋濂、赵埙、王祎：《元史》，中华书局 1976 年版，第 2616 页。

政策发布方式，没有成为主要方式。

远程信息传输技术发展至互联网普及运用之后，才开始对政策发布方式和配套工作规范产生革命性影响。

三、互联网普及运用对政策发布带来的现实挑战

信息技术发展对政策发布的影响不是单向的，而是双向的。当信息技术发展至一定程度时，特别是新的信息技术已经在全社会得到普及使用时，政府的政策发布方式及其配套工作规范如果不能及时跟上，就将落后于时代，以至于不能适应有效管理服务社会的现实需要。

互联网已经深入经济社会生活的方方面面，成为最重要的生产生活工具之一。政策发布作为经济社会生活中的重要活动，已经自觉不自觉地深受影响。

从政策发布主体的角度看，除涉密公文及其他不宜公开的内部公文外，政府机关的政策，在通过传统渠道发布的同时，较为普遍地通过互联网同步发布。但是，截至目前，互联网发布尚未成为政策发布的主要方式。究其原因，主要障碍不在于技术层面，而在于配套工作规范尚未跟上。主流的纸质版政策，从格式上有红头和印章保障其权威性，从来源上有机要通信渠道保障其权威性，从底线上有《中华人民共和国刑法》第二百八十条规定的“伪造、变造、买卖国家机关公文罪”保障其权威性。通过互联网发布的政策，目前还没有形成一套相应工作规范保障其权威性，“伪造、变造、买卖国家机关公文罪”似乎主要针对以红头和印章为核心要素的纸质文件，互联网上存在一些社会主体自行编造的所谓国家政策，目前尚未被以此罪追究法律责任。总之，从政策发布主体的角度看，通过互联网发布政策已经成为普遍性做法，但由于缺乏配套工作规范，这种政策发布方式并未替代传统的政策发布方式，所发布政策的法律效力也不够明确。

从政策接收主体的角度看，几乎所有政府机关都已具备通过互联网接收信息的能力，但是，对于上级机关在互联网上发布的政策，下级机关一般不会直接通

过网络下载打印的方式接收并启动办文程序，多数情况下还需要等待传统渠道发布的政策到达后才能付诸实施。究其原因，主要有两个方面：一是如前所述，上级机关通过互联网发布的政策，法律效力不够明确，体例格式也缺乏体现其权威性的必要要素，虽然可以便捷地通过网络获取，但难以直接作为工作依据。二是传统政策发布模式下，下发一级、层层转发是政策发布的基本规则，相应地，文件主送单位一般被明确为下一级机关，文件内容往往预留细化操作空间，以便于下一级机关作进一步配套部署。由此，作为最基层的执行机关，通过互联网获取的政策，如果不是来自于直接上级，则难以作为工作依据。

一方面，国家政策越来越多地同步通过网络发布，另一方面，政策发布配套工作规范却未随之调整，基层执行机关通过网络获取的政策不具有法律效力，还需要等待通过传统方式逐级发布的政策到达后才能付诸执行。如此一来，网络发布的政策真正到达基层一线执行机关之前，已被社会公众所知悉。由此出现了前所未有的倒挂现象，即，社会公众普遍知悉上级政策的时间，早于基层执行机关真正接收上级政策并付诸实施的时间。这种倒挂，已经引发了一系列相关问题。社会公众第一时间通过网络知悉国家政策后，去基层执行机关要求落实，但基层执行机关此时尚未得到来自直接上级的政策文件或工作指示，因而还不能直接执行该政策。由此，就出现所谓政策执行打折扣、落地难等问题，引发舆论关注。由此形成一种循环，政策执行打折扣、落地难问题出现越多，上级机关就越强调加强政策宣传普及，而在传统政策发布方式没有调整的前提下，这种做法并不能从源头上解决问题，于是，上级机关可能又进一步加大督查督办、追责问责力度，如此循环往复。实际上，相当一部分政策执行打折扣、落地难问题，关键并不在于干部作风问题或是基层执行机关没有看到文件，而在于基层执行机关通过网络看到的文件不能直接作为工作依据。问题的实质在于，政策发布已经受到互联网的影响，技术层面已经网络化、数字化了，但配套工作规范却没有相应调整，网上发布的政策迅速被社会公众所知悉，但却并不能在基层执行机关直接发生相应效力、成为工作依据。

信息技术发展至互联网普及运用阶段，政策发布方式转型面临着新的形势。政策一旦通过互联网对外公开，如果配套工作规范不能及时跟上，致使上级机关发布的政策在第一时间被社会公众知悉的同时，不能在第一时间由基层执行机关执行到位，政府公信力将因为这种倒挂现象而受到损害，政府与社会、上级与下级之间的互信关系将受到一定影响。据此而言，政策发布数字化转型，不再像历史上前几次转型那样是政府掌握主动权的可选项，而是形势日趋紧迫的必答题。

四、政策发布数字化转型的国际经验概览

目前，已有部分国家初步实现了政策发布数字化转型，传统的纸质印刷文件分发模式已经被取消或处于辅助地位，基于网络的数字化发布成为政策发布基本方式。在这个转型过程中，形成了与之相配套的专门工作规范，以确保数字化发布的政策具备与传统纸质文件同样的效力。

（一）部分国家以数字化方式发布政策的基本情况

美国联邦政府的政策发布工作由政府发布办公室（Government Publishing Office）统一负责。联邦政府所有政策，必须通过联邦政府公报对外发布才能生效，发布渠道为https：//www.govinfo.gov/，内容涵盖1936年3月14日以来所有的联邦政府公报内容。基层执行机关、社会公众接收最新的国家制度，或者查找以往的国家制度，这是唯一的官方渠道。根据有关法律规定，该网站发布的国家制度，文本格式法定，属于具有法律效力的官方正式文本，并通过电子签名等技术手段确保其不被篡改，任何其他网站不得仿造类似文本格式的内容。该网站之外，政府不再向社会发布纸质版的国家制度，只印制少量的年度汇编本，通过分布全国各地的国会图书馆向社会提供免费查阅服务，有需要的可自费购买。

英国的政策发布工作由皇家出版局（Her Majesty's Stationery Office）统一负责，

发布渠道为https：//www.legislation.gov.uk/。该网站发布的国家制度，文本格式法定，属于具有法律效力的官方正式文本。皇家出版局以外的任何机构个人，不得自行发布国家制度，违者将可能被判处7年以下劳役监禁或者2年以下有期徒刑。

日本的制度发布工作由财务省下属的国立印刷局统一负责，所有国家制度（包括法律、内阁命令、条约、内阁府条例、县条例、部级条例、规则、通知、人事变动等），必须通过国家公报对外发布。国家公报的电子版和纸质版并行，内容、格式完全相同，且具有同等法律效力。电子版国家公报发布平台为https：//kanpou.npb.go.jp/，纸质版国家公报在电子版国家公报发布后，同步印刷并分发至遍布全国的48个自营的国家公报销售网点，以及13个合作销售网点，向社会公众发售。

比利时的政策发布工作由司法部统一负责，国家政策集中通过政府公报对外发布。从2003年起，比利时的政府公报全面电子化，不再发布印刷版。PDF格式的电子版政府公报是唯一的官方正式版本，具有法律效力。政府公报每个工作日发布，分年度编排页码。政府公报发布网址为：https：//justice.belgium.be/fr/service_public_federal_justice/organisation/moniteur_belge。

意大利的政策发布数字化转型于2013年初步完成，中央政府和地方政府的全部国家制度，均通过电子化的国家公报对外发布，网址为http：//www.gazzettaufficiale.it。电子版的国家公报具有完全的法律效力。

奥地利的政策发布工作由联邦总理府统一负责，国家制度集中通过联邦政府公报对外发布。联邦政府公报已全面电子化，网址为http：//www.ris.bka.gv.at/。需要注意的是，2004年1月1日以来的联邦法律公报电子版具有法律效力，此前的联邦法律公报电子版则不具有法律效力，相关国家制度依然需要使用纸质版。

匈牙利的政策发布工作由司法部统一负责，所有类型的国家制度，都通过国家公报发布。国家公报已实现电子化，网址为https：//njt.hu/。1998年1月12日以来的电子版国家公报，是具有法律效力的正式文本。

（二）政策发布数字化转型配套工作规范的主要内容

第一，以立法的方式明确国家政策电子版的法律效力。例如，英国的文书效力法（Documentary Evidence Act 1882）规定，法定的政策发布机关依法发布的国家政策，无论是原件还是复制件，具有同等法律效力。根据这一规定，法定政策发布机关通过网络发布的国家政策电子版，视同国家政策复制件，具有与原件同等法律效力。匈牙利、奥地利等国家基于本国实际情况，明确特定时间段的国家制度电子版才具有法律效力，其他的则不具备法律效力。

第二，确定国家政策电子版的规范格式。在明确法律效力的同时，政策发布机关负责统一国家政策电子版的规范格式，凡是具备法律效力的国家政策，都以统一的规范格式对外发布。从各国实践看，规范格式大体有两种模式。一是直接以公报的影像版作为国家政策的电子版格式；二是另行设计专门的国家政策电子版格式，通常使用体现官方权威性的标志性图案，如英国在文件抬头正中间使用英王皇冠的标识，美国在文件抬头左上角使用国家档案署的标识。

第三，统一政策发布主体和渠道。传统政策发布方式下，机要通信渠道的排他性，是体现并确保国家政策权威性的重要方面。渠道的排他性，是任何政策发布方式都必须具备的要素。数字化政策发布方式下，通过发布主体和渠道的集中统一，体现政策发布渠道的排他性，确保政策发布的权威性。凡是初步实现政策发布数字化转型的国家，都由一个机构和网站集中统一发布整个国家或者一级政府的全部政策，不允许发布主体和渠道的多元化。

第四，探索采用适应数字化特点的防篡改技术。一般有两种做法。一是以公报影像版为标准文本，防止政策内容被篡改。这种做法简便易行，被多数国家所采用。二是依托专门软件、以电子签名技术防止政策内容被篡改。这种做法技术要求相对较高，只有少数国家采用。

第五，建立专门的技术保障团队，形成相应操作规程。将依法形成的国家政策，以数字化的形式通过网络发布，需要专门的技术保障团队专司其事。该团队一般从属于法定的政策发布主体，但其本身并没有法律上的权力和职责，只是从技术层面支撑国家政策的数字化发布。在这个过程中，需要一整套操作规程规范并保证其开展工作。前述已经完成政策发布数字化转型的国家，都有一个规模不等的技术支撑团队，依据内容大同小异的技术手册开展工作。这类技术手册，一般都向社会公开发布。

五、政策发布数字化转型的现实路径

政策发布方式转型的历史，足以给当下以启示。一些国家的有益实践，可以给我们以参考。综合考虑我国政策发布当前实际情况，推动其加快实现数字化转型，可以考虑从五个方面入手。

第一，规范政策发布的网络渠道。无论是历史上的邮驿，还是当下的机要通信，渠道的一元化，是保证政策发布权威性的重要支撑。实现政策发布数字化转型，首要的是规范政策发布网络渠道，尽可能体现渠道一元化的要求。这方面已有一定工作基础。在全国政务公开工作主管部门大力推动下，各行政机关已在网站上开设了版式、布局相对统一的“政府信息公开专栏”。今后，各行政机关可以将该专栏作为网络化政策发布的官方渠道，实践先行，逐步形成固定做法，培养社会习惯。这是实现政策发布数字化转型至关重要的一步。

第二，逐步推进政策发布网络渠道的集中统一。在我们国家这样一个大国，推进任何基础性改革，都需要循序渐进，难以一蹴而就。政策发布网络渠道的集中统一，也应逐步推进。要在各行政机关都已基本按照规范的网络渠道发布政策的基础上，逐步推进政策发布网络渠道的集中统一。立足我国实际，这种集中统一只能是相对的分级集中统一，而不是形式化的全国集中统一。一级政府一个集中统一的政策发布网络渠道，相对更为适合现实国情。这个集中统一的政策发布网络渠道，可依托政府门户网站的“政府信息公开专栏”。

第三，在政策发布网络渠道集中统一的基础上，实现政策发布主体的集中统一。一级政府，原则上由一个机构统一负责本级政府及其部门的政策发布工作，所有政策集中通过统一的网络渠道对外发布。这种机构和渠道的统一，才能使数字化的政策发布方式具备与传统政策发布方式同等的权威性。不仅如此，机构和渠道的统一，还可以推动解决传统政策发布方式下根深蒂固的所谓“红头文件乱象”，一定程度上克服分散发布模式下的令出多门、内在不协调甚至相互冲突等问题。

第四，明确网络版政策文件的法律效力和规范格式。政策文件的物理形态及相应效力，是政策发布的核心问题。口口相传时代，宣令官手持木铎的标识，可以理解为政策文件法律效力保障和规范格式；竹帛时代，泥封及印章可以理解为政策文件法律效力保障和规范格式；纸张时代，政策文件法律效力要素和规范格式直观地体现在纸面上，如当代通行的红头和印章格式。政策发布数字化转型，首要问题之一就是明确网络版政策文件的法律效力和规范格式。

明确网络版政策文件法律效力和规范格式有两条路径选择。一是制定国家公报法或政府公报条例，推动公报数字化转型，明确网络版公报与印刷版公报具有同等法律效力，同时，网络版政策文件一律以公报名义发布。这是较为理想的路径，不仅可以为政策发布数字化转型提供法律保障，也可以有效解决政府公报与政策发布逐渐脱节、日趋式微甚至沦为可有可无边缘化存在的现实问题。二是修订《党政机关公文处理工作条例》，适应数字化时代要求，明确网络版政策文件的法律效力和规范格式。这一路径选择相对而言较为简便，可以在一定程度上回应政策发布数字化转型所面临最紧迫的问题。需要注意的是，这两种路径选择，并非互斥关系，也可以是互补关系，可以考虑第一步修订《党政机关公文处理工作条例》，第二步制定国家公报法或政府公报条例。

第五，相应调整行文规范。政策发布数字化转型后，上级机关发布的政策，可以直达任何行政层级，原则上不需要再逐级下行。与传统政策发布方式相配套的行文规范，也需要做相应调整。例如，政策文件主送单位就不能再模式化地确定为下一级单位，而应根据政策文件实际发送对象确定，如果有需要，国务院部门可以直接将政策文件主送单位确定为县级政府对口部门。再如，传统政策发布方式下，层级越高的机关出台的政策文件，内容相对越原则笼统，这主要是为下级机关结合实际进一步细化部署留下空间，是逐级下发政策发布方式的产物，不能一概斥之为政策文件含金量不高。但是，政策发布数字化转型之后，这种传统的行文规范有必要进行相应调整，政策文件内容应当更加明确具体，让基层执机关可以直接依据政策文件开展工作，确需下级机关进一步细化部署的，要在政策文件中提出限时出台配套政策的明确要求。

推动数字政府高质量发展
助力提升宏观经济治理效能

魏琪嘉

国家信息中心预测部产业室主任、研究员

善于运用现代技术手段，充分发挥大数据等新技术的辅助应用，提高宏观经济治理能力和科学化水平，对全面贯彻新发展理念、建设现代化经济体系、推动高质量发展、构建新发展格局具有重要意义。习近平总书记强调，要全面贯彻网络强国战略，把数字技术广泛应用于政府管理服务，推动政府数字化、智能化运行，为推进国家治理体系和治理能力现代化提供有力支撑。找准数字政府建设与提升宏观经济治理效能的完美结合点，是将技术优势、管理优势、组织优势转化为发展优势的必经途径。

一、提升现代技术手段辅助宏观治理能力要避免两方面误区

数字政府建设是一项系统工程，不是简单的“政府管理＋信息化”，更不是“信息化＋政府管理”。统筹好数字政府高质量发展和宏观经济治理效能提升，是巩固两者良性互动局面的重要前提。[①]当前，需要着力避免两方面认识上的误区。

① 杨冬梅、单希政、陈红：《数字政府建设的三重向度》，《行政论坛》2021 年第 6 期。

（一）把数字政府建设简单理解成信息化平台建设

推进数字政府建设是适应全球科技革命快速发展和信息技术与经济社会深度融合的必然要求，[①]是转变政府职能、优化营商环境、建设服务型政府的重要引擎，是完善国家行政体制、创新行政管理和服务方式、推进国家治理体系和治理能力现代化的重大举措，是推动国家"数字蝶变"，加快网络强国、数字中国和智慧社会建设的基础性工程。从这个意义上看，这个数字政府建设绝不是简单地建平台、建系统、做应用。相反，数字政府建设体现的是一个"集成"的过程。

（二）把数字政府的功能和场景应用进行泛化

容易出现泛化误区，其根源是对宏观经济治理概念的误解，从而导致需求、场景不明确。宏观经济治理是一个系统概念，党的十九届四中全会指出，要健全以国家发展规划为战略导向，以财政政策和货币政策为主要手段，就业、产业、投资、消费、环保、区域等政策紧密配合，目标优化、分工合理、高效协同的宏观经济治理体系，为正确理解宏观经济治理的大概念提供了重要遵循。在这个基础上，数字政府及其应用场景中很重要的一个功能，就是为完善各类政策提供多源数据支撑，所有迭代、升级都应该围绕这一目标展开。

二、找准宏观经济治理中的数字政府各类应用场景是关键一环

2022年4月，中央全面深化改革委员会第二十五次会议指出，以数字化改革助力政府职能转变，统筹推进各行业各领域政务应用系统集约建设、互联互通、协同联动，发挥数字化在政府履行经济调节、市场监管、社会管理、公共服务、生态环境保护等方面职能的重要支撑作用，构建协同高效的政府

---

① 黄璜、谢思娴、姚清晨、曾渝、张权、云美丽、张唯一：《数字化赋能治理协同：数字政府建设的"下一步行动"》，《电子政务》2022年第4期。

数字化履职能力体系。这一论述，关键内涵和启示就是要精准找到宏观经济治理与数字政府建设的“交集”，明确数字政府在辅助宏观经济治理中的各类应用场景，并不断进行迭代升级。可以说，找准宏观经济治理中的数字政府各类应用场景是推动数字政府高质量发展、助力提升宏观经济治理效能的关键一环。

（一）关于经济调节

经济调节内涵范围广，涉及供给、需求两个维度。数字政府在经济调节方面发挥的重要作用就是为准确研判供给、需求趋势提供“大数据”式的信息，让决策建立在大数据支撑的基础之上，进一步拓宽决策信息来源和渠道。[①]以重要产品价格信息为例，目前有关价格信息基本上都是公开的，但是都散落在不同的机构、网站、市场主体手中，查询某一产品价格信息，需要在互联网中进行大量的人工搜索，才能最终找到有效信息。这一过程在效率上就有很大的提升空间。数字政府离不开大数据、人工智能技术，可以通过嵌入大数据技术，通过平台的互联互通及时提取重点产品的市场价格波动情况，实现数据提取、分析的智能化，从而提升经济信息资源的使用效率。[②]此外，宏观调控中重要的财政政策和货币政策，也需要有大量的信息数据作为决策支撑。充分发挥数字政府在数字技术集成方面的优势，有助于进一步提升决策信息的质量和效率，更加及时、精准对宏观经济供给和需求变化做出反应。[③]

（二）关于市场监管

市场监管包括事前、事中、事后监管，从这个维度看，数字政府支持市场监管或者说狭义上的“互联网+监管”，可以从这三个方面去讨论。事前监管方面，

① 卢洪：《国家治理中大数据应用问题研究》，中共中央党校，2018 年博士论文。

② 惠志斌、李佳：《人工智能时代公共安全风险治理》，上海社会科学院出版社 2021 年版。

③ 黄璜、谢思娴、姚清晨、曾渝、张权、云美丽、张唯一：《数字化赋能治理协同：数字政府建设的“下一步行动”》，《电子政务》2022 年第 4 期。

审批便利化是关键。通过流程再造，把线下审批搬到线上，实现多系统并联审批，提升审批的效率，让“审批等市场主体”，而不是市场主体等审批。其中流程的优化以及系统的联通，是实现事前监管的关键途径。事中监管方面，更加优化“双随机、一公开”内部运转结构，让监管更加精准。这有赖于数字政府能够很好整合当前各类监管事项，确保线上线下监管事项有机统一。事后监管方面，关键是选好重点领域，点对点去突破，而并非追求大而全。当前在市场监管方面，产品质量溯源、冷链管理，涉及工业、服务业各个方面。如果追求大而全，不利于节约资金资源，而且结果的准确性也不能保证。当前有些地方在探索“一件事”监管，即做成一件事，然后总结经验，稳步推广。

（三）关于社会管理

本次新冠肺炎疫情防控中，数字政府助力社会管理发挥了重要的作用，特别是在推行核酸检测、查验“健康宝”、社区管理等方面。《数字政府蓝皮书：中国数字政府建设报告(2021)》信息显示，政务数字化以及数字技术广泛运用在统筹疫情防控和经济社会发展中发挥重要作用。国家政务服务平台打通卫生等多部门数据，为实现全国多数地区“健康码”互认提供了平台、技术和管理支撑。疫情期间，平台也上线了“防疫健康信息码”等一系列便利化服务，这得益于政务服务数据的互通共享。有的地方推出了核酸检测结果、疫苗接种信息一体化查询服务，既便利了查验工作，也有助于做好大数据疫情精准防控，为更加有力推进“动态清零”奠定了良好的基础。

（四）关于公共服务

数字政府助力提升公共服务水平，重点要在“高效”两个字上谋划相关举措。[1]目前主要的难点在业务协同和场景应用不足。关于业务协同，政府提供的很多公共服务，数字化管理还没有完全普及，客观上存在线上、线下脱节的问题，

① 梅宏：《数据治理之论》，中国人民大学出版社 2020 年版。

导致一些公共服务的关键落地还要依靠线下去实现，线上功能发挥得不足。关于场景应用不足的问题，就是信息化平台建设的进度快于公共服务实际需求的增长速度。这个问题是导致目前很多公共服务电子化、数字化没有发挥作用的关键症结所在。

（五）关于生态环境保护

生态环境保护是建设美丽中国的重要环节，不断提升环保的数字化水平，是数字政府建设的重要应用场景和内容。①当前，环保监测不仅仅是监管部门的需求，也是企业合理安排生产、全面掌握节能降碳进度的需求。实现数字政府支撑环保监测，可以带动整个节能领域在节能技术推广、节能产品供给等方面实现长足发展，产生的"乘数效应"是巨大的。以传统产业升级改造为例，传统产业是实体经济的重要组成部分，目前面临较大的转型压力，如何更科学、更高效地实现节能减碳是传统面临的重要课题。数字政府在满足这方面需求过程中具有技术优势。可以探索将全国重点产业排放分区域归纳，按照全国一盘棋的思路，进行减排指标的调剂余缺。此外，可以动态监测各地环境保护实时情况，做到及时预警，②也可探索与第三方机构进行合作，将第三方数据接入有关平台，扩大环保数据的信息接入范围，为精准开展环境保护提供扎实的数据支撑。

三、构建协同高效的政府数字化履职能力体系的几点建议

推进数字政府建设是一项系统工程，以数字政府建设完善宏观经济治理，是新技术赋能国家治理的一个重要探索。③不断深化数字技术在宏观经济调节中的理

① 伦晓波、刘颜：《数字政府、数字经济与绿色技术创新》，《山西财经大学学报》2022 年第 4 期。

② 李信茹、周民、米屹东、苏海磊、陈海燕、王凡凡、杨硕、沈亚琴、魏源：《智慧环保体系在环境治理中的应用》，《环境工程技术学报》2021 年第 5 期。

③ 翟云:《数字政府替代电子政务了吗？——基于政务信息化与治理现代化的分野》,《中国行政管理》2022 年第 2 期。

念创新、机制创新和平台创新，提升数字技术在经济形势监测、经济政策制定、政策效果评估和经济风险研判中的应用，提高宏观经济治理的智能化水平。

（一）助力提升政府科学调控能力

充分发挥市场在资源配置中的决定性作用，更好发挥政府作用，是社会主义市场经济的内在要求，也是完善新时代宏观经济治理体系、提升宏观经济治理能力必须始终遵循的要义。现代技术手段是提升宏观经济治理效能的有力工具，两者叠加，有助于进一步强化市场的决定性作用和竞争的激励功能。一是加强宏观经济治理数据库建设。系统构建就业、产业、投资、消费、区域等领域的综合经济数据库，动态完善宏观经济治理数据库，促进政务大数据体系与宏观经济治理数据库纵横联动，实现经济数据分类采集、集成共享、动态归集，更好支撑宏观经济治理。[①]二是不断提升数据联通水平和数据质量，按照急用先行的原则，着力解决专网隔离、数据不通、垂管系统数据回流不畅的问题。研究探索通过场景授权、地域授权等方式，推动实现关键数据的下沉、下放，更好发挥政府的经济调节、市场监管、公共服务和维护国家经济安全等职能作用。三是加强对宏观经济政策协调和施策效果的评估。以数据为纽带，增强对各类经济政策执行范围、落实时效和运行态势的综合分析评估，做好跨周期政策设计，提高逆周期调节能力。深挖经济数据要素潜力，增强货币政策、宏观审慎政策和金融市场监管协同性，提高资源配置、财力保障等政策的统筹和跨周期能力，强化对政策执行效果的动态评估评价。

（二）助力强化宏观经济监测预警和风险防控能力

针对复杂多变的国内外形势，加强基于大数据的经济监测预警能力建设，进一步完善经济景气预报体系。逐步实现宏观经济信息管理的网络化、智能化，研

① 王建冬、于施洋：《构建国家经济大脑的实践探索与初步设想》，《数据分析与知识发现》2020年第7期。

究优化能够更好反映高质量发展的先行指标。加强跨部门跨地区信息交流共享，强化各领域苗头性、倾向性、潜在性问题研判，主动引导和稳定市场预期。加强风险防范和应对处置能力，完善国家战略资源储备体系，重点加强财政、金融、房地产、重要资源、生态环境等方面的风险防控。强化各领域预警系统协同联动，为应对外部风险冲击提供有力支撑。消除政务数据整合汇聚、跨机构、跨部门、跨层级等方面存在的障碍。统一标准和规范，确保安全可靠。推动社会数据的统采共用。不断提升经济安全动态感知能力，加强对关系国计民生、国家经济安全等领域的数据收集、存储、分析、共享全链条全流程管控，建立外部风险冲击预判预警制度，加强不同领域监测预警系统的协同联动。制定经济数据调用权限规则，明确使用主体的权利和责任，探索建立“场景化授权”和“一次性授权”并行模式。坚决守住不发生系统性区域性风险的底线。

（三）助力促进政府职能加快转变

充分运用现代信息技术最新成果，扩大其在创新政府管理和服务方式中的应用，是提高宏观经济治理能力和科学水平的重要途径。发挥互联网、大数据、云计算、区块链、人工智能等现代技术手段的作用，发挥好全国一体化政务服务平台、国家“互联网+监管”作为数字政府建设应用场景的总枢纽作用，在充分调研各地区、各部门对数字政府建设的业务需求基础上，坚持需求导向，对照经济调节、市场监管、社会管理、公共服务、生态环境保护等五大职能设定具体应用场景，为地方实现政府数字化转型赋能，提升数字政府在加快政府职能转变过程中的作用。打造核心引擎。全面提升网络支撑能力，有效满足数字政府建设需求。全面建成全国一体化政务服务平台，推动政务服务“一网通办”“跨省通办”，持续提升政务效能。加快建设全国一体化在线监管平台，创新监管方式、强化公正监管，更好支撑事中事后监管“一网统管”。

3

第三章

构建数字政府全方位安全保障体系

大力加强数字政府网络安全综合防御体系建设 为数字政府和数字经济保驾护航

郭启全

公安部网络安全保卫局副局长、一级巡视员

近期国务院出台了《关于加强数字政府建设的指导意见》(以下简称《指导意见》),这是适应国际国内形势变化、实施网络强国战略和大数据战略、引领驱动我国数字经济和数字社会建设的重大战略举措,对于提高政府管理效能和国家治理能力现代化具有重大现实意义。国家在加快建设数字中国和数字政府,发展数字经济,总体来讲是在建设一个数字化、网络化、智能化社会,打造数字化生态,这是一个复杂的系统工程。在这个复杂系统工程中,网络和数据安全极为重要,为此,在数字政府建设过程中,要提升全社会特别是政府部门的网络安全意识,建设良好的网络安全生态环境,护航数字经济发展。

一、审视当前国际网络安全态势,清醒认识我国数字政府建设中网络安全面临的风险和挑战

(一)乌克兰危机网络对抗给予了我们重要警示

乌克兰危机以来,俄乌相关方在网络空间展开网络对抗。通过梳理分析和研判,我们认识到:一是网络战成为现代战争的重要手段,网络空间已成为现代战争的重要领域,军事战与网络战、经济战、舆论战、信息战等交织。二是关键信息基础设施是网络战的首要攻击目标,大规模拒绝服务攻击、高级可持续攻击、

漏洞利用、钓鱼攻击、供应链攻击等多种攻击方法组合，对关键信息基础设施构成致命打击。三是重要情报信息是网络战双方争夺的焦点，为军事打击、经济战、舆论战提供强大支持。四是网络空间安全是新时期国家安全的重要领域，各单位各部门应守土有责、守土尽责，采取超常规举措，大力加强网络空间安全，捍卫国家安全。

（二）网络违法犯罪活动依旧存在，网络安全仍需加强

一是网络攻击活动加剧。黑客组织、犯罪团伙和不法分子长期对我国重要行业部门实施网络攻击，窃取重要数据，控制重要信息系统，地下黑产和“暗网”非法交易活动猖獗，严重危害国家安全、社会公共安全和人民群众合法权益。二是网络安全工作仍存在薄弱环节。一些重点单位和部门危机意识、风险意识不强，网络安全保护措施落实不到位，安全责任制不落实，网络安全产业规模总体较小，资金投入不够。三是国家新基建和数字经济发展，使网络安全面临新挑战。我国加快信息基础设施、融合基础设施、创新基础设施建设，推进数字产业化和产业数字化，新型基础设施和数字基础设施是网络攻击的重点目标。

二、充分认识数字政府建设中网络与数据安全的极端重要性，加强数字政府网络安全工作的顶层设计和统筹规划

（一）充分认识数字政府建设中网络与数据安全的极端重要性和紧迫性

一要认识到数字政府建设面临的最大威胁是网络攻击。我国要加快建设数字中国和数字政府，打造数字化生态，构建一个数字化、网络化、智能化的全新社会。但是，我们必须清醒地认识到，数字化社会建设和数字生态建设面临的最大威胁与风险挑战是网络攻击，数字化在促进我国经济发展的同时，也增加了国家经济安全风险。网络与数据安全是数字政府建设最重要的基础保障，没有网络安

全，就没有数字政府安全。二要认识到数字政府网络安全建设是一个复杂的系统工程。数字政府建设的核心是数字化和数据，数字政府与传统政府的最大区别在于数字化。数字政府与传统政府相比，在职能转变、管理理念、服务能力、服务质量等方面都将发生质的变化和飞跃。数字政府能否正常运转和顺利运行，依赖于网络基础设施、信息系统的安全稳定运行和重要数据安全，为此，要将数字政府网络安全作为一个复杂的系统工程去建设。三要认识到在加强数字政府建设中网络安全处于突出重要位置。在《指导意见》中，将“构建数字政府全方位安全保障体系”作为第二位重要任务来部署，并提出了“强化安全管理责任、落实安全制度要求、提升安全保障能力和提高自主可控水平”四方面具体要求。

（二）数字政府网络安全综合防御体系建设的总体要求

各级政府部门应以总体国家安全观为统领，坚持安全可控与开放创新相结合，建立与数字政府相适应的网络安全综合防御体系。一是深入贯彻落实网络安全法律法规和各项制度要求，构建从制度、管理和技术有机衔接的数字政府网络安全综合防护体系。二是加强法律法规制定、队伍建设、人才培养、经费和装备保障、技术攻关、产业发展，建立网络安全综合保障体系。三是加强网络安全监管和侦查打击等工作，建立健全“打防管控”一体化的网络安全保卫体系。

（三）数字政府网络安全工作的主要内容

数字政府网络安全工作主要包括网络安全保护、保障和保卫三个方面。一是加强网络安全保护，包括网络安全等级保护、关键信息基础设施安全保护、数据安全保护、供应链安全、网络安全实时监测、信息通报预警、事件应急处置、技术检测、技术对抗、“挂图作战”等内容，数字政府管理者要认真落实。二是加强网络安全保障，包括法律法规、战略规划、组织管理、机制建设、政策标准、考核评价、机构建设、人才培养、经费和装备保障、安全审查、安全可控、技术攻关、产业发展等内容，需要全国人大、国家网信部门、司法部门、编制部门以及发展改革、财政、科技、教育、工业信息化、密码等部门的政策支持和保障。三是加强网络安全保卫，包括侦查打击、监督管理等内容，需要公安机关等部门依法落实。

三、明确数字政府网络安全工作原则，加强数字政府网络安全工作的组织领导

（一）数字政府网络安全工作原则

一是坚持依法保护，落实责任。认真履行网络安全法律法规赋予的责任义务，依法强化政府部门的网络安全主体责任。二是坚持问题导向，实战引领。树立新理念，聚焦数字政府安全保护的突出问题和薄弱环节，加强战略谋划、体系化设计，健全完善立体化防控网。三是坚持“三化六防”，提升综合防御能力。强化落实网络安全“实战化、体系化、常态化”和“动态防御、主动防御、纵深防御、精准防护、整体防控、联防联控”的“三化六防”措施。四是坚持底线思维和极限思维，树立“一盘棋”思想。以防控数字政府重大风险威胁为重点，立足有效应对大规模网络攻击和基础设施遭摧毁等极端情况，提档升级网络安全重要措施。五是坚持综合保障，形成整体合力。从机构、编制、人员、经费、装备、工程、科研、教育训练等方面，加强数字政府网络安全综合保障，创新数字政府安全管理方式，全力构建数字政府网络安全综合保障体系。

（二）加强组织领导和统筹规划，聚焦安全管理责任和安全制度落实

一是建立数字政府网络安全领导体系，加强对网络安全工作的组织领导，建立专门网络安全管理机构，组织开展网络安全各项工作。二是制定网络安全规划和标准规范，保障网络安全保护措施与数字政府建设“同步规划、同步建设、同步使用”。三是在数字政府建设中，将网络安全等级保护制度、关键信息基础设

施保护制度、数据安全保护制度、个人信息保护制度有机衔接，统筹协调落实。四是严格落实有关法律法规和《党委（党组）网络安全工作责任制实施办法》，建立网络安全责任制和责任追究制度。

四、打好数字政府网络安全工作基础，强化落实网络安全相关制度

（一）聚焦掌握网络安全保护对象基本情况，开展数字政府网络与数据摸底调查

掌握数字政府建设、运行、管理活动中支撑政府履行职能的网络系统和数据情况：一是支撑数字政府运转的业务专网和大系统，包括纵向业务专网、基础数据库、云平台、物联网、大数据中心等，以及支撑跨地域、跨系统、跨部门、跨业务的大型网络系统。二是支撑经济运行大数据监测分析的网络系统，包括大数据中心、大数据监测分析和预警系统、经济治理基础数据库、国家规划综合管理信息平台等。三是支撑政府市场监管、智慧监管、利企便民数字化服务的网络系统，包括监管工作平台、全国一体化在线监管平台、掌上移动办公系统、物联感知系统等。四是支撑政府数字化治理模式创新的网络系统，包括网上行政复议、信访、调解、智慧法律援助等平台，公安大数据平台、视频监控系统、应急指挥通信网络、新型基层管理服务平台等。五是支撑数字机关建设和智能集约化发展的网络系统，包括决策信息资源系统、一体化协同办公系统、网上发布系统、新媒体矩阵系统、政府网站集约化平台等。六是政府产生和利用的各类数据，按照《中华人民共和国数据安全法》要求，掌握数据分级分类情况和目录清单。七是数字政府网络系统属于关键信息基础设施的，掌握关键信息基础设施目录清单。

（二）聚焦落实网络安全相关制度，加强数字政府网络安全保护

一是深化落实网络安全等级保护制度。按照《中华人民共和国网络安全法》有关要求以及公安部牵头制定的网络安全等级保护政策和国家标准，深入开展网

络安全保护工作，筑牢网络安全基石，建立良好的保护生态。二是落实关键信息基础设施安全保护制度。按照《关键信息基础设施安全保护条例》等法律法规和有关政策文件，认定关键信息基础设施，从分析识别、安全防护、检测评估、监测预警、技术对抗、事件处置等方面，强化关键信息基础设施安全保护。三是落实数据安全保护制度。按照《中华人民共和国数据安全法》要求，建立数据分类分级制度，数据安全保护管理制度，数据流转、交易、出境等管理制度，数据安全检测评估、安全审查、出境安全评估、安全风险监测、突发事件应急处置和报告制度，从数据采集、存储、处理、应用、提供和销毁等各个环节，加强数据全生命周期保护。

五、加强数字政府网络安全保护、保障和保卫工作，大力提升数字政府网络安全综合防御能力

（一）聚焦落实重要保护措施，提升数字政府网络安全整体保护能力和水平

一是落实实时监测措施，建立完善网络安全监测机制，及时发现网络攻击、病毒木马传播、漏洞隐患等风险威胁，提升发现网络攻击的能力。二是落实信息通报预警措施，建立完善网络安全信息通报预警机制，对发现的威胁和风险及时进行通报预警，提升通报预警能力。三是落实重大事件处置措施，建立网络安全事件报告制度和应急处置机制，制定网络安全事件应急预案并进行演练，提升应对突发事件能力。四是落实技术应对措施，科学设计网络整体架构，对网络应用进行集中化、集约化建设，开展互联网暴露面治理，采取纵深防御措施，加强精准防护，及时发现、捕获和阻断攻击，提升技术对抗能力。五是落实协同联动措施，建立协同联动、信息共享与会商决策机制，提升联合应对重大威胁能力。六是实施“挂图作战”，研究网络空间智能认知、资产测绘、画像与定位、可视化表达、地理图谱构建、行为认知和智能挖掘等核心技术，绘制网络空间地理信息图

谱，开发智慧大脑，实施“挂图作战”，提升整体实战能力。

（二）聚焦数字政府网络安全保障工作，提升综合保障能力和水平

一是建立完善经费保障制度，加强网络安全投入，打造世界一流的信息技术企业和网络安全企业，壮大我国信息化和网络安全产业。二是加强自主可控和创新工程安全管理，自主研发核心产品和设备，强化安全可靠技术和产品应用，从源头上解决网络安全重大隐患；建立新技术、新应用安全评估机制，以及算法的审核、运用、监督管理制度和技术措施，保障新技术新应用的安全可控；优先采购自主可控和安全可信的网络产品与服务。三是加强网络安全教育训练体系建设，建立完善网络安全人才发现、选拔、使用机制，加强网络安全教育训练和人才培养。

（三）聚焦数字政府网络安全保卫工作，提升综合保卫能力和水平

一是开展网络安全监督检查和行政执法，公安机关依法对政府部门每年开展网络安全监督检查和指导，发现问题并督促限期整改，对违法行为依法进行行政处罚。二是严厉打击危害数字政府网络安全的违法犯罪活动，及时搜集发现危害数字政府网络安全的违法犯罪活动线索，开展调查取证和追踪溯源，严厉打击危害数字政府网络安全的违法犯罪活动。

构建多元共治算法治理体系

张吉豫

中国人民大学未来法治研究院执行院长

数字经济、数字社会的发展，需要与之相匹配的数字政府的建设。数字政府建设是数字中国建设的有机组成部分。习近平总书记强调："要完善数字经济治理体系，健全法律法规和政策制度，完善体制机制，提高我国数字经济治理体系和治理能力现代化水平。"①

党的十九大报告作出建设网络强国、数字中国、智慧社会的重大战略部署。我国"十四五"规划中作出了建设"数字政府"的重大战略部署，提出要"提高数字化政务服务效能。全面推进政府运行方式、业务流程和服务模式数字化智能化。深化'互联网+政务服务'，加快构建数字技术辅助决策机制，强化数字技术在公共卫生、自然灾害、事故灾难、社会安全等突发公共事件应对中的运用"。算法的运用在数字政府建设中具有重要作用。算法可以有效分析数据、辅助预测决策、增进政府活动的自动化智能化程度、加强风险感知和异常活动识别，是实现治理现代化的重要支撑。在规划数字政府建设的过程中，既要充分发挥数字科技的潜力，又要正视算法带来的多维度风险及其成因，包括目标失范、算法缺陷、信任危机、防御薄弱、监管与责任机制不足等。②特别是在政府业务和公共事务中采用的预测、决策、分配等算法，可能给公民的人身、财产权益带来广泛的影响，

① 《习近平在中共中央政治局第三十四次集体学习时强调　把握数字经济发展趋势和规律 推动我国数字经济健康发展》，新华网 2021 年 10 月 19 日。

② 参见苏宇：《算法规制的谱系》，《中国法学》2020 年第 3 期。

甚至引起社会安全风险，因此数字政府建设中更需要重视对算法风险的识别、防控和应急处理。

当前，世界范围内主要大国都在探索数字治理体系。算法治理是其中具有核心地位和决定意义的子体系。由于实践发展速度太快，相关法律还在探索和发展之中。在这样的情况下，更有必要落实习近平总书记倡导的“自治、法治、德治相结合”的“三治结合”模式，将“共建共治共享”作为我国算法治理的指导思想。在构建算法治理体系的过程中，应充分发挥企业、社会组织、公民个人自我教育、自我管理、自我约束的自治力量，发挥监管机构依法监督、善于管理的法治力量，发挥各个主体践行社会主义核心价值观的德治力量，共同应对算法风险挑战问题、化解算法领域的社会矛盾，彰显“以自治理性发展、以法治定分止争、以德治弘扬正气”的善治精神。①

2021年9月29日，国家互联网信息办公室、中央宣传部等九部门联合发布了《关于加强互联网信息服务算法综合治理的指导意见》，其中明确提出要形成“多元协同、多方参与的治理机制”。在数字政府建设中可以参考借鉴相关算法治理方法，安全可靠、规范有序地运用算法。主要要点包括如下几个方面。

一、建立由多领域专家组成的科技伦理委员会

在政府部门部署和使用算法之前，应建立由多领域专家组成的伦理委员会或工作组，进而客观评估和审慎对待技术应用的风险，更加科学有效地安排算法风险防控、风险应急预案等重要工作。2022年3月，中共中央办公厅、国务院办公厅印发了《关于加强科技伦理治理的意见》，其中明确要求“高等学校、科研机构、医疗卫生机构、企业等单位要履行科技伦理管理主体责任，建立常态化工作机制，加强科技伦理日常管理，主动研判、及时化解本单位科技活动中存在的伦理风险；根据实际情况设立本单位的科技伦理（审查）委员会，并为其独立开展工

① 参见张吉豫：《构建多元共治的算法治理体系》，《法律科学（西北政法大学学报）》2022年第1期。

作提供必要条件”。尽管该文件中没有明确指出政府机构应建立科技伦理委员会，但数字政府建设中的算法运用，涉及个人隐私保护、算法公平、算法透明、算法安全等一系列问题，涉及伦理、法律、科技、管理等跨领域知识，并且算法治理方法也仍然在探索和发展之中，因此有必要充分发挥多领域专家的积极作用，对政府事务的算法风险进行多维度审查和治理。

二、建立算法影响评估制度，构建分级分类治理框架

算法影响评估制度是指依据系统制定的衡量标准对自动化决策系统的应用流程、数据使用和系统设计等内容进行系统评判，以明确该系统的影响水平和风险等级的一种算法治理实践。①

目前国内外主要从两个角度开展了涉及算法影响评估的法治建设。一是对于利用个人信息进行算法决策的情形，基于个人信息保护法的规定，开展个人信息或数据影响评估。例如，《中华人民共和国个人信息保护法》第55条明确规定，进行利用个人信息进行自动化决策以及其他对个人权益有重大影响的个人信息处理活动，个人信息处理者应当事前进行个人信息保护影响评估；第56条列举了基本的评估内容，包括：个人信息的处理目的、处理方式等是否合法、正当、必要；对个人权益的影响及安全风险；所采取的保护措施是否合法、有效并与风险程度相适应。欧盟《通用数据保护条例》(GDPR)第35条也规定了数据保护影响评估制度。二是直接建立对自动化决策或人工智能应用开展影响评估的制度，特别是在政府和公共事务领域。例如，2018年美国纽约市《与机构使用的自动决策系统有关的地方法律》(算法问责法)规定建立工作组，对行政机构等使用的自动化算法决策进行评估，包括算法歧视问题、算法透明度等方面。②2019年加拿大

① 张欣：《算法影响评估制度的构建机理与中国方案》，《法商研究》2021年第2期。

② See A Local Law in Relation to Automated Decision Systems Used by Agencies, New York City, https://legistar.council.nyc.gov/LegislationDetail.aspx?ID=3137815&GUID=437A6A6D-62E1-47E2-9C42-461253F9C6D0.

《自动化决策指令》则针对加拿大政府越来越多地利用人工智能来制定或辅助制定行政决策以改善服务的情况和趋势，以透明度、可问责性、合法性和程序正义等核心行政法原则为指引，针对政府使用的决策或辅助决策算法建立影响评估制度。①

我国政府应综合考虑前述两方面的立法实践，建立与个人信息保护制度的影响评估相衔接的算法影响评估制度。

算法影响评估制度可以与分级分类的算法风险治理相衔接。不同用途的算法引起的风险不同，且不同类型的算法的安全性、稳健性、可解释性等方面也不尽相同。因此，对于算法的科学治理不能“一刀切”，而是应该在算法评估的基础上，平衡安全与发展，建立分级分类的治理框架。例如，欧盟《人工智能法》提案②中对于人工智能进行了如表1所示风险等级划分：

表1　人工智能风险分级示例

风险等级	措施	说明
不可接受风险的	禁止使用	例如侵害基本权利等违背社会伦理价值的应用
高风险的	在符合人工智能相关要求及事前合规评估的前提下允许使用	相关法律要求可能包括：数据治理、文档和记录保存、透明度和向用户提供信息、人工监督、稳健性、准确性和安全性等维度
一些低风险但应有透明性义务的	一定的透明性要求	例如，与人类交互的系统，用于检测情感或基于生物特征进行分类的系统，深度合成系统等
其他低风险与最小风险的	可以不加额外限制地使用	

我国数字政府建设过程中，也宜对算法风险进行评估，并建立不同的规制方式，以保障数字时代的公民权利、社会发展和国家安全，寻求安全与发展的有效平衡。尽管相关法律法规还有待建立，但有两项基本原则可以作为：一是底线原则，对于会对人民权益、国家安全等重大价值产生明显损害的算法，应绝对禁止使用；二是比例原则，例如有研究者提出，对于政府运用算法展开治理风险的评

① See Directive on Automated Decision-Making, Government of Canada, https://www.tbs-sct.canada.ca/pol/doc-eng.aspx?id=32592.

② Laying Down Harmonised Rules On Artificial Intelligence (Artificial Intelligence Act) And Amending Certain Union Legislative Acts, European Commission, Directorate-General for Communications Networks, Content and Technology(June 4, 2022), https://eur-lex.europa.eu/legal-content/EN/ALL/?uri=CELEX:52021PC0206.

价和规制可以借鉴巴萨伊针对确定算法责任而提出的“浮动的比例原则”，[①]并将其扩展应用于对算法参与政府治理的法律规制之中，从而根据算法决策的自动化程度、参与治理领域的不同特点以及算法决策技术发展的不同阶段等设定不同强度的、可以适时变动和调整的弹性规制方案。[②]

三、建立便于社会监督的有效机制，引导行业自律和企业创新

鉴于算法应用的广泛性、算法问题的普遍性、算法治理的复杂性，我们必须在算法治理中秉持“共建共治共享”理念，致力于打造算法治理共同体，形成多元共治新格局。在我国算法治理共同体中，监管机构、企业、社会组织、公众都是治理“主体”，都是有其责亦应尽其责的“一元”，都是多元共治格局的一个“方阵”。

为便利公民和社会群体监督，帮助政府识别、防控算法风险，并进行不断改进，可以从如下方面建立机制。

（一）科学构建算法信息公开制度

更多的信息将有利于加深人们对算法的理解，加强新闻媒体和社会组织、社会公众对算法的监督；但算法相关信息公开也可能引起算法博弈、算法安全风险等问题。应该根据具体算法类型和运用领域，科学确定适当的算法透明度，明确信息公开的范围、程度。一般而言，应考虑公开在何种事项上适用了自动化决策算法，说明算法类型，并定期发布透明度报告，以向公众提供相关运行和评估结果，以便社会监督的展开。

---

① Yavar Bathaee，The Artificial Intelligence Black Box and the Failure of Intent and Causation，31 Harv. J. L. & Tech. 889（2018）.

② 王文玉：《算法嵌入政府治理的优势、挑战与法律规制》，《华中科技大学学报（社会科学版）》2021 年第 4 期。

（二）建立完善异议申诉制度

为保障公民权利，政府须建立完善对算法决策结果的异议申诉制度。我国《互联网信息服务算法推荐管理规定》第22条规定，算法推荐服务提供者应当设置便捷有效的用户申诉和公众投诉、举报入口，明确处理流程和反馈时限，及时受理、处理并反馈处理结果。虽然政府通常不属于该规定适用的范围，但其为方便公民维权、建立平台用户和政府之间的合作机制提供了有益的规则示范。有研究指出，从已有的异议申诉实践来看，政府部门主要采取“在线异议申诉机制”，即通过网络平台来处理异议申诉；在设计在线异议申诉机制时应当坚持“用户友好”原则，在设计和运行在线异议申诉机制时应当坚持“系统安全性”原则，以便利公民维护权利，并保证系统安全运行。[①]

（三）建立科技群体的专业化监督机制

除定期由评估、审计机构进行评估外，可向针对符合资质的科技专家群体提供必要信息和用于测试的环境，通过设置科研项目等方式，鼓励高校和科研院所等机构的科技专家对于政府使用的算法开展研究和评估，提供专业意见。

除便利社会监督外，还应通过定期进行算法审计等方式，发现算法风险和缺陷，鼓励为数字政府建设提供相关算法的企业进行技术创新，以不断形成具有更好的隐私保护、准确性、公平性、可解释性、安全性、稳健性的可信算法，引导行业组织促进行业自律，更加充分地发挥企业和行业组织在算法治理中的积极作用。

四、积极总结数字政府建设中算法治理措施、规则和经验

面对当前算法治理领域的规则赤字，党和国家鼓励各地先行先试，形成制度、

① 参见张涛：《算法嵌入公共信用评价：内在逻辑、风险检视与规制路径》，《深圳大学学报（人文社会科学版）》2022 年第 3 期。

标准和方法，形成可复制可推广的经验，为相关国家政策法规的制定提供参考。科技部发布的《国家新一代人工智能创新发展试验区建设工作指引（修订版）》专门在建设原则中指出，要“在人工智能发展的体制机制、政策法规、标准规范等方面发挥先行先试作用，促进创新政策与产业政策、社会政策的协调，加强政策储备，形成更加完备的政策体系”；在“智能时代政府治理等方面形成各具特色的经验做法和发展模式”。[①]

各地数字政府建设中，应探索制定地方性法规，对于政府运用算法进行有效治理，同时整理和评选关于算法治理所需管理措施及技术措施的最佳实践，鼓励提供算法的企业、行业制定标准，形成对政府和公共事务中运用算法的有效治理体系，为其他地区和其他领域的算法治理提供参考。规则和标准的竞争也是当前数字领域国际竞争的制高点。在政府算法治理中进行积极探索，形成先行先试的有益经验，有助于我国形成科学有效、世界领先的算法治理理论和制度，将我国的制度优势与科技优势紧密结合，在数字时代的国际竞争中取得领先地位；同时有利于我国积极参与和引领国际数字法治领域的规则和标准制定，彰显中国之路、中国之治、中国之理，为正在迈进数字时代的人类文明做出中国贡献。

① 《国家新一代人工智能创新发展试验区建设工作指引（修订版）》，国科发规〔2020〕254 号，2020 年 10 月 29 日发布。http：//www.most.gov.cn/xxgk/xinxifenlei/fdzdgknr/fgzc/gfxwj/gfxwj2020/202012/t20201224_171987.html.

数字政府建设背景下的关键信息基础设施安全保护体系

闫怀志

北京理工大学网络攻防研究所所长

一、引言

习近平总书记深刻指出，没有网络安全就没有国家安全。关键信息基础设施安全保护与数字政府建设关系密切，其安全保障对于维护我国网络空间主权和国家安全、保障经济社会健康发展、维护公共利益和公民合法权益具有特殊重要意义和价值，党中央、国务院向来高度重视。事实上，自我国20世纪末开启电子政务建设以来，经过20余年发展，我国政府服务整体格局发生了重大变化，涵盖关键信息基础设施的数字政府建设目前正驶入快车道。从起初的“电子政务”到当前的“数字政府”，政府数字化转型的核心目标正在从注重政府行政管理信息化向服务于国家治理体系和治理能力现代化转变。然而，在加强数字政府建设的大背景下，关键信息基础设施日益成为了国内外黑客甚至是敌对势力的重要攻击目标，在安全防护上也面临着网络行为识别困难、业务风险日趋复杂、核心应用管控不力、数据泄露途径众多等前所未有的严峻挑战。作为我国经济社会运行的神经中枢，关键信息基础设施安全保护面临着新的形势和新的要求，堪称是网络安全保护的重中之重，亟须建立健全符合国家总体安全要求的安全保障体系。

二、关键信息基础设施安全保护体系整体架构

关键信息基础设施是指公共通信和信息服务、能源、交通、水利、金融、公共服务、电子政务、国防科技工业等重要行业和领域的，以及其他一旦遭到破坏、丧失功能或者数据泄露，可能严重危害国家安全、国计民生、公共利益的重要网络设施、信息系统等。目前，数字政府建设所涉及的关键信息基础设施形态发生了巨变，因特网应用在电子政务领域日渐普及，移动互联跨越了地域限制，万物互联突破了传统信息网络形态的制约，云计算实现了系统、应用、数据和业务服务的平台化，以前存在的信息孤岛现象大为改观。与此同时，其安全保护对象也由传统的系统、应用、数据等要素，扩展至基础设施、网络、平台以及业务服务与供应链等各个方面，整个关键信息基础设施安全保障的重点也从局部性、静态化模式，逐渐向体系化保障、综合性防护的全局性、动态化模式演变。从整体架构上来看，关键信息基础设施安全保护体系包括法律法规与制度体系、标准规范体系、技术与管理体系等重要方面。

（一）法律法规与制度体系

对于关键信息基础设施来说，我国近年来陆续出台的法律法规都对其安全保护提出了明确的要求。《中华人民共和国网络安全法》《中华人民共和国密码法》《中华人民共和国数据安全法》《网络安全审查办法》等法律法规，特别是《关键信息基础设施安全保护条例》的颁布施行，标志着我国关键信息基础设施安全保护工作进入了依法治理、依法管理、依法保护和依法应用的法治化新时期。

1.《中华人民共和国网络安全法》

2017年6月1日起施行的《中华人民共和国网络安全法》是我国首部网络空间管辖基本法，是网络安全法律体系的重要基础。该法第一章第五条就关键信息基础设施安全保护作出了原则规定，即“国家采取措施，监测、防御、处置来源

于中华人民共和国境内外的网络安全风险和威胁，保护关键信息基础设施免受攻击、侵入、干扰和破坏，依法惩治网络违法犯罪活动，维护网络空间安全和秩序”。《中华人民共和国网络安全法》第三章第二节重点针对关键信息基础设施的运行安全问题作出了进一步规定，要求在网络安全等级保护制度的基础上，对其实行重点保护，同时应保证关键信息基础设施建设与安全技术措施做到三同步（同步规划、同步建设、同步使用），并要求每年至少进行一次安全风险检测评估。负责关键信息基础设施安全保护工作的部门，应当建立健全本行业、本领域的网络安全监测预警和信息通报制度，并按照规定报送网络安全监测预警信息。

2.《中华人民共和国密码法》

2020年1月1日起施行的《中华人民共和国密码法》是我国在密码应用和管理领域的专门性法律，其中规定：依法要求使用商用密码进行保护的关键信息基础设施应当使用商用密码进行保护，并开展商用密码应用安全性评估（密评）。同时，在供应链安全方面要求，涉及商用密码的网络产品和服务，如可能影响国家安全，则应当通过国家网信部门会同国家密码管理部门等有关部门组织的国家安全审查。

3.《中华人民共和国数据安全法》

2021年9月1日起施行的《中华人民共和国数据安全法》要求坚持总体国家安全观，建立健全数据安全治理体系，提高数据安全保障能力，对推进数据基础设施建设、建立数据分类分级保护制度以及政务数据安全与开放等作出了法律要求。其中特别强调了关键信息基础设施中相关重要数据的出境安全管理，再次强调需要严格遵照《中华人民共和国网络安全法》的规定执行。

4.《关键信息基础设施安全保护条例》

2021年9月1日起施行的《关键信息基础设施安全保护条例》（以下简称《条例》）是在《中华人民共和国网络安全法》框架下全面规范关键信息基础设施安全保护的基础性法规，是加强网络安全领域立法、完善网络安全保护法律法规体系的重要举措，是依法治理关键信息基础设施的纲领性文件之一，是化解关键信息基础设施安全风险的法律法规重器和重要里程碑。《条例》的出台为我国科学、有效开展关键信息基础设施安全保护工作提供了重要的基础规范与法律法规支撑。作为《中华人民共和国网络安全法》的重要配套法规，《条例》对关键信息基础设施安全保护的适用范围、关键信息基础设施认定、运营者责任义务、关键信息基础设施安全保护保障与促进以及攸关各方法律责任等提出了更为具体、更具操作性的基本要求。《条例》详细阐明了关键信息基础设施的范围及认定，对其运营者的责权利进行了规定，并对建立关键信息基础设施网络安全监测预警体系、信息通报制度以及网络安全人才培养等提出了要求，还就违反该条例可能会受到的行政处罚、判处罚金甚至是承担刑事法律责任作出了明确规定。

5.《网络安全审查办法》

2022年2月15日起施行的新版《网络安全审查办法》的主要目的是确保关键信息基础设施供应链安全，保障网络安全和数据安全，维护国家安全。关键信息基础设施运营者采购网络产品和服务，网络平台运营者开展数据处理活动，影响或者可能影响国家安全的，应当按照该办法进行网络安全审查。关键信息基础设施运营者应当预判所采购的网络产品和服务投入使用后可能带来的国家安全风险。影响或者可能影响国家安全的，应当向网络安全审查办公室申报网络安全审查。而且，关键信息基础设施安全保护工作部门可以制定本行业、本领域预判指南。网络安全审查重点评估的对象或情形包括：产品和服务使用后带来的关键信息基础设施被非法控制、遭受干扰或者破坏的风险；产品和服务供应中断对关键信息基础设施业务连续性的危害；上市存在关键信息基础设施、核心数据、重要数据或者大量个人信息被外国政府影响、控制、恶意利用的风险，以及网络信息安全风险等。

6.《关于加强数字政府建设的指导意见》

2022年6月23日国务院发布的《关于加强数字政府建设的指导意见》（国发〔2022〕14号），就主动顺应经济社会数字化转型趋势，充分释放数字化发展红利，全面开创数字政府建设新局面作出部署。其中要求，要全面强化数字政府安全管理责任，落实安全管理制度，加快关键核心技术攻关，加强关键信息基础设施安全保障，强化安全防护技术应用，切实筑牢数字政府建设安全防线。

不难看出，我国近年来陆续出台的网络空间安全的法律法规都对关键信息基础设施的安全保护作出了具体规定，通过网络空间安全基本法、专门法以及行政法规等形式，明确了加快构建关键信息基础设施全方位安全保障体系、全面强化关键信息基础设施安全管理责任的要求。

（二）标准规范体系

关键信息基础设施安全保护标准化是网络安全保障体系建设的重要组成部分，在维护关键信息基础设施安全、推动关键信息基础设施治理体系变革方面发挥着基础性、规范性、引领性作用。我国出台的关键信息基础设施安全保护相关法律法规都对关键信息基础设施安全保护标准化工作提出了明确要求，通过构建关键信息基础设施安全保护标准体系，明确其安全保护的标准化需求、环节和范围，指导我国关键信息基础设施安全保护标准体系建设。当前，我国正在加紧制定关键信息基础设施安全保护系列标准，标准体系主要包括重要标准、支撑标准以及特殊领域标准等方面的内容。

1. 重要标准

所谓重要标准是指为开展关键信息基础设施安全保护相关工作而需的必要标准。这些标准主要是针对保护工作的识别认定、安全保护、检测评估、监测预警、主动防御和事件处置等核心环节来制定。具体包括《关键信息基础设施安全保护要求》《关键信息基础设施网络安全框架》《关键信息基础设施安全控制措施》《关键信息基础设施边界确定方法》《关键信息基础设施安全保障指标体系》《关键信息基础设施安全检查评估指南》《关键信息基础设施安全防护能力评价方法》《关键信息基础设施信息技术产品供应链安全要求》等。同时，针对《关键信息基础设施安全控制评估方法》《关键信息基础设施服务机构通用要求》《国家关键信息基础设施信息共享规范》《关键信息基础设施安全等级保护技术框架》《关键信息基础设施安全监测预警要求》等标准已经启动了研究进程。

2. 支撑标准

所谓支撑标准是指为关键信息基础设施安全保护需参照的非针对关键信息基础设施提出的标准。这些标准主要是结合了国家安全标准现状，突出了关键信息基础设施安全保护特点，涉及网络安全等级保护相关标准、密码技术标准、可信计算标准、大数据标准、信创标准以及信息安全技术通用标准等一系列标准。

3. 特殊领域标准

特殊领域标准是指为根据特定领域关键信息基础设施的特点而定制的标准，通俗地说，就是关键信息基础设施安全保护的重要标准和支撑标准在不同领域、不同行业的具体落地执行标准，因此，这些标准具有更强的针对性和可操作性。比如说，电子政务类关键信息基础设施安全保护要求、云计算类关键信息基础设施安全保护要求等。

关键信息基础设施安全保护标准体系的各类标准均有明确的定位，不同标准之间的内在关联关系清晰明确，标准内容也是协调一致的。

（三）技术与管理体系

在关键信息基础设施安全保护整体架构中，技术与管理体系具有极其重要的地位。法律法规和标准规范的各种要求，都需要通过技术手段辅以管理措施来加以落实。在技术和管理方面，主要是围绕着关键信息基础设施安全保护的6个核心环节，分为识别认定技术与管理、安全防护技术与管理、检测评估技术与管理、监测预警技术与管理、主动防御技术与管理和事件处置技术与管理等。

1. 识别认定技术与管理

关键信息基础设施的识别认定是开展后续安全保护各环节工作的基础，相关技术与管理重点是针对关键信息基础设施承载的关键业务、支撑业务依赖性识别、风险识别等活动的开展。

2. 安全防护技术与管理

在识别关键信息基础设施安全风险的基础上，需要制定安全防护措施，并部署安全防护技术和产品。针对已识别安全风险，在安全物理环境、安全区域边界、安全通信网络、安全计算环境、安全管理中心等方面采取技术措施，同时辅以安全管理制度、安全管理机构、安全管理人员、安全建设管理、安全运维管理等方面的安全控制措施，以确保关键信息基础设施的运行安全。具体的技术和产品种类很多，主要涉及加密、认证、防火墙、入侵检测、恶意代码防范、安全扫描、安全网闸、隐私保护等。

3. 检测评估技术与管理

这一环节主要是基于检测评估制度（涵盖网络安全等级保护测评、商用密码应用安全性评估、网络安全风险评估以及数据安全评估等），检验安全防护措施的有效性，发现网络安全风险隐患，分析潜在安全风险可能引起的安全事件并实施安全整改加固。具体的技术包括风险评估、安全测评、渗透测试等。

4. 监测预警技术与管理

这一环节主要是通过技术与管理手段来实施网络安全监测预警和信息通报，对网络安全事件或威胁进行提前或实时警示，重在“发现问题，解决问题”。其中，网络层面的监测预警可全面发现网络边界和关键区域的安全风险，业务应用层面的监测预警可实现对安全问题的精准定位，数据层面的监测预警可保障核心数据和重要数据应用的溯源追踪，从而实现了网络、应用、数据监测预警的全面覆盖。具体的技术包括安全态势感知、情报分析等。

5. 主动防御技术与管理

这一环节主要是通过全面安全分析、系统协同防御以及立体动态防护的主动安全防御体系来生成并输出安全能力，其核心在于以攻击路径为中心，对信息技术和产品安全脆弱性实施有效控制，以安全的需求为起点，重新构建、改造现有技术，有效发现、抑制、调控并消除自身安全脆弱性可能导致的安全威胁，实时构建弹性防御体系，规避、转移或降低安全风险。具体的技术包括漏洞分析、自主可控安全改造和信息技术应用创新等。

6. 事件处置技术与管理

安全事件处置非常重要，这一环节基于检测评估、监测预警环节发现的问题，采取适当的应对措施，恢复由于网络安全事件而受损的功能或服务。具体技术包括应急响应、灾难备份和恢复等。

因此，关键信息基础设施安全保护作为一项复杂的系统工程，需要从上述多个方面来构建体系化、系统性的安全保护架构。

三、数字政府建设背景下的关键信息基础设施安全保护工作的实施原则

在当前加强数字政府建设的大背景下，需要全面强化数字政府安全管理责任，落实安全管理制度，加强关键信息基础设施安全保障，强化安全防护技术应用，切实筑牢数字政府建设安全防线。为此，在关键信息基础设施安全保护实施过程中，应遵循以下原则。

（一）落实强化安全管理责任和制度要求

在安全管理责任方面，需要明确各方主体的职责分工（包括主体责任和监督责任），加强关键信息基础设施建设的安全和保密工作，建立健全全方位、多层级、一体化的安全防护体系，并加强各地区、各部门乃至各层级的协同联动。特别是针对安全评估、重大事件处置等方面，要做到安全管理边界清晰、职责明确、责任落实、保障有力。

在安全制度落实方面，要遵照国家在网络安全等级保护、数据分类分级保护、风险评估、检测认证（含等保测评、密评等）等方面的要求，完善关键信息基础设施和数据的全生命周期技术防护和安全管理制度，加大对涉及国家秘密、商业秘密以及个人隐私和信息的保护力度。特别需要指出的是，要依法加强重要数据出境安全管理，并做好关键信息基础设施的网络安全审查工作。

（二）坚持总体国家安全观，开展多维度、全方位、一体化安全保护，提升安全保障能力

在总体国家安全观的框架下，构建基于法律法规、政策、标准、技术、实践等的多维度、全方位、一体化安全保护体系。在安全保护实践中，要充分考虑我国国情，做好与已颁布或正在制定法律法规、标准规范等的有效配套和无缝衔接工作。同时，要进一步重视关键信息基础设施安全威胁信息共享、监测预警、应急处置等协同机制作用的发挥，充分运用主动监测、智能感知、威胁预测等安全技术，强化日常监测、通报预警、应急处置等技术和管理措施，并在国家网络安全法律、标准的统一框架下持续完善。

（三）贯彻以人民为中心的发展思想，牢牢把握安全与发展的辩证统一

习近平总书记提出要求，网信事业要发展，必须贯彻以人民为中心的发展思想，必须坚持统筹发展和安全。加快关键信息基础设施相关服务的普及，为老百姓提供用得上、用得起、用得好的信息化服务，这是包括关键信息基础设施在内的数字政府建设的基本遵循。统筹发展和安全是我国关键信息基础设施建设的本质要求与历史使命。在数字政府建设的新时代和新发展阶段上，要特别注意把关键信息基础设施发展这个“第一要务”与其安全这个“头等大事”统筹起来，持续推动发展和安全的相互促进、协调并进，彰显出我们党在数字政府建设的实践智慧的辩证法，必须深入把握这一实践辩证法的在数字政府建设领域的深刻时代要求。

（四）坚持自主可控、安全可靠的总体目标，增强安全保障水平

在关键信息基础设施建设过程中，要坚持自主可控、安全可靠的总体目标，加强自主创新，加强关键信息基础设施安全保护在规划、建设、使用、运维乃至废弃等全生命周期所涉关键技术和产品的自主研发和推广应用，切实提高关键信

息基础设施安全的自主可控水平。特别是针对隐私保护、数据伦理、跨境数据安全等问题的破解，大力营造自主可控、安全可靠、规范有序的数字政府和关键信息基础设施生态，不断夯实数字政府建设基石。

四、结语

关键信息基础设施是支撑我国数字政府建设基础性工程，更是赋能数字政府创新的关键所在。当前适逢我国数字政府建设、数字经济转型进入发展势头如火如荼、保障体系亟须完善的重要战略机遇期，《关于加强数字政府建设的指导意见》的公布实施，及时开启了我国数字政府和关键信息基础设施安全保护建设进程的新篇章，必将持续发挥不可或缺、不可替代的积极影响和重要作用。为此，数字政府建设背景下的关键信息基础设施安全保护工作必须按照国家总体安全要求，构建涉及基础设施、网络、系统、数据、平台等全要素、多层次的关键信息基础设施自主安全体系，为我国数字政府建设提供强有力的战略支撑。

4

第四章

构建科学规范的数字政府建设制度规则体系

加强数字政府建设 提升国家治理体系和治理能力现代化水平

卢向东

国务院办公厅政府职能转变办公室主任

党的二十大报告是我们党团结带领人民全面建设社会主义现代化国家、全面推进中华民族伟大复兴的政治宣言和行动纲领，明确了到2035年基本实现国家治理体系和治理能力现代化的目标要求，并对加快建设网络强国、数字中国作出部署。加强数字政府建设是加快建设网络强国、数字中国的基础性和先导性工程，事关政府治理理念和方式创新、实现国家治理体系和治理能力现代化。《关于加强数字政府建设的指导意见》（国发〔2022〕14号）对数字政府建设作出顶层设计和系统部署。我们要全面贯彻落实党的二十大精神，坚持以习近平总书记关于加强数字政府建设的重要论述为指引，落实好党中央、国务院决策部署，加快建设整体协同、敏捷高效、智能精准、开放透明、公平普惠的数字政府，为推进国家治理体系和治理能力现代化提供有力支撑。

一、充分认识加强数字政府建设的重大意义

我国已迈上全面建设社会主义现代化国家新征程，加强数字政府建设，引领驱动数字经济发展和数字社会建设，营造良好数字生态，加快数字化发展，对于推进国家治理体系和治理能力现代化、促进经济社会高质量发展、实现人民对美好生活的向往意义重大。

（一）加强数字政府建设是全面提升政府履职效能、推进政府治理体系和治理能力现代化的内在要求

党的二十大报告对转变政府职能，优化政府职责体系和组织结构，提高行政效率和公信力作出部署。加强数字政府建设，将数字技术广泛应用于政府管理服务，通过统筹推进各行业各领域政务应用系统建设和大数据分析应用，全面推进政府履职和政务运行数字化转型，有利于提升政府决策科学化、社会治理精准化、公共服务高效化水平。同时，加强数字政府建设是以数字化改革促进制度创新的重要抓手，是加快转变政府职能的重要支撑。要主动顺应经济社会数字化转型趋势，着力破解深层次体制机制障碍，推动政府职责体系优化和数字技术应用深度融合，促进政府治理方式、运行机制、行为模式及资源配置等方面实现深刻变革，治理能力显著提升。

（二）加强数字政府建设是培育经济发展新动能、推动高质量发展的重要举措

党的二十大报告指出，高质量发展是全面建设社会主义现代化国家的首要任务，并部署了构建高水平社会主义市场经济体制、建设现代化产业体系等重点任务。数据是新型生产要素，越来越多的国家都把推进经济数字化作为实现创新发展的重要动能。加强数字政府建设是适应新一轮科技革命和产业变革趋势的必然要求，对数字经济、数字社会、数字生态具有重要引领驱动作用。通过发挥数据的基础资源作用和创新引擎作用，有利于更好激发数字经济活力，拓展经济发展新空间，推动经济发展质量变革、效率变革、动力变革，有利于优化数字社会环境，提升政府经济治理科学化精细化智能化水平，有利于加快健全数据要素市场和规则制度，构建规范有序的政策环境，营造良好数字生态，更好服务经济社会高质量发展。

（三）加强数字政府建设是增进民生福祉、提升人民生活品质的重要助力

党的二十大报告明确，到2035年基本公共服务实现均等化，强调要紧紧抓住人民最关心最直接最现实的利益问题，健全基本公共服务体系，提高公共服务水平，增强均衡性和可及性。公共服务关乎民生、连结民心，是建设服务型政府的重要内容，是政府数字化履职能力体系的重要方面。加强数字政府建设，以数字化扩大优质公共服务资源供给，以网络化实现公共服务均等普惠，以智能化满足多元化个性化需求，是增强公共服务质效、提升人民生活品质的重要抓手。通过持续优化利企便民数字化服务，注重传统服务方式与智能化服务创新并行，提供渠道多元、全面融合、服务同质的公共服务，有助于为群众增福祉、让群众享公平，让人民生活更加幸福美好。

二、深刻领会数字政府建设的重要原则和实践要求

党的十八大以来，习近平总书记就全面贯彻网络强国战略、大数据战略作出一系列重要论述，强调要以信息化推进国家治理体系和治理能力现代化，更好用信息化手段感知社会态势、畅通沟通渠道、辅助科学决策；运用大数据提升国家治理现代化水平，推进政府管理和社会治理模式创新；构建全流程一体化在线服务平台，更好解决企业和群众反映强烈的办事难、办事慢、办事繁的问题。在中央全面深化改革委员会第二十五次会议上，习近平总书记对加强数字政府建设、增强数字政府效能作出了系统部署、提出了明确要求，为更好推进数字政府建设提供了根本遵循。

（一）坚持和加强党的全面领导是加强数字政府建设的根本保证

习近平总书记强调，要把坚持和加强党的全面领导贯穿数字政府建设各领域

各环节，坚持正确政治方向。这就要求要进一步提高政治站位，始终把加强党的全面领导作为加强数字政府建设、提高政府管理服务能力、推进国家治理体系和治理能力现代化的根本保证，把加强党的领导的政治优势、制度优势转化为数字政府建设的强大动力和根本保障，确保数字政府建设始终沿着正确方向前进。要自觉维护党中央对数字政府建设工作的集中统一领导，加快健全完善与政府治理能力现代化相适应的数字政府顶层设计和统筹协调机制，确保党中央关于数字政府建设的重大决策部署和重大任务全面落实，更好服务党和国家重大战略，更好服务经济社会发展大局。

（二）不断满足人民对美好生活的向往是加强数字政府建设的初心使命

习近平总书记强调，要把满足人民对美好生活的向往作为数字政府建设的出发点和落脚点，打造泛在可及、智慧便捷、公平普惠的数字化服务体系，让百姓少跑腿、数据多跑路。这就要求要在推进数字政府建设过程中，牢固树立以人民为中心的发展思想，按照建设人民满意的服务型政府要求，充分运用数字技术，提供优质便利的涉企服务，拓展公平普惠的民生服务，不断满足企业和群众多层次多样化服务需求。强化问题导向，以数字技术为支撑，提供更优质的便民惠民服务，提高政府主动服务、精准服务、协同服务、智慧服务能力，切实解决好人民群众的急难愁盼问题，不断增强人民群众获得感幸福感安全感。坚持数字普惠，消除“数字鸿沟”，切实解决老年人、残疾人等特殊群体在运用智能技术方面遇到的突出困难，加强政务服务普惠性、基础性、兜底性能力建设，全面提升政务服务数字化、智能化水平，让数字政府建设成果更多更公平惠及全体人民。

（三）强化系统观念和整体协同是加强数字政府建设的重要理念

习近平总书记强调，要强化系统观念，依法依规促进数据高效共享和有序开发利用，统筹推进技术融合、业务融合、数据融合，提升跨层级、跨地域、跨系统、跨部门、跨业务的协同管理和服务水平。这就要求充分考虑数字政府建设创新性强、涉及面广、交叉点多、分散度高等特点，坚持整体协同，更好发挥数据的基础资源作用和创新引擎作用，统筹推进各行业各领域政务应用系统集约建设、协同联动，持续推动支撑平台互联互通、深度融合，全面提升数字政府集约化建设水平。健全数据资源体系，加强数据汇聚融合、共享开放和开发利用，促进数据依法有序流动，不断提高数据的规范性、精准性和时效性，助力有效提升政府协同治理和服务水平。集约建设平台体系，加快推进全国一体化政务大数据体系建设，持续优化全国一体化政务服务平台功能，强化政务云平台和政务网络平台支撑能力，提升数字化共性应用集约服务水平，切实做到务实管用，同时避免重复建设。

（四）坚持顶层设计和基层探索有机结合是加强数字政府建设的基本途径

习近平总书记强调，要以数字化改革助力政府职能转变，发挥数字化在政府履行经济调节、市场监管、社会管理、公共服务、生态环境保护等方面职能的重要支撑作用，构建协同高效的政府数字化履职能力体系。这就要求要强化创新思维，坚持改革引领，注重“自上而下”与“自下而上”相结合，既在战略上布好局，又在关键处落好子，持续增强数字政府效能，把我国制度优势更好转化为国家治理效能。加强改革顶层设计，注重改革的系统性、整体性、协同性，围绕增强社会主义现代化建设的动力和活力，围绕经济社会发展迫切需要，强化整体谋划和系统部署，以数字化改革促进政府治理各方面改革创新，推动政府治理法治化与数字化深度融合。支持基层探索创新，尊重人民首创精神，坚持试点先行，鼓励地方从实际出发开展数字政府建设应用创新、服务创新和模式创新，及时总结推广实践证明行之有效、人民群众欢迎的改革经验。

（五）强化制度创新和法治保障是加强数字政府建设的有力支撑

习近平总书记指出，要始终突出制度建设这条主线，不断健全制度框架，强调要健全科学规范的数字政府建设制度体系。这就要求要坚持技术创新和制度创新双轮驱动，适应数字化发展需要，加快推进规则机制、法律法规、标准规范等制度建设，保障数字政府建设和运行智能高效、平稳有序。创新建设管理机制，明确运用新技术进行行政管理的制度规则，加强制度创新充分联动和衔接配套，切实提高数字政府建设成效。完善法律法规，全面推进数字法治政府建设，加快完善与数字政府建设相适应的法律法规框架体系。健全标准规范，研究设立全国数字政府标准化技术组织，推动构建多维标准规范体系，以标准化促进数字政府建设规范化。

（六）强化数据和网络安全是加强数字政府建设的“生命线”

习近平总书记强调，要始终绷紧数据安全这根弦，加快构建数字政府全方位安全保障体系，全面强化数字政府安全管理责任。这就要求全面落实总体国家安全观，坚持促进发展和依法管理相统一、安全可控和开放创新并重，在数字政府建设中切实做到安全和发展同步推进。筑牢夯实安全防线，严格落实网络安全各项法律法规制度，进一步明确安全管理主体责任，加强数据全生命周期安全管理和技术防护，全面构建制度、管理和技术衔接配套的一体化安全防护体系，统筹做好数字政府建设安全和保密工作，切实守住网络安全底线。提高自主可控水平，加强自主创新，加快数字政府建设领域关键核心技术攻关，强化关键信息基础设施保护，落实运营者的主体责任，开展对新技术新应用的安全评估，建立健全对算法的审核、运用、监督等的管理制度和技术措施。

三、加快推进数字政府建设，以数字化助推政府治理能力现代化

当前和今后一个时期，加快推进数字政府建设，要以推进国家治理体系和治理能力现代化为目标，以职能优化协同高效为着力点，充分发挥数字化的重要支撑作用，构建政府数字化履职能力体系，推动有效市场和有为政府更好结合，全面提升政府履职效能。

（一）创新政府管理服务方式，助推政府职能转变

坚持以优化政府职责体系引领政府数字化转型，以数字政府建设支撑加快转变政府职能，推进体制机制改革与数字技术应用深度融合，推动政府运行更加协同高效，进一步降低制度性交易成本，便利企业跨地区生产经营和各类要素自由流动，助力优化营商环境。以数字技术助推行政审批更加高效。全面实行行政许可事项清单管理，加快建设全国行政许可管理等信息系统，推动各类行政权力事项网上运行、动态管理，严控新设许可，严治变相许可，实现行政许可规范管理和高效办理。以数字技术助推政府管理更加协同。打通审批和监管业务信息系统，深入推进审批与监管协同联动，把激发市场活力同加强政府管理有效结合起来。探索建立营商环境动态监测预警机制，运用大数据手段开展日常监测分析，加强部门、地方协同，及早发现和主动解决营商环境倾向性、苗头性问题。以数字技术助推政务服务更加优化。深化“一网通办”体系建设，促进线上线下服务深度融合，精准对接公众需求，推动服务模式向“场景式”“精准化”转变，加快实现“一站式”“一网式”办事向“集成式”服务升级，持续提升政务服务标准化、规范化、便利化水平。

（二）推进政府履职数字化转型，加快构建数字化履职能力体系

充分发挥数字技术创新变革优势，优化业务流程，创新协同方式，全面推进政府履职数字化转型，推动政府履职效能持续优化。加快提升政府经济调节数字化水平。加强宏观调控决策、经济社会发展分析、投资监督管理、财政预算管理、数字经济治理等信息化建设和大数据创新应用，不断增强经济调节政策的科学性、预见性和有效性，助力构建高水平社会主义市场经济体制。大力推行智慧监管。充分运用数字技术支撑构建新型监管机制，推行“互联网+监管”和城市运行“一网统管”，加强重点领域的全主体、全品种、全链条数字化追溯监管，加快建立全方位、多层次、立体化监管体系。积极推动社会治理模式创新。提升网上行政

复议、网上信访、网上调解、智慧法律援助等水平，推进社会治安防控、公共安全保障等数字化应用，完善网格化管理、精细化服务、信息化支撑的基层治理平台，助力提升社会管理能力和治理效能。持续提升公共服务数字化、普惠化水平。推出更多数字公共产品，推进基本公共服务数字化应用，积极打造多元参与、功能完备的数字化生活网络，推动更多服务资源下沉到基层，打造泛在可及、智慧便捷、公平普惠的数字化服务体系。全面推动生态环境保护数字化转型。建立一体化生态环境智能感知体系，助力精准治污、科学治污、依法治污，加快构建碳排放智能监测和动态核算体系，助推绿色低碳转型，更好支撑美丽中国建设。

（三）强化顶层设计和统筹协调，切实抓好数字政府建设重点任务落实

坚持以系统化精准化法治化为方向，聚焦数字政府建设基础性、关键性环节，健全组织体系和推进机制，加强数据治理和平台支撑体系建设，强化网络和数据安全保障，构建科学规范的制度规则体系，提升干部和群众数字素养，保障数字政府建设有序推进。建立健全推进数字政府建设的组织体系。健全完善国家层面数字政府建设工作领导体制，建立健全各地区各部门数字政府建设领导协调机制，加快形成全国“一盘棋”的统筹推进机制。加快健全数据治理体系。强化政府部门数据管理职责，提升数据治理水平，加强数据全生命周期质量管理。充分发挥各级政务数据共享协调机制作用，以应用场景为牵引持续推动数据精准高效共享。有序推动公共数据资源开发利用，更大释放数据要素价值。整合构建平台支撑体系。统筹加强政务云、电子政务网络建设，强化一体化政务云平台资源管理和调度，推进数字化共性应用集约建设，全面夯实数字政府建设数据底座。加强全方位安全保障。全面强化数字政府安全管理责任，落实安全管理制度要求，加强数据安全防护和个人隐私、商业秘密保护，构建全方位、多层级、一体化安全防护体系。构建完善制度规则体系。创新数字政府建设管理机制，健全政务信息化建设管理会商机制，加快完善相关法律法规框架体系，将经过实践检验的做法经验及时上升为制度规范，推进数据开发利用、系统整合共享、共性办公应用、关键

政务应用等标准制定，统筹开展数字政府试点示范和成效评估，促进各地区各部门数字政府建设水平整体提升。加快提升数字素养。构建全民数字素养和技能培育体系，提升领导干部数字治理能力，创新数字政府建设人才引进培养使用机制。深入推进实践基础上的理论创新，充分发挥数字政府建设专家委员会作用，加快形成系统完备的具有中国特色的数字政府建设理论体系。

（四）深入推进数字机关建设，提升政务运行效能

全面推进政务运行数字化转型，加快数字机关建设，深化行政决策、行政执行、行政监督和政务公开等领域数字化应用，有效提高政府决策科学化水平和政务运行效率。健全大数据辅助科学决策机制。充分汇聚整合多源数据资源，拓展动态监测、统计分析、趋势研判、效果评估、风险防控等应用，以数字化手段感知社会态势，支持及时监测反馈政策实施效果、优化完善政策措施。以数字化协同提升行政执行能力。深化数字技术应用，提高政府执行力；加快一体化协同办公体系建设，全面提升内部办公、机关事务管理等方面共性办公应用水平，推动机关内部服务事项线上集成化办理，不断提高机关运行效能。推进行政监督数字化建设。以信息化平台固化行政权力事项运行流程，推动行政审批、行政执法、公共资源交易等全流程数字化运行、管理和监督，促进行政权力规范透明运行。推进政务公开平台智能集约发展。优化政策智能推送服务，变“人找政策”为“政策找人”，发挥政务新媒体优势，开发多样化政策解读产品，灵活开展政民互动。同时，完善政府信息公开保密审查制度，严格审查标准，消除安全隐患。

新时代新征程要展现新气象新作为，我们要坚持以习近平新时代中国特色社会主义思想为指导，深刻领悟“两个确立”的决定性意义，切实增强“四个意识”、坚定“四个自信”、做到“两个维护”，深入学习贯彻落实党的二十大精神，扎实推进数字政府建设，更好发挥数字政府在加快转变政府职能，建设法治政府、廉洁政府、服务型政府中的重要作用，为国家治理体系和治理能力现代化提供更加有力的支撑。

健全完善与数字化发展相适应的政府职责体系

尹智刚

国务院办公厅电子政务办公室副主任

党的二十大吹响了迈向全面建设社会主义现代化国家，以中国式现代化全面推进中华民族伟大复兴的冲锋号角。党的二十大报告提出，要加快建设网络强国、数字中国，并就优化政府职责体系和组织结构，提高行政效率和公信力提出了新的更高要求。构建职责明确、依法行政的政府治理体系是推进国家治理体系和治理能力现代化的基础工程和制度保障，更是推进中国式现代化的重要任务。《关于加强数字政府建设的指导意见》以数字化推进国家治理体系和治理能力现代化为目标，以构建与政府治理能力现代化相适应的数字政府顶层设计为主线，体系性设计了数字政府建设的主要任务，对构建科学规范的数字政府建设制度规则体系，健全完善与数字化发展相适应的政府职责体系作出了部署安排。

一、健全完善与数字化发展相适应的政府职责体系是推进国家治理体系和治理能力现代化的迫切需要

一是数字社会的时代要求。在全球新一轮科技革命和产业变革浪潮中，数字技术与各领域的深度融合已成为不可阻挡的潮流，新理念、新业态已经全面融入经济社会发展的各个领域，创造出丰富的就业机会和强大的经济价值，为经济社会持续健康发展提供了强大动力。数字化潜移默化地大踏步改变着人们的生产和

生活方式，既创造新机遇，也带来新挑战，对政府管理的治理理念、治理结构、治理机制带来严峻挑战，多年来人们尊崇的惯例被打破、观念被重塑、规则被取代、模式被颠覆。把握数字化发展机遇，构筑国家竞争新优势，要顺应数字化、网络化、智能化发展趋势，以信息化驱动现代化，加快形成适应信息社会的职责明确、边界清晰、齐抓共管的政府职责体系，解决政府职能越位、缺位、错位问题，建立“用数据说话、用数据决策、用数据管理、用数据创新”的工作机制，发挥信息化数字化驱动引领作用，以数字化推进和拓展中国式现代化。

二是深化改革的必然选择。党的十八届三中全会以来，全面深化改革进程取得了历史性伟大成就。党的二十大报告指出：“我国改革发展稳定面临不少深层次矛盾躲不开、绕不过。”发展无止境，改革无穷期，改革进入攻坚期和深水区，各种深层次矛盾和问题不断呈现、各类风险和挑战不断增多，全面深化改革只有进行时，没有完成时。以数字化助力全面深化改革，必须要把坚持和加强党的全面领导贯穿数字政府建设各领域各环节，聚焦制约经济社会高质量发展的重点、堵点、难点问题，以数字化改革助力政府职能转变与制度规则重塑，倒逼体制机制改革，倒逼体系重构和流程再造，破除一切制约科技创新的思想障碍和制度藩篱，最大限度解放和激发科学技术作为第一生产力所蕴藏的巨大潜能，凝聚起推进全面深化改革的强大力量，推动整体性转变、革命性重塑、全方位赋能，提升政府履职科学化精准化智能化水平，集中力量推动高质量发展。

三是企业群众的强烈期盼。党的十八大以来，随着以“一网通办”为代表的政务服务改革深入推进，营商环境显著改善，企业和群众获得感不断增强。但同时也应该看到，数字化时代，人民群众在互联网时代对政府管理和服务有新的期待、新的需求，企业群众创业难、办事难、证明难等急难愁盼问题还一定程度上存在。从表面上看，“一网通办”推进过程中的堵点和痛点在线上，然而根本还是在线下的整合与优化，根子在与数字化发展相匹配的政府治理体系仍需进一步健全，尚未形成数字化条件下各部门高效协作格局。人民的期待就是改革的方向，让广大人民群众共享改革发展成果，亟需牢固树立以人民为中心的发展思想，深化行政体制改革，建立健全适应数字化发展的职责体系，把满足人民对美好生活的向往作为数字政府建设的出发点和落脚点，打造泛在可及、智慧便捷、公平普惠的数字化服务体系，让百姓少跑腿、数据多跑路。

二、健全完善与数字化发展相适应的政府职责体系的目标要求

一是推动政府履职更加高效。全面推进政府履职和数字化转型，核心在“数”，关键在“转”。一方面要发挥数据的基础资源作用和创新引擎作用，以“业务数据化”的量变推动“数据业务化”的质变，提高政府决策科学化水平和管理服务效率。另一方面，上层建筑要适应数字化时代的要求，以数字化驱动政府治理方式变革，纵向上撬动政府自身改革，横向上撬动经济社会各领域改革，推动政府履职更加高效。全面提升政府履职效能，要全方位推进政府经济调节、市场监管、社会管理、公共服务、生态环境保护五大基本职能数字化转型，不断完善决策权、执行权、监督权等运行体制机制，全面提升政府履职的数字化智能化水平，推动实现政府决策科学化、社会治理精准化、公共服务高效化、政府运行协同化，为建设人民满意的法治政府、创新政府、廉洁政府和服务型政府提供全面支撑。

二是推动有效市场和有为政府更好结合。充分发挥数字化“显微镜”“望远镜”“指南针”作用，创新和完善经济调控方式，准确及时把握经济运行规律，推动形成市场作用和政府作用有机统一、相互补充、相互协调、相互促进的格局，在充分尊重市场经济规律的基础上，更好地实行宏观调控，弥补市场失灵，充分激活经济发展新动能，形成政府主导、多元参与、法治保障的数字经济治理格局，为各类市场主体公平竞争提供更加广阔的市场空间和更加规范的市场环境。

三是打造共建共治共享的社会治理新模式。运用现代信息技术创新数字化社会治理模式，增强政府在矛盾纠纷化解、社会治安防控、公共安全保障、基层社会治理等领域的数字化治理能力，不断提升智慧城市、智慧社区、数字乡村等建

设水平，为社会治理引入新范式、创造新工具、构建新模式，以数字化支撑建设更加和谐、安全、智慧、智能的数字社会，推动构建人人有责、人人尽责、人人享有的社会治理共同体，以数字化书写“中国之治”新篇章。

四是营造开放、健康、安全的数字生态。构建与数字化时代经济社会发展相适应的政策法规体系，打击垄断和不正当竞争行为，健全共享经济、平台经济和新个体经济管理规范，在法治轨道上推动经济社会健康发展，营造规范有序的政策环境。建立健全数据要素市场规则，规范培育数据交易市场主体，促进数据依法有序流动，强化数据资源全生命周期安全保护，解决数据治理长期存在的制度体系缺失、市场培育不充分、监管治理薄弱、安全保障不牢等问题，提升各行业各领域运用公共数据推动经济社会发展的能力，提高数据治理整体效能。

三、健全完善与数字化发展相适应的政府职责体系的推动路径

一是推动政府治理法治化与数字化深度融合。坚持运用互联网、大数据、人工智能等技术手段促进依法行政，优化革新政府治理流程和方式，大力提升法治政府建设数字化水平。第一，加强基础性立法。构建完善与数字政府相适应的法律法规体系，加快数字政府建设基础性立法，完善公共数据开发利用、政务新媒体管理、电子证照、政务信息化项目规范管理等。第二，破除法律法规障碍。及时修订和清理现行法律法规和制度规范中与数字化发展不相适应的条款，为数字中国建设提供法治保障；第三，巩固改革成果。要将改革建设中形成的有效做法和经验及时上升到法律法规层面，固化优化改革建设成果。

二是推动组织形态整体化、弹性化和扁平化。信息社会的加速到来，推动数字技术与经济社会各个领域深度融合，数字孪生技术开始在城市治理领域进行探索。同样，对政府组织形态而言，也需要探索构建数字孪生政府，通过数字化与政府组织形态的实时映射与虚实交互，建构跨越时间和空间的“无处不在、无时不在‘不打烊’政府”，驱动政府治理从物理空间向数字空间、从线下到线上线

下融合的转变，推动职能配置更加优化、机构设置更加合理、职责权限更加明确、管理制度更加完善、运行机制更加顺畅，把制度优势更好转化为国家治理效能。

三是推动行政权力规范透明运行。充分利用数字化手段，以信息化平台固化行政权力事项运行流程，推动行政审批、行政执法、公共资源交易等全流程数字化运行、管理和监督，构建结构合理、配置科学、程序严密、制约有效的行政权力运行机制，加强对权力运行的制约和监督，确保行政行为依法、透明、廉洁、高效运行，不断提高依法行政能力，让权力在阳光下运行，把权力关进制度的笼子，用政府更加公开透明赢得人民群众更多理解、信任和支持。

四是推动机构设置科学化管理。构建政府职能运行数字化管理模式，坚持优化政府组织结构与促进政府职能转变、理顺部门职责关系统筹结合，对政府履职情况进行动态分析和科学评估，全面掌握部门职能运行情况，科学调整职能、机构和人员，着重解决部门履职中存在的边界不清、推诿扯皮、联动不畅等矛盾问题，推进机构、职能、权限、程序、责任法定化，使政府机构设置更加科学、职能更加优化、权责更加协同，加快构建边界清晰、分工合理、权责一致、运行高效、法治保障的政府机构职能体系。

四、健全完善与数字化发展相适应的政府职责体系的重点方向

一是强化政府对数据的治理职责。2020年，《中共中央 国务院关于构建更加完善的要素市场化配置体制机制的意见》中，首次将数据作为一种新型生产要素写入中央文件，与土地、劳动力、资本、技术等传统要素并列为要素之一。作为第一个明确将数据作为独立生产要素纳入国家发展战略的国家，充分发挥数据要素在统筹协调、数据确权、数据交易、数据安全等方面的作用仍面临诸多挑战，亟须建立与数字化发展相适应的数据制度体系和管理规则，加强对政务数据、公共数据和社会数据等各类数据的统筹管理，推动数据共享开放和开发利用，形成职责清晰、分工有序、协调有力的数据治理新格局，实现跨部门、跨层级、跨地

域的数据流动与利用。

二是强化政府对网络和数据安全的职责。网络安全和信息化是一体之两翼、驱动之双轮，必须统一谋划、统一部署、统一推进、统一实施。要全面贯彻落实《中华人民共和国网络安全法》《中华人民共和国数据安全法》《中华人民共和国个人信息保护法》和《关键信息基础设施安全保护条例》等法律法规。要建立数字政府全流程安全管理机制，强化安全管理责任，建立安全事件处置机制。同时要从技术入手，提升安全保障能力和主动防御能力，加强新技术应用，提高自主可控水平，为网络和数据安全织密“防护网”，为国家安全打造“金钟罩”，为国家发展筑牢“防火墙”。

三是强化政府对数字和网络空间的治理职责。随着越来越多的经济社会活动数字化运行，虚拟空间的治理成为政府数字化转型的重要领域，治理对象从物理世界渗透到虚拟世界，迫切需要形成数字空间的治理体系，对电子商务、互联网金融、移动支付、在线直播等数字融合世界的新生事物进行有效治理，推进网络空间和平、安全、开放、合作、有序，维护国家主权、安全、发展利益。

四是强化政府对新技术应用的治理职责。要优化完善新技术创新应用规则，鼓励和推动新技术应用，推进政府部门规范有序运用新技术手段赋能政府管理和服务。此外，现代信息技术革命使得“数据驱动”开始成为新范式，并在不同领域得到应用，伴随此过程，算法成为人类社会重要“规则”，由此带来的歧视性、责任性、误用及滥用性风险，使得数据治理的传统框架面临新挑战，需要建立算法管理、审核与监督的制度规则，打击垄断和不正当竞争行为，在法治轨道上营造规范有序的数字化发展环境。

加快构建与数字技术应用相适应的制度规则

余晓晖

中国信息通信研究院院长、党委副书记

党的十九届四中全会提出，推进数字政府建设，建立健全运用互联网、大数据、人工智能等技术手段进行行政管理的制度规则。《关于加强数字政府建设的指导意见》强调，建立新技术应用的基本规则和底线规则，明确技术应用的相关责任，建立健全算法审查、监督、问责机制，提高利用、驾驭新技术手段的能力。近年来，各地区各部门积极引入大数据、人工智能、区块链等新技术手段，不断优化政务服务，赋能决策监管和社会治理，对现有的政府治理流程和治理规则形成新的挑战，加快构建与数字技术发展和应用相适应的制度规则迫在眉睫。

一、数字技术在政府治理中的应用呈现加速升级态势

新冠肺炎疫情暴发以来，在突发性、大规模、精细化治理需求推动下，数字技术在政府治理中的应用显著加速，技术能力、应用范围和应用需求等方面都呈现大幅拓展升级的趋势，推动政府治理范式出现重大转变。

（一）技术能力升级，驱动政府治理从在线连接走向泛在智能

在电子政务和“互联网+”阶段，数字政府治理主要关注互联网技术应用，重在解决连接和共享问题。随着大数据、人工智能、区块链等技术的成熟及广泛应用，技术应用的目标从连接在线转向进一步实现智能分析、主动服务、精准治

理，从加快信息传输、减少信息不对称转向降低事务性工作对人的依赖，全面提升治理效能。如政务服务方面，已有过半省级和重点城市使用人工智能技术开展智能问答、智能审批、智能推送。[①]市场监管方面，多地开始借助大数据和人工智能开展线上违法行为的事前预警、线索推送、联动处置。

（二）应用场景升级，驱动政府治理从单点突破走向全面数字化

在新冠肺炎疫情推动下，线上审批、线上缴费、远程监管等应用场景快速发展，数字技术应用不再局限于政务服务这一单一场景，而是面向经济监测、社会治理、市场监管、生态环境保护多领域拓展，全面提升政府治理现代化水平。如经济监测方面，建成工程机械开工指数等大数据平台，为国家宏观经济决策提供辅助和参考。社会治理方面，“大数据＋网格化管理”广泛应用，大幅提升基层治理效能。政策制定和执行方面，“城市大脑”综合多维数据分析提供科学决策方案，“互联网＋督查”广泛征集线索，提升政策执行效率。扶贫救助方面，多地借助数字技术实现救助补贴直达、扶贫资金流向监控等。[②]

（三）应用需求升级，驱动政府治理从常态化情景拓展至重大危机应对

新冠肺炎疫情的突发性、规模性极大改变了传统以常态化情景为主的技术应用方向，要求政府提升对危机的感知能力和监测预警灵敏性，强化极端突发情形下信息基础设施的韧性能力，减少突发事件对正常生产生活的影响。加上全球气候变化、极端灾害、安全生产事故等多重因素影响，突发事件和危机应对已经成为我国行政管理的核心工作，越来越多的领域或地区将数字技术应用在风险监测、态势预判、协同处置方面，构建面向突发性、大规模、精细化场景的治理能力，强化对重大危机处置干预。

---

① 中山大学数字治理研究中心、科大讯飞：《治理的数字化转型（2021）——政务服务智能化建设的现状与未来》，2021年版。

② 中国信息通信研究院：《数字时代治理现代化研究报告——数字政府的实践与创新》，2021年版。

二、数字技术应用升级要求政府治理的制度规则体系加快健全完善

数字技术的广泛应用，深刻重塑了政府治理流程、方式和手段，极大提升了政府治理效能，但同时也对现有依托线下治理、人工治理构建的治理规则形成挑战。

（一）在行政程序上，自动化行政管理方式对既有行政管理程序提出挑战

在行政法律关系中，行政机关和行政相对人既有实体性权利义务，也有程序性权利义务。程序性权利是公共行政具有合法性的基础，同时也确保公众通过公开参与、政策透明及监督问责介入行政活动，实现对政府行政行为的约束。如《中华人民共和国行政处罚法》规定，行政机关在作出行政处罚决定前必须听取相关方的陈述和申辩，重大处罚还要听证。《中华人民共和国行政诉讼法》规定，行政机关违反法定程序的，应当撤销行政行为。在行政决策中引入人工智能，以机器自动化方式形成法律关系，调整行政当事人的权利义务，[①]直接冲击原有以行政程序正当为重要组成部分的行政执法的合法性。

一方面，自动化决策简化了原有依托法律生成的行政程序，将其转化为数字化“输入—处理—输出”的程序范式，一定程度限制了告知、陈述、申辩、听证等环节实现，导致个人在公共行政中“离场”。[②]如多地利用“行人闯红灯抓拍系统”抓拍和曝光交通违法行为，但在曝光前直接略过当事人的申辩程序。另一方面，利用算法开展自动化决策是一个“黑箱”过程，输入数据和输出结果之间的因果逻辑关系较难解释清楚，[③]难以满足决策公开透明的要求。即使将算法决策机

① 于安：《论数字行政法——比较法视角的探讨》，《华东政法大学学报》2022 年第 1 期。

② 雷刚、喻少如：《算法正当程序：算法决策程序对正当程序的冲击与回应》，《电子政务》2021 年第 12 期。

③ 中国信息通信研究院：《人工智能治理白皮书》，2020 年版。

制、算法使用数据向社会公开，普通民众也难以理解算法的复杂逻辑。如果进一步将自动化决策的结果用在资源配置、行政执法等公共治理行为中，可能引发信息不对称和技术不信任的局面。如，针对电子抓拍和自动化决策产生的交通处罚，已有多个行政相对人对处罚程序的合法性和结果的准确性提出质疑，并开展行政诉讼。[①]

（二）在责任分配上，数字技术变革治理流程要求重新理顺权责分配机制

党中央、国务院始终将责任型政府建设作为我国政治体制改革的重要内容。党的十八大报告提出，建立健全政府权力运行的制约和监督体系，完善决策问责和纠错制度。党的十八届三中全会要求“完善和落实领导干部问责制”，十九届四中全会要求“落实行政执法责任制和责任追究制度”。2021年出台的《法治政府建设实施纲要（2021—2025年）》也提出，全面实行政府权责清单制度，严格落实重大行政决策终身责任追究制度和责任倒查机制。当前，我国已经形成一套行之有效的行政责任约束机制，但主要面向的是线下治理、人工治理情景，在数字技术广泛介入，线上治理、智能化治理出现后，这一机制显现出一定的不适应性。

一方面，技术的应用明显改变线下治理流程，调整组织架构，相应地权责分配也需要重新厘清。如在互联网技术应用中，政府部门利用数据驱动业务流程再造，将原来分散在条线的受理中心、受理系统合并至统一受理中心和综合受理系统，实现业务资源集中，极大简化办事流程，提升办事效率。但同时，由于新主体的介入和办事流程的变更，条线部门和受理中心常常出现权责不一、责任模糊等问题。[②]另一方面，人工智能、区块链等技术具有自决策、自执行的特征，使技术在行政管理中形成了“类人”的主体地位，产生新的

① 代表性案件有：2014年高瑞丽诉郑州市公安局交警十大队公安交通处罚案，2018年上海首例声呐电子警察执法纠纷案，2020年江西赣州“交管12123”应用执法纠纷案。

② 邓理、王中原：《嵌入式协同：“互联网＋政务服务”改革中的跨部门协同及其困境》，《公共管理学报》2020年第4期。

权责关系。由于技术产品的非主体性，即使出现问题，也难以作为独立的责任承担主体。[①]当技术做出错误决策甚至侵犯到人们的权利时，责任主体模糊易使监管部门面临审查难、问责难问题。例如，由于数据源提供方对于数据的更新不及时、清洗不到位，导致基于数据的分析决策失误，从而引发数据责任纠纷问题。

（三）在运行规则上，算法歧视等新问题要求创新制度规则保障公平公正

当前，算法在行政管理中介入的程度越来越深。利用技术和算法实现公共行政的数字化，本质是通过编译将行政规则转化为各类代码，借助机器实现自动执行。这一过程不仅将现实世界的治理偏见投射到数字空间治理中，而且通过数字编码将复杂问题一分为二、非此即彼，强化不同主体间的价值对立，使数字弱势群体持续地受到系统的、可重复的不公正对待。较典型的是，欧美等国家将人工智能应用在犯罪预测领域，基于过往犯罪地点、个人信息等，评估某地或个人的犯罪概率。事实证明，由于历史数据问题或指标选择不当，这种预测方法存在严重的偏见和歧视，可能导致低收入社区和有色人种占主导的社区警务比例过高，加剧逮捕行动的不平等分布。[②]2017年纽约市议会、2021欧洲议会均通过相关决议，对政府使用自动化技术进行预测性警务活动实施严格限制措施。

目前，我国已经出台多项法律条文对算法歧视问题进行规范，如《关于加强互联网信息服务算法综合治理的指导意见》《互联网信息服务算法推荐管理规定》《中华人民共和国个人信息保护法》等，但条文规范的主要是企业等主体的市场歧视行为，对政府利用算法开展行政管理活动还没有形成成熟规则。与企业相比，政府的公共属性、对公平价值的追求以及强大的资源调配能力，都意味着算法歧视带来公平正义问题更受关注。此外，公共行政中产生的算法歧视行为不仅源于算法技术的固有缺陷或历史数据问题，而且也可能是社会结构性问题在技术上的

---

① 中国信息通信研究院：《人工智能白皮书》，2022年版。

② Lum K，Isaac W. To Predict and Serve?[J]. Significance，2016，13(5)：14–19.

真实映照，不是治理者主观为之或技术性难题，因此更具隐蔽性，在治理上面临更大难度。

（四）在治理方式上，技术主导的精准化治理要求更高的隐私和伦理规范

数据处理和分析是政府开展数字技术应用的基础性活动之一。在当前大数据时代，数据愈发呈现海量、分散、多样的特征，个人留下的任何数据都可以被分析、被画像、被量化评价，用以开展精准化治理。为实现公共资源合理分配，维护社会秩序正常运转，或涉及公共安全、突发情形应对等特定领域，这种基于数据分析的精细化管理无疑是有效的。但如果超出有限领域或特定目的，将其拓展至个人相关评价及权利义务调整，可能产生隐私安全和社会伦理问题。

当前，我国已基本建立政务信息化体系的通用性标准规则，但还没有针对特定技术、特定场景的专用标准，尤其是面向云计算、大数据、区块链、人工智能等新型数字技术的应用规则不健全。政府各部门对于这些技术是否成熟、存在哪些风险、哪些场景能用/适合用、哪些场景不能用/不适用、是否突破合理边界，还没有十分清晰的认知，现实中常常出现一些突破合理性边界的情况。

（五）在治理要素上，政务数据要素流通共享亟须制度规则上的重大创新

进入数字时代，数据不再仅仅作为生产活动的辅助资源，而是作为生产要素直接参与价值创造，在国民经济中的战略地位越来越凸显。政府数据治理的重心也从“政务数据资源管理”转向“政务数据资产化”，力图通过对政务数据的有效运营和价值创造，实现政务数据资产的价值增值和价值变现。但是，这一前瞻性理念在实践层面还面临诸多争论和规则缺失，制约了政务数据向市场的有效供给和价值释放。

一是政务数据权属缺乏共识。我国现行法律法规尚未对政务数据的权属问

题作出明确规定，各地方政府的认知也存在一定差异。如有些地方规定，“政务数据资源属于国家所有”“纳入国有资产管理”，也有些地方规定为“地方政府所有”。在缺乏共识及配套机制的情况下，不同认识易导致不同的数据开放利用方向，加剧地区间数据壁垒。二是政务数据价值评估、交易定价规则不明确。目前国内外已经探索出多种数据定价方法，但远未形成规范有序的数据定价规则。[①]加上政务数据具有公共属性，应当取之于民、用之于民，其价值评估面临更多因素考量。三是数据授权运营模式未形成。长期以来我国致力推动政府对外开放数据，这一过程政务数据虽进入政府系统外流通，但未完全进入市场流通环节，政府和社会不是交易双方而是合作关系，[②]对政务数据价值的挖掘较为有限。

三、加快构建与新技术应用相适应的制度规则

当前，人类社会已经从工业社会、后工业社会进入信息社会，数据和技术不仅仅是公共行政的工具和规制对象，更构成了其依法行政、正常运行的大环境。完善与新技术应用相适应的制度规则，是适应信息社会发展需要、推动公共行政体制变革的客观要求，是提升政府对数字技术的驾驭能力的关键保障。

一是加快研究制定与政府治理全面数字化和泛在智能化相适应的法律法规。针对自动化决策对现有行政程序带来的冲击和改变，加强研究论证、经验借鉴，在依法正当、风险可控的前提下，清理调适与之不相适应程序或制度，为智能化技术应用提供良好行政环境。同时，从适用领域、使用条件、救济保障机制等方面，构建自动化行政应用的规范要求。在适用领域上，鼓励将自动化行政优先应用在标准化、规模化的行政程序中，或行政工作的事实调查阶段。在复杂行政程序或决策阶段，应当确保人的介入或最终审查，仅将自动化结果作为辅助性工具。在使用条件上，明确行政机关进行自动化决策，应当获得行政裁量相关利益关系

① 中国信息通信研究院：《数据价值化与数据要素市场发展报告》，2021 年版。

② 夏义堃、管茜：《政府数据资产管理的内涵、要素框架与运行模式》，《电子政务》2022 年第 1 期。

人的同意，同时向个人提供关于自动化决策的便捷拒绝方式。对个人权益有重大影响的自动化决策，当事人有权要求人工复核或相关说明。

二是建立健全基于数字技术特性的数字政府治理专项规范指引或标准。不同数字技术在政府治理领域中的应用范围和适用场景千差万别，引发的具体问题和治理风险，以及对现有制度规则体系的挑战等也不尽相同。需进一步针对大数据、区块链、云计算、人工智能等数字技术的特点及其在行政领域的最新应用实践，围绕各地区各部门关心关注的重点问题，开展专项制定规则研究，尽快形成相关技术在行政领域应用的专项规范指引或标准。通过指引或标准明确各项技术应用于行政管理的基本规则、底线规则，明确相关部门在技术应用中的权利义务、责任范围、归责原则；明确技术应用的统筹管理机构，规范数字技术应用的评估、审查、备案全流程治理。

三是对新技术应用保持开放态度，通过机制创新鼓励各地区各部门加快探索应用。实践证明，数字技术应用普遍能够提升行政效能，增强政府回应性和服务能力。应当完善鼓励新技术应用的制度机制，推动各地区各部门形成勇于创新、锐意改革的良好氛围。国家层面统筹新技术应用规划，积极部署区块链、人工智能、虚拟共生等技术应用方向，选择条件成熟、社会需求强烈的应用场景开展试点试验。鼓励通过监管沙盒等方式，促进各地区各部门积极探索创新。探索建立与数字技术快速迭代相适应的数字政府建设联审联批项目管理机制，缩短政务信息化项目审批周期，满足数字政府建设快速部署和弹性扩展的需求。

四是完善数据资产化相关制度建设，破解政务数据价值释放的制约性问题。加强政务数据确权、价值评估、交易和社会化开发利用等前瞻性问题的研究论证，鼓励有条件的地区就数据授权运营、定价交易等问题开展试点试验，成熟后形成经验借鉴或应用标准，进行复制推广。转变以政务数据内循环为主的管理理念，推动在数据开放之外形成更多数据流通交易方式。厘清可用于交易的政务数据边界、数据安全标准、数据交易规则，明确哪些数据对社会运行或政府运转具有应用价值，确定数据资产开发的优先级，持续加大对市场的数据供给。

协调推进数字政府标准体系建设

杨建军

中国电子技术标准化研究院党委书记

标准化是保障数字政府规范建设的重要技术基础，是促进政府管理更加科学、监管更加有序、服务更加高效的重要技术手段，标准化已成为各级数字政府建设工作的重要组成部分。党中央、国务院高度重视数字政府标准化工作，《国家标准化发展纲要》就数字政府标准化工作作出了明确部署，提出要“加快数字社会、数字政府、营商环境标准化建设”；国务院发布的《关于加强数字政府建设的指导意见》(以下简称《指导意见》)也明确提出了健全标准规范的要求，将标准化作为数字政府建设制度规则体系中的重要内容，突出了标准化在推进国家治理体系和治理能力现代化中的基础性、规范性、引领性作用。

一、标准化是推进数字政府建设的重要抓手

《中华人民共和国标准化法》第二条规定，标准是指农业、工业、服务业以及社会事业等领域需要统一的技术要求。围绕数字政府建设目标，标准可作为中间桥梁为数字政府建设提供技术支撑，将政府与市场、政策与实践、规划与实施有机联系起来，是确保数据互联互通、信息共享开放、政务协调运作、服务优化创新、系统安全可靠的基础，是引领数字政府建设和运行整体协同、智能高效、平稳有序的重要保障之一。要创立标准统一、基础集中、建设有序、监管有力的新局面。

（一）标准化统一数字政府建设的技术规则

一方面，标准来源于数字政府建设的经验做法，通过总结归纳数字政府建设实践、通用技术、管理经验、运营方式等典型经验，确立共同使用和重复使用的统一要求从而形成标准，以确保数字政府建设获得最佳秩序。另一方面，标准为数字政府建设提供统一的技术规则，通过开展数字政府基础概念、架构框架、运行规则、通用技术、数据信息、安全管理等方面的标准化工作，保障数字政府建设的规范有序。

（二）标准化保障数字政府建设的互联互通

一方面，标准促进政务数据、信息系统、电子证照、电子文件的互联互通。在数字政府建设中，按照数据元、接口、数据字典、电子证照、电子文件等标准，对政务数据进行采集、处理、治理、管理，使得数据在各类政务信息系统间畅通无阻，为政务事务的高效运营提供支撑。另一方面，标准促进业务间的协同。通过标准建立统一的数字政府“语言体系”，统一不同部门、不同地区的政务人员对同一概念的理解与认识，在数字政府建设中发挥积极作用。

（三）标准化引领数字政府建设的创新发展

标准是促进数字技术广泛应用于政府建设、管理、服务等有效手段之一，可为云计算、大数据、物联网、人工智能、区块链、数字孪生等新一代信息技术在数字政府中的合理应用提供技术支持。发挥标准基础性、引领性作用，通过政策支持试点示范，可有效推动数字政府应用创新、服务创新和模式创新。

二、数字政府标准化工作基础良好

前期，我国围绕全国电子政务建设已开展了一系列标准化活动，取得了卓有成效的成果，为数字政府标准化工作奠定了坚实的基础。

（一）形成了国家电子政务标准体系

2005年，在原国务院信息化工作办公室的统筹下，形成了我国电子政务建设初期的标准体系框架。2020年，国家市场监管总局、中办、中央网信办、国办、发改委、工信部联合印发《国家电子政务标准体系建设指南》，进一步加强电子政务领域标准化顶层设计，推动电子政务标准体系建设，支撑电子政务实施应用。

（二）制定了一批基础关键性国家标准

前期电子政务标准化工作依托“国家电子政务标准体系建设项目一期工程”，研制了一批基础、通用重点国家标准，例如《电子政务术语》《政务信息资源目录体系》系列标准、《政务信息资源交换体系》系列标准、《党政机关电子公文》系列标准等，有效支撑了全国电子政务“两网一站四库十二金”的基础建设。

（三）支撑了重大政务信息化工程建设

党的十八大以来，有关部门认真贯彻党中央、国务院决策部署，深入推进“互联网+政务服务”“互联网+监管”，加快建设全国一体化在线政务服务平台与国家“互联网+监管”系统等重大工程，对深化“放管服”改革、优化营商环境、便利企业和群众办事创业发挥了重要作用。在工程建设的同时，发布了多项工程标准，有效指导了各级政府部门的政务服务平台、监管系统的建设，保障了各平台、系统的互联互通。同时，为了贯彻落实《国务院办公厅关于加快推进电子证照扩大应用领域和全国互通互认的意见》的有关要求，依托全国一体化在线政务服务平台，发布了居民身份证、老年证等100余项电子证照工程标准，推动完成存量证照标准化改造，全面支撑电子证照电子化应用和全国互通互认。

（四）积极助力抗击新冠肺炎疫情

在新冠肺炎疫情暴发初期，全国各地纷纷建设健康码，以实现对疫情的有效管控。为进一步规范全国健康码，满足科学防疫和精准防疫需要，在有关部门的指导下，研制并发布了《个人健康信息码》系列国家标准，实现了个人健康信息码的码制统一、展现方式统一、数据内容统一，响应了习近平总书记“在人员管控、健康码互认等方面要做到政策统一、标准一致”的指示精神。

三、数字政府标准化工作仍需迭代完善

（一）电子政务进入数字政府建设新阶段

21世纪以来，我国电子政务管理体制不断健全，统一的国家电子政务网络逐步形成，基础信息资源库不断完善，一大批重要业务信息系统建成使用，各级政府网站普遍建立，电子政务深入我国经济社会管理的各个领域，成为各级政府履职不可或缺的重要手段。特别是党的十八大以来，党中央、国务院从推进国家治理体系和治理能力现代化全局出发，准确把握全球数字化、网络化、智能化发展趋势和特点，围绕实施网络强国战略、大数据战略、“互联网+”行动、数字中国建设等，对政府信息化工作作出了一系列重大部署，我国电子政务发展进入数字政府建设的新阶段。

（二）数字技术的广泛应用引领政府治理方式变革

以移动互联网、物联网、云计算、大数据、人工智能为代表的新一代信息技术快速发展，其创新应用引发政府治理理念和方式深刻变革。将数字技术广泛应用于政府决策和管理服务，推动政府治理流程再造和模式优化，实现政府治理方式全方位、系统性转变，构建政府运行新形态，全面提升履职能力，已成为各级政府加强数字政府建设的普遍共识和共同行动。

（三）数字政府标准化工作的挑战与机遇

为适应数字技术为政务流程、组织架构、体制机制带来的变革，加快推进政府数字化转型，优化政务服务、提高行政效能，重塑数字时代政府改革与治理能力，数字政府标准化工作也面临着新的挑战与机遇。一是数字政府标准化管理机制仍需完善。前期电子政务标准化工作主要由“国家电子政务标准化总体组”承担，但随着标准化管理机制的不断改革，总体组已不能满足标准制修订工作，迫切需要研究建立全国数字政府标准化技术组织，统筹开展数字政府标准化工作。二是适应数字政府建设的标准体系还未建立。当前，以数据、服务、应用等为重点的适应数字政府建设的标准体系尚未建立，围绕数字政府建设需求和发展趋势，急需开展数字政府顶层设计、政务数据治理、政务应用等关键标准研制与修订。三是标准的应用实施成效不够显著。以往的电子政务标准应用实施效果不够明显，“自上而下、自下而上”的标准认证与检验机制没有建立，标准贯彻执行情况没有评估与统计，为凸显标准化在数字政府建设中的关键支撑作用，应多措并举加大数字政府标准的推广和执行力度。

四、系统推进数字政府标准化建设

《指导意见》明确提出，“推进数据开发利用、系统整合共享、共性办公应用、关键政务应用等标准制定，持续完善已有关键标准，推动构建多维标准规范体系”，为数字政府标准化工作提出了新要求，通过加快架构框架、数据开放利用、系统整合共享、共性办公应用、政务服务应用、电子文件等标准制定，加快构建多维标准规范体系，为数字政府建设提供重要手段和依据。

（一）推动构建数字政府标准体系

一方面，构建包含国家标准、行业标准、地方标准和团体标准的数字政府标准体系。国家标准提出数字政府建设的准则及基本要求，保障关键元素在全国范围内统一；行业标准在某个具体行业范围内统一技术要求，是国家标准的重要补充；地方标准是结合各地方数字政府建设的特点，规范在本地区需统一的技术要求，保障本地区数字政府的建设质量；团体标准针对数字政府新技术、新模式，试验性地在某个小范围内达成一致的标准，并进行试点试用，是数字政府创新机制的有力支撑。另一方面，持续完善已有标准。前期，原国务院信息化工作办公室组织制定了30余项电子政务技术国家标准，有效指导了当时的电子政务建设，在“两网一站四库十二金”工程中起到了关键的作用。其中，术语、政务信息资源目录、政务信息资源共享、电子政务标准化指南等标准仍可在数字政府建设中起到关键支撑作用，应针对当前数字政府发展趋势和技术发展特点，完善已有的标准，体现标准化工作的延续性。

（二）推进关键标准制定

一是在顶层设计标准方面，开展适应于我国数字政府建设实际的架构框架类标准研究，制定评价指标类标准，加强对数字政府建设的整体规划并提供宏观指导。二是在政务数据标准方面，完善数据治理标准规范，制定数据分类分级、数据元、数据字典、数据开发利用等标准，提升数据治理水平和管理能力，助力“一数一源一标准”的实现。三是在基础设施标准方面，对政务信息系统的基本要求、质量管理进行规范，设计政务云标准体系，完善政务网络标准，强化电子证照、电子文件、电子印章等共性应用标准的研制，支撑重点政务基础设施的建设。四是在政务应用标准方面，配合数字政府重大工程，研制政务服务平台、监管平台、政务服务移动端、政府网站、政务终端等关键应用标准，规范政务信息化建设，提升跨地区跨部门业务协同和综合服务能力。

（三）加强标准的推广执行力度

《指导意见》指出，“加大数字政府标准推广执行力度，建立评估验证机制，提升应用水平，以标准化促进数字政府建设规范化”。数字政府的有序建设离不开标准的应用实施，在数字政府建设中，应改善标准应用不足的局面，全面建立数字政府标准的评估验证机制，定期开展标准实施情况监督，提升标准应用水平，充分发挥标准在数字政府中的引领作用。一方面，应建立标准验证机制。对于数据、系统、应用等实体化标准化对象，通过测试、检验等方式建立标准验证机制，验证是否符合标准，通过建立白名单、认证认可等形式，保证标准的有效实施。另一方面，应建立标准评估机制。对于架构、数据共享开放程度、管理、安全、成熟度等可评级的标准化对象，建立标准评估机制，标准作为权威依据，通过自评或者第三方评估等方式，进行评价评估工作，摸清现在的建设成效，发现差距。

（四）研究成立全国数字政府标准化技术组织

《指导意见》指出，“研究设立全国数字政府标准化技术组织，统筹推进数字政府标准化工作”。《中华人民共和国标准化法》第十六条规定，“制定推荐性标准，应当组织由相关方组成的标准化技术委员会，承担标准的起草、技术审查工作”。在标准化工作中，每个领域的标准化工作的开展均由相应的标准化技术组织进行统筹与管理。近年来，各地区各部门进行了卓有成效的数字政府建设，在政务数据共享开放、政务基础设施集约建设、“互联网+政务服务”等方面积累了丰富的经验，为数字政府标准化工作提供了实践依据，产生了大量的标准化需求。因此，建立全国数字政府标准化技术委员会迫在眉睫，以统筹推进数字政府标准化工作，全面支撑我国数字政府建设的有序开展。

在党中央和国务院的领导下，数字政府建设已进入了新时代，标准作为经济活动和社会发展的技术支撑，是国家基础性制度的重要方面，应在数字政府建设中起到更为重要的作用。通过加快构建适用于数字政府建设特点的标准体系，优化标准供给结构，强化标准应用实施，深化标准化组织机制创新，提升数字政府标准化水平，让标准化真正成为数字政府建设制度规则体系的关键组成部分，助力实现政府治理方式变革和治理能力提升。

以数字化改革助力政府职能转变与制度规则重塑

郁建兴

浙江工商大学校长

《关于加强数字政府建设的指导意见》(以下简称《指导意见》)提出了数字政府建设的五大体系，它是我国创新政府治理理念和方式、推进国家治理体系和治理能力现代化、引领全球数字化发展新格局的顶层设计。

构建科学规范的数字政府建设制度规则体系是《指导意见》提出的五大体系之一，以数字化改革助力政府职能转变是其中的重要组成部分。改革开放以来，政府职能转变成为我国行政体制改革的关键内容。党的十八大以来，围绕推进国家治理体系和治理能力现代化的总目标，政府职能转变工作的深度和广度进一步拓展，在处理好政府和市场关系、实现政府和社会良性互动、优化政府内部横向部门间协调、理顺纵向政府间关系等方面取得了显著成效。数字政府建设为这些目标的实现提供了不可或缺的重要支撑。《指导意见》明确提到了“最多跑一次”“一网通办”“一网统管”“一网协同”“接诉即办”等创新实践，这些数字政府创新是过去十年贯穿政府职能转变工作的关键词。面向未来，《指导意见》进一步指出要“以数字化改革促进制度创新，保障数字政府建设和运行整体协同、智能高效、平稳有序，实现政府治理方式变革和治理能力提升”。

蓬勃兴起的数字革命、新兴数字技术在公共管理中的引入，对制度规则提出了许多新要求。传统以部门为基础的政府履职体系使得数字技术在公共管理中的应用大多服务于一个部门的某些目标，标准、规范的设定缺乏跨部门协同，技术仅围绕部门需要、以部门逻辑运行，而非以整体性政府的逻辑运行。这就导致技术在政府中的碎片化应用，在建设层面，普遍存在“数据孤岛”、重复开发等情况；在运行层面，经常面临多头管理、数据重复填报等问题。许多表面上的技术困境，其背后是当外部环境发生剧烈变化时，政府职能转变不到位、制度规则体系不健全的问题。在科层制政府逻辑中，数字技术是管理的附庸，是传统制度规则治下的工具。如果数字技术的能力仅限于赋能管理，那么在并不高的期待之下，以科层管理的逻辑引入一些新工具，并无大碍。颠覆性创新之所以重要，不仅在于它能够在工具意义上提升效率，更因为它所触发的人类社会系统变革，比如蒸汽机的发明催生了近代工业文明。正因为数字技术在赋能政府的经济调节、市场监管、社会管理、公共服务、生态环境保护的同时，可能带来政府管理的流程再造、系统重塑，包括制度规则，也包括组织形态，这些新机遇让理论界和实务界对其充满期待。在这样的预期之下，数字技术应用、数字政府建设、数字化改革，便不再只是政府职能履行、制度规则约束的对象，不再只是政府职能转变、制度规则创新的结果，它们更是政府职能转变、制度规则创新的原因和动力，这是一种双向影响与赋能。《指导意见》提出“以数字政府建设支撑加快转变政府职能，推进体制机制改革与数字技术应用深度融合，推动政府运行更加协同高效”，很好地呼应了这一重要的逻辑转变，即从科层制政府的工具论向数字化时代的系统论转变。

遵循数字政府建设的这一新逻辑，《指导意见》提出“明确运用新技术进行行政管理的制度规则，推进政府部门规范有序运用新技术手段赋能管理服务”。这两句话看似是因果关系，实则为递进关系，而且前者之所以放在前，正是强调了制度规则适应于新技术进行行政管理的重要性，制度规则需要支撑新技术带来的新可能，在此基础上再讨论新技术的工具属性及其对它的规范。这也是《指导意见》出台的根本用意：“构建数字化、智能化的政府运行新形态。”围绕这一目标，《指导意见》进一步从数字政府建设管理机制、法律法规制度、标准规范、制度规则创新的机制等角度，论述了数字化改革促进制度规则创新的思路和路径，内容覆盖了支持数字政府建设与管理的体制机制和标准规范、数字政府建设相关的法律法规、数字政府创新的机制规则，为构建科学规范的数字政府建设制度规则体系指明了方向和重点。

如何创新体制机制以更好地支撑数字政府建设与管理，是当前世界各国推进数字政府建设中面临的关键问题。在数字政府建设与管理的体制机制和标准规范方面，《指导意见》明确要求鼓励和规范政产学研用等多方力量参与数字政府建设、健全完善会商机制。数字政府建设涉及政府管理与运行的方方面面，需要实务界、理论界、产业界等多元主体参与，以更好地让各方知识得到汇聚交叉形成更加完善的建设和管理方案，也能让潜在问题和风险得到更加充分的讨论。在公共管理领域，这种跨部门、跨主体的合作生产模式，更被认为是当下及未来应对复杂治理环境的重要机制。在实践中，落实这种多主体互动机制，需要着力推进平台政府建设，将政府的定位更加聚焦到元治理者角色，实现平台之上元治理者触发的多元主体互动共治。在项目管理模式和财政支持模式上，这种“多元”思路同样得到了体现，包括探索建立综合论证、联合审批、绿色通道等项目建设管理新模式，建立多渠道投入的资金保障机制，为数字政府建设提供了更加丰富的体制机制和资源支持。与此同时，《指导意见》注意到要加强对农村地区的支持，优化数字公共产品供给，加快消除区域间“数字鸿沟”。数字公共产品的提出，为当下及未来的数字政府建设和政府职能转变提供了重要思路。数字政府建设应该建立公共产品供给的思维，注重供给的公平性和集约性，如基础设施建设、基本公共服务，应该在统一的标准和规划之下，开展跨区域、跨业务联动，避免分散建设、重复建设，防止“数字形式主义”对公共资源的侵蚀。为此，《指导意见》单独设置了健全标准规范的部分，明确要求“推进数据开发利用、系统整合共享、共性办公应用等标准制定”。在数字政府建设与管理方面的体制机制创新，或将成为中国政府职能转变的新特征，成为中国数字政府建设引领全球实践的重要方面。

在法律法规制度方面，《指导意见》坚持技术变革是因、规则创新是果的创新思路，明确指出要推动及时修订和清理与数字政府建设不相适应的内容，将行之有效的做法及时上升为制度规范，加快完善与数字政府建设相适应的法律法规框架体系。同时，《指导意见》强调了技术歧视、个人隐私、市场主体和人民群众利益的重要性，充分贯彻了以人民为中心的发展思想。后续实践需要进一步与立法机关、司法机关联动，尤其是在数据驱动的公共治理方面，需要重新定义行政行为主体，推进政府职能更深层次的转变，探索数字时代依法行政的新范式，围绕公共价值最大化的根本性目标，推进数字时代立法、司法、行政的互促演进。当然，在这一过程中，也需要尤其重视法治精神，将法治精神作为根本遵循贯穿始终，警惕法治的工具化和行政国家的扩张。

在数字政府创新的机制规则方面，《指导意见》明确提出“坚持和加强党的领导和尊重人民首创精神相结合，坚持全面部署和试点带动相促进”。试点示范是中国改革的金钥匙，是大规模政策实施之前的重要过程，是降低改革创新成本、提高改革创新适用性的重要方式，也是当代中国政府创新的重要形态和机制路径。党的十八大以来，政府职能转变领域的改革创新不断涌现，尤其是在数字化改革领域，成为过去十年地方创新的核心内容。一些地方在中央政府的目标设定下积极先行先试，探索落实转变政府之职能的新机制、新工具；后发采纳其他地方创新经验的地区，在采纳创新取得成效后，同样得到中央政府认可，较好地激发了许多资源禀赋较弱、政策能力和水平后进的地区，积极向政府职能转变与数字政府建设的先进地区学习，避免地方为绩效竞争开展广泛创新进而造成政策碎片化等问题，形成了为追求更好绩效而开展创新的良好局面。中央政府积极将行之有效的试点示范项目纳入更高层级政府文件，并鼓励其他地方学习采纳，在全国层面推广了一系列显示度高、群众口碑好的改革创新举措。同时，探索完善以深改组为依托，以制度化形式确立了地方改革创新的“请示授权”新机制，即地方政府为了解决可能具有普遍性的属地问题，将创新意愿形成实践方案，并正式报告高层级政府，请求高层级政府批准试点，并在获得高层级政府正式确认并授权成为试点后，开展实践示范。这种地方申请改革创新—上级审核批准授权成为试点的“请示授权”机制，将地方首创在正式实施之前即纳入自上而下的改革议程之中，以试点形式统筹协调地方层面的创新需求，规范地方自发创新，提升地方自发创新的设计质量，为地方自发创新提供制度保障和方向指引，也能够进一步了解地方的问题需求进而开展相应顶层设计和配套改革，从而在一定程度上避免"下改上不改"等问题，较好地保护地方的改革创新活力，平衡放权创新和收权统筹、顶层设计与地方探索之间的关系。这些做法已然呼应了"国家统筹、一地创新、各地复用"的要求。

为了更好地在推进数字政府建设、助力政府职能转变中发挥试点示范的作用，需要将试点示范机制这一中国特色政策制定与优化的方法论制度化、规范化，在各级政府间形成较为一致的政策创新试点路径和方法。在开展改革创新之初，依据政策科学的方法，科学选择实施创新的区域；在部分区域开展改革创新之后，运用科学手段评估创新带来的影响，包括直接政策目标的实现、溢出效应、与既有制度的榫合情况等，进而修改完善政策方案；在部分区域先行先试之后，进一步研判创新推广和制度化的必要性和可行性。

构建制度规则体系是政府职能转变的根本，是加强数字政府建设的基础性工作。数字化改革是推动制度创新、重塑数字时代制度规则体系的重要动力。如果从更大范围上理解数字时代的制度规则体系，它除了包括数字政府建设运行与数字时代政府职能履行中的制度规则，还应包括数字经济、数字社会、数字生态等新场域的新制度、新规则。《指导意见》体现了这一点。当下中国的数字化发展，正在逐渐创新、发展与完善数字政府建设与政府职能履行的制度规则体系，也正在尝试探索新场域、新疆域的制度规则重塑与建构。

数字化发展是一系列事件。如果说一百多年前，以科层制为基础的现代政府制度规则体系，将人类文明进程推进到了新的高度；那么，当下及未来，以数字革命为依托的数字治理制度规则体系，或将引领人类文明的又一次跃迁。从数字时代政府履行基本职能到开拓新场域、新疆域，其制度规则体系的重构，必将型构一种数字时代的新经济社会形态，这是一种与基于工业文明、物理形态的现代社会形成鲜明对比，但又与之交织存在、以数字文明为目标的超现代经济社会形态。中国理应在这场颠覆性变革中扮演更具显示度、更具引领性的"元治理"角色。

数字政府的法治轨道

王敬波

对外经济贸易大学副校长

2022年6月国务院发布的《关于加强数字政府建设的指导意见》(以下简称《指导意见》)对数字政府建设作出全面部署，对加快转变政府职能，建设法治政府、廉洁政府和服务型政府意义重大。《指导意见》提出“到2035年，与国家治理体系和治理能力现代化相适应的数字政府体系框架更加成熟完备，整体协同、敏捷高效、智能精准、开放透明、公平普惠的数字政府基本建成，为基本实现社会主义现代化提供有力支撑”。其中的“开放透明、公平普惠”体现了公开、公平、公正的法治内涵，可见数字政府的标准中就包含法治导向。《指导意见》为推动政府治理法治化与数字化深度融合，提出“完善法律法规制度。推动形成国家法律和党内法规相辅相成的格局，全面建设数字法治政府，依法依规推进技术应用、流程优化和制度创新，消除技术歧视，保障个人隐私，维护市场主体和人民群众利益。持续抓好现行法律法规贯彻落实，细化完善配套措施，确保相关规定落到实处、取得实效。推动及时修订和清理现行法律法规中与数字政府建设不相适应的条款，将经过实践检验行之有效的做法及时上升为制度规范，加快完善与数字政府建设相适应的法律法规框架体系”。我国政府迈向数字化的过程，不仅是数字技术的广泛运用，更是一次重塑施政理念、改革权力运行的模式、再造行政流程的全面变革。需要对现行行政法律制度体系进行全面的数字化转型，并跟进调试相应的法律规则，促进数字政府与法治政府的融合推进，将数字政府运行在法治轨道上。

一、构建适应数字政府的行政组织法律制度

《指导意见》提出，“以优化政府职责体系引领政府数字化转型，以数字政府建设支撑加快转变政府职能，推进体制机制改革与数字技术应用深度融合，推动政府运行更加协同高效”。政府的数字化转型将在以下三个方面引发行政组织法律制度体系的变革。

（一）数字政府推动政府履职协同高效，强化整体系统治理

《指导意见》提出，“数字政府通过强化系统观念，加强系统集成，全面提升数字政府集约化建设水平，统筹推进技术融合、业务融合、数据融合，充分发挥数字技术创新变革优势，优化业务流程，创新协同方式，提升跨层级、跨地域、跨系统、跨部门、跨业务的协同管理和服务水平，推动政府履职效能持续优化”。我国现行的行政体制是建立在分散的、独立的、专业的行政部门基础之上的，部门之间泾渭分明、独立运行的特点加剧了“信息孤岛”、专业壁垒和协同困难等问题。数字政府建设突出体现“以整治碎”的功能，呈现出以整体性为价值理念，以公民需求为导向，以协同合作为运行机制，强调提供全方位、无缝隙的服务供给。我国现行的行政组织法律制度在央地分权的基础上，确立了层级管辖、地域管辖、分系统、分部门、分业务的管理体制，因此需要在现行的行政组织法律制度中，进一步加强政府的整体治理和公务协同等体制机制的构建，以实现《指导意见》提出的“跨层级、跨地域、跨系统、跨部门、跨业务的协同管理和服务水平”的目标。

（二）数字政府促进政府职能转变，厘清权责边界

《指导意见》提出，“健全与数字化发展相适应的政府权责体系”。改革开放以来，我国行政改革围绕着机构精简和职能转变不断深化，历次改革无不在机构

精简上下足功夫，但机构精简并不是政府改革的终极目标。行政体制改革是为了最大限度地避免政府职能交叉、政出多门、多头管理，从而提高行政效率、降低行政成本。但是，部门精简和大部制改革无法解决部门重叠和职权交叉等行政体制固有的缺陷，部门再大，也要有边界，超越这一边界，职责交叉就是必然的，矛盾和扯皮也是不可避免的。政府越位、错位、缺位的问题没有得到根本性解决。权责清单制度作为行政职权具体化和规范化的改革举措得到普遍推行，截至目前，全国所有省市县三级政府部门权责清单均已公布。各地普遍按照“清权、减权、制权、晒权”四个主要环节，对政府部门权力“大起底”，但是权责清单层级多、项目多，社会公众很难了解。实践中清单之外的权力“死灰复燃”难以察觉。通过数字技术和权责清单的融合，对于政府超越权责清单行使权力的“亮灯警示”，并且通过公开等形式加强社会监督，以此遏制行政权力扩张的冲动。

（三）行政权力全流程数字化运行，再造行政程序

《指导意见》提出，“以信息化平台固化行政权力事项运行流程，推动行政审批、行政执法、公共资源交易等全流程数字化运行、管理和监督，促进行政权力规范透明运行。优化完善‘互联网+督查’机制，形成目标精准、讲求实效、穿透性强的新型督查模式，提升督查效能，保障政令畅通”。数字技术的广泛应用有助于优化行政流程，同时也要关注到自动化和半自动化行政较之于传统行政，在主体、程序、裁量等方面均存在显著差异，在享受高效便民服务的同时，也要充分认识其潜在的法律风险，将其纳入法治轨道。[①]

首先，行政活动的场景不再局限于现场办公，“非现场作业”已经是常态。例如，以电子技术监控为代表的技术使得行政机关不接触行政相对人的情况下，得以采集、记录、固定证据并作出行政处罚等相应的行政决定。肇始于交通领域的非现场执法目前已经在环境、城市管理、市场监管、互联网监管、海事、船政等多个行政领域广泛使用。《中华人民共和国行政处罚法》中明确写入利用电子技

① 敏洁：《自动化行政的法律控制》，《行政法学研究》2019年第2期。

术监控设备进行非现场执法的程序要求，但是在其他行政行为中尚无相关程序规则。其次，行政行为的方式不再局限于纯人工操作，加入了人工智能技术的应用。在重塑行政程序的过程中，要根据不同性质的行政行为有针对性地进行程序重构。针对行政救助、行政许可等授益性行政行为，以提供高效、便民的优质服务为目标，《指导意见》提出，“充分发挥全国一体化政务服务平台‘一网通办’枢纽作用，推动政务服务线上线下标准统一、全面融合、服务同质，构建全时在线、渠道多元、全国通办的一体化政务服务体系”。对于授益性行政程序的设计要从以行政机关为主向“用户友好型”转变。对于行政处罚、行政强制等负担性行政行为，则需要关注算法等技术在应用中不应损害正当程序等法律规则。例如，在由机器进行半自动化或者自动化决策中作出行政处罚决定、将某人列入失信惩戒名单等不利决定中，应注意充分保障行政相对人依法享有的陈述、申辩等正当程序权利。①

二、建立健全数据治理制度和标准体系

数字政府建设促使政府转向数据治理，涉及数据开放、利用、质量、安全、服务、责任等多个层面的制度构建和标准体系。

（一）完善公共数据汇聚融合、共享开放和开发利用的法律制度

《指导意见》提出“坚持数据赋能。加强数据汇聚融合、共享开放和开发利用，促进数据依法有序流动，充分发挥数据的基础资源作用和创新引擎作用，提高政府决策科学化水平和管理服务效率，催生经济社会发展新动能”。“大力推行‘互联网+监管’，构建全国一体化在线监管平台，推动监管数据和行政执法信息归集共享和有效利用，强化监管数据治理，推动跨地区、跨部门、跨层级协同监管，提升数字贸易跨境监管能力。”2021年6月10日通过的《中华人民共和国数据安全法》首次对政务数据开放作出明确规定，填补了国家层面数据开放法律制度

① 覃慧：《数字政府建设中的行政程序：变化与回应》，《行政法学研究》2022年第4期。

的空白，但是该制度比较原则，需要进一步细化。上海、深圳、山东等地方针对数据立法先行先试，《上海市数据条例》《深圳经济特区数据条例》《山东省大数据发展促进条例》《山东省公共数据开放办法》均于2022年起施行。地方的立法虽然取得良好的经验，但是数据的流动性决定地方立法无法适应全国统一数据平台，因此需要构建全国范围内普遍适用的公共数据汇聚融合、共享开放和开发利用的法律制度。尤其是《指导意见》提出“加强对政务数据、公共数据和社会数据的统筹管理，全面提升数据共享服务、资源汇聚、安全保障等一体化水平”，目前的法律制度中对于政务数据、公共数据和社会数据的法律属性、划分标准、共享规则等都需要明确，才能实现深化数据高效共享的目标。

（二）构建政府、社会多元共治的制度体系

《指导意见》提出，“强化以网管网，加强平台经济等重点领域监管执法，全面提升对新技术、新产业、新业态、新模式的监管能力”。新技术带来新经济业态促使监管格局的改变，传统的政府监管不适应新业态发展的需要。政府、市场和社会多元主体共同参与的共治模式正在形成。“政府与互联网平台、数字技术企业等第三方合作，政府与企业深度互嵌，在公共领域的边界愈发模糊交错。”[①]

法律上对于平台主体参与政府监管的法律性质及其法律责任的界定并不清晰，如果不加以规范，行政机关与参与合作治理的市场主体形成共谋，行政权力可能演化为不正当竞争的工具，从而造成对其他市场主体合法权益的损害。因此在合作共治的框架下，亟待通过法律明确平台主体参与监管的法律性质、权力边界及其法律责任。

（三）强化数据安全的法律制度体系

《指导意见》提出，“强化经济运行大数据监测分析，提升经济调节能力”“全面构建经济治理基础数据库，加强对涉及国计民生关键数据的全链条全

① 余凌云：《数字政府的法治建构》，《中国社会科学院大学学报》2022 年第 1 期。

流程治理和应用，赋能传统产业转型升级和新兴产业高质量发展。运用大数据强化经济监测预警。加强覆盖经济运行全周期的统计监测和综合分析能力，强化经济趋势研判，助力跨周期政策设计，提高逆周期调节能力”。《指导意见》还针对市场监管提出，“大力推行智慧监管，提升市场监管能力。充分运用数字技术支撑构建新型监管机制，加快建立全方位、多层次、立体化监管体系，实现事前事中事后全链条全领域监管，以有效监管维护公平竞争的市场秩序。以数字化手段提升监管精准化水平。加强监管事项清单数字化管理，运用多源数据为市场主体精准‘画像’，强化风险研判与预测预警”。

依托数据资源高效流通和广泛共享极大提升了政务服务效率，数字政府服务效能显著增强。但同时也存在数据安全风险，数字安全保障能力直接关系国家秘密、个人隐私、企业商业机密的安全性。构建经济治理基础数据库过程中不可避免需要企业数据，尤其在加强监管事项清单数字化管理，运用多源数据为市场主体精准“画像”的过程中，如何确保企业数据的安全和企业商业秘密高度关注。在公共数据不断开发利用的当下，也应思考以《中华人民共和国数据安全法》和《中华人民共和国网络安全法》等法律法规为基础，从数据安全与发展、保护义务、数据分类保护等层面建构保障体系。要建立健全数据分类分级保护、风险评估、检测认证等制度，加强数据全生命周期安全管理和技术防护。加大对涉及国家秘密、工作秘密、商业秘密、个人隐私和个人信息等数据的保护力度，完善相应问责机制，依法加强重要数据出境安全管理。加强关键信息基础设施安全保护和网络安全等级保护，建立健全网络安全、保密监测预警和密码应用安全性评估的机制，定期开展网络安全、保密和密码应用检查，提升数字政府领域关键信息基础设施保护水平。

三、制定《电子政务法》，完善自动化行政的法律制度

《指导意见》提出：“加强‘双随机、一公开’监管工作平台建设，根据企业

信用实施差异化监管。加强重点领域的全主体、全品种、全链条数字化追溯监管。以一体化在线监管提升监管协同化水平。以新型监管技术提升监管智能化水平。充分运用非现场、物联感知、掌上移动、穿透式等新型监管手段，弥补监管短板，提升监管效能。”“提升网上行政复议、网上信访、网上调解、智慧法律援助等水平，促进矛盾纠纷源头预防和排查化解。”“推进社会治安防控体系智能化。”“推进智慧应急建设。”“实施‘互联网+基层治理’行动，构建新型基层管理服务平台，推进智慧社区建设，提升基层智慧治理能力。”

数字政府丰富了自动化和半自动化行政的方式，现代技术大幅提高了监管的质量和效率。随着电子政务的发展，行政机关越来越依赖自动化决策系统、算法等机制运用行政权力，开展行政活动，解决社会争议，推动基层治理。人工智能的应用提升了行政程序的科学性，但是不能因为数字技术、云计算、人工智能带来的便捷、高效、经济，而损害对公众合法权益的保障。代码与法律之间需要契合，自动化、半自动化行政亦不能违背依法行政的基本原则。要通过法律制度防止技术在提高行政效率的同时，损害社会公众的知情权、参与权、表达权和监督权；更要防止“算法黑箱”对公开、公平、公正的侵蚀。行政机关在利用技术的同时，要通过立法融入法治价值。“在建设数字政府的过程中，必须始终坚持以人民为中心，着力解决数字技术运用中存在的权利保障、公平正义等社会普遍关心的法治问题。”①

在数字技术的支撑下快速推进的电子政务是数字政府的基础性工程，但是关于电子政务目前主要依赖政策，负责数字政府平台的需求对接、系统建设和维护、数据融合、系统运营的企业应当遵循哪些制度，企业运行的自动化系统的算法是否需要开展合法性审查以及良好行政的评估等问题都需要在依法行政的原则下进行审视。建议通过制定电子政务法，促进线上政府和线下政府的融合，规制算法等技术的应用，防止因数字化造成的系统缺失监督和算法控制的现象。

---

① 周汉华：《不断推进信息时代法治发展进步 促进数字政府与法治政府建设同频共振、共同发展》，《人民日报》2021 年 10 月 29 日。

数字法治政府的建设问题

于 安

清华大学公共管理学院政府研究所所长，中国法学会行政法研究会副会长

一、政府法治化与数字化的融合

法治将贯穿数字政府建设和运行的全部过程。把数字技术应用于政府的组织和职能活动，是在国家治理的制度体系中进行的。由于法治在现代国家治理中的关键作用，在将数字技术引入国家治理体系时，必须遵循法治原则把数字化融入法治化之中，以形成基于数字技术支撑的法治化、廉洁性、服务型的现代政府体系。国务院发布的《关于加强数字政府建设的指导意见》(以下简称《指导意见》)，是推进数字政府与法治政府深度融合的战略性政策文件。该文件就数字政府建设提出围绕构建数字化履职能力体系，进行安全保障、制度规则、数据资源和平台支撑四个方面的体系建设。在这四个支持体系中，包括法律在内的制度规则体系是横向贯穿能力最强的部分，可以充分体现和回应五大体系中对制度、秩序和规则的需求；它同时也是价值内涵最为深刻的部分，是决定数字政府的社会属性的关键因素。因此，数字政府的建设过程，也应当是数字法治政府和基本制度规则的形成过程。

构建科学规范的数字政府建设制度规则体系，是《指导意见》中直接规定政府数字化和法治化融合发展的部分。该部分的内容有五个方面，包括以数字化改革助力政府职能转变创新、数字政府建设管理机制、完善法律法规制度、健全标准规范和开展试点示范。其中对数字政府法治赋予重要使命的内容，是关于“推

动形成国家法律和党内法规相辅相成的格局，全面建设数字法治政府，依法依规推进技术应用、流程优化和制度创新，消除技术歧视，保障个人隐私，维护市场主体和人民群众利益”的规定。全面建设数字法治政府，是2021年中共中央、国务院《法治政府建设实施纲要（2021—2025年）》首次正式提出来的。《指导意见》将全面建设数字法治政府的任务和内容进行了新的拓展和深化，规定了更为具体的制度建设对象和权利保护对象。

加快完善与数字政府建设相适应的法律法规框架体系，是构建科学规范的数字政府建设制度规则体系的中心任务。这一框架体系的形成过程和形成方式具有深刻的现代性，极大地不同于工业时代的法律法规体系。由于受到数字技术的应用程度和应用能力的限制，以及对技术应用引起的社会变革的回应能力和规范能力的限制，我们不可能和也不应当期待在建设初期就采用法典方式，一蹴而就和一劳永逸地将数字政府的法律框架建立起来。对此，《指导意见》规定了渐进和回应式的发展途径。第一，持续抓好现行法律法规贯彻落实，细化完善配套措施，确保相关规定落到实处、取得实效；第二，推动及时修订和清理现行法律法规中与数字政府建设不相适应的条款，将经过实践检验行之有效的做法及时上升为制度规范；第三，进行基于实践和试点示范的制度创新。聚焦基础性和具有重大牵引作用的改革举措，探索开展综合性改革试点。围绕重点领域、关键环节、共性需求等有序开展试点示范，实现“国家统筹、一地创新、各地复用”。这是一个符合数字技术迭代迅速和应用多样特点和法治规范形成能力的政策指引。

数字法的规范体系具有不同于现有法律规范体系的特殊性，尤其是社会行为规范和数字技术规范的交融，以及硬法规范与软法规范的共存。数字技术标准规范与政府业务规范的融合，是数字行政法的重要特征，正是在这一意义上代码也被认为是“法律”。所以，《指导意见》提出推动构建多维标准规范体系，以标准化促进数字政府建设规范化。特别是在安全领域，《指导意见》提出全面落实总体国家安全观，坚持促进发展和依法管理相统一、安全可控和开放创新并重。为此将全面构建制度、管理和技术衔接配套的安全防护体系，切实守住网络安全底线。在数字法治政府的规范体系中，不仅传统的硬法继续发挥作用，尤其是在维护传统的公民权利和行政程序方面，而且软法的作用也非常突出。在数字技术应用和数据要素应用过程中，指导性政策文件，特别是适应技术应用场景的行为指南，对于数字政府的运行具有重要的规范作用。

技术赋能和守法合规是数字政府建设的两个基本方面。在技术赋能方面，应当根据数字中国建设的国家战略，尤其是网络强国战略和大数据战略，将数字政府的建设与数字经济和数字社会建设结合起来；在守法合规方面，应当根据政府治理体系的政策目标和制度化要求，将数字政府建设与法治政府、廉洁政府和服务型政府的建设结合起来。在利用技术提高行政效能的过程中，遵循依法行政的法治原则，体现廉洁从政的公共伦理和政府施政的为民服务宗旨。在政府组织和活动数字化过程中积极遵循法治、廉政和服务的制度规范，体现了政府利用信息技术的基本价值取向和建设方针。

由于引入技术是以改善行政效率的理由进行的，所以长期以来都按照物有所值和行政绩效目标进行采购、投入使用并提供维护保障。在理论上也假定引入新型技术基本上不会产生新的重大公共价值，不会改变法律上的权利义务关系。所以在行政法上曾经将机关信息化工作主要置于行政裁量的范畴之内。虽然充分利用现代技术一直是公共行政的经常性工作，但是引入数字技术引发的制度后果极大地不同于以前。

数字技术在赋能行政提高行政效率的同时，也导致行政价值体系内涵和结构的变化并最终反映到法律当中。所以依靠引入数字技术提高行政效率不可能不涉及政府活动的价值体系和法律体系。数字经济中的数字资产和平台垄断现象，致使既有的市场竞争法和财产法逐渐失能，需要建立新的数字经济秩序和重构政府的市场规制功能。数字社会和自媒体改变了社会交往方式和社会舆论的形成方式，对政府的社会治理能力和所依据的法治框架提出新挑战。传统的公共服务是政府主导的单向过程。网络技术的引入，电子政务向数字政府的转型，塑造了服务提供者与受益人之间的新型沟通关系，也改变了公共服务资源的配置方式并形成了新的分配正义原则。

从更普遍的意义上讲，应用数字技术还将在以下两个方面引起更深刻的法律变化，对此我们应当有所准备和提高适应力。第一是政府组织形式和行政法律关系，包括机构变化、权限的再配置、冗员的安置、责任形式的更新；还由于行政相对方制度性交易成本的降低，也将减少他们对政府的义务负担；第二是基础性法律概念、原则和范畴的变化。由于信息技术的应用，法律正义的信息基础、时空概念、交往方式和财产形式发生改变，以至于相关的法律制度也或迟或早地发生重大变革。例如由于数字经济的平台性，将极大地改变垄断的概念和市场的概念；由于互联网的使用，经济交易的公共属性极大地增强，这些变化也会增加政府监管的可能性和个人公共责任。

二、基于数字技术的政府能力建设及其原则

建设数字政府的中心议题和数字政府法治化的基本方向，是通过应用数字技术提高政府的履职能力并进行回应性制度创新。对此《指导意见》的“构建协同高效的政府数字化履职能力体系”部分在两个方面提出了要求。一方面是根据技术创新和制度创新的双轮驱动原则，对行政过程适用协同原则作出规定，行政过程包括决策、执行、监督和行政公开；另一方面是面向我国政府的五种基本职能，规定数字技术应用的主要领域、场景、方法及其由此发生的能力提升或者工作效果和制度效果。上述制度创新的高级形式是法律的变革或者说是数字行政法的形成。

协同高效是构建数字化政府履职能力体系的主要原则。《指导意见》在总体要求的基本原则部分提出的“整体协同”内涵丰富，它覆盖了数字政府的建设方式、数字化政府的组织形态、管理方式和服务方式，同时也是政府法治的基本原则和制度特征。在数字政府建设上，以统筹推进政务业务与技术和数据的“三融合”为中心实现“数字化行政”，并进行将数字政府建设与数字经济、数字社会的相互

协调；在数字政府的管理和服务运行中，实行跨层级、跨地域、跨系统、跨部门、跨业务的“五跨”以形成“整体化行政”，通过数字化虚拟程序进行并对外提供统一的政务管理和公共服务。整体化行政是数字政府的主要制度特征。从法律上看，协同原则是整体化行政中处理五方面跨界关系的基本准则。虽然既有的行政体制及其行政组织法并不需要立即进行大幅度的调整和改变，但是由于公共行政机构之间的相互关系更为紧密，应当根据协同原则进行以行政协助为中心的行政组织和行政程序制度的再构造，确定在整体行政下行政主体的责任体系。

通过数字化提高政府履职能力，有纵向的行政过程和横向的行政职能两个面向。纵向行政过程中的决策、执行、监督和行政公开的数字化，《指导意见》在“加快推进数字机关建设，提升政务运行效能”部分作出了规定。在行政决策方面，仍然采用主流意见确定数字技术应用对行政决策的辅助地位，强调数据资源的作用和拓展应用场景，应用场景包括动态监测、统计分析、趋势研判、效果评估、风险防控等。从法律上说，根据辅助决策的法律属性，在上述提及的场景下的应用不能直接发生法律上的约束效果，也不能形成或者改变政府与当事人之间的法律关系。数字技术在行政执行方面的应用，强调执行力的提高，应当理解为效率的提升。法律评价的准则，则是行政成本和当事人制度交易成本的同时降低。如果以增加当事人负担和义务为代价，只是单向地有利于降低行政成本的数字化，就不能取得应有的合法性。在行政监督方面，注重将新型数字化监督模式的合法性建立在目标精准、讲求实效、穿透性强等效能目标之上，强调促进行政权力的规范透明运行。在提升政务公开水平方面，主要的数字化途径是公开平台的智能化和集约化。一方面通过扩展技术应用提高和优化政策传播效能，包括强调网上为主的政策发布格局，优化政策智能推送服务，倡导新媒体优势等。在社会评价和法律内涵方面，《指导意见》突出紧贴群众需求和畅通互动渠道的原则具有重要的法律意义。

在横向的行政职能方面，《指导意见》将数字应用的范围，规定为经济调节、市场监管、社会管理、公共服务和生态环境保护五个方面。遵循的原则是集约建设、互联互通和协同联合，这是一个职能一体化和制度系统化的建设原则。政府各类职能的结合将极大地提高政府的决策和执行能力，改变既有行政体制的工作机制，节约传统行政的施政成本。这些不但可以有效推进职能转变，而且将形成一个履行职能的新型体系。数字政府与法治政府的融合，应当符合法治政府建设的各项要求。按照依法行政的原则，在引入数字技术的政府组织和政府活动领域，应当实行法律优先于技术效能的原则，这也是我们贯彻执行《指导意见》的一个基本原则。对于数字鸿沟和数字歧视带来的数字不公正问题，也是在执行中需要分类对待积极消除和减少的。

三、数字法治政府的数据资源制度

《指导意见》在“构建开放共享的数据资源体系”部分，提出在数据治理方面要依法依规促进数据高效共享和有序开发利用，并从管理机制、开放共享和开发利用三个方面作出规定。《指导意见》规定的数据资源体系主要是指政务数据，同时提出对政务数据、公共数据和社会数据的统筹管理，以及对公共数据的开放和利用。政务数据在数据治理方面具有一些特殊性。政务数据的取得主要发生在履行职务过程之中，取得方式有职权取得和协议取得；数据的流通主要是履职驱动的开放共享，数据应用则包括公共领域和经济社会领域。

数据不仅是生产要素，而且也应当是治理要素和法治要素。在法治要素的意义上，数据是法律正义的信息基础。作为治理要素，数据应当在各类国家机构和行政机关以及它们相互之间流动和共享。根据《指导意见》，政府信息系统应当与党委、人大、政协、法院、检察院等信息系统互联互通和数据按需共享。有序推进国务院部门垂直管理业务系统与地方数据平台、业务系统数据双向共享。对于国家机关之间和行政机关体系内部的数据流动和共享方式，以及为此构建的数据资源体系，应当以法律方式加以确认和进行调整。

大数据的普遍应用极大地影响了社会成员的行为方式和社会关系的形成方式，

所以各类法律权利义务的分配都应当建立在数据制度之上。现在需要进一步研究的法律问题是，在多大程度上政务数据可以作为一个独立的行政运行条件或者政府治理的要素。传统上的行政运行条件主要是人、财、物三个方面，并分别由财政法、公务员法、行政资产法及其政府采购法等法律进行调整和提供保护。后来利用专家的专业知识进行行政决策和执行，利用社会资本进行公共建设项目的投资和运营等，主要依据民事合同和行政协议制度经过双方协商确定权利义务。现在从行政机关履职的实际需要看，无论是行政决策、执行和监督，还是政府对市场的监管和社会的治理，将数据作为一种独立行政要素的客观需求和必要性日益增长。《指导意见》的发布和执行将有助于加快这一进程。

行政活动对政务数据的利用需要法律的保护，这种保护在很大程度上依赖对政务数据权的确定。数据权利包括国家数据主权、政务数据权、数据财产权以及涉及数据的公民基本权利和人格权等。政务数据是在行政机关履职过程中取得、流通和应用的，行政机关是政务数据的持有者、利用者，也是政务数据质量和安全的维护者。政务数据具有极强的公益属性和国家属性，所以《指导意见》提出推进公共数据、社会数据融合应用，各行业各领域都可以运用公共数据。社会各方面获得公共数据的方法主要是通过公共数据的开放，开放公共数据的范围实行分类分级的管理。不予开放的公共数据，可以通过市场交易进入社会利用的领域，但是应当有明确的交易范围和交易输出的目的。

法律对数据权利的保护，符合成文法律保护条件的，应当依法进行保护，例如符合版权法规定条件的数据库受版权法的保护。不过《中华人民共和国民法典》已经在很大程度上将数据和网络虚拟财产与既有的知识产权和物权加以区别，并指引至其他法律另行做出的规定。《中华人民共和国民法典》第127条规定，法律对数据、网络虚拟财产的保护有特别规定的，依照其规定。一些数据权利保护问题在现有法律中没有规定的，可以首先由行政主管机关制定政策规范进行保护，或者由当事人之间通过协议方式获得民事合同法或者行政协议法上的保护。

在数据权利体系的形成方式上，往往是首先由法律规定基础制度，再通过政策规定、行政措施和单行立法的分阶段制度构建，逐步形成系统性的法律框架。对于政务数据和公共数据来说，其制度构建和法治体系形成过程也大体上是这样。基础性法律提供了制度发展的基本界限和保护机制。在数据领域的基本法律方面，我国已经在2021年分别制定发布了《中华人民共和国数据安全法》和《中华人民共和国个人信息保护法》。此前已经公布的关于政务数据管理的政策性文件和法规性文件，均应当根据上述两法进行必要的调整。《中华人民共和国个人信息保护法》规定的个人信息权是基于宪法基本权利的一种数字权利，但是它并不能直接产生财产利益，《中华人民共和国民法典》则将信息权利纳入人格权的保护范畴。

关于政务数据和公共数据的登记、确权、共享、开放、流通、利用和安全保障，目前在很大程度上由政策性文件和行政措施进行调整和规范。只要不违反《中华人民共和国数据安全法》和《中华人民共和国个人信息保护法》等基本立法，符合现行宪法、政府组织法和财政法规定的基本制度，这些政策文件和行政措施就具有合法的效力。在全国统一的数据制度基本形成后，将通过统一程度更高的国家立法来替代这些政策文件和行政措施，使政务数据的管理和利用获得应有的稳定性和系统性。

数据是一种新型法治资源，现行法律及时和充分反映其潜在功能的能力有限，适用公共政策和行政措施有助于使数据发挥应有的作用。政务数据的开放，不仅可以提高政府工作的透明度和决策的科学性，实现满足公众的知情权，而且还有助于经济和其他领域的创新。

加强数字政府建设
以数字化改革引领数字中国全方位发展

黄　萃　陈　川　余　立*

不久前，国务院印发《关于加强数字政府建设的指导意见》(以下简称《指导意见》)，就主动顺应经济社会数字化改革趋势，充分释放数字化发展红利，加强数字政府建设，引领驱动数字中国全方位发展作出重大部署。《指导意见》指出，要以数字化改革助力政府职能转变，促进政府治理各方面改革创新，充分发挥数字政府建设对数字经济、数字社会、数字生态的引领作用，全面推进数字中国建设发展。这些论述，表明加强数字政府建设将通过改革引领推动政府职能系统性转变，实现党的政治领导优势、制度创新优势与数字技术优势有机统一，并将全方位纵深推进数字化改革，充分激发社会活力，引领经济社会全面数字化发展。

一、以数字化改革深化引领制度创新与规则重塑

数字化改革是推动制度创新、重塑数字时代制度规则体系的重要路径。《指导意见》指出，要"以数字化改革促进制度创新，保障数字政府建设和运行整体协同、智能高效、平稳有效，实现政府治理方式变革和治理能力提升"。数字化改革需统筹运用数字化技术、数字化思维、数字化认知，对治理的体制机制、组织架构、方式流程、手段工具进行全方位、系统性重塑。

* 黄萃，浙江大学公共管理学院教授；陈川，浙江数字化发展与治理研究中心研究员，浙江大学管理学院助理研究员；余立，浙江大学公共管理学院助理研究员。

（一）数字化改革是促进制度创新的重要路径

数字化改革的关键在于“改革”，数字技术是手段，改革是目的，全面深化改革、构建制度话语体系、实现政府治理现代化是数字化改革的本源。数字化改革将提升治理工具的技术理性。通过全面运用大数据、云计算、人工智能等数字技术，破解传统手段解决不了的时间、空间、机制、要素制约等问题，实现政府治理与服务的模式创新、流程再造和改革突破，从而推动技术实践的合理性、规范性、有效性。数字化改革将提升治理模式的制度理性。聚焦政府内部高效协同，建立数据有序流动、能用、好用、管用的体制，从根本上解决内外融合、上下贯通等难题，聚焦政府外部多元治理，充分发挥数据要素在全面现代化建设中的作用，从根本上解决内外信息不对称、政策回应慢等制度性难题。数字化改革将提升治理主体的价值理性。政府是国家治理的核心主体，要破除一切阻碍业务数字化的落后机制，实现政府治理方式变革和治理能力提升，必须推动政府数字化变革，优化政府组织结构，创新体制机制，促使政府机构设置更加科学、职能更加优化、权责更加协同、价值更加明确。通过统筹运用数字化技术、数字化思维、数字化认知，全方位、系统性创新政府治理体制机制、组织架构、技术工具，进而推动治理体系和治理能力现代化。

（二）数字化改革是推动规则重塑的有力举措

数字化改革是全面适应数字化时代的思维重塑，是推进数字化手段、智能化工具全面应用的创新探索，是重构政府运行组织方式的全方位改革。加强数字政府建设，需要建立健全适应数字化改革的规则体系。数字化改革将重塑数字化认知。提高数字化认知水平是事关数字政府建设成败的必要条件，必须建立数字化改革的评价标准和评估体系，全面提升干部适应引领现代化能力。面对高质量发展要求，只有推动政府职能全方位、深层次数字化改革，才能有效促进行政管理、政务服务的质量变革、效率变革、动力变革，更好服务新发展格局。数字化改革将驱动数字技术创新。全面融合数字化手段、智能化工具是数字化改革的显著特征，也就是用数据流提升决策流、业务流、管理流，对治理体制机制、组织架构、方式流程进行全方位规则重塑，进而推动生产方式、生活方式、治理方式的系统性变革，引领数字经济、数字社会等全方位深化改革。数字化改革将重构政府组织运作。数字化改革的目标是破除部门数据壁垒的科层制组织模式，建立可跨层级、跨部门、跨领域、跨区域的共享业务数据、利用业务数据的组织与运作方式，建立健全适应数字化时代整体智治、高效协同的组织架构与运作模式。

二、以数字化改革全面助力政府职能转变

当前，大数据、云计算、人工智能等新一代信息技术的广泛应用为经济社会运行与政府治理系统性变革提供了技术支撑。《指导意见》明确以数字化改革为突破点，是对政府职能转变路径的重新擘画。立足有效市场、有为政府、有序社会，围绕实现经济调节、市场监管、社会管理、公共服务、生态环境保护等政府履职核心业务的职能转变，其出发点和落脚点都是为了建立健全整体高效的政府运行机制、优质便捷的普惠服务机制、公平公正的执法监管机制、多元参与的协同治理机制。

（一）以数字化改革助力经济调节职能转变

加强经济运行大数据检测分析，激发数据生产要素对经济社会的放大、叠加与倍增作用，推动生产关系适应数字化时代发展规律，推动经济调节领域的数字化改革，进一步提升政府经济调节能力，破解要素流动不畅、资源配置效率不高等问题，为社会、市场、经济增添新动能、创造新价值。一是推动数字技术在经济调节领域的广泛运用。坚持将数字化手段运用在宏观经济调控、经济运行监测、投资项目管理、平台经济风险防控、数字经济治理等各个环节，推动数字技术与实体经济的高度融合，深入挖掘国内市场潜力，全面提升对外开放水平，积极发

挥市场在资源配置中的决定性作用，着力打造更高层次的开放型经济，服务国内国际双循环的发展格局。二是推动经济数据的整合开发与利用。推动公共基础数据、生产要素数据、科技创新数据、消费服务数据、贸易流通数据、供应链数据的融合应用，实现资源要素的高效配置和经济社会的高效协同，形成全要素、全产业链、全价值链的全面连接。综合运用统计、电力、税收、贸易等数据和产业政策，加快推进产业基础再造和转型升级，建设具有国际竞争力的现代产业体系。三是推动经济监管与经济政策的精准性和科学性。加强全方位的数字化监管能力和经济运行态势感知能力，全面提升经济调节政策制定的科学性、预见性和有效性，着力推动产业规划、运行监测、行业预警、要素保障等应用场景建设，形成“科学决策、高效执行、精准服务、综合评价”的工作闭环。要以数字化改革为牵引，全面构建与数字化时代相适应的经济调节机制和工作规范，实现资源要素的高效配置和经济社会的高效协同，为促进经济高质量发展提供有力支撑，在更高层次更高水平上释放生产力、解放生产力、激活生产力。

（二）以数字化改革助力市场监管职能转变

创新和完善市场监管，以数字化改革推进市场监管现代化，进一步优化营商环境，是建立统一开放竞争有序的现代市场体系的客观需要，也是完善社会主义市场经济体制的内在要求。一是推动精准化市场监管。以数字化手段改变和重构传统的线下人工监管模式和现场监管机制，推动数字化监管事项管理，构建市场主体精准画像，变被动为主动，形成从实时监管到风险识别、再到风险处置的全链条、全方位的数字化监管机制。二是推动协同化市场监管。按照整体协同要求，对已有监管系统进行优化再造和互联互通，推动政府与市场、政府与社会高效协同，打造智慧监管与服务的工作闭环机制，依托全国一体化在线监管平台，推动实现跨地区、跨部门和跨层级的数据共享、信息互通和业务互联，提升协同监管能力。三是推动智能化监管。加强多元数据融合和技术创新，全面梳理监管逻辑，优化治理模式，进一步提升大数据监管、风险预警、线索核查、调查处理、企业整改的智能化水平，建设科学高效的市场监管机制。要以数字化改革为牵引，全面提高市场综合监管效能，更大范围、更深层次激发各类市场主体活力，持续优化营商环境、规范市场运行、畅通市场循环、保障消费安全。

（三）以数字化改革助力社会管理职能转变

加快社会管理领域的数字化改革，全面提高社会治理效能和数字化治理能力，为人民群众提供全链条、全周期的多样、均等、便捷的社会服务，为社会治理者提供系统、及时、高效的管理支撑，让城市和乡村变得更安全、更智能、更美好、更有温度。一是推动基层社会治理精准化。坚持和发展新时代“枫桥经验”，加快智慧社区建设，构建网格化管理、精细化服务、数字化支撑、开放共享的基层管理服务平台，最大限度把矛盾风险防范化解在基层，建立健全富有活力和效率的信息基层治理体系。二是推动社会治安反馈智能化。推进平安中国建设和社会治理现代化，依托“雪亮工程”和公安大数据平台，建立健全智能化安全防护体系，加强工业、能源、金融、电信、交通等关系国计民生重要行业领域的数字化防控能力。三是推动应急工作智慧化。打造安全生产风险防控和应急救援指挥体系，聚焦交通运输、涉海涉渔、消防、危化品、建设施工、工矿、旅游、城市运行等重点领域遏制重大生产安全事故，建立健全安全生产风险识别、风险研判、风险防控、指挥救援、绩效评估等智慧应急能力，实现风险精准识别、高效处置、有效防范，提升应急管理精密智控水平。要以数字化改革为牵引，全面推动政府社会管理职能转变，建立健全双向互动、线上线下融合的治理模式，加快实现社会治理现代化。

（四）以数字化改革助力公共服务职能转变

加快公共服务领域数字化改革，充分发挥全国一体化政务服务平台作用，不断提升政府工作效率和服务水平，为市场主体和群众带来更好的公共服务体验。一是推进公共服务泛在可及。建设健全线上线下融合的全国一体化政务服务体系，深化政务服务事项标准化工作，加快推动同一事项名称、编码、依据、类型等要素在国家、省、市、县的统一，实现同一事项多渠道、无差别受理，同标准、同质量办理。二是推进公共服务智慧便捷。以数字化技术深化政务服务集成化，深度开发各类特色便民惠企应用，鼓励探索“一件事”“民生直达”“政策兑现直达直享”等主动精准、协同高效的政务服务创新应用，推进公共服务供给创新，完善优质公共服务资源统筹机制。三是推进公共服务公平普惠。加快推进高频政务服务事项跨省通办，提升跨层级、跨地域、跨系统、跨部门、跨业务的协同管理和服务水平，创新开发“多卡合一”“多码合一”等公共服务数字化应用，建立健全面向特殊群体的数字化无障碍服务机制，完善“一站式”便民服务点等线下政务服务，大力推动基本公共服务均等化。

（五）以数字化改革助力生态环境保护职能转变

深入践行“绿水青山就是金山银山”理念，全面推动生态环境保护数字化改革，建立完善现代化生态环境监测体系，有力支持生态环境质量持续改善和减污降碳协同增效。一是推动生态环保协同治理。推进高分卫星、物联网、人工智能等新兴数字技术的深度应用，打造一体化生态环境综合管理信息平台，推动跨地区、跨部门、跨层级的数据资源融合，加强污染防治协同攻坚，提升生态环保网络感知能力、技术实验能力、质量管理能力和智慧分析能力。二是推动自然资源高效利用。依托自然资源“一张图”和国土空间基础信息平台，构建地上地下、天空陆海一体化的生态环境资源利用和治理体系，健全自然资源市场交易制度体系，加快建立统一的自然资源要素市场，加强自然资源调配和利用精准感知、高效管控。三是推动绿色低碳转型。着眼碳达峰碳中和目标落实和绿色低碳发展需要，促进数字技术广泛植入生产生活方式绿色低碳转型，推进碳排放实测和碳汇检测技术，提升碳排放监测的数字化和智能化水平。要以数字化改革为牵引，全面助力政府生态环境保护职能转变，运用环境质量自动监控、国土空间和资源科学开发、绿色低碳智能检测等大数据分析，服务保障美丽中国目标顺利实现。

三、以优化政府职能体系引领驱动数字中国全面建设

《指导意见》指出，“加强数字政府建设是适应新一轮科技革命和产业变革趋势、引领驱动数字经济发展和数字社会建设、营造良好数字生态、加快数字化发展的必然要求，是建设网络强国、数字中国的基础性和先导性工程”。换言之，在全面建成社会主义现代化强国的第二个百年奋斗目标的伟大进程中，以政府职能转变为标志的数字政府建设具有重要的引领作用，是数字中国建设的基础性和先导性组成部分。《指导意见》进一步强调“围绕加快数字化发展、建设数字中国重大战略部署，持续增强数字政府效能，更好激发数字经济活力，优化数字社会环境，营造良好数字生态”。

（一）全面撬动数字经济发展

加强数字政府建设，以优化的政府职能体系推进数字产业化、产业数字化、数据价值化、治理数字化和数字普惠化“五化”协同发展。《指导意见》提出“以数字政府建设为牵引，拓展经济发展新空间，培育经济发展新动能，提高数字经济治理体系和治理能力现代化水平”。一是进一步释放数据要素价值。探索制定数据共享责任清单，加强地区间、部门间数据共享交换。研究制定加快培育数据要素市场的意见，建立数据资源产权、交易流通、跨境传输和安全等基础制度和标准规范，推动数据资源开发利用。发挥数字政府海量数据和丰富应用场景优势，壮大数据服务产业。二是全方位激活数字经济活力。深入理解数字产业的发展逻辑，催生新产业新业态新模式，壮大经济发展新引擎。实时掌握数字经济的发展动态，并及时、有效地出台政策，进一步优化营商环境。三是多维度促进数字经济健康发展。我国数字经济正转向深化应用、规范发展、普惠共享的新阶段。为应对新形势新挑战，需要加快政府职能角色转变，创新经济市场监管，充分调动数字经济多元主体参与，做好规范数字经济发展的数字共治，有效防范数字平台

垄断、数据隐私保护不当、互联网资本无序扩张等问题，把握数字化发展新机遇，拓展经济发展新空间，推动我国数字经济健康发展。

（二）引领驱动数字社会建设

适应数字技术全面融合的社会新趋势，发挥数字政府协同能力，着力普及数字设施、优化数字资源供给，创新公共服务和社会运行方式，构筑全民畅享的数字生活。一是加快建设普惠化数字服务。以政务服务数字化整合提升公共服务资源覆盖面，大力推进学校、医院、养老等公共服务机构资源的数字化，积极发展在线课堂、互联网医院、智慧图书馆等在线公共服务场景建设。二是统筹推进数字城乡融合发展。以数字乡村建设为牵引，提升基层、边远和欠发达农村地区的综合信息服务水平，构建现代乡村治理体系。以智慧城市建设为抓手，加快城市公共基础设施数字化、智能化，加快推进城市运行“一网统管”。三是完善构建一体化基层治理体系。基层治理模式正从单向管理转变为双向治理，只有不断加强公共服务数字化与基层治理体系的融会贯通，落实国家“大综合一体化”改革，才能建立健全共建共治共享的数字社会治理体系。

（三）优化营造良好数字生态

发挥数字政府的协同作用，厚植创新创造的数字土壤，健全规范有序的数字环境，探索建立数字生态规则体系，全面提升数字生态治理能力，推动数字生态健康、有序、可持续发展。一是推动数据要素机制创新。营造数字生态的关键是发挥数据要素的关键作用，要集思广益、试点先行，探索数据要素的产权制度、流通制度、交易制度、收益分配等制度，全面激活要素潜能。二是深化数据要素市场化改革。持续推进数据市场化改革，培育数据交易市场主体，建立全国统一的数据要素市场，规范开展数据跨境流动，推动数据全面融入生产、分配、流通、消费的各个环节，最大程度激发数据要素的价值属性。三是共享数字化发展成果。数字生态具有高度全球化特征，开放合作、互利共赢是良好数字生态的重特征。

合规合法构建数字合作格局，筑牢数字安全屏障，推动营造开放、健康、安全的数字生态体系。

我国已经开启全面建设社会主义现代化国家的新征程，《指导意见》为加快数字政府建设、推进国家治理体系和治理能力现代化、适应人民日益增长的美好生活需要提出了明确要求。深刻学习领会、深入贯彻落实《指导意见》精神，主动顺应经济社会数字化转型趋势，以数字化改革为牵引，加强数字政府建设，充分释放数字化发展红利，加快改革突破，引领创新发展，为全方位推进数字中国建设打开时代新局面。

5

第五章

构建开放共享的数据资源体系

加快推进政务数据有序共享 更大激发数据要素潜能

吴 涛

国务院办公厅政府职能转变办公室副主任

习近平总书记多次强调，要以数据集中和共享为途径，推动技术融合、业务融合、数据融合，打通信息壁垒，构建全国信息资源共享体系，依法依规促进数据高效共享和有序开发利用，实现跨层级、跨地域、跨系统、跨部门、跨业务的协同管理和服务。数据作为新型生产要素，是数字化、网络化、智能化的基础，也是数字政府建设的关键环节。《关于加强数字政府建设的指导意见》明确将“坚持数据赋能”作为一项重要原则，提出构建开放共享的数据资源体系等重点任务。当前和今后一个时期，要加快建立健全数据治理制度和标准体系，加强数据汇聚融合、共享开放和开发利用，促进数据依法有序流动，充分发挥数据的基础资源作用和创新引擎作用，提高政府决策科学化水平和管理服务效率，催生经济社会发展新动能。

一、充分认识推进政务数据共享的重要性

（一）推进政务数据共享是加强数字政府建设、加快构建政府数字化履职能力体系的重要内容

习近平总书记强调，要推进数据资源整合和开放共享，建立健全大数据辅助科学决策和社会治理的机制，发挥数字化在政府履行经济调节、市场监管、社会

管理、公共服务、生态环境保护等方面职能的重要支撑作用。推进政务数据共享是创新行政管理和服务方式的重要举措，通过大力推进政务信息系统整合共享，建立全国一体化政务数据共享枢纽，加强数据的联通共享和融通应用，全面推动政府履职和政务运行数字化转型，优化业务流程，创新协同方式，有助于进一步提高行政效率和公信力，增强数字政府效能，促进政府治理水平持续提升，为国家治理体系和治理能力现代化提供有力支撑。

（二）推进政务数据共享是优化政务服务模式、增强人民群众获得感的重要抓手

习近平总书记指出，要把满足人民对美好生活的向往作为数字政府建设的出发点和落脚点，打造泛在可及、智慧便捷、公平普惠的数字化服务体系，让百姓少跑腿、数据多跑路。推进政务数据共享是加快构建数字化服务体系的关键，通过加强系统对接整合和数据互联互通，不断优化全国一体化政务服务平台功能，支撑深化“一网通办”“最多跑一次”“跨省通办”等改革，推进政务服务数字化、智能化，促进线上线下服务深度融合，有利于进一步丰富和完善均等化、精准化、个性化服务，不断满足企业和群众多层次多样化需求，为推动高质量发展、创造高品质生活提供重要助力。

（三）推进政务数据共享是激发数据要素潜能、加快数字化发展的重要手段

习近平总书记多次强调，要加快数字化发展，构建以数据为关键要素的数字经济，加快数字社会建设，推进数据要素市场化。当前，数据已快速融入生产、分配、流通、消费和社会服务管理等各个环节，深刻改变着生产方式、生活方式和社会治理方式。推进政务数据共享、助力数字政府建设是全面引领驱动数字化发展的必然要求，通过深化政务数据高效共享，促进数据有序开发利用，加强政务数据、公共数据、社会数据融合应用，不断健全数据治理体系，对于加快释放

数据价值，培育数据要素市场，进而更好激发数字经济活力、优化数字社会环境、营造良好数字生态具有重要“催化剂”和“助推器”作用。

二、准确把握推进政务数据共享工作的原则要求

推进政务数据共享工作，推动数据跨部门、跨层级、跨地区汇聚融合和深度利用，全面助推政府治理流程优化、模式创新和履职能力提升，更好服务党和国家重大战略，更好服务经济社会发展大局，应重点把握好以下四方面原则。

（一）坚持党的全面领导

习近平总书记强调，要把坚持和加强党的全面领导贯穿数字政府建设各领域各环节，坚持正确政治方向。推进政务数据共享工作是数字政府建设的重要内容，要始终坚持在党中央集中统一领导下，把加强党的领导的政治优势、组织优势转化为政务数据共享工作的强大动力和根本保障，确保党中央、国务院关于加强政务数据共享的决策部署贯彻落实，持续深化政务大数据创新应用，充分释放数字化发展红利。

（二）坚持系统观念

习近平总书记指出，系统观念是具有基础性的思想和工作方法。推进政务数据共享、加强数字政府建设是一项复杂的系统工程，要注重加强顶层设计和整体谋划，强化协同配合，建立健全政务数据共享协调机制，进一步明确政务数据提供、使用、管理等各相关方的权利和责任，运用法治思维推进政务数据共享工作，破解政务数据共享的制度性障碍，提升法治化、制度化、标准化水平。坚持激活存量资源与统筹增量需求相结合，充分整合利用各地区各部门现有政务数据资源，加快推进各级政务数据平台建设和迭代升级，不断提升政务数据共享服务能力。

（三）坚持应用牵引

习近平总书记指出，要紧紧围绕经济社会发展需求，充分发挥我国海量数据和巨大市场应用规模优势。推进政务数据共享，要坚持需求导向和问题导向相结合，围绕企业群众急难愁盼问题和经济社会发展迫切需要，从政府管理和服务场景入手，以业务协同为重点，加强技术创新、应用创新、模式创新，统筹推进各行业各领域政务应用系统集约建设、互联互通、协同联动，不断提高数据共享质量和效率，全面提升用数据管理、用数据服务、用数据决策、用数据创新的能力，使政务数据更好服务企业生产经营和群众办事创业，更好服务政府治理能力提升。

（四）坚持安全可控

习近平总书记多次强调，没有网络安全就没有国家安全，要始终绷紧数据安全这根弦，筑牢网络安全防线，提高网络安全保障水平。推进政务数据共享工作，必须牢固树立总体国家安全观，强化底线思维，围绕数据全生命周期安全管理，强化安全管理责任，全面构建政务数据共享安全制度体系、管理体系和技术防护体系，着力提升政务数据共享基础设施、重大平台、业务系统和数据资源的安全保障能力，严格保护商业秘密和个人隐私，切实守住网络和数据安全底线。

三、加快推进政务数据有序共享的重点任务

党的十八大以来，经过各方面共同努力，政务数据共享工作取得了积极进展，政务数据共享协调机制初步建立，覆盖国家、省、市、县的政务数据目录体系基本形成，联通各地区各部门数据共享交换系统的全国一体化政务数据共享枢纽建成并发挥实效，政务数据在调节经济运行、改进政务服务、优化营商环境、支撑疫情防控等方面发挥了重要作用。同时，推进政务数据共享工作还存在一些突出

的堵点难点亟待突破，与数字政府建设的迫切需求相比仍有一定差距，主要是：思维理念不到位，有的地区和部门对数字化转型认识不够，仍习惯于传统的观念和方式方法，对于以数据驱动改革创新、推动数据跨地区跨部门共享的内生动力不足；统筹协调不充分，多头规划、多头管理、重复建设现象仍然存在，在做好数据供需对接、推进“数据回流”、满足普遍性政务需求等方面仍需加大协调力度、提高协同效率；法律法规不健全，数据治理立法相对滞后，数据全生命周期管理体系不完善，数据共享和开发利用的法律法规供给不足；数据标准不统一，数据内容、格式等千差万别，原始数据很难满足使用需求；数据权属不明确，界定数据权属存在一些“模糊地带”，数据归属、使用、管理等机制正在探索建立中；数据应用不深入，数据治理的应用导向不够鲜明，数据利用水平不均衡，以政务数据治理推动管理创新、业务协同有待持续深化，运用大数据支撑科学决策仍需进一步加强；安全保障不完善，全方位、多层次、一致性的安全防护体系还要不断强化，网络安全“木桶效应”仍然存在，对重要敏感数据的防护手段还需加强。

党的二十大对全面建设社会主义现代化国家进行了战略谋划，对加快建设网络强国、数字中国，促进经济社会高质量发展，提升国家治理体系和治理能力现代化水平等作出重要部署，这对进一步推进政务数据共享提出了更高要求。要坚持问题导向，准确把握政务数据共享工作中的痛点堵点难点问题，注重整体谋划和系统推进，从体制机制、制度标准、重点应用、数据治理、平台体系、安全保障等方面综合发力，围绕以下六方面重点抓好政务数据共享工作。

（一）健全政务数据共享统筹协调体制机制

更好发挥政务数据共享协调机制作用，健全政务数据共享协调工作机制，进一步明确各地区各部门政务数据共享工作主管机构，细化数据归集、共享、开放、应用、安全等责任，形成覆盖国家、省、市、县政务数据共享管理的组织体系。优化政府部门数据职责，进一步探索完善政府部门数据职能，建立由部门负责同志牵头本单位数字政府建设和数据管理工作的制度，研究开展政府首席数据官、数据专员试点，有力推进政务数据共享统筹协调、任务部署与评价考核等工作落实。

（二）完善政务数据共享法规制度和标准规范

加强法治保障，抓紧出台政务数据共享条例，明确数据提供部门、使用部门的权利义务和相关要求，强化刚性约束；推进有关法律法规规章立改废释工作，推动各地各部门及时清理、修订与政务数据共享不相适应的法律法规、规范性文件和部门规章，逐步推动政务数据共享法治化、制度化。优化配套制度规则，建立健全政务数据供需对接机制，完善数据质量管理规则，提高数据完整性、准确性、可用性和时效性；研究制定政务数据共享监督评估办法，建立政务数据共享考核指标体系，适时开展年度评估和常态化数据共享监测通报。健全标准规范体系，围绕与数据共享相关的业务、技术、安全、管理等重点工作，加快关键标准规范制修订工作，完善政务数据共享的目录分类、采集、交换、平台对接、安全保障等方面标准规范。

（三）持续深化数字化应用促进数据共享

加快政府管理数字化应用，统筹推进经济治理协同工程、市场监管提质工程、公共安全保障工程、生态环境优化工程等政务信息化工程建设，促进跨地区、跨部门、跨层级数据共享；深化“互联网+监管”、智慧监管，推动监管数据和行政执法信息归集共享和有效利用，有力支撑跨部门协同监管。增强政务服务效能，充分发挥全国一体化政务服务平台“一网通办”枢纽功能，推进政务服务线上线下标准统一、全面融合、服务同质，提高主动服务、精准服务、协同服务、智慧服务能力；聚焦人民群众急难愁盼问题，积极推动医疗、养老、住房、就业、社保、公益、社会救助等领域数据共享和融合应用，提供更加智能、便捷、优质的公共服务。提升大数据辅助决策能力，统筹推进决策信息资源系统建设，充分汇聚整合多源数据资源，拓展动态监测、统计分析、趋势研判、效果评估、风险防控等应用场景，更好感知社会态势、畅通沟通渠道、辅助决策施政。

（四）健全完善数据治理体系

加强数据全生命周期管理，继续组织编制政务数据目录和供需对接清单，建立全国标准统一、动态管理的政务数据目录资源体系，实行“一数一源一标准”，强化数据质量管理，加快提升数据治理水平和共享服务能力。促进数据有序开发利用，编制公共数据开放目录及责任清单，在保护个人隐私和确保公共安全的前提下，分级分类开放公共数据，有序推动公共数据资源开发利用，探索依法依规开展政务数据授权运营，推动社会数据“统采公用”，提升各行业各领域运用数据推动经济社会发展的能力。加快培育数据要素市场，研究建立数据产权制度和市场体系，探索数据资源持有权、数据加工使用权、数据产品经营权等分置的产权运行机制，推进政务数据、公共数据和社会数据融合应用，同时不断完善数据全流程合规和监管规则体系，创新政府数据治理机制，促进数据有序流通，充分释放数据要素价值。

（五）加强政务数据共享平台支撑体系建设

整合构建全国一体化政务大数据体系，按照“1+32+N”的框架结构，统筹推进国家政务大数据平台、各省（区、市）和国务院有关部门的政务数据平台的建设，推动更多国务院部门垂直信息系统与地方平台互联互通和深度共享，构建标准统一、布局合理、管理协同、安全可靠的政务大数据体系，为政务数据高效共享、有效利用、高质赋能提供技术支撑。提升重点共性应用支撑能力，推进数字化共性应用集约建设，加快健全线上线下一体化统一身份认证体系，持续完善电子证照共享服务体系，推动电子证照扩大应用领域和全国互通互认。完善电子印章制发、管理和使用规范，健全全国统一的电子印章服务体系。建设数字档案资源体系，提升电子文件（档案）管理和应用水平。

（六）强化政务数据共享安全保障

健全安全管理制度，落实数据采集、归集、整合、提供等环节安全责任，加强数据分级分类管理，强化共享数据授权管理和重要数据使用监管，建立健全数据安全评估制度、安全责任认定机制和重大安全事件及时处置机制。提升安全保障能力，完善政务数据共享全周期安全保障措施，强化日常监测、通报预警、应急处置，确保共享数据规范使用，不被泄露、滥用、篡改。加强安全可靠技术和产品推广应用，增强数据安全预警和溯源能力，确保政务数据共享安全可控。

创新管理机制 推动数字资源体系开放共享

孟庆国 张少彤*

数字政府建设是落实网络强国和数字中国战略的基础性和先导性工程，是推进国家治理体系和治理能力现代化的重要举措，是加强科学治理决策、提升政务服务效能、增强政府公信力、推动经济社会高质量发展、再创我国现代治理新优势的有力抓手和重要引擎，对加快转变政府职能，建设法治政府、廉洁政府和服务型政府具有重要意义。《关于加强数字政府建设的指导意见》(以下简称《指导意见》)的印发，将全面开创我国数字政府建设的新局面，对加快我国数字化发展必会产生极其深远的推动作用。数据是数字政府建设的核心要素，构建多源汇聚、关联融合、高效共享和有序开发利用的数据资源体系是实现数字化赋能治理现代化目标的前提和基础。解决当前数据资源体系建设一系列问题的关键，就是要深刻认识数据资源体系建设的重要意义和核心思想，创新管理机制以攻克数据高效共享等难题。

一、深刻认识数据资源体系建设的重要意义

（一）数据资源是我国数字政府体系框架的核心组成

《指导意见》根据数字化技术革命、数字化产业变革、数字化治理创新的重

* 孟庆国，清华大学公共管理学院教授，教育部“长江学者”特聘教授，现任清华大学计算社会科学与国家治理实验室执行主任，清华中国电子数据治理工程研究院院长；张少彤，清华大学公共管理学院决策科学实验室副主任，高级工程师。

要趋势，提出了我国数字政府体系框架的基本构成。我国数字政府体系框架包括政府数字化履职能力、安全保障、制度规则、数据资源和平台支撑五个方面，其中数据资源居于框架体系的核心地位。“用数据决策、用数据服务、用数据治理、用数据创新”，揭示了数据驱动是数字政府的本质特征之一。通过数据感知治理对象状态，分析数据发现潜在风险，挖掘数据获取知识和规律，数字政府理念就是最大限度地实现数据资源公共治理的价值，数据资源的质量和对数据资源的处理能力很大程度上决定了数字政府的建设发展水平。

（二）数据赋能是实现数字政府建设目标的主要方式

《指导意见》确立了我国“整体协同、敏捷高效、智能精准、开放透明、公平普惠”的数字政府建设目标。坚持数据赋能是实现奋斗目标的一项基本原则，即要充分发挥数据的基础资源作用和创新引擎作用，以数据汇聚融合、共享开放和开发利用支撑政府治理流程优化、模式创新和履职能力提升。以整体协同为关键特征的整体性治理已经成为我国数字政府发展中最为重要的理念，构建完善的数据资源体系，推动“业务数据化”和数据高效共享，则是当下打破公共治理中部门主义割裂和解决管理“碎片化”问题的最为行之有效的方式，是实现整体性治理的必然要求。

（三）完善数据资源体系是驱动数字化全面发展的重要基础

数字政府的数据资源体系主要由政务数据、公共数据和社会数据融合形成。政务数据资源是政务部门在履职过程中采集、加工、交换、使用处理的数据集合。从广义上讲，政务数据与政府数据在内涵上是一致的；从狭义来说，政务数据可按党委、人大、政府、政协、法院、检察院等不同领域细分，政务数据囊括政府数据。公共数据资源是指由政务部门和公共企事业单位针对公共事务所开展的依法履职管理和服务活动中采集或生成的各类数据集合，公共数据在范围上包括政务数据。而社会数据一般与政务数据相互独立，特指法人主体和自然人在生产生活中生成的数据，如互联网舆情数据、手机信令数据等，这些数据与公共事务治理存在或深或浅的关联关系。数据资源体系的融合应用将对助推数字经济发展、引领数字社会建设发挥至关重要的作用。

二、加强数据资源体系管理的核心思想

加强数据资源体系建设，创新数据管理机制是关键。管理机制的缺位将会导致“数据孤岛”割裂状况加剧；管理机制的健全完善将会为数字政府发展奠定坚实基础和注入强劲动力。《指导意见》中对数据资源体系建设的管理思想，主要体现在如下五个方面。

（一）加强多维统筹管理

对数字政府建设涉及的数据资源，首先强调要做好多源数据汇聚整合，加强对政务数据、公共数据和社会数据的统筹管理，以多源数据支撑经济监测预警、市场主体精准“画像”等多领域多场景履职能力的提升。

（二）加强全面质量管理

强调部门对归集、共享、开放、应用、安全、存储、归档等数据全生命周期的管理职责，加快实现“业务数字化、数字业务化”的转型进程。改变以往数据资源“以多少论英雄”的粗放式管理思维，转变为重视数据真实性、准确性、完整性的精细化质量管理思维。高质量的数据资源是构建协同高效的政府数字化履职能力体系的基础和关键。加强全面质量管理，将推动我国数字政府建设实效性再上层楼。

（三）加强分类分级管理

《中华人民共和国数据安全法》规定，“国家建立数据分类分级保护制度，根

据数据在经济社会发展中的重要程度，以及一旦遭到篡改、破坏、泄露或者非法获取、非法利用，对国家安全、公共利益或者个人、组织合法权益造成的危害程度，对数据实行分类分级保护。”《指导意见》中将此要求纳入数据资源体系建设范畴，加强各级政务部门对数据规范治理，对重要数据实施重点保护。

（四）加强目录清单管理

数据资源体系建设与各级政务部门履行职能开展政务管理和服务的工作紧密相关，健全完善数据资源体系，就必须制定职责明确、操作性强的管理责任制度，目录式和清单化的管理体系最能将数据资源“应采尽采”“应归尽归”的要求落到实处，从而更好地支撑数据按需共享和有序开发利用。

（五）加强实效性管理

一方面，要充分利用现有数据资源体系的骨干平台设施，强化数据共享流通“干线”的承载能力，加强全国一体化政务服务平台的数据共享枢纽作用，提升国家数据共享交换平台对跨党委、人大、政府、政协、法院、检察院等数据按需共享的支撑保障作用。另一方面，要加强数据在央地之间、省市县之间“支线”的双向共享，既要充分发挥数字化智能化对宏观管理决策和省域市域整体治理的重要作用，又要确保数据赋能基层治理的实效性，最大化地实现数字政府整体治理的价值。

三、深化政务数据高效共享和有序开发利用的关键措施

数据资源体系中，加快推进全国一体化政务大数据体系建设相对更为基础、更为重要，因此，如何充分发挥政务数据共享协调机制作用，提升政务数据共享统筹协调力度和服务管理水平，是数据资源体系建设中应优先解决的关键核心问题。

（一）强化部门数据职责，实现政务数据目录式清单化管理

提升数字化履职能力的前提和基础，是必须能够在全局层面全量汇聚各级政府部门的原始数据和关键数据。一方面，数字化转型发展势头迅猛，传统的职能设置尚未较好地延伸到数据维度，部门履行职能应当采集和沉淀哪些数据，并未有明确清晰的界定；一些地区和部门大量业务信息仍在纸质载体上记录和传递，职能业务的数据化比例低，支撑深度应用需求的高质量数据比例低，“数据匮乏”的局面亟待扭转。另一方面，政务部门往往为了在履行职能的过程中占据主动，普遍倾向于自己采集收集数据，从而造成大量的数据重复采集现象，并导致整体上发生数据来源不一、数据内容矛盾冲突等问题，增加了数据治理工作的难度；而且往往由于缺少责任意识和主动性共享开放自采数据，组织的分立导致出现大量封闭“数据孤岛”。

要想更高质量地实现数据汇聚，保证数据采集“一数一源一标准”，数据归集“应归尽归”，就必须依法依规梳理形成衔接一致、完整有效的政务信息资源目录，将部门应承担的采集生成数据的职责进行清晰界定，建立各级政府部门的“数据清单”，将职能和业务映射到数据层面，实现部门“数据职责”清单化管理，完成“业务数据化、数据业务化”的转型过程。

这其中的关键是用结构化、标准化的数据体系定义各级政府部门履行职能的过程和结果，并且规定各级政府部门按清单要求稳定持续地输出所负责业务数据，重点环节包括四个方面。一是“定职能”，我国各级部门职能依据法规文件都有明确规定，体现了该部门公共行政活动的基本内容和方向。二是“定业务”，即确定履行职能须落实开展的各项具体工作。可以将职能作为框架，以全面梳理部门工作相关的法规文件为手段，厘清部门的具体业务事项，当前也可结合部门的权力清单和责任清单确定核心业务事项。三是“定数据”，确定各个类别业务事项的数据供给标准，属于某类别的业务事项原则上应当按照该标准提供数据。业务事项的分类方法是多元化的，可以参照典型应用场景建立分类体系。例如，对行政

许可、行政确认等依申请权力事项，应要求提供申请人身份数据、申报数据、审批结果数据等；对行政处罚、行政检查等依职权权力事项，应要求提供履职时间、行政决定，执行结果等数据；对监测统计类业务事项，应要求提供监测对象、统计指标取值等数据。四是“定清单”，以资源清单等制度形式明确各部门供给数据的保障责任，可规定应提供数据的名称、数据项说明、数据内容、提供渠道、更新频度、对组织外部共享开放的程度等，并建立相应的考核评估手段，激励督促部门落实。

（二）厘清部门共享权责，建立健全政务数据供需对接机制

整体性治理已经成为重要的公共治理范式，提倡运用整体论的思维方式跨越组织机构和专业领域的边界进行协同工作，其关键环节是要建立数据的供需对接机制，在数据维度打破部门“碎片化”的职能壁垒，通过数据共享推动多业务协同。当前，政务数据共享中仍缺乏统筹管理。数据具有易复制传播的特性，数据提供方会由于风险不可控因素产生顾虑，往往不愿或不敢将数据共享；数据使用方责任边界模糊，在利用数据过程中可能导致安全、保密等方面的问题；数据能否共享、如何共享等问题往往缺乏权威判定，有时一方说需要共享，另一方却说不能提供，很多情况下只能通过部门之间的点对点、一事一议的沟通协调获取数据，未能形成长效机制，协调难度和沟通成本较高。

解决这一问题的关键，是要明晰数据共享主体间的三类权力和责任。一是采集维护权，是指定义解释、采集、存储数据的权力，对如何支配使用数据具有话语权，同时也要对数据资源的质量负责，须承担对数据整理、维护、更新等责任。数据采集维护权的具体落实，可以参照上述“四定”制度规则进行细化，实现政务数据“应采尽采”“一数一源一标准”的目标原则。二是核验使用权，是指针对某一具体数据，享有进行数据核验服务或直接获取使用数据的权力。在核验使用数据的过程中，此类主体应对数据安全、隐私保护等要求承担相应责任。核验使用应坚持“最低限度”原则，按照应用需求“最小集合”申请数据使用权限，确

定使用方式，并遵守相对应的使用权限要求，在规定的范围和权限内使用政务数据资源。三是流通管理权，是指制定数据采集、存储、共享、开放、交易、应用等各环节制度规则，并对数据治理全过程进行监督管理、考核评价、责任追溯、协调裁决以解决相关问题的权力和责任。实际工作中，拥有流通管理权的部门作为牵头单位，以应用场景为牵引，确定数据采集维护部门和核验使用部门之间的供需关系，以此推动数据精准高效共享，提升数据共享的实效性。

浅谈数字政府建设中的数据治理策略与路径

徐光辉*

江苏省政务服务管理办公室主任

习近平总书记主持召开中央全面深化改革委员会第二十五次会议时强调，要全面贯彻网络强国战略，把数字技术广泛应用于政府管理服务，推动政府数字化、智能化运行，为推进国家治理体系和治理能力现代化提供有力支撑。国务院印发的《关于加强数字政府建设的指导意见》明确要求，各省（区、市）要认真贯彻落实党中央、国务院决策部署，把加强数字政府建设作为建设网络强国、数字中国的基础性和先导性工程，引领驱动数字经济发展和数字社会建设、营造良好数字生态、加快数字化发展，创新政府治理理念和方式、形成数字治理新格局、推进国家治理体系和治理能力现代化。这标志着数字政府建设进入了全面推进的新阶段。

推进数字政府建设，关键在于抓住数据治理这一“牛鼻子”。在保障数据安全的前提下，综合运用政策措施、标准规范和技术工具，回应数据需求痛点、打通数据共享堵点、破除数据回流难点，促进业务流信息流数据流循环畅通，更大力度挖掘数据价值和激活数据潜能，进而发挥数据治理乘数效应。这是当前数字政府建设的关键任务。

---

* 现任江苏省科学技术厅厅长。

一、数据治理现状

依数而治、循数而用是大数据、云计算、物联网、人工智能等新一代信息技术发展至今，政府推进治理现代化的重要方式，主要包括“治数据”和“用数据”两方面内涵。“治数据”以提高数据可用性和数据增值为目标，以数据源头侧和数据管理侧为参与主体，以数字技术应用为途径，实施数据采集、清洗、存储、挖掘、分类分级、安全保障等管理。“用数据”以释放数据价值、提升治理效能为目标，以数据供给侧和应用侧为参与主体，以数据产品加工和共享开放为途径，实施数据场景化开发、增值化应用等服务。

近年来，从中央到地方都高度重视数据治理工作，着力发挥数据作为基础性战略性资源要素作用，不断推动政府决策科学化水平和管理服务效率提高，取得了明显成效。

一是政策法规逐步完善。早在2015年，国务院印发的《促进大数据发展行动纲要》就将大数据发展提到国家战略高度，并相继印发《政务信息资源共享管理暂行办法》《政务信息资源目录编制指南》等，明确政务信息资源共享原则和标准。《中华人民共和国国民经济和社会发展第十四个五年规划和2035年远景目标纲要》提出加强公共数据共享开放要求，《中华人民共和国网络安全法》《中华人民共和国数据安全法》《中华人民共和国个人信息保护法》《关键信息基础设施安全保护条例》《网络安全等级保护条例》等，为数据安全提供了法治保障和遵循。目前，已有近20个省市出台了相关地方性行政规章，对数据治理工作作出制度安排，提出规范要求。

二是组织架构逐步健全。各地认真学习贯彻习近平总书记关于网络强国的重要思想，以及关于数字中国、智慧社会和数字政府建设的重要指示精神，积极推动数字政府建设，已有26个省（区、市）设立了省级大数据管理机构，200多个设区市设立了市级大数据管理机构，数据治理组织架构和骨干力量基本形成。

三是平台支撑不断强化。基本建成国家、省、市三级政务数据共享交换平台，初步形成横向联动、纵向贯通的数据共享交换体系，为实现跨层级、跨地域、跨系统、跨部门、跨业务的数据协同提供平台支撑。全国一体化政务服务平台实现近400万项政务服务事项标准化规范化管理，有效联通省、市、县三级政务服务平台，有力推动“一网通办”“跨省通办”。在助力提升政府监管效能方面，跨层级的“互联网+监管”系统基本建成，为数据共享应用提供了有力支撑和保障。

四是应用创新不断丰富。各地各部门积极探索数据治理创新实践，形成了一批成功案例和典型经验。江苏建成一体化公共数据平台，着力打通跨部门政务服务数据壁垒，进一步擦亮“不见面审批”政务服务品牌。浙江建成“一体化”数字资源系统和“数据高铁”，实现省市县三级政务数据的全周期精细化管理，有效破解跨部门数据共享“跑得慢”难题。广东在移动政务服务平台“粤省事”App上线“个人数字空间”服务，积极探索个人数据授权使用路径。

在肯定成绩的同时，也应看到，当前数据治理工作还面临一些问题和不足。主要表现在：一是规制和体系还需完备。数据治理法律法规、标准规范尚未形成完整体系，还不能全方位有效保障数据治理工作；一些地方和部门数据治理缺乏系统集成，职责不清晰，机制不健全，专业力量不足，特别是跨地区、跨部门的协同治理仍较困难。二是能力和效用还需提升。一些地方或部门数据治理的主体意识不强、路径把握不准，或重标准制定而轻技术应用，或重技术应用而轻安全管理，或繁杂冗余而效用不显。三是标准化和通用性还需加强。长期以来，由于数据标准研制滞后和执行不力、技术应用不到位等因素，部门和行业数据质量普遍存在一致性、准确性、完整性、时效性不高等问题。跨地区跨部门政务服务系统烟囱林立、数据标准和业务流程不统一、数据格式不一致，也增加了数据共享和应用的治理难度，可用性、通用性、流动性不强成为数据治理“中梗阻”。四是共享和开放还需深化。有的出于数据价值“利益保护”心理而“不愿”共享开放；有的由于数据质量、服务保障等因素而“不敢”共享开放；有的囿于数据产权不清或依据不足而“不能”共享开放；还有的限于技术能力而“不会”共享开放。五是数据安全领域风险挑战必须引起高度重视。我国作为数据大国，更是面临境内外的数据觊觎。除传统网络安全威胁外，数据窃取、数据滥用、数据误用等三大问题日渐凸显，必须把数据安全摆在突出位置。

二、数据治理目标与要求

"十四五"时期是开启全面建设社会主义现代化国家新征程、向着第二个百年奋斗目标迈进的第一个五年，也是把握新一轮科技革命和产业变革新机遇，加快政府治理数字化、智能化运行的全面攻坚期。数字政府建设要立足数据赋能、先立后破，以需求为导向，以应用促治理，加快构建共享开放的数据资源体系，为数据多源汇聚、关联融合、高效共享和有序开发利用夯实基础；要建立健全数据流通体系，提升数据供需匹配效率，实现数据跨地区、跨部门、跨层级高效、有序、安全流动；要完善数据治理规范和数据分类分级标准，强化数据全生命周期质量管理，确保数据真实、准确、完整、通用；要创新数据应用体系，充分挖掘数据价值，加强跨系统、跨部门、跨业务的数据协同应用，在探索实践中不断提升数据治理能力，持续激发数据要素潜能。要重点把握好五大原则。

一是党的领导。要把坚持和加强党对数字政府建设工作的集中统一领导完整全面贯彻到数据治理工作中，坚持数据治理为了人民、治理成果由人民共享，以高质量数据治理更好助力人民群众高品质生活，在"一网通办""一网统管""一码通行"、城市15分钟政务服务圈建设、县乡政务服务均衡适配等方面强化数据支撑。

二是政务牵引。数据治理是一项基础性工作，投入大、周期长、见效慢。开展数据治理，要把握好潜绩和显绩的关系，既要尊重客观规律，沉下心来踏实耕耘，更要坚持政务导向，以满足企业群众需求和提升政府治理效能为目标深化场景化开发应用，适应高通用性和快速迭代要求，规范数据汇聚、清洗、存储、分析、处理等全链条工作，形成良性治理循环。

三是贯通覆盖。数字政府建设是一场深刻变革，对数字经济、数字社会发展起着引领带动作用，而数据治理必然要求贯通覆盖到经济社会、生态环境、公共服务等方方面面。在治理范围上，要以政务数据治理为主体，梯次式、渐进式向其他领域纵深推进；在治理周期上，要贯穿数据生成到市场化运用等全生命周期；在治理效能上，要围绕数据汇聚、融合、应用等治理各阶段，着力补短板、强弱项，固底板、扬优势。

四是共享开放。建立标准统一、动态管理的政务数据目录，实行“一数一源一标准”，实现数据资源清单化管理。不断健全数据供需对接机制，推动数据精准高效共享，大力提升数据共享的时效性。扩大基础公共数据安全有序开放，编制公共数据开放目录及相关责任清单，依托政府部门统一的数据开放平台分类分级开放公共数据。同时，积极引导公共企事业单位和相关社会组织依法开放自有数据资源，促进数据融合应用。

五是安全可控。安全是数据治理的基石。要统筹发展和安全，牢固树立总体国家安全观，坚持底线思维，完善主动安全防范机制、落实分类分级管理要求、配强安全巡检管理力量和技术力量，推进安全技术深度应用，在多维度防范风险挑战、多条件把握动态平衡中，确保数据治理全过程各环节安全可控。

三、数据治理策略与路径

数据治理是管理、业务、技术三位一体的系统工程，涉及范围广、内容多，既要加强战略谋划和顶层设计，也要找准工作着力点和突破口，在重点领域、关键环节、核心问题上精准发力、以点带面、示范引领、层层推进。以江苏省为例，省委、省政府高度重视数字政府建设，大力部署推进数据治理工作，先后出台了《江苏省公共数据管理办法》《江苏地方标准：政务大数据 数据元规范》《江苏省公共数据分类分级规范》《江苏省公共数据目录编制规范》《江苏省公共数据异议处理细则》等政策文件和标准规范，初步构建起数据治理系列制度规范。2021年开展了公共数据开发利用试点工作，取得了一定成效，也积累了一些经验。2022年4月起，为坚决打通数据共享开放大动脉，按照全覆盖、穿透式要求，集中开展数据汇聚治理攻坚行动。工作中，主要采取以下策略与路径。

（一）加强顶层规划

江苏省着力增强系统观念，按照整体设计、分步实施、系统集成的原则，有序推进数据治理工作不断取得新进展。一是根据国家政策指引，着眼全局和长远，坚持规则先行、业务驱动、问题导向，优化覆盖各地区各部门各行业（领域）的数据治理专项规划，确定数据治理战略总目标，明确任务及边界，建立各级部门协同联动机制。二是统筹“一盘棋”与“分步走”，将数据治理战略目标分解为汇聚治理攻坚、融合应用强化、全面优化升级等阶段目标、分项目标，落实相应责任主体，确立政务数据共享交换平台、基础数据库系统、公共数据开放平台等支撑项目，形成“点、线、面、体”递次推进的数据治理新路径。三是正确认识治理规划可能存在的执行周期长、见效慢的事实，在实施过程中，保持足够定力和韧性，不搞急功近利和形式主义，力争通过2—3年努力，确保各项目标任务落地生根、开花结果。

（二）坚持标准引领

数据标准是数据治理的生命线。实践中，不同地区不同部门之间信息化水平参差不齐、信息系统林立、数据标准规范不一，数据治理一度陷入“淮南为橘、淮北为枳”的困境。对此，江苏省坚持灵活施策，着力统筹公共数据标准，严格规范标准执行。一是先期在数据汇聚治理攻坚行动中，全面开展各级部门数据及标准普查，摸清行业领域数据标准底数和执行情况，为灵活施策奠定基础。二是参考各行业各领域数据标准，立足公共数据的汇聚、治理和应用场景，以五大基础库数据元为重心，持续完善公共数据规范，建立健全省数字政府公共数据标准体系。三是对数据标准缺失、治理工作滞后的部门，要求其在信息系统建设和数据治理中，贯彻执行省数字政府公共数据标准。四是对已执行国家有关行业数据标准的部门，要求建立行业数据标准和公共数据地方标准之间的映射转换关系，确保满足数字政府数据治理要求。

（三）抓好源头治理

从数据生命周期看，绝大部分数据质量问题源于数据产生环节。对此，江苏省着力推动各级部门源头数据治理。一是大力推动源头部门建立健全数据标准和数据治理规范，做好标准规范执行。二是不断加强源头部门信息系统与公共数据平台对接，畅通数据传输通道，及时接收、处理和反馈数据治理任务要求。三是对源头部门数据治理工作从严考核评估，督促各部门把数据治理工作落到实处。

（四）推进综合治理

数据治理要坚持两点论与重点论有机结合，不仅要求数据源头部门做好治理，也要扎实推进各级大数据中心的综合治理。对此，江苏省不断加大省、市大数据中心建设力度，扎实推进数据综合治理。一是摸清各部门信息系统及对应数据资源家底，建立省市一体化数据目录体系，累计编制标准目录13.1万类，形成项目、系统和数据资源一本账。二是持续完善人口、法人、电子证照、空间地理、社会信用等高质量基础数据库，汇聚400类数据资源，建设新生儿“一件事”、企业登记注销、企业投资分析等相关综合性主题库和专题库，形成全省基础数据资源体系。三是构建大数据中心、数据提供和数据使用等部门之间的协作机制，充分发挥各自优势，形成“串珠成链”的叠加倍增效应。

（五）突出共享开放

针对部门在数据共享开放中存在的“不愿、不敢、不能、不会”问题，江苏省在建立数据资源一本账的基础上，注重靶向施策，逐一破解难题。一是建立健全自然人、法人、空间地理等各类实体数据的统一共享开放目录，并与部门数据目录联动建立权威可信的映射关系。二是准确匹配数据共享开放供需关系，明确统一共享开放目录及其数据项的适用场景，形成可溯及数据应用、汇聚处理、数据源的完整链路。三是整合归并部门政务数据共享通道，全面对接省市数据共享交换平台，积极对接国家平台，推动数据双向共享，提升数据共享质效。四是以数据共享开放责任清单、源头治理、标准引领等机制，压实各部门责任，推动部门提升数据共享开放能力。

（六）强化应用迭代

数据治理成效最终体现在数据应用上，满足数据应用需求、释放数据价值不仅是数据治理的目标，也是推动高质量数据治理的手段。实践表明，数据应用是检验数据治理成效的利器，进而解决各种数据质量问题。对此，江苏省在推进顶层规划、健全标准规范、构建数据流通体系等基础性数据治理工作的同时，通过推动各级大数据中心与业务部门加强合作，以业务需求为导向，强化数据应用规划，拓展数据应用协同创新范围，调动相关各方积极性，形成数据治理的良性循环。在应用牵引数据治理推进中，重点从两方面开展探索：一是高度重视数据异议处理。对照《江苏省公共数据异议处理细则》要求，将应用中发现的数据问题通过任务工单进行统一反馈、处理，构建数据问题处理的闭环，有效提升数据质量。二是积极推进公共数据开发利用。省级层面，认真落实国家要求，2021年高质量完成公共数据资源开发利用试点工作，以数据应用检验数据治理效果；市级层面，无锡“车联网城市级应用”、徐州“政企数据融合应用助力小微贷”、常州“一站式智慧养老综合服务”、苏州“苏周到”城市服务App、泰州“互联网+企业一站式服务”等试点项目取得明显成效，让高质量数据赋能发展需求。

（七）跟进技术创新

数据治理是一项技术性很强的工作，要充分利用自主可控、先进成熟的数字技术，助力转型升级，激发价值创新。对此，江苏省积极探索新技术在数据治理中的融合应用。一是坚持锐意进取、守正创新，加强对前沿数字技术的跟踪研究，聚焦影响数据治理综合效能的数据实时传输、批量处理、流式治理等重点环节和关键场景，不断运用先进技术破解“卡脖子”难题，释放技术创新活力，提升技术与应用的融合水平。二是加快建设完善省市各级基础数据库、数据中台、技术中台、共享开放平台等骨干枢纽型公共平台，提升标准化、通用性数据组件和数据通道服务能力。三是加强政务信息化项目统筹管理，督促引导各部门科学选择技术路线，及时开展迭代升级，不断提升先进技术应用能力。

（八）筑牢安全防线

近年来，江苏省认真贯彻《中华人民共和国网络安全法》《中华人民共和国数据安全法》《中华人民共和国个人信息保护法》等法律法规，落实网络安全等级保护、密码应用防护、数据分类分级保护等措施，依法依规推进数据治理，重点防范化解数据窃取、数据滥用、数据误用等安全风险。一是着力完善安全设施，在各级政务云和公共数据平台建设中，充分利用加密、监测、沙箱、审计等数据安全技术，建立反应敏捷、主动防御的安全保障体系。二是着力规范数据应用审批管理，深入落实《江苏省公共数据管理办法》，细化量化数据应用场景清单及对应审批条件，推动部门将数据审批纳入日常审批业务管理。三是着力加强人员管理，在信息化项目立项审批、验收管理、上政务云部署、运维费申请等过程中，检查督促部门落实数据操作员、审计员、管理员制度安排，形成权责分明、相互制约的权限机制，严防人为造成数据泄露事件。

（九）开展科学评估

科学的数据治理评估，可在一定程度上弥补数据治理约束性政策不足问题。对此，江苏省探索建立健全省级数据治理评估机制，从源头治理、共享开放、应用支撑、安全防护等方面，制定覆盖数据全生命周期、权威高效量化的治理评估指标，定期开展数据质量评价工作，从数据准确性、完整性、有效性、及时性、一致性和唯一性六个维度对问题数据和整改情况进行展示、分析，生成单表级、部门级、平台级等多维度、多层级的数据质量报告，科学评价各部门数据治理工作成效。同时，充分利用数据治理成效评估，将评价结果作为政务信息化项目审批、验收和信息系统运维经费拨付的重要依据，推进数字政府高标准高质量高水平发展。

加快推进全国一体化政务大数据体系建设 深化数据高效有序共享

孙富安

国务院办公厅电子政务办公室四处处长

一、背景情况

近年来，党中央、国务院高度重视政务数据共享工作。习近平总书记在中央全面深化改革委员会第二十五次会议上指出，要强化系统观念，健全科学规范的数字政府建设制度体系，依法依规促进数据高效共享和有序开发利用，统筹推进技术融合、业务融合、数据融合，提升跨层级、跨地域、跨系统、跨部门、跨业务的协同管理和服务水平。

为贯彻落实党中央、国务院关于加强数字政府建设、加快推进全国一体化政务大数据体系建设的有关决策部署，2022年9月13日，国务院办公厅印发《全国一体化政务大数据体系建设指南》(国办函〔2022〕102号)(以下简称《建设指南》)，要求加快构建标准统一、布局合理、管理协同、安全可靠的全国一体化政务大数据体系，深化数据高效共享和有序开发利用，进一步发挥数据赋能经济社会发展、服务企业和群众等方面的重要作用，推动政府治理流程再造和模式优化，不断提高政府管理水平和服务效能，为推进国家治理体系和治理能力现代化提供有力支撑。

二、发展现状

（一）建立健全政务数据共享协调机制

一是强化顶层设计，出台指导性文件。经中央全面深化改革委员会第十七次会议审议通过，2021年2月，国务院办公厅印发了《关于建立健全政务数据共享协调机制加快推进数据有序共享的意见》(国办发〔2021〕6号)，聚焦加强政务数据有序共享，围绕建立权威高效的政务数据共享协调机制，进一步明确了政务数据共享的组织领导、技术支撑、数据管理、安全保障、法律法规、实施保障等，为加快推动我国政务数据共享法治化、制度化、标准化奠定了坚实基础。

二是完善责任体系，强化部门和地区数据共享职责。按照国家层面协调机制要求，推动各地区各部门建立健全政务数据共享协调机制，加强政务数据共享统筹协调和服务管理能力，形成上下联动、横向协同的数据共享工作格局。截至目前，发展改革委、工信部等32个国务院部门和山东、四川等31个地方已明确政务数据共享主管机构，吉林、安徽、重庆等20个地方印发了建立健全政务数据共享协调机制的实施方案等，黑龙江、广东等地成立了省级政务数据共享协调小组，教育部、交通运输部、水利部等国务院部门制定了配套制度规范。

（二）制定完善法律法规和标准规范

一是推进政务数据共享立法工作。《政务数据共享条例》正在加快制定，规范政务数据采集、归集、共享、使用等全过程行为以及问题数据反馈、纠错、仲裁流程，健全责任追究机制，以法治建设促进政务数据高效安全共享。各地区各部门也在积极探索完善法律法规体系，辽宁、黑龙江、上海、浙江、广东、广西、重庆、四川、陕西等地相继出台了有关数据条例，工信部、民政部、司法部、农业农村部、应急管理部等部门也出台了政务数据共享相关管理办法，指导本行业本领域有序开展数据共享工作。

二是完善数据共享标准规范体系。加强政务数据标准化管理，围绕自然人、法人全生命周期，编制“一人一档、一企一档”数据规范，推动实现“一数一标准”，支撑各地区各部门为企业群众提供精准个性、安全可靠的数字专属服务。天津、辽宁、海南、四川等十余个地方制定了有关地方标准规范，水利部、科技部、交通运输部、体育总局等部门印发多项行业数据标准，初步形成以国家标准为核心基础、以地方标准和行业标准为有效补充的全国一体化政务大数据标准体系。

（三）有序构建全国一体化政务大数据体系

一是出台《全国一体化政务大数据体系建设指南》。2022年9月，《全国一体化政务大数据体系建设指南》（国办函〔2022〕102号）正式印发，就整合构建全国一体化政务大数据体系作出部署，提出要加强数据汇聚融合、共享利用，促进数据高效流通使用，充分释放政务数据资源价值，不断提高政府管理水平和服务效能，为我国政务大数据体系建设绘制了“工程图纸”。

二是编制政务数据共享工作指南。聚焦政务数据共享工作全流程、各方面，围绕实际操作层面中的数据目录和资源管理、供需对接、垂管对接等工作重点，从参与主体、工作组织、业务流程、沟通对接等维度出发，进一步明确政务数据共享规则，优化数据共享全流程的主要环节和工作规范，提升数据共享标准化、规范化水平。

三是建成全国一体化政务数据共享枢纽。建成覆盖53个国务院部门、31个省（自治区、直辖市）和新疆生产建设兵团，接入各级5951个政务部门的全国一体化政务数据共享枢纽，基本实现数据目录统一管理、数据资源统一发布、共享需求统一受理、数据供需统一对接、数据异议统一处理、数据应用统一推广，发布各地区各部门个人身份、出生、教育、婚姻、社保信息、企业基本信息和信用信息等1.5万类数据资源，支撑各地区各部门共享调用达4800余亿次，为全国一体化政务大数据体系建设奠定了良好基础。

（四）不断提升政务数据共享服务水平

一是打造政务数据总门户。整合集成目录管理、供需对接、资源管理、数据共享、数据开放、分析处理等功能，为各地区各部门提供政务数据目录编制、资源归集、申请受理、审核授权、资源共享、统计分析、可视化展示和运营管理等服务，初步实现政务数据“一本账”展示、“一站式”申请、“一平台”调度、“一网式”共享。

二是初步摸清政务数据资源家底。按照整体联动、全网互认、央地协同的原则，国办组织各地区各部门全面开展政务数据目录编制和治理工作，明确全国一体化政务大数据体系政务数据目录编制规范，初步摸清各级部门在履职过程中产生、收集的数据。截至目前，已累计编制数据目录超280万条，信息项超2000万个，覆盖国家、省、市、县等的政务数据目录体系初步形成。

三是构建数据供需高效对接新机制。围绕跨层级、跨地域、跨系统、跨部门、跨业务的数据共享调用，明确数据共享供需对接规则，依托全国一体化政务数据共享枢纽建设了覆盖全国、统筹利用、统一接入的全国政务数据供需对接系统，推动供需对接从“点对点协调”向“长效机制”转变。自2018年起，连续发布5批国务院部门数据共享责任清单，覆盖5000余项数据资源，不断扩大数据共享范围。

（五）持续扩大数据共享应用成效

一是加强数据回流共享。分三批推动国务院部门150余个垂管系统与各地区政务服务平台对接，累计向地方回流垂管数据1.8亿余条，推动消除“条块分割”“信息孤岛”，有效支撑政务服务“一网通办”“跨省通办”。开展数据直达基层试点，探索建立常态化数据直达基层机制，助力数据赋能基层治理和服务。

二是创新数据应用推广。坚持一地创新、全国共享的原则，建立政务数据共享工作专刊刊发机制，推广各地区各部门政务数据共享的工作经验，数据共享创新实践持续涌现。国家发改委利用国家统计局共享的400余项经济数据指标，构建国民经济主要指标可视化平台，提供宏观经济运行情况监测分析；四川与重庆签订《深化川渝合作推动成渝地区双城经济圈大数据协同发展合作备忘录》，优化川渝数据共享流程，累计发布1167类数据资源目录，实现川渝两地44个部门数据资源落地共享。

三、未来展望

（一）加强顶层设计

一是完善法律法规。抓紧推动出台《政务数据共享条例》，强化政务数据共享管理体制和机构职责，进一步明确数据提供部门、需求（使用）部门的权利义务和相关要求，为数据共享提供有力法治保障。推动各地区各部门及时清理、修订不适应政务数据共享要求的法规规章和规范性文件，制定出台本地区本部门与政务数据共享工作相配套的管理办法，破除政务数据共享的制度障碍。

二是出台《全国一体化政务大数据体系建设任务书》。按照“急用先行、近细远粗、夯实基础”的原则，编制《全国一体化政务大数据体系建设任务书》，将《建设指南》中提出的建设内容分解为各地区各部门可操作、能实施的工作任务，明确实施主体、时间安排等，为推进政务大数据体系建设提供行动遵循。

三是强化监督评估。研究制定政务数据共享工作监督评估管理办法和评估评价体系，积极运用第三方评估、专业机构评定、用户满意度评价等方式开展评估评价，强化政务数据共享考核监督和约束效力。持续开展常态化数据共享监测通报，动态监测各单位数据共享“受理率、驳回率、平均审批时长、审批超期”等情况，进行定期通报，同步强化正向激励措施。

四是健全标准规范体系。围绕政务数据归集、加工、共享、开放、应用、安全、存储、归档等各环节，构建政务大数据标准体系框架，摸清现行数据标准底数，明确标准制修订需求，形成全国一体化政务大数据标准体系建设规划与路线图，加快构建规范统一、高效协同、支撑有力的政务大数据标准规范体系。

（二）全面摸清数据资源底数

一是全量编制政务数据目录。各级政务部门应按照本部门“三定”规定，围绕“业务数据化、数据目录化”的工作目标，将履职过程中产生、采集和管理的政务数据按要求全量编目。建设政务数据目录系统，全面摸清政务数据资源底数，建立覆盖国家、省、市、县等层级的全国一体化政务数据目录，形成全国政务数据“一本账”，支撑跨层级、跨地域、跨系统、跨部门、跨业务的数据有序流通和共享应用。

二是规范编制政务数据目录。完善政务数据目录编制规范，优化目录管理流程，坚持“上下联动”，推动政务数据目录共享至各级政务数据平台，互为补充地支撑央地部门进行查漏补缺和规范治理。建立健全数据质量管理机制，通过横向比对、纵向比对等方式，建立自动校核规则，实现对目录质量进行自动化、工具化分析。

三是有效应用政务数据目录。依托全国一体化政务数据共享枢纽，建设国家政务数据目录库，与省级目录管理系统级联对接，实现政务数据目录全国标准统一、动态管理、同源发布，有效支撑各级政务数据平台高效提供数据共享服务。根据“跨省通办”“一件事一次办”“跨部门综合监管”等政策要求和地方部门业务场景需求，建设服务专区，突出“服务目录”，优化申请审核方式，提升综合服务水平。

（三）强化共享枢纽支撑

一是优化提升共享交换效率。强化各级政务数据平台协同联动，形成国家、省、市县三级实时互联互通体系，构建形成跨层级、跨地域、跨系统、跨部门、跨业务的数据资源共享交换体系。提升国家政务大数据平台数据共享支撑能力，统一受理共享申请并提供服务，高效满足各地区各部门数据共享需求。

二是持续推动数据向基层回流。有序推进国务院部门垂直管理业务系统向地方政务数据平台共享数据，以应用为牵引，推动更多国务院部门垂管系统与地方平台实现“双向对接”。探索数据直达基层，加强数据向基层流通和共享，更好发挥数据共享在提升基层治理能力、创新政府管理和服务方式等方面的作用。

三是加强数据授权共享。加强精准授权可信存证支撑隐私数据共享应用，积极运用区块链、电子签名等技术手段，探索更多敏感数据安全可靠应用方式，建立完善数据供给的可信安全保障机制，保障数据安全合规共享。

（四）提高共享服务水平

一是优化数据共享服务门户。围绕“一网共享”目标，从覆盖范围、视觉体验、功能设计、栏目设置、用户体验等方面进行优化完善，打造标准统一、布局合理、操作方便的政务数据共享服务门户，支撑各地区各部门政务数据跨地区、跨部门、跨层级互认共享，各地区各部门政务数据平台服务门户与国家政务数据服务总门户要全面对接，实现纵向贯通、横向协同，促进数据资源高效率配置、高质量供给。

二是强化数据供需对接机制。开展常态化数据供需对接工作，依托全国一体化政务数据共享枢纽，支撑地方和部门开展纵向、横向供需匹配。优化审批流程，精简审批材料，督促各地方各部门及时响应数据共享需求。开展政务数据供需对接评估工作，编制政务数据供需对接分析评估报告，促进供需对接工作的精准性和及时性。

三是深化政务数据共享应用创新。依托全国一体化政务数据共享枢纽，开展百项政务数据创新应用试点工作，在全国范围内征集创新应用方案。鼓励基层创新探索政务数据共享应用场景，打造一批可复制、可推广、可借鉴的创新应用案例，全面推动政务数据开发利用水平。

四是加强数据治理。围绕高频数据需求，推动数据资源实现“一数一源一标准”，建立数据全生命周期的质量管理机制，运用数据多源比对、快速校核、血缘关系分析等技术手段增强数据可信溯源和校核纠错能力，提升数据准确性、有效性和易用性。建立健全数据异议处理常态化运行机制，建设纠错数据库系统，实现在线反馈、核查、整改问题数据，不断提升共享数据质量。

（五）确保数据安全

一是完善政务数据安全标准体系。研究制定数据分类分级、安全审查等具体制度和要求，指导各行业各领域主管（监管）部门有序开展数据分类分级工作。推进数据安全评估工作，开展内部数据安全检测与外部评估认证。

二是落实政务数据安全管理责任。按照“谁管理、谁负责”和“谁使用、谁负责”的原则，明确政务数据提供主体、使用主体和管理主体之间的权责关系。围绕数据全生命周期管理，以“人、数据、场景”关联管理为核心，建立健全工作责任机制。

三是强化技术防护监测能力。充分利用电子认证等手段，推进数据脱敏使用，加强个人隐私、商业秘密信息保护，严格管控数据访问行为，实现过程全记录和精细化权限管理。建设数据安全态势感知平台，挖掘感知各类威胁事件，实现高危操作及时阻断，提高风险防范能力，提升安全防护监测水平。

深化数据高效共享　赋能数字政府建设

徐春学

国家信息中心公共技术服务部（外网办）副主任

以互联网、云计算、大数据等为代表的现代信息技术深刻改变着人类的生产生活和社会治理方式，全球加速迈进数字化发展快车道。党的十九届四中全会明确提出推进数字政府建设，标志着我国电子政务发展迈向数字政府新阶段。数字政府是数字中国的重要组成部分，是数字化、智能化的政府运行新形态，是实现政府治理现代化的有力抓手，对于引领驱动数字经济、数字社会、数字生态发展具有重要意义。近日，国务院印发《关于加强数字政府建设的指导意见》（以下简称《指导意见》），对我国数字政府建设作出全面部署安排，并将“深化数据高效共享”作为数字政府建设的重要任务内容，为下一步以数据共享赋能数字政府建设指明了方向。

一、政务数据共享是数字政府建设的必然要求

《指导意见》明确提出，要坚持数据赋能，充分发挥数据的基础资源作用和创新引擎作用。政务数据共享无疑是其中的核心关键。

（一）政务数据共享是提升政府履职能力的内在要求

数字时代，数据和人财物一样，日益成为政府履职的要素资源。面对日益复杂的公共事务问题，我国政府的横向专业分工和纵向分权，保证了政府的组织

稳定和管理效率，但也使得部门职、权、责处于相互分离的“碎片化”状态。现代社会复杂公共问题层出不穷，并且基本都是综合性的问题，而非某一专业部门能独立解决。以数据共享为基础的数字化大平台则是形成“整体性政府”组织结构的实践路径，通过数据资源的互联互通，打造高效协同的业务平台，在不打破政府行业管理专业分工结构的情况下，实现数字化领域的组织边界突破，为政府在复杂条件下进行经济调节、市场监管、社会管理、公共服务、生态保护等提供支撑。

（二）政务数据共享是创新政府管理服务的驱动引擎

服务型政府以公众为中心，以人民满意为导向。这要求部门的面向公众的服务流程应从“碎片化”走向“一站式”，组织结构应从“条块分割”走向“协同合作”。以公众需求为导向，必然要求政府部门的协同性和整体性，这也是“服务型政府”理念的体现。通过构建大数据驱动的政务新机制、新平台、新渠道，实现由分散向整体转变、由管理向服务转变、由单向被动向双向互动转变、由单部门办理向多部门协同转变，进一步优化营商环境、便利企业和群众办事、激发市场活力和社会创造力、建设人民满意的服务型政府。

（三）政务数据共享是激发政府数据社会价值的重要环节

政务数据是政府部门在提供公共管理和服务的履职过程中产生的，具有公共性、权威性、稀缺性、高价值等特点。政务数据作为数据要素资源的重要组成部分，关乎国民经济发展的各个方面，蕴藏着巨大的经济价值和社会价值。从国内外政务数据开发利用实践看，构建数据共享为内循环，数据开放和授权运营为外循环，内外双循环良性互动，是释放数据要素价值的基本模式。政务数据共享通过内部汇聚、关联、融合、应用，在支撑各部门业务和决策管理的同时，将推动政府从“用数”到“管数”“治数”能力的提升，也为政务数据要素价值延伸至行业、社会奠定坚实基础。

二、我国政务数据共享取得积极成效

近年来，各地区各部门认真贯彻落实党中央、国务院决策部署，深入推进政务信息系统整合和平台建设，经过各方面共同努力，政务数据共享这个多年来的“老大难”问题得到突破性进展，“网络通、数据通、业务通”不断深化拓展，政务数据在提升政务服务、优化营商环境、支撑疫情防控等方面发挥了重要作用。

（一）完善顶层设计，协调机制基本形成

随着《政务信息资源共享管理暂行办法》《关于建立健全政务数据共享协调机制加快推进数据有序共享的意见》等一系列政策文件的印发和出台，顶层设计不断加强，在国家层面明确政务数据共享协调机制。建立了国务院部门政务数据共享责任清单制度，2018年以来连续发布四批数据清单，覆盖4000余项具有普遍性需求和重点领域的数据资源。全国已有27个省（区、市）成立政务数据管理机构，明确数据统筹管理和共享开放职责。山东、湖北、广东开展首席数据官、数据专员试点，提高数据治理和数据运营能力。

（二）推进互联互通，平台支撑逐步健全

近年来，我国加快建设政务数据共享基础设施，国家电子政务外网基础能力不断提升，已实现县级以上行政区域100%覆盖，乡镇覆盖率达到96.1%。依托国家数据共享交换平台，构建起覆盖国务院部门、31个省（区、市）和新疆兵团的数据共享交换体系，截至2022年5月底，国家数据共享交换平台发布共享接口1116个，累计交换数据1499.67亿条。人口、法人、自然资源、信用等基础信息资源库数据完整度和服务能力不断提升，政务数据目录体系和资源体系基本形成。

（三）深化便民服务，应用成效不断凸显

以数据共享为基础的政务服务“一网、一门、一次”改革深入推进，带动我国在《联合国电子政务调查报告》中排名不断上升，其中，作为衡量国家电子政务发展水平核心指标的在线服务指数跃升至全球第9位。各地区各部门充分挖掘利用数据资源，促进政务服务办理效率不断提升、办理方式不断优化，通过政务数据共享和“互联网+”赋能，“不见面审批”“最多跑一次”“秒批秒办”逐渐成为新常态。目前，我国政务服务网上可办率达到90%以上，政务服务“一网通办”加速推进，越来越多的企业和社会公众感受到了数据共享所带来的红利和便利。

（四）支撑疫情防控，治理能力显著提升

突发性应急事件，是现代社会风险治理的重要课题。新冠肺炎疫情防控，成为我国治理体系和治理能力的一次严峻考验。我国疫情防控取得举世瞩目的成绩，以“健康码”为代表的数据共享应用发挥了不可或缺的作用，为疫情精准防控、密切接触者追踪、保障复工复产和人口安全有序流动提供了有力支撑。

三、深化数据高效共享的五个重点环节

《指导意见》从机制、目录、平台、回流、场景等五个方面，对深化数据高效共享提出明确要求，为下一步工作指明了方向。

（一）健“机制”，提升数据共享统筹协调力度

以整体协同为目标的政务数据共享，涉及跨区域、跨层级、跨部门各单位之间的配合，要按照《关于建立健全政务数据共享协调机制加快推进数据有序共享的意见》（国办发〔2021〕6号）要求，进一步健全协调机制，充分发挥机制作用。要明确数据共享权责利关系，规范管理制度和工作流程，构建数据统筹管

理机构牵头、相关部门协同配合、技术管理部门支撑的一体化推进工作机制。要编制印发实施方案，明确目标任务时限，逐项分解，定期考核，建立清单化任务管理机制。要针对重点领域和关键环节的堵点难点，建立专班化实体运作机制。要积极探索经费预算等与数据供给和项目绩效挂钩的激励机制。

（二）抓“目录”，实现数据资源清单化管理

目录是对数据的分类和描述，发挥有什么、在哪里、能不能用的作用。目录是数据治理的基础，也是数据共享的管理抓手。从管理视角看，目录确定“一数一源”，明确部门的数据供给责任。从业务视角看，目录要分类科学、数据项语义清晰一致，支持查找申请，发挥供需对接桥梁作用。从技术视角看，目录包括数据格式、关联关系、调用参数等，便于数据使用时的系统对接和应用集成。要开展政务数据资源普查，建立事项、数据、系统三者映射关系，实现“业务清、资源清、系统清”。建立政务数据自主登记及动态调整机制，实现目录实时、动态更新。

（三）强“平台”，完善数据共享支撑体系

数据作为数字化条件下政府履职要素资源，需要通过共享方式，实现数据资源的高效配置。我国政府纵向为中央、省、市、县、乡镇五级架构，部门总数达几十万家，必须依托统一的平台体系，才能完成数据资源的高效配置。要充分发挥全国一体化政务服务平台的数据共享枢纽作用，持续提升国家数据共享交换平台支撑保障能力，构建完善的数据共享支撑体系。要按照“可用不可见”原则，通过数据接口开发、隐私计算等方式，实现数据价值的交换。要积极探索区块链、智能合约等技术运用，提升数据申请授权效率，确保数据共享全程可追溯。要强化平台持续运营，针对不同业务场景，开发产品化的数据服务，提升业务支撑的敏捷性。

（四）促“回流”，打通垂直管理业务系统

当前，市县级不少业务部门在开展日常监管和服务时，被要求使用由国家、省等上级统建的业务系统进行数据的录入和维护，这在一定程度上提高了集约效益，但也造成回流共享难题。基层单位使用垂直信息系统采集数据后，数据不会留存本地，“业务在下、数据在上”，基层政府“无数可用”的矛盾突出。要明确上级部门统建系统的数据回流义务，从下级“点单”要数据，到上级主动“端菜”给数据。让这些原本就属于基层的数据，按采集渠道回流，保障地方应有的数据权利，为地方基层政府的改革创新赋能。

（五）重“场景”，推动数据精准高效共享

在数字政府建设中，需求是导向，场景是关键。场景是时空条件下用户视角的事件，描述了谁在什么时间什么地点做了什么。数字技术延长了场景发生的时间，拓展了场景存在的空间。通过数字化条件下的场景设计，才能真正推动以人民为中心的发展思想落地，才能倒逼数字政府流程优化、制度重塑、改革突破。在各地推动的“出生一件事”“政府秒批”“政策直达”等新应用场景实践中，正是通过场景牵引和数据驱动相结合，不断激发数据赋能价值。

加强数据资源整合　助力数字政府建设

张福浩　赵习枝　赵阳阳*

2022年6月，国务院印发《关于加强数字政府建设的指导意见》(以下简称《指导意见》)，就主动顺应经济社会数字化转型趋势，充分释放数字化发展红利，全面开创数字政府建设新局面作出部署。《指导意见》强调，要充分汇聚整合多源数据资源，拓展动态监测、统计分析、趋势研判、效果评估、风险防控等应用场景，全面提升政府决策科学化水平。这对数据资源整合提出了新的更高要求。当前，各地区各部门数据资源建设成效显著，数据共享通道已经建立，需进一步通过数据整合让来源不同的数据形成合力，更好发挥数据的基础资源作用和创新引擎作用，催生经济社会发展新动能。

一、深入理解加强政府数据资源整合的重要意义

数据资源整合是指将不同来源的数据通过汇聚、融合和深加工等过程，形成新的数据集，提供数据服务。数据资源整合是数据开发利用的重要基础，是数据深度挖掘的前提，对于推进数字政府建设、提升数据辅助决策能力具有重要意义。

---

* 张福浩：中国测绘科学研究院地理空间大数据应用研究中心主任，研究员，博士，博士生导师，自然资源部青年技术带头人，国家发展改革委政务信息系统整合共享专家组成员；赵习枝：中国测绘科学研究院地理空间大数据应用研究中心助理研究员，博士，主要从事数字政府、数字技术地理空间大数据分析挖掘等研究；赵阳阳：中国测绘科学研究院地理空间大数据应用研究中心助理研究员，博士，主要从事数字政府建设、政务服务大数据分析、时空数据挖掘等方面研究。

（一）提升数据使用效率

数据资源整合避免了数据使用方从分散的来源获取数据，能够极大提高数据使用效率。例如，在机关内部，通过电子政务内网汇聚整合政策文件、专家智库、地理信息等多源数据，让领导同志和机关工作人员更高效地获取所需信息，提升内部办公、机关事务管理等方面的运转效能。在地方部门之间，通过电子政务外网整合人口、法人等基础数据和各类业务数据，形成数据资源库，并提供数据服务，提高地方部门的业务协同能力。

（二）提高数据资源质量

数据资源整合包含了对数据的梳理、清洗、关联、融合等过程，能够在一定程度上提高数据质量和规范性，助力全国一体化政务大数据体系建设。例如，通过数据清洗，可以剥离重复数据和异常数据，避免数据冗余、提高数据质量；通过多源数据关联，可以有效弥补单一数据源的数据内容缺失，提高数据的完整性；通过多方对比分析，可以发现并改正部分数据错误，提升数据的准确性。

（三）推动制度规则完善

数据资源整合仅仅依靠技术是不够的，还需要相关制度规则的保障。通过数据整合的实际工作，能够及时发现整合应用过程中的制度规则问题，推动相关机制的建立、法律法规的完善和标准规范的制定，助力构建更加科学完备的数字政府制度规则体系。

二、准确认识政府数据资源整合利用的发展现状

（一）政府数据资源整合利用取得积极进展

党中央、国务院高度重视数据资源整合利用工作。2021年2月，国务院办公

厅印发《关于建立健全政务数据共享协调机制加快推进数据有序共享的意见》，提出通过统筹管理、按需汇聚、整合共享、关联应用等，构建形成全国一体化政务大数据体系。2021年3月，“十四五”规划纲要进一步强调，要推进数据跨部门、跨层级、跨地区汇聚融合和深度利用。

当前，国家层面和各地区各部门的数据资源整合工作已取得显著成效。一是构建了丰富的数据资源库。国家层面，人口、法人、信用、自然资源和空间地理等基础数据库建成并投入使用；地方层面，各地区根据业务需要，整合建设了基础数据库、业务数据库和相关专题库，有效支撑了地方业务开展。二是建立了一体化的数据共享通道。全国一体化政务服务平台作为政务数据共享枢纽，统一受理数据共享需求并提供服务，国家数据共享交换平台作为数据交换通道，持续发挥支撑保障作用。三是推进了整合数据的应用。国家基础数据库持续提供数据查询、核验、共享等方面服务，各地区各部门依托全国一体化政务服务平台，开展政务服务“减材料”“企业空间”“个人空间”等整合数据创新应用。新冠肺炎疫情发生以来，“健康码”等数据整合成果为科学防控、民生保障等提供了有力支撑。

（二）政府数据资源整合利用仍面临一些问题

一是整合数据质量需进一步提升。数据标准不一、数据汇聚不完整不及时、历史数据缺失、部分数据存在错误等情况，影响了整合数据的准确性和可靠性，整合数据质量仍需进一步提升。二是整合数据的利用率有待提高。目前，数据整合以面向数据完整建库方式为主，数据丰富、体量大，但真正用起来的数据还是以基础数据为主。统计显示，国务院部门已共享的数据有36.19%无人使用，数据利用率不足。三是数据价值需进一步释放。目前，数据服务方式以查询、核验为主，分析方法以统计分析为主，数据挖掘和深度加工还不够，数据应用场景有待进一步扩展。

三、积极探索政府数据资源整合利用的实践路径

经过多年探索，政府数据资源整合流程持续完善，数据服务方式不断丰富，数据资源整合利用工作已积累了丰富的实践经验，为构建开放共享的数据资源体系奠定了坚实基础。

（一）完善数据整合流程，提升数据可用性易用性

数据具有分散性、多样性、易复制性、时效性、再创性等特性，数据整合主要通过数据汇聚、融合、管理、分析和服务等流程（如图1所示），实现多源数据时态统一、质量提升、分门别类和增值赋能。

图1 数据整合流程

数据汇聚是基础。通过物理或逻辑手段，将所需数据从各个数据提供方汇聚起来，是数据整合利用的基础性工作。从数据来源看，涵盖了政府部门、企事业单位和个人；从数据的空间维度看，已从二元空间逐步扩展到三元空间，涵盖物理、社会和信息三个方面。数据融合是关键。将汇聚而来的数据通过清洗、校验、规范、组织，融合形成分层、分类的体系化数据资源，实现数据规范化组织，同时也为分析应用提供了支撑。例如政务数据与地理信息数据融合，能够赋予政务

数据位置属性，为信息定位、空间统计、空间分析、可视化展示等提供基础。数据管理是保障。数据管理涵盖了对数据归集、共享、开放、应用、安全、存储、归档等整个生命周期的统筹管理，兼具技术与管理的双重属性，是组织架构、管理制度与技术保障的有机结合，保障了数据整合的规范开展。数据分析是手段。针对整合后的数据资源，紧密结合业务场景的需求，利用数据分析手段，深度挖掘数据中隐含的信息与规律，形成可以为政府管理服务提供参考的结论与建议，提高数据辅助决策的实用性。数据服务是目的。数据服务既包括数据本身的获取服务，也包括衍生产品和技术的相关服务。数据服务的对象不仅包括政府部门，还包括各行业各领域的企事业单位及个人。此外，数据作为生产要素进行交易，也可以看作数据服务的一种新形式。

（二）创新数据服务方式，提升数据开发利用水平

数据资源整合是基础，数据资源服务是目的，是辅助领导决策的重要内容。在数据资源整合的基础上，通过不断创新数据服务方式，丰富数据产品，释放数据潜能。一是提供离线原始数据集，如统计数据集、地理信息数据集等，这也是传统的数据服务模式。二是提供在线数据服务，包括查询检索、核验比对、在线数据分析等，目前已得到广泛应用。三是形成深加工的数据产品，即将数据进行专业化的深加工，形成专题数据产品，如某领域的卫星遥感产品、经济运行专题数据等，可直接服务生产、管理与决策。四是提供数据相关的技术服务，包括数据生产、安全管理、软件研发和咨询等服务。此外，数据作为生产要素进行交易，也可以看作数据服务的一种新形式。

（三）探索应用创新实践，提升数据辅助决策能力

通过整合提升信息服务能力，支撑“数字机关”建设。通过数据资源整合，实现统一、高效、实时、动态的数据服务，极大提高机关内部办公场景下数据资源的获取能力，有力支撑“数字机关”建设。我们在多个部门开展数据整合利用

工程，以某部门为例，主要取得了三方面进展。一是实现了高效数据整合，将分散在政府机关各系统中的文本数据、结构化数据、地理空间数据、多媒体数据等数据资源有效整合在一起，完成了17个内部信息系统数据资源、互联网舆情等外部信息，以及宏观经济、央企运行等16个部门的数据整合入库，实现了数据资源的分层分类汇聚和知识化管理，为数据资源快速定位、知识化和个性化服务奠定基础。二是构建一体化智能检索系统，实现数据资源跨库、跨系统、跨平台的统一组织和智能检索，提高了信息检索效率。同时，根据个人工作领域、浏览习惯、访问记录和查询历史，主动提供“量身定做”的信息内容，提高了信息服务的智能化水平。三是推出信息资源主题服务，完成了包括宏观经济运行、央企运行、经济监测预警和移动终端地理信息服务在内的多项专题服务系统，实现了数据资源的有效应用。

通过整合提升数据分析能力，助力政务服务优化。全国一体化政务服务平台汇聚了海量政务服务业务数据资源，我们深度参与了国家政务服务平台大数据系统建设，通过政务服务数据整合，提升政务服务数据分析能力，助力服务优化。一是整合构建了政务大数据综合库。实现了囊括不同部门和地区间的人口、法人、政务服务事项、政务服务办件、电子证照、好差评信息等政务服务基础数据和政务服务过程数据、用户行为数据等资源的整合，为政务服务优化、大数据分析、可视化服务提供了数据基础。二是建立了政务服务数据分析指标体系和模型。通过对政务服务数据的清洗、关联和梳理，构建政务服务数据立方体，建立统一的政务服务数据分析指标体系，构建多项政务服务数据分析模型，为开展数据分析提供了支持。三是开展了“1+N”主题分析服务。在构建政务服务大数据综合库和数据分析指标体系的基础上，结合数据分析模型，开展了“1+N”主题分析，展示国家政务服务平台运行态势和全国一体化政务服务“一网通办”、数据共享、用户好差评等多项主题，深入挖掘政务服务数据资源价值，提升政务服务的智慧化分析水平。

通过整合提升复合信息表达能力，提高空间辅助决策水平。研究表明，人类活动80%的信息与地理位置有关。地理信息不仅是准确掌握国情国力的重要前提，也是整合其他资源的重要枢纽。我们充分发挥测绘地理信息技术优势，开展了人口、法人、宏观经济等基础数据资源与空间地理信息的整合，实现了基础数据资源空间化整合，提升了地理信息公共服务能力。一是完成基础数据资源空间化。利用数据融合算法实现了人口、法人、宏观经济等基础数据与空间数据的融合，完成了基础数据资源空间化，丰富了展现方式，同时为探索事物的时空分布规律提供基础。二是开展了并行化的基础数据时空分析与挖掘。面向具体业务场景和需求，对基础数据和非常规数据进行深度挖掘，开展空间格局分析、时间序列分析、时空关联分析等数据分析挖掘，并通过并行算法提高数据分析效率。三是推出了面向应用的专题服务。推出了包括面向区域发展的空间分析服务、多源政务专题空间信息发现与融合应用等多项示范性专题服务，为信息共享和政府辅助决策提供了高效的技术支撑，推动了政府基础数据资源整合、协同应用。

四、数字政府时代数据资源整合利用的发展建议

《指导意见》的印发，标志着我国的电子政务发展进入数字政府建设的新阶段。我们要按照《指导意见》要求，进一步完善数据整合流程，提高数据整合效能，为数据统一管理和调度提供支撑。

（一）以问题为导向，强化整合利用过程中各方职责

数据资源整合涉及多个数据来源方和使用方，数据的权属和职责不清常常成为整合和利用的障碍。整合后的数据归谁所有、数据错误由谁负责、数据安全由谁保障、如何防止数据被滥用，这些都是数据整合工作中实际存在的问题。《指导意见》强调“明确数据归集、共享、开放、应用、安全、存储、归档等责任”，对进一步强化政府部门数据管理职责提出了明确要求。应进一步以明确数据共享、整合、利用过程中的各方职责，消除数据提供、管理和使用部门的疑虑，为规范

化的数据整合奠定基础。

（二）以需求为导向，提高数据整合利用效能

数据资源整合的目的是应用，只有数据用起来了，整合才能发挥效能。《指导意见》一方面提出建立全国标准统一、动态管理的政务数据目录，为摸清政务数据底数奠定基础；另一方面提出以应用场景为牵引，建立健全政务数据供需对接机制，为数据精准高效共享创造条件。我们认为，数据整合思路应加快从“面向数据，完整建库”向“面向应用，按需整合”转变。可探索构建政务数据图谱，全面摸清政务数据的基础信息和关联关系，为整合奠定基础。同时，以支撑政府管理和服务场景为目标，率先整合重点领域、高频使用和具有共性需求的数据，避免过度强调数据规模而忽视数据质量，提升数据整合的实效性。

（三）以应用为导向，拓展数据资源广度与深度

政府治理所需要的数据，不仅包括政府内部的基础数据和业务数据，还包括来自企业平台、互联网等的社会数据。前期的数据资源整合工作主要在政府内部开展，近年来逐渐扩展到政府之外，逐渐形成公共数据和社会数据整合利用的模式。我们认为，应按照《指导意见》“推进社会数据‘统采共用’”“推动公共数据、社会数据融合应用”的要求，进一步规范政府部门使用社会数据的规则，避免重复采集、重复购买造成的同一数据多个来源和资源浪费等问题。同时，进一步探索公共数据、社会数据融合应用场景，拓展数据来源，让数据发挥更大价值。

（四）以安全为导向，加强数据全生命周期管理保护

数据已成为国家战略资源，数据泄露事件严重威胁着国家安全和个人信息安全。《指导意见》将安全保障体系摆在了数据政府体系框架的第二部分，并多次强调数字政府建设中的数据安全和隐私保护问题，提出建立健全数据分类分级保护、

风险评估、检测认证等制度，加强数据全生命周期安全管理和技术防护。数据资源整合将散落在各处的数据资源汇聚在一起，其过程涉及多方数据的传输、处理与管理，数据安全尤其需要重视。应将数据安全保护贯穿整合全过程、各环节，确保各类数据和个人信息安全。

（五）以创新为导向，利用新技术激活数据价值

《指导意见》提出，要将数字技术广泛应用于政府管理服务。数字技术的发展也为政府数据资源整合提供了新的思路。一是运用大数据技术提高数据分析能力。大数据技术能够揭示传统技术难以发现的隐含特征和规律，提升政府数据分析能力，为有效处理复杂社会问题提供新的手段。二是运用区块链技术提升数据共享追溯能力。通过引入区块链技术，实现数据整合服务情况全记载、过程可追溯、数据无篡改，确保身份真实和信息安全，解决数据所有者因担心数据共享不可控而不愿共享的问题。三是运用联邦计算技术实现数据“可用不可见”。联邦计算技术使数据所有方在不需要提供原始数据的情况下，共同参与模型运算并得到分析结果，在解决“数据孤岛”问题的同时保证数据隐私和安全。四是运用数字孪生技术增强数据模拟计算能力。数字孪生技术把物理世界的环境、人流、物流、信息流映射到信息系统中，可有效模拟现实世界的运行规律，辅助政府在各领域履职效能的提升。

构建开放共享的数据资源制度体系

李爱君

中国政法大学互联网金融法律研究院院长

一、数据资源的学理考察

（一）数据要素资源的基本内涵

资源是一切可被人类开发和利用的物质、能量和信息等的总称。在社会实践中，数据能够被人类开发、利用，并能够满足人类生产、生活的需要，是具有使用价值和交换价值的客体，因此数据是一种资源。①

数据是对信息的记录，主要表现为存在于计算机系统中的电磁符号，人可以通过技术手段以多种方式处理数据。与自然资源相比，数据从始至终即为人工生成的产物，可以说完全为人力所支配。数据蕴藏着经济价值，既有使用价值也有交换价值。数据的使用价值体现在对数据的应用过程能够满足人们生产生活的需要，数据是一种生产要素。数据的交换价值体现在，数据及其衍生品能够通过许可、转让等方式交易，为人们带来直接的经济利益。电子数据是以“比特”形式呈现的非物质的符号，理论上的确存在无限复制的可能性，但在数据应用实践中，掌握数据的主体可以通过技术手段实现隔离，数据源主体也可在一定范围内通过不授权来避免其数据被传播或使用。这一特征也就决定了数据的供求和市场价格之间的对应关系具有关联可能性，也即数据稀缺性在客观上是成立的。

---

① 李爱君：《论数据权利归属与取得》，《西北工业大学学报（社会科学版）》2020 年第 1 期。

（二）数据开放与共享相关概念的厘清

数据资源的开放与共享，是理论界与实务界共同关注的话题。实践中存在着数据开放与信息公开、数据开放与数据共享、政务数据与公共数据等相似的概念，如果不加以厘清可能造成概念体系的混乱。

1. 公共数据开放与政府信息公开

尽管公共数据开放在一定程度上可以推动政府信息的进一步公开，保障公众对政府工作的知情权，但是二者的核心意旨有所不同，政府信息公开目标侧重于“知”，而公共数据开放侧重于“用”。[①]“政府信息公开”这一概念最早于国务院2007年发布的《政府信息公开条例》进入我国法规体系。《政府信息公开条例》第一条明确规定：“为了保障公民、法人和其他组织依法获取政府信息，提高政府工作的透明度，建设法治政府，充分发挥政府信息对人民群众生产、生活和经济社会活动的服务作用，制定本条例。”而“数据开放”这一概念则可追溯于国务院2015年发布的《促进大数据发展行动纲要》，纲要指出促进数据开放的原因在于大数据成了“经济转型发展的新动力”“重塑国家竞争优势的新机遇”“提升政府治理能力的新途径”。由此可见“政府信息公开”的主要目的在于赋予公民知情权，提高政府工作的透明度，以约束政府的行政权力。而“数据开放”的目的则在于充分利用数据资源、促进产业发展，力图实现责任政府建设与公众赋能，为社会创造商业价值。[②]

2. 数据开放与数据共享

在目前理论界的研究中，常见“数据开放”与“数据共享”二词的混用，但其实二者之间存在较大不同。“数据共享”一般是指多个数据处理者为了提高数据利用效率而向其他数据处理者分享所保存数据的行为。常见的适用场景是政府部

---

① 参见王锡锌、黄智杰：《公平利用权：公共数据开放制度建构的权利基础》，《华东政法大学学报》2022年第2期。

② 参见丁晓东：《从公开到服务：政府数据开放的法理反思与制度完善》，《法商研究》2022年第2期。

门间的数据共享。政府部门由于其行政管理职权通常会直接或间接地采集获取大量的数据，但由于政府部门繁多，常常会出现“数据孤岛”现象，具体表现为不同政府部门在履职过程中，不能有效利用其他部门已经采集获取的数据，而空耗人力物力重复采集数据，浪费行政资源。数据在不同部门相互独立存储、独立维护，彼此间相互孤立，而不能将数据资源利用效率最大化，此时“数据共享”可以促进充分利用既有的数据资源。例如，在《交通运输政务数据共享管理办法》中明确规定“本办法用于规范交通运输部及部际、部省相关政务部门因履行职责需要提供和使用政务数据的行为”。再如《贵阳市政府数据共享开放条例》中规定“政府数据共享是指行政机关因履行职责需要使用其他行政机关的政府数据或者为其他行政机关提供政府数据的行为”。“数据共享”不只限于政府部门之间，也可发生在企业与政府之间、企业与企业之间。例如，湖北省市场监督管理局就与阿里巴巴建立了数据共享平台。

而“数据开放”则主要是数据处理者向社会开放数据的行为。相比于强调“数据在特定主体间的分享”的数据共享，数据开放则侧重于向外部符合条件的不特定主体开放和提供数据。例如，《贵阳市政府数据共享开放条例》规定“政府数据开放是指行政机关面向公民、法人和其他组织提供政府数据的行为”。在实践中，通常数据开放的主体是行政机关和其他具有公共管理职能的机关，原因在于：其一，政府将有关数据开放可以提高政府透明度，增强政府公信力。其二，在其履职过程中通常会收集大量的数据，而这些数据是数字经济时代的重要资源，如果加以利用则可以带动相关产业发展。

3.政务数据与公共数据

尽管在许多场合中二者存在混用的情况，但其背后蕴含着两者概念指向的不同。其一，主体方面存在不同。政务数据的主体为“政务部门”，也即政府部门及法律法规授权具有行政职能的事业单位和社会组织。而公共数据的主体则不限于此，各地方对此进行了适度扩张。例如《浙江省公共数据开放与安全管理暂行办法》第三条规定“本条例所称公共数据，是指本省国家机关、法律法规规章授权的具有管理公共事务职能的组织以及供水、供电、供气、公共交通等公共服务运营单位（以下统称公共管理和服务机构），在依法履行职责或者提供公共服务过程中收集、产生的数据”。这一规定其实就是将供水、供电、供气、公共交通等公共服务运营单位在提供公共服务过程中收集、产生的数据，也纳入了公共数据的范围。其二，数据来源不同。由于主体的范围扩张，公共数据不局限于政务数据的“政务部门履行职责的过程”的数据范围，而是扩展到提供公共服务等关切到公共利益的活动。其三，政务数据强调政府部门间协作提升数据利用效率，而公共数据则更加强调作为资源要素供给到市场中。二者的区别可以从规章文件的表述搭配得出：与政务数据搭配的词语是“共享”，例如《上海市政务数据资源共享管理办法》《宁夏回族自治区政务数据资源共享管理办法》《辽宁省政务数据资源共享管理办法》等规章文件的命名方式，再如《山西省政务数据资源共享管理办法》第一条的规范目的描述“为规范和促进我省政务数据资源共享，提高行政效率和服务效能……制定本办法”。与公共数据搭配则更多的是“开放”，主要目的是将公共数据作为一种资源要素供给到市场中，驱动相应的产业发展。例如《上海市公共数据开放暂行办法》《浙江省公共数据开放与安全管理暂行办法》《天津市公共数据资源开放管理暂行办法》等规章文件。

二、数据开放与共享的实践考察

（一）国际视野下的数据开放与共享制度

1.欧盟的数据开放与共享制度

欧盟关于数据开放制度的主要法律文件是《欧盟关于开放数据和公共部门信息再利用指令》（*EU Directive 2019/1024 0n open data and the re-use of public sector information*，*Open Data Directive*）（以下简称《公共数据开放再利用指令》）、《数据治理法案》（*Data Governance Act*）等。其中，基于《公共数据开放再利用指令》，由政府有关部门制定政务数据开放目录，构建统一规范、互联互通、安全可控的政务数据开放平台，有关企业可以依法与有关部门达成数据开放协议，并依据达成的协议开发和使用这些公共数据①。此外，《数据治理法案》第二章建立了相应机制，以促进《公共数据开放再利用指令》之外的关涉到个人数据保护、知识产权和商业秘密的数据的利用。例如，在确保安全处理环境中利用有关疾病健康的数据，可以推动相关的医学研究，以找到治疗罕见或慢性疾病的方法。

欧盟关于数据共享制度的主要法律文件是《数据治理法案》（*Data Governance Act*）等，其中第三章倡议建立非营利性质的"数据中介机构"，为公共数据空间提供基础设施。通过此类数据中介机构，可以提高共享者之间的信任，降低企业与企业（B2B）、企业与用户（C2B）数据共享的交易成本。当然，这些数据中介机构需要在指定的主管当局进行备案，并建立相关机制来确保交换数据时的中立态度，以保障数据安全与合规处理。

2. 美国的数据开放与共享制度

美国的数据开放政策，可以分为两个阶段，体现了从信息公开到数据开放的发展思路。在前一阶段，主要理念是尽可能地公开政府的信息，以增强政府的透明度，增加公民与社会的参与度，约束政府的权力。2009年颁布实施的《透明与开放政府》备忘录就是这一理念的典型例证。在后一阶段，则主要注重数据作为资产进入市场驱动经济。2013年美国联邦政府发起了《开放数据政策——将数据当作资产管理备忘录》，强调将政府信息公开的要求提到一个新高度：开放性、易于获取、免费使用、机器可读。

在实施新的数据战略政策的背景下，美国颁布了《开放政府数据法》（*Open Government Data Act*）。在此之前，美国曾于2013年5月颁布了《开放数据政策》（*Open Data Policy*），确立了"将信息作为资产管理"的基本战略。②《开放政府数据法》的立法目的在于保障开放的政府数据成为有关决策者制定政策的证据，③其

① 商希雪：《政府数据开放中数据收益权制度的建构》，《华东政法大学学报》2021年第10期。

② 参见朱琳、张鑫：《美国政府数据开放政策与实践研究》，《情报杂志》2017年第4期。

③ 参见张涛：《藏智于民：开放政府数据的法理基础与规范重塑》，《电子政务》2019年第8期。

中明确规定美国各联邦机构应当实施数据开放计划，并编制默认数据开放的数据开放清单，通过设立首席数据官岗位具体负责数据管理，首席数据官委员会负责相应的指导、评估与支持工作，并由联邦审计长和国会负责相应的外部监督。①

（二）国内视野下的数据开放共享制度

国内关于数据开放的发展路径表现为从信息公开到数据开放、从政务数据到公共数据的发展趋势。在中央层面，我国2007年就颁布的《政府信息公开条例》，强调提高政府工作的透明度来约束政府权力，此阶段仍然强调信息层面的保障公众的知情权。之后，我国在2015年发布了《促进大数据发展行动纲要》，第一次开始强调公共数据资源的开放共享，表明了将数据作为资源的政策思路。在2021年发布的《中华人民共和国国民经济和社会发展第十四个五年规划和2035年远景目标纲要》突出强调了数据的市场要素属性，延伸了将数据作为资源驱动产业发展的思路。在地方层面，存在一个趋势是由政务数据到公共数据的转变。2016年，上海市、福建省就出台了各自的政务数据资源管理办法。随后的2018年、2019年，宁夏回族自治区、重庆市、山西省以及山东省等地方也随之制定了自己的“政务数据”管理规章。尔后，上海市、北京市、吉林省、浙江省、天津市、重庆市等地方又开始制定有关于“公共数据”的管理办法。从政策法规的制定趋势来看，关注点正在从“政务数据”向“公共数据”迈进。

三、数据资源治理的制度建构

（一）探索建立有中国特色的数据财产权制度体系

党的十八大以来，党中央高度重视发展数字经济，并将其上升为国家战略。对于数据财产权的探索，应立足于我国基本国情，保证数据财产权体系设置符合

① 参见翟军、李昊然、孙小荃、李剑锋：《美国〈开放政府数据法〉及实施研究》，《情报理论与实践》2020年第8期。

我国数字经济发展需要。数据财产权的构建必须建立在市场主体多元性的基础之上，明确各主体的利益核心，承认和保护数据要素各参与方的合法权益，合理界定数据要素市场各参与方的权利和义务，尊重数据采集、加工等数据处理者劳动付出，充分调动各类市场主体的积极性，激发数据要素市场的活力。

《中华人民共和国民法典》第一百二十七条规定“法律对数据、网络虚拟财产的保护有规定的，依照其规定”，其实就是将数据和网络虚拟财产纳入民事权利的客体范围，为日后的相关立法预留了空间。而基于上述“信息”与“数据”相区分的思路，实践中的数据可以分为两层，分别是符号本身的载体层和所记录的信息的内容层。个人所享有的是对其个人信息权益自我决定的人格权益，而数据处理者所享有的是针对其合法生产和收集数据不被其他主体非法侵犯的权益，二者分别关涉数据的内容和信息两个层面。后者亦可称之为数据财产权，是一种不同于既有物权、债权或者知识产权的新型民事权利。

明确数据财产权并非对自然人的个人信息权益的否定，而是为了更好地协调个人信息保护与利用的关系。《中华人民共和国民法典》《中华人民共和国个人信息保护法》等规定已经对自然人的个人信息权益进行了有关规定，明确了个人享有知情权、撤回同意权、删除权、可携权以及其他相关的权益。而设置数据处理者所享有的数据财产权，并非对个人信息权益的否定，只有在尊重其他利益相关者的前提下，相应的数据财产权才具有合法保护的必要。因此，数据财产权并非对其所控制的所有数据均有权利，必须是合法取得的数据才能受到法律的保护。而合法取得数据的重要条件就是遵守《中华人民共和国个人信息保护法》等法律规定的知情同意的有关规定。

法律所规定的个人信息权益，是调整个人与个人信息处理者之间的权利义务关系的规则构造，而本文所提出的数据财产权则是调整数据处理者与数据处理者之间法律关系的规则构造，二者并非替代或者冲突关系。个人对数据的内容层面依法享有权利，不受个人信息处理者的非法侵害，而数据财产权主体则对数据的载体层面依法享有不被其他数据处理者非法窃取盗用的权利。数据财产权益也并不能妨害其他数据处理者在取得个人同意或者其他合法事由后获取个人信息形成其自身的数据资产。在这个意义上，个人的个人信息权益所指向的是所有内容关涉其个人信息的数据，而数据财产权则仅仅是对其合法取得的那部分数据，其排他性仅限于其他主体不得非法侵夺，而不能妨碍其他主体从其他途径依法取得相应的数据。数据权利主体应遵守数据法律与信息法律等法律规定，尊重自然人的个人信息人格权益，依法合规行使数据权利，不得违法或违约行使数据权利侵害其他利益相关者权益。具体到数据财产权的内容，不妨采用“列举+开放条款”的立法方式，明确列举数据控制、使用、处分和收益的权利，并以法律、行政规定的其他权利为兜底，使数据财产权的内容既具有明确性也保持开放性。

（二）数据治理制度建构

数据治理的组织架构主要由决策架构、管理架构、执行架构、监督架构等部分组成。为了保障数据治理工作的正常运行，各行业通过行业规范、行业指南等形式敦促掌握众多数据资源的机构等建立组织架构健全、权责边界明确的数据治理架构，明确决策架构、管理架构、执行架构、监督架构的职责分工，建立分工合理、相互衔接的运行机制。通过明确各个架构在数据治理过程中的权利、义务和责任，为各部门提供明确的行为指引，有效的数据治理可以为数据开发利用活动提供保障。

1.数据治理的概念与价值

数据治理作为一个新生概念在国外被首先提出，国际数据治理研究所（DGI）提出数据治理是数据处理相关过程的决策权与职责的分配体系。广义而言，数据治理包括两种含义：其一，基于数据的治理，即通过利用数据来实现对社会的有限管理与组织；其二，对数据的治理，强调对数据有关活动进行规范，从而实现有关目的与价值。需要与之相区分的一个概念是数据管理，数据管理强调对数据集合自身内容的具体管理，基于整个数据生命周期的管理，包括收集、组织、描述、共享和保存数据，属于被动式管理。具体而言，数据治理与数据管理的区别有：首先，数据治理可以调整数据管理活动，但同时也包括对相关利益主体的调整，其指涉范围更大。其次，数据治理具有方向性，围绕治理内容展开组织结构、体制机制、人员配置等活动。再次，通过数据治理可以实现数据活动中责任的分配，可以提高数据管理的能力。数据治理制度的建构，可以实现促进数据处理合规进行、降低数据安全风险、提升数据质量等方面的价值。良好的数据治理要求明确的权责分配，可以为数据的访问管理、评估和管控风险、合规处理实现控制，通过明确相关主体责任、建立决策权分配机制保证数据安全。有效的数据治理通过建立必要的策略、流程和框架，用以把数据转化为业务价值，帮助企业在数据治理业务范围内更有效地管理数据，可以促使数据主体产生高质量的数据。

2.数据治理的结构设想

其一，数据治理的决策机构。决策机构主要负责根据企业的业务特点与市场状况，合理地进行资源配置，制定与本互联网平台的经营活动、发展方向相契合的数据治理战略，并选任具有数据治理能力的管理架构实施本企业的数据治理工作。在制定数据治理战略与选任管理架构之外，决策架构还应当负责审批或授权审批与数据治理工作相关的重大事项，并督促管理架构提升数据治理有效性与数据治理质量，以提升数据价值创造能力与数据竞争力。

其二，数据治理的管理机构。企业可以结合自身需求与实际情况，设立数据治理委员会或首席数据官，作为本互联网平台的数据治理管理架构以管理本平台数据治理活动。管理架构首先应当负责结合业务特点与经营特点，以及市场需求与政策变化，在平台数据治理战略的指导之下，建立企业平台内部的数据治理体系和数据治理制度（包括数据治理标准、数据治理程序、数据治理模式等）的具体内容，并根据数据治理战略和实际需要，持续评估、更新数据治理相关制度，确保数据治理任务与资源合理配置，促进数据治理制度贴合实际情况。其次，管理架构还应当依据企业内部组织设置与数据治理需求，制定并实施具体的数据治理问责机制与激励机制，并据此对数据治理工作进行问责与激励，以督促数据治理工作高效运行。除此之外，管理架构还应当定期对数据治理工作的有效性和执行情况等事项进行评估，并向决策架构报告相关结果。

其三，数据治理的执行架构。数据治理执行架构作为执行数据治理工作的组织，负责在管理架构的领导下，依据决策架构制定的数据战略以及管理架构制定的具体的数据治理制度，分工协作，完成数据治理各阶段的工作任务，主要包括业务层面的数据治理工作以及技术层面的数据治理工作。

其四，数据治理的监督架构。监督架构主要负责互联网平台数据治理活动的监督工作，其组织体制主要表现为数据治理架构内的逐级监督，即更高一级的数据治理架构对其所管理的低级数据治理架构所进行的监督。此外，还包括监事会对决策架构与管理架构的监督。逐级监督内容主要是高级别的数据治理架构对其下辖的数据治理架构的数据治理活动完成情况与完成质量，以及数据治理人员的数据治理活动等进行监管，并对其进行问责与嘉奖。监事会监督的内容主要是对决策架构与管理架构人员在数据治理活动中的履职情况进行监管。

（三）公共数据开放的具体制度

公共数据要以公平、合理、有效的方式配置到社会的各个领域中，需要法律制度予以保障。公共数据开放制度应当围绕部门职责、开放标准、开放范围、开放类型、开放方式、开放程序、保障制度、监督机制展开。公共数据开放部门职责是公共数据开放主管部门及相关部门的职责分工。公共数据开放在实践中呈现出碎片化管理、部门主义蔓延的现象，公共数据“不开放”“怠开放”“懒开放”的问题较为突出。对此，公共数据开放应由具有综合协调能力的专门的实体管理机构负责指导协调、统筹推进公共数据开放、利用，综合协调、指导并监督各部门的实施情况，以解决纵向管理不力、横向缺少配合的问题。为了满足预期的使用与公共数据的开放质量，公共数据开放应当满足准确性、完整性、一致性、及时性、可靠性等质量要求，加快推进建构公共数据标准。针对公共数据获取存在数据分布零散、数据格式混乱，以及数据结构不一、整合不够、更新滞后等质量问题，需要建立完善公共数据开放质量标准与开放质量管理体系，规定通用、统一的数据格式、元数据字段等标准，以满足数据利用的需求，实现数据开放主体与数据利用主体的互动。

公共数据分级分类制度、公共数据开放风险评估和安全审查机制以及公共数据开放效果评价机制是公共数据开放保障制度。公共数据开放风险评估和安全审查机制、公共数据安全等级保护机制的主要作用是保护相关主体的数据权益、保障数据安全，而公共数据分类机制和公共数据开放效果评价机制的主要作用是明确社会需求趋势、突出政府引导鼓励市场主体参与公共数据开发应用活动。公共数据风险评估和安全审查是确定数据安全等级，应贯穿于公共数据开放的准备、实施、保障等环节，加强公共数据安全的日常审查，完善公共数据开放的风险识别、评估和预警机制。公共数据分级分类机制应根据实践情况、其他相关规定动态调整，除了通用的公共数据分级标准，还可以建立各部门、各机构的分级细则，细化安全等级保护标准。公共数据开放效果评价不应采取政府视角，应引入专家、公众、第三方机构等主体参与评估，确定第三方评估机构的资质、条件，确定选择程序，建立公共数据开放评价指标体系与评价程序。公共数据开放还应当健全数据安全保护措施和数据安全处置制度，采取技术措施确保公共数据安全。

（四）数据源供给主体制度建构

1.数据要素市场的现实困境

我国数据要素市场供给环节面临着数据源生成成本高、个人数据主体维权成本高等问题，二者已经影响到数据要素价值的释放，也是各国数据安全和发展立法的关键点。其一，数据处理者自行通过向用户收集个人信息数据生成数据源时，可能面临过高的合规成本。对于大型平台企业而言，其拥有雄厚的技术能力与资金支持，可能不会受到过多影响，但是对于中小企业而言可能需要付出额外的经营成本。其二，数据要素市场中个人数据主体的维权成本高，制约个人数据共享利用的积极性。尽管我国《中华人民共和国民法典》《中华人民共和国网络安全法》《中华人民共和国个人信息保护法》等法律都赋予了个人相关权利，然而个人数据主体维权过程中面临着取证困难、律师费用高、维权成本高昂等困境，最终使得赋予主体的权利流于形式。其三，数据要素市场上数据流通常会受到阻碍或者延迟，供需双方存在着信息不对称。

鉴于前述情况，我国数据要素市场应当构建第三方数据源供给经营主体。首先，数据源供给经营主体通过规模效应和集约式管理（数据处理者往往不具有规模效应和集约式管理）生成数据源，再通过市场行为供给数据技术处理主体使用和开发。数据源供给主体制度能够降低数据源需求者的交易成本、法律风险，具有润滑数据要素交易的市场功能，是解决大规模授权与降低授权合规成本的有效途径。其次，对于个体分散、能力有限的用户个人，数据源供给主体具有数据技术，拥有专业人才，掌握数据需求主体的资质、数据应用场景、数据安全措施和数据治理等信息，可以对数据源需求方进行监测。数据源供给主体可以通过其专业性、掌握信息的全面性和实质地位平等性来解决信息不对称、数据处理专业性不强和取证难等造成的个人数据主体维权成本高的问题。最后，数据要素市场数据供给不足。对于数据源需求方而言，数据源供给主体能够帮助代理从数据源到数据流的活动，避免与众多个人数据主体就处理其数据进行谈判，免去高昂的搜寻成本、谈判成本等。数据源供给主体在资金、专业、技术等方面都比作为个人数据主体的自然人更具优势，能够与数据需求方进行博弈，协商不同的条款，为数据主体获得更为有利的条件，增强对数据主体的保护，为数据主体共享数据提供激励。

2.数据源供给主体的建构模式

数据源供给主体能够发挥其降低数据源生成成本和个人数据主体维权成本的作用，是一种数据要素市场中的特殊主体。一般主体的组建方式可以分为三种，分别为“政府主导—市场参与”“政府参与—市场主导”与“完全市场化”。“政府主导—市场参与”的模式，主要由政府部门牵头，经省市政府批准成立，由各类国有资本控股，突出国家产业政策导向，按市场规律运作。“政府参与—市场主导”模式，由市场主导建设，以社会资本为主，国有资本参与。“完全市场化”模式则是由企业自发成立。三种组建模式各有利弊。“完全市场化”模式下组建的数据源主体，符合经济发展规律，但是这种模式对市场条件要求高，这种模式通常需要具备：市场主体充分培育；数据要素能够自由流动；市场机制作用充分，市场竞争自由、公正、公开等条件。“政府主导一市场参与”的组建模式具有政府投资支撑和组织调控功能，政府投资具有经济实力雄厚、市场风险高的特点，在一定程度上既保证了供给源主体初期的可信度，也可以突出政策导向。“政府参与一市场主导”的组建模式则具有独立法人、产权明晰、职责分明、商业化运作等特征，但是经济利润最大化的导向容易导致数据源供给主体缺乏对多元利益的保护。在数据要素市场发展前期，采取“政府主导一市场参与”模式构建数据源供给主体，数据要素市场发展后期采取“政府参与一市场主导”模式，数据要素市场成熟时则可采取“完全市场化”模式。

构建开放共享数据资源体系　赋能数字政府建设

吴志刚

中国软件评测中心副主任

2017年12月8日，习近平总书记主持中共中央政治局第二次集体学习时强调，要以推行电子政务、建设智慧城市等为抓手，构建全国信息资源共享体系。《中华人民共和国国民经济和社会发展第十四个五年规划和2035年远景目标纲要》第五篇“加快数字化发展，建设数字中国”章节中提出，“建立健全国家公共数据资源体系，确保公共数据安全，推进数据跨部门、跨层级、跨地区汇聚融合和深度利用”。《关于加强数字政府建设的指导意见》(以下简称《指导意见》)明确要求，坚持数据赋能，建立健全数据治理制度和标准体系，加快推进全国一体化政务大数据体系建设，加强数据治理，依法依规促进数据高效共享和有序开发利用，充分释放数据要素价值。“十四五”时期，构建全国一体化的数据资源体系对推动我国数字政府建设具有重要意义。

一、数据资源体系是数字政府建设的重要组成部分

加强数字政府建设，是我国适应新一轮科技革命和产业变革的战略抉择，是加快数字化发展、引领数字经济发展和数字社会建设及营造数字生态的必然要求，也是创新政府治理理念和方式、形成数字治理新格局、推进国家治理体系和治理能力现代化的重要举措。加强数字政府建设，对加快转变政府职能，建设法治政府、廉洁政府和服务型政府必将带来深刻的影响。《指导意见》将

新时代数字政府建设核心任务归纳为政府数字化履职能力体系、安全保障体系建设、制度规则体系、数据资源体系以及平台支撑体系等五大体系建设。如果把数字政府看成一列火车，构建协同高效的政府数字化履职能力体系是新时代数字政府建设的主线和驾驶舱，涵盖经济调节、市场监管、社会管理、公共服务、生态保护、政务运行以及政务公开等政府履职尽责的执政能力，也是衡量数字政府建设成效的仪表盘；安全保障体系是防火墙和保护壳；制度规则体系是调节器和稳定器；数据资源体系是新燃料和发动机，是驱动火车运行的基础燃料和引擎；平台支撑体系是底盘和传动器。数据资源体系成为数字政府建设的重要组成部分。

（一）数据资源体系基本构成

新时代的数字政府是数据驱动的政府。海量数据是数字政府的关键要素和战略资源，必须强化数据治理，盘活政府数据，挖掘数据价值，服务经济社会发展。而强化数据治理，盘活政府数据，发挥其基础资源作用和创新引擎作用的前提是构建全国一体化数据资源体系。

全国一体化数据资源体系是指在坚持统筹规划、统一标准、规范应用、安全有序原则基础上，对各类数据进行采集汇聚、编目整合、加工处理、共享交换，形成全国数据资源的物理分散、逻辑集中，并实现“整体协同、一体联动，分而自治、统筹共治”的一体化数据资源综合服务体系。通过数据资源管理的全国“一盘棋”，实现数据资源全国“一本账”，通过全国数据资源“共建、共治”，实现“共享、共用”，全面提升各级政府及部门数据管理和应用能力，实现数据全生命周期管理和全面赋能，释放数据价值，为数字政府建设提供强大动能。

全国一体化数据资源体系主要由数据基础设施、数据资源和数据治理保障体系组成。其中，数据治理保障体系包括数据治理制度规则体系和数据安全保障体系两方面，具体如图1所示。

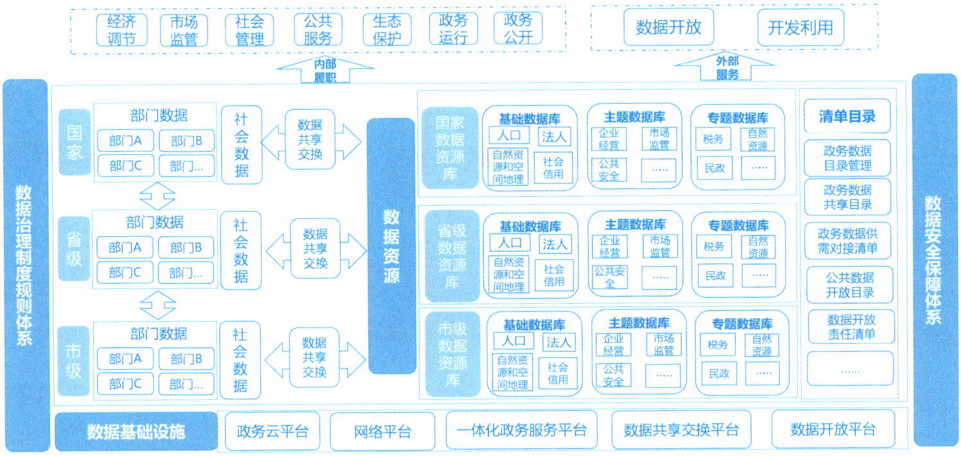

图1　全国一体化数据资源体系架构示意图

1. 数据基础设施

数据基础设施是支撑数据资源体系建设的基础底座，是数据资源汇聚存储、加工处理、共享开放及开发利用的基础性平台载体，也是数字政府建设的根基。数据基础设施主要涵盖政务云平台、网络平台、全国一体化政务服务平台、国家数据共享交互平台以及公共数据开放平台等数据支撑平台体系。其中，全国一体化政务服务平台、国家数据共享交换平台发挥数据共享枢纽和支撑保障作用，国家公共数据开放平台是分类分级开放公共数据的基础性通道。

2. 数据资源

数据资源如同血液之于人体、燃料之于机器，是数据资源体系的核心要素，是支撑数字政府建设的基础资源和创新引擎。数据资源是指政务部门、公共企事业单位、社会团体等公共管理和服务机构在履职过程中产生、制作或获取的各类政务数据、公共数据，以及通过购买等形式获取的各类社会数据的集合。全国一体化数字资源体系中的数据资源主要由国家数据资源库、各省级数据资源库和各市级数据资源库组成。各级数据资源库通过数据共享交换平台和全国标准统一的清单目录体系实现对业务部门数据、社会数据的汇聚融合、共享交换，并形成基础数据库、主题数据库以及专题数据库。通过优化完善各级各类基础数据库、主题数据库以及专题库，构建标准统一、布局合理、管理协同、安全可靠的全国一体化数据资源体系。全国一体化数据资源依托共享交换平台、一体化政务服务平台和数据开放平台发挥数据基础资源作用和创新引擎作用，对内提升政府履职能力，提高政府决策科学化水平和管理服务效率，对外实现数据开放，促进数据开发利用。

3. 数据治理保障体系

数据治理保障体系包括数据治理制度规则体系和数据安全保障体系。数据治理保障体系是加强数据治理，依法依规促进数据高效共享和有序开发利用，确保各类数据和个人信息安全的基础性支撑保障措施。数据治理制度规则体系包括数据管理机制（如数据共享协调机制、供需对接机制等）、数据治理制度（如数据共享、隐私保护、数据开放和开发利用制度等）和标准体系（如数据质量、数据分类分级标准等）。数据安全保障体系包括数据安全管理责任机制、数据分类分级保护、风险评估、检测认证等制度建设以及数据安全管理能力建设等。

（二）数据资源体系建设的意义及作用

1. 健全完善的数据资源体系是数字政府建设的核心驱动力

新时代数字政府作为一个整体性政府，以数据驱动业务整合、以数据创新场景应用成为当前数字政府建设的重要特征，数据成为数字政府建设发展的重要驱动力。构建一体化数据资源体系在数字政府建设中将处于关键地位并发挥重要作用。加强一体化数据资源体系建设，能够优化我国现有电子政务建设格局，发挥数据资源在政府履行经济调节、市场监管、社会治理、公共服务和生态环境保护等方面职能的支撑作用。通过构建数据资源体系，推进数据跨层级、跨地区、跨部门、跨业务、跨系统汇聚融合、互通共享和深度利用，提升政府协同管理和服务水平，支撑企业和群众办事“减环节、减材料、减时限、减跑动”，实现让百姓少跑腿、数据多跑路，加速形成“用数据说话、用数据决策、用数据监管、用数据服务”的数字政府建设新格局。

2.健全完善的数据资源体系有助于加快数据要素化步伐

《关于构建更加完善的要素市场化配置体制机制的意见》将数据作为促进经济发展、创造社会财富的新型生产要素，与土地、劳动力、资本、技术等传统生产要素并列，提出要推进政府数据开放共享、提升社会数据资源价值、加强数据资源整合和安全保护。政务数据多为高价值的基础数据，对大数据产业发展具有重大的市场价值。特别是企业登记数据、医疗卫生、交通数据、气象数据、政务处理数据、司法数据、行业监管数据、自然资源与空间地理数据及历年的国民经济和社会发展统计数据等，具有很高的市场价值及数据挖掘价值。构建完善的数据资源体系，加强政府部门之间、不同层级之间政务数据的共享汇聚，能有效推进高价值政务数据安全有序向社会开放，开展政务数据授权运营试点，鼓励第三方深化对政务数据资源的挖掘利用，激活数据要素新价值、培育经济发展新动能，壮大数据要素市场，促进数字经济持续健康高质量发展。

二、当前我国数据资源体系建设现状

（一）国家越来越重视数据资源体系建设

2017年12月8日，习近平总书记主持中共中央政治局第二次集体学习时强调，要以推行电子政务、建设智慧城市等为抓手，以数据集中和共享为途径，打通信息壁垒，形成覆盖全国、统筹利用、统一接入的数据共享大平台，构建全国信息资源共享体系，实现跨层级、跨地域、跨系统、跨部门、跨业务的协同管理和服务。2021年3月发布的《中华人民共和国国民经济和社会发展第十四个五年规划和2035年远景目标纲要》第五篇“加快数字化发展，建设数字中国”章节中先后提出“构建城市数据资源体系，推进城市数据大脑建设，探索建设数字孪生城市”，“建立健全国家公共数据资源体系，确保公共数据安全，推进数据跨部门、跨层级、跨地区汇聚融合和深度利用”。2021年12月，国家发布《“十四五”推进国家政务信息化规划》提出，深度开发利用政务大数据，加快数据融合，健全国家数据共享与开放体系。提升国家数据共享交换平台功能，支撑国家政务服务平台数据共享交换业务，深化国家公共数据开放网站应用，全面提升政务数据资源共享效率和数据质量，充分利用各地区各部门政务数据资源和基础设施，整合构建全国一体化政务大数据体系。可以看出，“十四五”时期，国家越来越重视加快构建更加全面、系统的数据资源体系，更加强调对数据资源的融合共享和开放利用。

（二）多地出台政策加强数据资源体系建设布局

当前我国东、中、西部地区纷纷出台政策，规划建设区域数字资源体系建设，统筹推进本地数字政府建设。《浙江省数字政府建设“十四五”规划》明确提出，完善开发共享的数据治理体系，建设一体化智能化功能数据平台，加强数据资源共享开放应用创新，建设一体化资源管理系统，将省市县各级各部门的系统、数据、组件等相对分散的数字资源综合集成为一个有机整体。《安徽省“数字政府”建设规划（2020—2025年）》提出，建设江淮大数据中心，汇聚政务、社会、经济等数据资源，实现数据共享交换、开放利用和智能分析，促进跨地区、跨部门、跨层级数据共享和业务协同，为“数字政府”建设提供数据支撑。《山东省数字政府建设实施方案（2019—2022年）》强调，要统一构建汇聚融合的数据资源体系，打破信息孤岛，拔掉数据烟囱，实现跨层级、跨地域、跨系统、跨部门、跨业务共享应用。《四川省“十四五”数字政府规划》提出，统筹建设一体化大数据中心体系，以全国一体化算力网络成渝国家枢纽节点和省大数据资源中心建设为重点，构建统一高效、互联互通、安全可靠的数据资源管理体系实现聚好数据、管好数据、用好数据。《云南省“十四五”电子政务发展规划》提出，健全要素化政务数据资源体系，完善政务数据资源信息库、提升政务数据共享和开放能力、推进政务数据开发利用。

（三）数据资源体系助力数字政府建设取得显著成效

当前，国家和地方高度重视数据资源体系建设，大力推动数据共享开放和开发利用，加快释放数据价值，助力提升政府治理能力和公共服务水平，并取得显著成效。

1.数据基础设施体系初具规模，政务数据共享开放取得显著进展

《“十四五”推进国家政务信息化规划》指出，“十三五”时期国家电子政务内网初步建成，国家电子政务外网实现了四级骨干网络100%全覆盖，依托已有数据中心基础，形成“1+3”的国家电子政务云数据中心体系，各地方各部门政务云平台建设全面提速，初步形成数云网一体融合的公共基础设施。基于政务外网建设的国家数据共享交换平台发挥共享交换枢纽作用，与所有省级平台实现对接，基本实现了部门全联通、省级全覆盖，为“数据通”奠定基础。按照“统一受理、部门授权”的数据共享管理机制，2019年度，国家数据共享交换平台提供受理服务8622次。31个国务院部门发布实时数据共享接口1153个，约1.1万个数据项，支持国家政务服务平台和国家“互联网+监管”系统与各地区各部门交换信息264.12亿条。[①]各地深入推进政务数据跨平台、跨层级共享整合工作。截至2020年11月底，国家数据共享交换平台上线目录累计超过64万条，发布共享接口1200余个，平台开通以来累计提供查询、核验超过20亿次。2020年1—11月，最高单月提供查询、核验服务1.75亿次，累计提供服务超过10.8亿次，数据共享成效显著[②]。2021年《中国地方政府数据开放报告（省域）》数据显示，截至2021年10月，我国已有193个省级和城市的地方政府上线了数据开放平台，其中省级平台20个（含省和自治区，不包括直辖市和港澳台），城市平台173个（含直辖市、副省级与地级行政区）。

2.地方数据资源体系建设取得显著成效

浙江省建设一体化智能化公共数据平台。浙江省以数字化改革作为支撑共同富裕示范区的重要抓手，建设完善一体化智能化公共数据平台，积极推进公共数

---

① 《2019年全国政务外网建设、应用及运行情况》，国家信息中心。http://www.sic.gov.cn/News/462/10457.htm.

② 陈左宁、张军、黄子河:《中国信息化形势分析与预测（2019—2020）》，社会科学文献出版社2021年版。

据资源开发利用。该平台是全省数字化改革的技术总支撑、资源调度配置总枢纽、应用集成运行总平台。截至2021年底，通过该平台连接国建业务系统77套、省建业务系统1141套，设区市业务系统平均246套，打破“信息孤岛”，为全省数字化改革提供数据共享支撑。建立全省统一的公共数据资源目录，累计编制目录数据项178万项。基于省公共数据平台，按照“因需归集、应归尽归”原则，累计归集数据729亿余条。统一建设人口综合库、法人综合库、电子证照库、信用信息库、自然资源和空间地理信息库等五大基础库。同时，加快数据高铁建设，已开通11市28个省级部门39条“数据高铁”，对接160个系统、1005类数据，传输数据797亿条，在政务服务、“互联网+监管”、行政执法等领域发挥了重要的数据支撑作用。

贵州省建设政务数据资源共享开放体系。贵州省作为全国第一个国家大数据综合试验区，通过推动政府数据迁云、健全共享交换体系、完善平台功能、建立常态化调度机制、提升共享开放质量等一系列举措，有效促进了数据共享开放和开发利用，为大数据发展“四个融合”“一网通办”和“放管服”改革提供数据支撑，为我国政府数据的开放共享提供了参考。主要做法包括：一是建立由省大数据局牵头协调的政务数据调度机制，按照“需求导向、任务管理、按需共享”的原则，对全省数据资源从汇聚到共享应用进行统筹调度。二是建设实体化的政务数据调度中心，作为全省政务数据共享开放调度的工作平台，形成软硬互补的数据共享交换调度机制。三是探索数据共享调度全流程管理，形成“谁拥有，谁负责”“谁使用，谁负责”“谁流转，谁负责”的工作模式。四是提升数据“聚通用”水平。[①]全省各级政府的非涉密应用系统接入“云上贵州”平台。贵州省数据资源目录体系不断完善，省市县数据资源目录100%上架，数据调度效率不断提升。政务数据开放共享，有力支撑了“一网通办”的“放管服”改革，为政府管理、政府决策、保障和改善民生提供了有力数据支撑。

---

① 梅宏：《数据治理之路——贵州实践》，中国人民大学出版社2022年版。

（四）数据资源体系建设方面存在的问题及不足

虽然当前我国数据资源体系建设取得了显著成效，但也应看到，一些地区、一些部门在数据资源体系建设方面还存在一些难点、“堵点”问题，影响了对数字政府改革建设的支撑。

1. 全国缺乏统一的数据资源管理组织体系

截至2021年11月底，我国有23个省级地方政府组建成立数据管理相关机构，推进本地数据资源管理。但这些数据管理机构在机构性质、行政级别、职能定位以及机构设置等方面差异性较大。此外，在国家层面也没有明确承担全国政府数据资源体系建设的具体组织机构。这在一定程度上影响了全国一体化政府数据资源体系的建设。

2. 数据共享体制机制有待进一步优化完善

主要表现在：一是部分部委垂管业务系统数据与地方政府共享过程不通畅，存在需要的数据“拿不到”，提供的数据“没人要”情况，影响地方业务办理效率及协同效果。二是省际之间数据共享难度较大，跨省办理、跨省通办需求有待进一步满足。三是区域内数据共享统筹力度有待加强，汇聚整合到上级的数据向基层回流难。

3. 数据共享制度标准体系有待健全和完善

主要表现是数据共享相关“上位法”缺失，导致政府部门之间主动共享的刚性制约不足、共建共享协同合力不够、数据需求响应不及时，影响数据共享效率，配套政策实施细则不健全，导致数据共享难、场景应用受限。另外，数据共享标准化程度不够，未能形成标准化清单，数据供需双方不能精准提出供需要求，导致数据资源对接不高效，共享壁垒难以打破。

4. 部门、地域间数据治理和服务能力不充分、不平衡

主要表现为数据供给无法满足数据共享需求，如存在数据调用次数限制、调用时间限制、调用频率限制等。地方信息化水平发展不平衡、不均衡也导致数据

共享水平差异大，一些部门没有足够有效的数据提供给其他部门利用，一些地方在数据共享方式上还存在批量拷贝等简单粗放式共享模式。同时，当前一些基层数据管理人员技术能力水平不高也给数据治理工作提出不小挑战。

此外，数据资源完备性不足、权威性不够、数据活性差等质量问题，也影响了数据资源的高效共享开放和开发利用，给数字政府效能提升带来挑战。

三、数据资源体系建设思路和路径

（一）数据资源体系建设思路

为推进国家数字政府建设的总体要求，坚持“制度先行、价值驱动、内外结合、应用牵引”的原则，以挖掘数据要素资源价值为目标，以推动经济社会发展、优化营商环境、支撑领导决策为方向，以数据基础设施建设为支撑，以数据高效共享、有序开发利用为抓手，以“权责体系”和“价值体系”为动力，围绕数据资产地位、数据管理体制机制、数据共享开放、数据安全与隐私保护四个方面内容，从制度法规、标准规范、应用实践和支撑技术四个视角，构建“共有、共治、共享、共用”的双循环数据资源体系。

（二）构建完善数据资源体系的几点建议

1. 创新政务数据资源管理机制

一是研究推进数据管理体制建设，明确数据主管部门及责任分工，构建覆盖国家、省、市、县各级政府的专业机构体系，形成各地区各部门职责清晰、分工有序、协调有力的一体化政务数据管理格局。二是以“统分结合、条块兼顾、场景牵引、整体推进”为建设思路，迭代改进全国一体化数据资源体系，推动各地区各部门逐步建立起相应有效的数据共享开放和开发利用机制，确保公共数据资源的有效供给。三是推动政务数据高效共享、公共数据开发利用、数据安全管理等政策法规的编制工作，推进数据质量、数据分类分级等标准规范制定，明确数据活动各参与方权责和流程规范，完成数据治理水平和管理能力，确保政务数据高效共享和有序开发利用。

2.建立政务数据高效共享机制

一是建立政务数据资源共享统筹协调机制。厘清各部门各地区在政务数据资源体系中的职责分工，形成政务数据跨部门、跨层级、跨区域共享的高效运转机制，同时建立政府部门与党委、人大政协、法院、检察院等的数据共享机制。二是实现政务数据资源清单化管理。建立全国统一的政务数据目录，各部门各地方建立完善“责任清单”“需求清单”和“负面清单”，推动政务数据精准高效共享。三是推动建立跨层级政务数据共享机制。探索采用接口服务、数据返还等多种模式，打通共享使用税务、海关、公安等政务数据，民航、铁路等公共数据的通道。四是建立全国一体化政务数据共享服务体系。按照“物理分散、逻辑集中、按域回流、强化运营”的原则，统筹协调全国一体化政务服务平台和国家数据共享交换平台，提升政务数据共享的实效性。

3.探索公共数据开发利用机制

一是结合政务数据高效共享机制，针对政府内部数据融合和大数据分析应用需求，推进公共数据资源开发利用环境的建设，形成政务数据、公共数据和社会数据整合应用的机制流程。二是建立公共数据资源运营规则体系，按照政府引导、企业主导、市场化运营的模式，引入专业团队开展公共数据资源开发利用及运营工作，提供数据接入、开发利用、数据服务等运营服务支撑。三是探索公共数据对外开发利用模式。借鉴公共资源管理方式，将符合要求的公共数据资源纳入公共资源配置模式，实现资源配置程序合规化、效率最大化和效能最优化，妥善处理数据管理权、使用权、收益权之间的关系，确保数据可管可控。

4.提升公共数据安全保障能力

一是组织制定公共数据安全管理办法，建立数据资源分类分级管理制度，明确涉及不同类别、不同级别、不同体量的数据资源应满足的安全管理要求，如公共数据资源向企业授权时应对企业进行安全评估，严格限定授权使用范围并定期进行审核等。二是推动建立公共数据资源全流程开发利用的安全机制。探索将成熟企业在数据资源采集、存储、调用、计算、分析、交易等方面的安全内控机制，激发数字经济活力的同时，确保网络空间安全可控。三是积极采用云计算、大数据、区块链等技术手段，营造安全可靠的数据资源开发环境，提高数据访问、流向控制、数据溯源、数据销毁等关键环节技术管控能力，确保数据利用来源可溯、去向可查、行为留痕、责任可究。

5. 打造公共数据场景典型应用

一是鼓励重点地方重点领域打造场景化应用。结合现有“一网通管”“一网通办”的推进情况，选取典型事项制定政务数据应用指南，形成跨部门、跨区域数据融合应用机制，推进全国性的“一网通办”事项。二是逐步构建社会化的数据运营体系。结合现有医疗健康、普惠金融等应用基础，选取需求迫切的典型应用场景，按照一事一议的方式，引入重点企业，按照市场化机制运行，打造面向社会的数据运营体系。三是完善数据应用监管体系。引入监管沙盒等动态管理手段，对数据开发利用的流程进行全程监管，针对数据沙盒、安全多方计算、区块链等新技术的引入制定相应管理政策，确保数据应用安全有序运转。

6

第六章

构建智能集约的平台支撑体系

加快构建智能集约的平台支撑体系
推进数字政府高质量发展

周　民

国家信息中心副主任

当前，新一轮科技革命和产业变革加速演进，经济社会数字化转型全面提速。加快推进数字政府高质量发展，对于发展数字经济、构建数字社会具有重要的引领作用。2022年4月19日，中央全面深化改革委员会第二十五次会议审议通过了《关于加强数字政府建设的指导意见》(以下简称《指导意见》)。习近平总书记强调，“要全面贯彻网络强国战略，把数字技术广泛应用于政府管理服务，推动政府数字化、智能化运行，为推进国家治理体系和治理能力现代化提供有力支撑”，这为下一阶段推动数字政府建设提供了根本遵循。《指导意见》是国家层面第一个关于数字政府建设的纲领性文件，系统性提出了政府数字化履职能力、安全保障、制度规则、数据资源、平台支撑等数字政府体系框架，并对构建智能集约的平台支撑体系作出了明确部署，对于提升数字政府建设具有先导性、基础性的重要作用。

一、加快建设平台支撑体系是构建数字政府的“先手棋”

（一）平台支撑体系是支撑数字政府建设的基础性工程

广厦起于坚实的根基。构建统一的智能集约平台支撑体系，是建设数字政府的重要基础，是促进数据共享汇聚、推进业务整体协同的重要前提。深入推进

“最多跑一次”“一网通办”“一网统管”“一网协同”“接诉即办”等业务创新实践，都需要统筹数、云、网资源，形成互联互通、协同联动、数据赋能、安全可靠的平台支撑能力，全面保障政府数字化改革向纵深推进。地方数字政府创新实践表明，平台支撑体系的技术水平在很大程度上决定了数字政府的建设水准。因此，要强化信息技术应用创新，充分整合现有信息基础设施，构建智能集约的平台支撑体系，全面夯实数字政府建设“底座”。

（二）数据资源体系是赋能数字政府创新的关键所在

数字政府改革强调数据赋能，推动数据按需有序共享，将数字技术广泛应用于政府管理服务，提升用数据说话、用数据管理、用数据决策、用数据服务的能力，全面推进政府治理流程优化、模式创新和履职能力提升，构建数字化的政府运行新形态。目前，我国已经建成了人口、法人、自然资源和空间地理、社会信用基础信息库，以及投资、价格、公共资源交易、就业、社保等主题性数据资源，亟待深度开发利用和有序开放，加快推动政务数据、公共数据、社会数据的多源汇聚、深度融合、共享开放和开发利用，进一步发挥数据的基础资源作用和创新赋能作用，推动数据赋能决策、服务、执行、监督履职，全面支撑各领域数字化改革需求，提高政府决策科学化水平和管理服务效能。

二、把握数字政府平台支撑体系建设的三大特点

《指导意见》提出“构建智能集约的平台支撑体系”的建设任务，顺应技术创新发展趋势，对基础设施赋予了“智能”“集约”“融合”的新内涵。

（一）把握平台支撑体系智能化的创新特点

推进数字政府高质量发展，对平台支撑体系的智能化水平提出更高的要求。过去以信息传输为核心的基础设施不完全适应数字政府创新发展需要，迫切需要

全面提升智能感知、敏捷计算、泛在互联、高效共享的技术能力，加强云原生、人工智能、大数据等技术同基础设施平台的融合，充分发挥智能化平台支撑体系更智能、更便捷、更开放的特点，加速推进信息技术与政府业务融合，提升复杂应用场景调度能力，更加智能地支撑数字政府创新，满足数字政府业务应用的安全、高效、协同需求。

（二）把握平台支撑体系集约化的建设特点

推进数字政府建设要求实现资源整合、避免重复建设，让政府运行更加协同高效，提高数字政府的建设成效。需要坚持大平台、大系统、大数据的建设思路，加强跨部门共建共用共享，不断完善统一的电子政务网络，统筹推进政务云平台和大数据中心建设，整合联通各级各部门分散建设的业务系统、自建机房和业务专网，形成“一片云、一张网”，集约化构建统一基础支撑平台，实现网络、算力、算法、数据、共性应用、微服务等资源共建共享，支撑各级政务部门快速灵活地调用资源，从而降低各个单位利用各类资源的门槛和成本，有效避免多头重复建设。

（三）把握平台支撑体系融合化的应用特点

数字政府建设涉及各类新技术的综合运用，需要坚持系统观念，加强云计算、大数据、人工智能、5G、IPv6、物联网等新技术集成创新，形成融合型平台支撑体系，为数字政府建设提供算力、算法、电子证照、身份认证、公共支付等共性服务能力支撑，降低各部门利用新技术开展业务创新的难度，提高新技术融合应用水平，以融合化平台支撑体系助力政府数字化改革向纵深推进。

三、加快平台支撑体系需要统筹五个重点任务

全面推进政府履职和政务运行数字化转型，构建智能集约的平台支撑体系，

需要按照《指导意见》部署，重点统筹数据资源体系、政务云平台、政务网络、共性应用、安全保障等五个方面重点任务。

（一）强化数据赋能，完善数据平台能力建设

推进数字政府建设，要牢牢抓住数据共享开放的“牛鼻子”，以数据赋能推进政府治理流程优化、模式创新和履职能力提升。《指导意见》将构建开放共享的数据资源体系作为重要基础支撑之一，重点突出三个方面。

一是数据管理方面，进一步强化数据管理职责和治理能力。数字政府建设对数据质量要求进一步提升，迫切需要化解各级各部门数据治理统筹推进不足、数据责任主体多样、数据质量不高等突出问题。《指导意见》进一步强化政府部门数据归集、共享、开放、应用、安全、存储、归档等责任，加强数据治理和全生命周期质量管理，并提出统筹管理政务数据、公共数据和社会数据。《指导意见》对明确数据责任、扩大数据范围、提高数据质量等方面都作出部署，旨在提升数据服务能力，从而为数字政府建设提供数据动能。

二是数据共享方面，进一步统筹管理好数据供给侧和需求侧。对当前数据共享供需总体“不匹配”、政务数据供给不足、数据申请不合规、数据业务“两张皮”等现象，提出一系列有效措施。数据供给方要实行“一数一源一标准”，避免重复采集、多头采集，便于政务数据的统筹和集中管理；数据需求方以实际应用场景为牵引，确保数据按需申请、有效共享；深化数据高效共享，充分发挥国家一体化政务服务平台数据共享枢纽作用，持续提升国家数据共享交换平台支撑保障能力。此外，《指导意见》要求推进国务院部门垂直管理业务系统与地方数据平台、业务系统数据双向共享，以数据共享减少基层业务人员重复录入。

三是数据开发利用方面，进一步激活数据流动价值。其一，优化完善国家公共数据开放平台，建立公共数据开放责任清单制度，明确数据开放主体及其具体责任，推动开放数据进一步落实落地。其二，分类分级开放公共数据，根据公共数据安全要求、个人信息保护要求和应用要求等因素，将公共数据分为不同类别

和级别进行管理，有助于处理数据共享与开发、发展与安全、效率与公平的关系，促进数据共享开放和增值利用。其三，促进数据有序开发利用，创新提出推进社会数据“统采共用”，实现对政府职能部门需要的基础信息进行统一采集，降低数据收集等重复劳动的成本，提高数据使用效率。

综合来看，《指导意见》对政务数据提供部门、使用部门、协调管理部门和技术平台支撑部门提供高质量数据、规范使用数据、协调管理数据、做好供需匹配服务提出了非常高的要求，并对统筹社会数据创新提出“统采共用”做法，推动构建数据资源体系的力度和实施决心很大，能够为数字政府改革全面实施和取得实效提供强有力的支撑。

（二）强化算力保障，提升政务云平台建设

近年来，政务上云已成为各地政府数字化转型的必选项。基于统一的政务云平台，加强数据共享互通，要充分依托全国一体化大数据中心体系，整合政务数据中心和云计算存量资源，构建智能化政务云平台体系，形成集约共享的算力算法支撑能力，面向政务部门提供绿色集约、安全可靠的一体化算力服务，满足数字政府大规模业务承载、大数据开发利用、共性履职应用。《指导意见》提出探索建立政务云资源统一调度机制，加强一体化政务云平台资源管理和调度。目前，各部门政务云由不同厂商建设，异构云的集中统一调度目前还是个技术难题，可探索由地方大胆改革先行先试。

（三）强化网络支撑，持续优化统一政务网络建设

《指导意见》指出，要提升网络平台支撑能力，必须加快升级完善统一的国家电子政务网络，进一步畅通业务协同、数据共享的大通道。在提高网络承载能力方面，推动骨干网扩容升级，扩大互联网出口带宽，提升网络支撑能力。有些部门的实时业务对外网带宽要求高，外网需要扩充承载能力。在扩大网络覆盖范围方面，政务网络要进一步与5G、大数据等新技术融合，加强电子政务

外网移动接入能力建设，满足移动办公、政务服务、应急管理、社会管理、重大活动保障等移动应用场景需求。在安全可控的前提下按需向企事业单位拓展。在支撑跨网数据传输方面，统筹建立安全高效的跨网数据传输机制，有序推进非涉密业务专网向电子政务外网整合迁移，用以满足数据共享需求和业务运转需要。

（四）强化共性应用，提升重点共性应用支撑水平

重点共性应用是夯实数字政府坚实底座的一项重要基础工作。《指导意见》将推进数字化共性应用建设纳入重点工作任务，与云、网等平台支撑任务并列，具有重要的实践意义。围绕政府数字化转型的重点共性应用需求，以标准化、平台化方式，提供各类自主调用、灵活配置的共性技术工具，强化重点共性应用支撑。在统一身份认证方面，建立全国性的权威身份认证体系，为数字空间提供主体、数据、行为的安全可靠保障，有力支撑政务平台用户实现“单点登录、全网漫游”。在电子证照领域，建立电子证照共享服务体系，实现覆盖个人办事高频证照服务及企业常用电子证照服务，更好支撑“减证便民”。在推动电子文件方面，进一步健全全国统一的电子印章服务体系，提升电子文件（档案）管理和应用水平。在财务税收领域，升级完善全国统一财政电子票据政务服务平台，为推动财政电子票据报销“跨省通办”打通数据。进一步充分发挥国家基础信息库基础性支撑作用，完善信用信息公共服务平台功能，提高数据分析能力。

（五）筑牢安全防线，构建数字政府安全保障能力

推进政务数字化转型必须更加注重网络信息安全，正确处理好安全与发展的问题，进一步夯实数字政府安全基础设施，加快关键核心技术攻关。围绕终端、网络、平台、应用、数据，要在网络建设、数据中心、数据共享开放、业务系统应用的每个环节，严格落实网络安全法、等级安全保护等各项法律法规制度，全

面构建制度、管理和技术衔接配套的安全防护体系，切实守住网络安全底线。尤其要绷紧数据安全这根弦，全面强化数字政府安全管理责任，统筹建立健全动态监控、主动防御、协同响应的数字政府安全技术保障体系，做到及时发现、快速响应、联防联控，为数字政府高质量发展保驾护航。

构建可信数字身份认证服务体系
筑牢数字政府建设安全基石

于　锐

公安部第一研究所副所长

2022年4月19日，中央全面深化改革委员会第二十五次会议审议通过的《关于加强数字政府建设的指导意见》(以下简称《指导意见》) 指出，要打造泛在可及、智慧便捷、公平普惠的数字化服务体系，提升协同管理和服务水平，加快构建数字政府全方位安全保障体系。2022年6月,《指导意见》由国务院正式印发，为未来一个时期数字政府建设提供了基本遵循，为我国全面开展数字政府建设指明了方向。全面推进数字政府建设数字化、数智化、数治化转型，必须树立系统思维、强化顶层设计，加快构建以公民法定身份为基础的可信数字身份认证服务体系，紧盯政务服务“一网通办”、公共数据开放流通、协同治理“一网统管”等全业务、全环节、全过程，有力支撑数据资源确权流通，切实保障个人信息和隐私安全，夯实数字政府建设安全基础。

一、可信数字身份是数字政府建设的重要安全基石

近年来,《中华人民共和国网络安全法》《中华人民共和国数据安全法》《中华人民共和国个人信息保护法》等法律陆续出台，涵盖网络安全、数据安全各个领域的重要政策法规不断完善。建设数字政府，需要紧跟数字技术发展的步伐，适应数字经济、数字社会、数字生态发展的现实需要，以“人”为基本视角，构

建数字政府各类参与主体的标识体系和信任基石，为构建全方位安全保障体系筑牢堤坝、夯实基础。数字身份是指：实体社会中自然人身份在数字空间的映射，适应网络信息系统安全传输、存储、使用和管理，可作为自然人在网络上证明身份的凭证。可信数字身份是指：基于法定身份信息由国家权威机构签发，有政策法规支撑的数字身份，是数字空间自然人身份的信任根。可信数字身份有效解决了数字空间自然人实体的识别与信任问题，实现了网上网下身份一体化，为推进数字政府、数字经济、数字社会和数字生态建设提供了基础支撑。

（一）可信数字身份是数字政府政民互动、协同联动、共建共治等各方面建立“数字信任”的重要基础

“人无信不立”，政府治理以公民的身份管理为基础，数字政府建设驱动政府、企业、公民等各方参与的传统信任关系向数字空间下的新型信任关系转变。各地区、各部门在推进数字政府建设中，都强调加快建设统一、规范的数字身份认证体系，通过可信数字身份建立公民在数字空间中的属性映射，构建起数字信任关系的“锚点”和“根基”。以公民法定身份证件信息为信任根签发的可信数字身份，成为参与政府治理、加强政民互动的“入口”，基于数字身份搭建起“信任链接”，在“以人为本”的数字化政府治理中建立与现实社会治理活动相关联、相映射的信任体系，实现政府与社会、公民之间的“信任传递”。

以可信数字身份为基础搭建的数字信任体系，重建了公民在数字空间的行为规范，重塑了公民参与政府治理的行为模式，改造了社会互动中的合作机制，极大推动了政府治理中的多元参与、开放连接和沟通互动，提高了政务服务的人性化和精准度，提升了政民互动的参与感和认可度，促进了政府治理体系的聚合重构、联动协同和共建共治，为数字政府生态提供了信任支撑。

（二）可信数字身份是构建数字政府全方位安全保障体系的重要基础

可信数字身份的匿名化身份认证方式可有效保护个人信息和隐私安全，认证

后由身份认证基础设施返回脱敏的身份标识，可代替个人明文信息在网络上留存、使用。通过建立完善的个人信息匿名化处理及授权应用机制，从源头上遏止个人信息泄露。可信数字身份作为与公民现实身份关联映射的“锚点”，有效解决了利用虚拟身份传播负面虚假信息、冒充他人身份诈骗，甚至危害国家政治安全等问题。

可信数字身份为个人隐私保护、数字信任建立、数据治理支撑等提供了前提和保障，有力应对跨层级、跨地域、跨系统、跨部门、跨业务资源共享和互联互通过程中多源头身份认证等级不一致、多层级身份管理不统一等问题；从源头上鉴别、认证网络空间信任主体，有效防范网络攻击、数据窃取等安全问题，以及身份盗用、冒用带来的安全风险，为数字政府“一网通办”“一网统管”提供基础安全保障。

（三）可信数字身份是激发数据要素价值，推进数字政府“治理用数”“以数而治”的重要安全基础

数据是建设数字政府和发挥数字政府治理效能的核心基础要素。一方面，数字政府吸纳整合传统社会治理过程中多领域、多类型、多周期的存量数据资源，打通数据联通流转脉络，为数字政府体系运转提供及时、可靠、优质的鲜活数据。另一方面，数字政府治理将产生海量多类增量数据，在实施维度上可视为对数据信息的准确处理。数据治理追根究底是要将各类数据与人的要素数据相关联，让数据“有身份、有归属、有来源、有去处”，实现数据权属清晰、安全流动，传统的数据可信将逐步拓展到数据使用全过程的安全、可信。

可信数字身份源于国家人口管理基础数据，具有法定性、权威性，是多主体、多源头、多层级治理数据的可信汇聚和安全流动的基础，可促进在地方政府间、不同组织和部门间建立更加完善、安全的数字互认、互信关系。权威、可信的身份数据和信息，成为串联多样化业务信息的纽带和桥梁，为开展数据资产确权、

激发数据要素潜能、释放数据内在价值、创新数据治理模式打牢根基。

二、以法定身份证件为信任基础，加快构建权威、可信、安全、高效的可信数字身份认证服务体系

可信数字身份以法定身份证件为信任基础，将数字身份与公民现实身份“强绑定”，国家层面提供权威、统一的身份数据和认证源头，有效实现了身份在跨层级、跨地域、跨系统、跨部门、跨业务的关联、聚合与互认。可信数字身份认证服务体系有针对性地强化服务支撑和技术安全设计，切实防范身份盗用冒用、个人信息窃取、网络攻击等问题，有效应对诸多安全风险。

当前，数字政府建设推动政务全面上云、数据多源汇聚、服务治理全时在线，各地区、各部门还不同程度存在缺乏权威、统一的身份数据和认证源头、个人实名信息分散留存在不同网络应用等问题。同时，数字政府建设从“治理用数”向“以数而治”转型发展，政务服务、治理监管过程中都会产生大量与公民个人信息和生产生活行为相关的数据，数据成为重要的战略资源和新型生产要素，必须规范管理、严加防护。

为切实提高数字政府服务效能，提升治理水平，有效应对安全风险，需要加快建设可信数字身份认证服务体系，为我国领土和主权网络空间活动的自然人赋予唯一、权威、可信的“匿名化”数字身份。一方面，可信数字身份“前端匿名”。自然人可借助可信数字身份完成网络应用的身份认证、用户鉴权。网络应用可对账户系统进行“可控匿名化”改造，与实名身份脱钩，减少个人身份明文数据的使用、留存。另一方面，可信数字身份“后台实名”。个人身份信息明文数据对接国家人口管理后台基础数据资源，不向网络应用提供。从国家层面主导建立“前端匿名、后台实名”的可信数字身份认证服务体系，涵盖网络身份认证服务、基础身份证件电子证照服务等；建立包含实名认证因子、实体证件因子、生物特征因子等多因子、多层级的身份认证服务模式，提供用于留档存

证、信息共享的电子证照服务。通过可信数字身份认证服务的体系性设计和系统化部署，为助力数字社会发展、切实保护公民信息和个人隐私、护航数字政府建设提供重要安全保障。

三、加快推进建设国家网络身份认证公共服务基础设施，为各行业、各领域提供权威可信、安全可靠、体系完善的网络身份认证公共服务

国家高度重视可信数字身份认证公共服务体系建设，加强顶层设计和统筹谋划，加快布局建设国家网络身份认证公共服务基础设施（以下简称“身份认证基础设施”）。《中华人民共和国个人信息保护法》要求，支持研究开发和推广应用安全、方便的电子身份认证技术，推进网络身份认证公共服务建设。李克强总理在十三届全国人大五次会议闭幕后的记者会上，强调要推进身份证电子化，需要用身份证的服务事项实现扫码办理。身份认证基础设施着力构建“一个能力，两个服务”，即向个人签发权威的可信数字身份，通过构建网络身份认证公共服务能力，为全社会提供电子化、匿名化的网络身份认证服务和安全、便捷的居民身份证电子证照服务。

（一）以居民身份证等法定身份证件为信任根，以密码技术为手段，为公民签发网上身份凭证

参考互联网认证技术标准，对居民身份证信息进行加密变换，形成与实体证件唯一对应的可验证安全数据文件——网上身份凭证，下载至个人手机中便捷出示证明身份，是可信数字身份和居民身份证等法定身份证电子化应用的重要形式。在线上、线下各类应用场景中，公民可以根据具体需求，选择使用网上身份凭证注册、登录网络应用，在办理政务服务事项或在交通出行、酒店住宿、就医等社会应用场景中证明身份、登记身份信息。

网上身份凭证是依据法定基础身份信息，通过数字化处理和密码技术生成的

一组结构化数据文件，可以由身份认证基础设施验证。网上身份凭证以数字化形式将权威法定身份映射到网络空间中，实现了公民现实社会身份和网络空间可信数字身份的联动管理。

（二）建设数据汇聚完整、系统架构完备的国家级软硬件基础设施，构建资源配置合理、服务持续稳定的可信身份认证服务能力

身份认证基础设施统一建设、分级部署，按照“统一签发、统一核验、统一监管、分级认证”的原则，构建“多中心、分布式”可水平扩展的技术架构，在全国范围内分区域、分层级设立数据中心和认证服务中心，实现持续、稳定的网络身份认证公共服务支撑能力。

数据汇聚治理方面，依托全面汇聚、整合、治理的户籍管理和居民身份证等法定证件的身份数据，形成最权威、最完整的居民基础身份信息。基础平台支撑方面，以国家发改委批复建设的“互联网+可信身份认证平台”为先导工程，升级、改造和扩容计算、存储、网络及安全资源，构建分布式、高并发、高可用、高安全、高性能的基础平台，提供服务支撑能力。网络安全防护方面，从可信数字身份申领、签发、应用到管理，建立完备的客服、救济、风控机制，防止数字身份被冒领、冒用；全面落实关键信息基础设施保护要求，建立端、网、云、平台一体化综合纵深防御体系，防范、抵御各类高强度网络攻击。

（三）推进身份证电子化应用，创新拓展应用服务和生态体系

以可信数字身份为核心，建立健全网上身份凭证和居民身份证电子证照的一体化签发、管理和服务机制，群众通过移动设备下载安装专用的App，结合生物特征识别等“人证一致性”验证方法申领、出示和调用，向全社会提供符合《中华人民共和国数据安全法》《中华人民共和国个人信息保护法》《信息安全技术个人信息安全规范》要求的电子化、匿名化网络身份认证服务和安全、便捷的居民身份证电子证照服务，实现居民身份证电子化应用。

在有效保护公民个人信息安全和隐私的前提下，支持自然人在数字空间证明身份；替代以往使用实体身份证件的方式，在线上线下各类场景中实现合规、便捷的身份登记、认证、留档以及数据共享，护航数字政府建设，适应数字社会、数字经济发展需求。

同时，构建可信数字身份应用生态服务体系，支持政务服务、行业应用、城市及区域应用和互联网平台等渠道应用平台，探索建立5G SIM卡集成可信数字身份应用服务和生态体系，着力创新可信数字身份认证服务衍生、扩展应用。

（四）着力推进政务服务领域试点示范，为推进数字政府建设提供有力支撑

按照身份认证基础设施建设应用有关部署，着力推进网络身份认证公共服务在政务服务领域的试点应用，按照“高效协同、试点先行、充分利旧、平滑过渡”的原则，依托全国一体化政务服务平台，选择部分高频政务服务应用场景，提供匿名化网络身份认证服务和居民身份证电子证照服务，满足数字经济、社会发展，以及政务服务“窗口办、自助办、网上办、掌上办”等各类业务场景。

2022年底前，网络身份认证和居民身份证电子证照服务将逐步覆盖至全国各省、各重点城市，同时探索建立完善可信数字身份在政务服务领域的应用模式和技术规范，建立健全政务服务领域身份认证管理制度及标准体系，为网络身份认证公共服务在政务服务领域应用和全面支撑数字政府建设积累经验。

四、可信数字身份认证服务体系建设未来展望

按照数字政府建设对加强顶层设计和整体统筹、完善体制机制的要求，聚焦政府数字化、智能化运行，以及数字技术在政府管理服务的广泛应用，充分把握数字政府、数字经济、数字社会、数字生态的特点，跟进国际国内数字空间治理方式和治理手段的发展趋势，抢抓数字化转型机遇，抢占数字空间治理制高点，

加快推进身份认证基础设施的建设，进一步健全完善的、具有中国特色的可信数字身份认证服务体系，有力推动政府治理数字化转型、数字化赋能，有力支撑国家治理体系和治理能力现代化。

（一）建立具有中国特色、适应数字政府发展要求的可信数字身份认证服务体系和管理制度

以国家人口管理数据为核心，加快汇聚治理海量多模式、异构身份数据，构建权威、可信国家身份信息库。构建满足不同层次、不同安全等级的身份认证需求服务模式，采用多因子鉴别技术，提供多信任级服务。坚持法规、标准、技术、监管相结合，从数字身份申领、签发、应用到管理，建立完备的客服、救济、风控机制，建成适应数字政府建设总体要求、具有中国特色的可信数字身份认证管理制度和监管体系。

（二）加快推进身份认证基础设施建设，普及推广网络身份凭证和可信数字身份认证服务

建立全域覆盖、分级部署的身份认证软硬件基础设施，建设完备的冗灾备份体系，保证业务流量灵活调配、资源快速扩容、故障快速应对，支撑大规模、高并发应用。落实国家网络信息安全等级保护和关键信息基础设施保护要求，采用国产密码算法和多种信息安全策略措施，防范、抵御各类高强度网络攻击。全面推动政务服务、互联网、金融、交通等重点领域部署接入身份认证基础设施，更好地保护公民个人信息，为人民群众生产生活提供便利。

（三）充分吸收国际国内经验，创新技术应用和体制机制，探索推动可信数字身份体系发展

建设发展可采用两步走的演进策略。首先，按照《中华人民共和国个人信息保护法》第六十二条“推进网络身份认证公共服务建设”要求，积极开展国家级

数字身份基础设施建设，向个人签发权威的可信数字身份，支持跨层级、跨地域、跨系统、跨部门、跨业务的认证服务。再通过创新标识算法、隐私计算、高并发交易等关键技术，依托可信数字身份构建“区块链+”模式的分布式认证能力；形成跨链应用架构和模型，创新共识、约定机制，逐步支撑各类分布式应用发展，构建具有中国特色的新一代可信数字身份认证服务体系。

加快新技术应用　推进智慧海关建设

康　川　曹　泉*

当今世界正在经历百年未有之大变局，构建以国内大循环为主体、国内国际双循环相互促进的新发展格局，加快建设全国统一大市场，是我国应对变局的重大战略部署。海关作为“双循环”联结点，承担着把关和服务双重职责，对落实这一重大而紧迫的战略部署起着举足轻重的作用。特别是全球新冠肺炎疫情暴发以来，国门安全形势更加严峻复杂，统筹口岸疫情防控和促进外贸稳增长工作对海关提出了新要求和新考验。海关亟须以数字化转型为抓手，加快新技术应用，推进智慧海关建设，努力提升海关制度创新和治理能力建设水平，为“双循环”保驾护航，为构建更高水平开放型经济新体制贡献力量。

一、数字经济竞争格局引领海关数字化转型

习近平总书记高度重视数字经济发展，指出数字经济成为重组全球要素资源、重塑全球经济结构、改变全球竞争格局的关键力量，要求我们站在统筹中华民族伟大复兴战略全局和世界百年未有之大变局的高度，统筹国内国际两个大局、发展安全两件大事，充分发挥我国海量数据和丰富应用场景优势，促进传统产业数字化转型升级，催生新产业新业态新模式，做强做优做大我国数字经济。

* 康川，海关总署科技发展司司长；曹泉，业务信息化管理处处长。

2016年《二十国集团数字经济发展与合作倡议》对数字经济进行了定义，提出数字经济是以数字化知识和信息作为生产要素，以数字技术创新作为核心驱动力，依靠现代信息网络和信息通信技术提升效率和优化经济结构的经济活动。2021年8月，中国信息通信研究院发布了《全球数字经济白皮书》，其中指出，2020年47个国家数字经济增加值规模达到32.6万亿美元，占GDP比重为43.7%，中国数字经济规模为5.4万亿美元，位居世界第二。自新冠肺炎疫情发生以来，数字经济表现出了强大韧性。

（一）数字经济是构建“双循环”体系的关键环节

2021年12月，国务院发布了《“十四五”数字经济发展规划》，2022年4月，中共中央、国务院发布了《关于加快建设全国统一大市场的意见》。数字经济在推动全国统一大市场建设，构建“双循环”体系过程中，已经而且将持续发挥重要作用，主要表现在：一是有利于促进国内外上下游企业供需精准匹配，实现生产要素和资源高水平整合；二是有利于打通制约经济循环关键堵点，形成统一的市场制度规则，打破地方保护和市场分割，提升生产、消费、分配与流通等环节效率；三是有利于通过数字化技术打破国际界限，为国际市场的开拓和国际优质资源引进提供有力支撑；四是有利于发展数字贸易，以自贸试验区承接高标准数字贸易规则，发展云服务、数字内容、数字服务与跨境电子商务等数字贸易产业；五是有利于通过产业数字化转型，实现效率变革、动力变革与质量变革，提高企业国际竞争力。

（二）数据成为经济社会的基础资源

随着互联网的蓬勃发展，数据呈现出可共享、可无限增长的特点，已经成为数字经济的基础“资源”。一方面，数据可以支撑企业决策和运营流程快速优化，提升生产和资源配置效率；另一方面，数据通过与人工智能结合，可以挖掘出“第四范式”下的科学规律，推动技术创新。此外，还可叠加数字平台大幅降低数据共享门槛，促进资源流动与业务协同。

一批业内领先的科技企业坚持数据驱动发展模式，以数据驱动产品设计、研发和服务，并及时采集用户反馈推动产品和服务的快速迭代优化，通过组织架构、业务流程、信息系统以及人才队伍高度匹配，极大提高了效率。与此同时，传统企业也加快通过数据驱动推动转型升级，用信息化促进全业务流程的自动化，推动产业链上下游生产要素快速有效流动，提高服务质量和效率，提升企业竞争力。

（三）数字海关是发展和守护国家数字经济的重要支柱

当前，世界各国海关科技创新竞争态势进一步加剧，主要发达国家海关纷纷调整发展战略，不断推出极具挑战的数字海关创新计划，并在全球密集布局，以增强在全球贸易规则及通关标准中的影响力。传统“人海战术”“逐点布防”手段已不能满足中国海关监管和服务需要，海关若想“既要管得住，又要通得快”，就必须应用新理念、新技术、新模式推进海关监管变革，实现精准分析、顺势监管、无感通关，为新技术应用提供了深厚土壤和广阔空间。

新技术既是海关高标准、高质量履职的“牵引力”，也是海关拓展业务领域及应用的“推动力”。主要体现在3个方面：一是可有效应对日益严峻的国门安全形势。通过口岸渗透入境的方式日益多样、方法更加隐蔽，有效防控安全威胁的挑战日益加大。同时，国际贸易形势日趋复杂多变，企业要求公平竞争、避免不确定性、最大程度便利、降低贸易成本、保证进出口质量等诉求日益高涨。二是可缓解基层海关人力资源不足的问题。近十年，我国货物贸易进出口量连创新高，2021年与2012年相比，增量高达14.7万亿元，2017年以来，我国已经连续五年保持世界货物贸易第一大国的地位，进出口量在大幅上升，整体通关时间在大幅下降，而海关工作人员数量并没有太大变化，主要靠信息化支撑保障。三是优化口岸营商环境的客观需要。在世界银行发布的2020年世界营商环境排名中，中国排名第31位，较2016年的第84位大幅提升53位，但是与全球货物贸易第一大国的地位相比，我国在世界营商环境的排名上仍有较大提升空间。

二、新技术应用对海关数字化转型至关重要

为贯彻落实习近平主席在中国—中东欧国家领导人峰会上提出的开展“智慧海关、智能边境、智享联通合作试点”的重大倡议，海关总署提出2025年全面建成“智慧海关”的战略目标。要实现这一目标，必须进一步加强新技术的研究和应用力度，实现新技术与海关应用场景的深度融合。

在信息技术的应用推广方面，海关一直保持着优良的传统。自1978年以来，海关总署持续推进业务科技一体化进程，在全国海关建设了H883系统、H2000系统、金关工程一期、H2010工程、金关工程二期和H2018工程等具有里程碑意义的重大工程项目，推动海关信息化实现跨越式发展，形成了涵盖业务应用、决策分析、综合保障、公共服务、对外合作、监察审计的全方位信息化应用格局。

（一）智慧海关建设初步形成“三种思维”

首先，是顶层设计思维。在最高层面探寻问题解决之道，把战略视角的分析和解决实际问题有机统一起来，不是就一个问题去解决一个问题，而是从战略上来解决问题，从顶层入手来解决问题，从系统和结构上来解决问题。研究政府监管和社会效益的统一，既要实现有效监管，又要尊重用户体验，实现收放自如的监管。看得见的是便利，看不见的是严密，这种监管制度的设计体现了顶层设计思维。

其次，是大数据思维。大数据思维是一种关联思维，不究其原因，而是建立关联性。建立关联性的目的是实现预测能力，所谓防微杜渐就是大数据思维，通过研究一些大概率事件预测未来小概率事件的发生。智慧海关重点是研究企业违法问题，企业违法属于小概率事件，如何去预测呢？我们可以通过研究一些与企业违法相关的大概率事件来预测。

最后，是互联网思维。互联网思维的核心是研究经济社会的网络化影响，要坚持以人为本，通过推动信息的自由流动，实现最佳用户体验。最常用的场景是“互联网+”，如果企业、老百姓不用亲自上门而能拿一部手机与海关打交道，将会是非常好的体验，这就是让企业办理通关手续时“最多跑一次”的互联网思维。

（二）构建以数据为驱动的智慧海关系统框架

海关以数据为驱动，设计了新一代海关信息系统总体架构，开发应用了新一代通关管理系统（H2018系统），形成专家精准研判、机器智能辅助的业务运行机制，同时在监管现场配置了大量先进设备，建立了统一的监管规范、统一的数据标准，实现全量的业务数据汇聚，这些为以大数据、人工智能为核心的智慧海关建设提供了良好的基础。

智慧海关系统流程主要包括：电子申报、电子审核、分析甄别、单证验核、实货检查、异常处置、货物放行、后续管理以及综合治理等环节。全国进出口货物、快件、跨境电商、邮递等100%实现自动化处理。为进出口企业提供国际贸易“单一窗口”和“互联网+海关”服务，与相关部门合作建设“互联网+监管”系统，在简化贸易单证、压缩通关时间、实现协同监管、强化供应链安全等优化口岸营商环境方面积极探索，并取得阶段性成果。

随着业务改革的不断推进和新技术的推广应用，海关逐步建立了基于大数据分析的业务模式，通过风险管理、企业进出口信用管理、大数据通用分析等系统，探索出一套海关适用的大数据模型应用机制，改变了人工逐票审单，形成了以行业、企业、物流为核心的数字化监管新模式。

（三）海关监管数字化转型得力于人工智能

中国海关已广泛应用进出口集装箱检查设备（以下简称H986）、行李物品断层扫描设备（以下简称CT机）、行李物品X光扫描设备（以下简称X光机），其中，H986主要应用于海运货运、公路货运、铁路货运等3种监管场景；CT机和X光机主要应用于快递、跨境电商、邮政、旅检等4种监管场景。上述检查设备扫描形成的货物、包裹、行李等检查图像，均需要专业人员进行研判审核，容易产生疲劳错判，在监管业务量持续增长和进一步提高通关效率的双重压力下，研发智能审图系统就被提上了日程。

2017年6月，海关总署与清华大学成立联合攻关组，推动监管设备、检查数据、智能算法跨学科创新集成研发，经过三年的持续努力和探索，建立了智能审图算法模型，研发形成了一系列核心算法，并在试点、完善的基础上，在全国海关推广应用。目前，H986设备智能审图平均识别时间为10～15秒，CT设备智能审图平均识别时间为2～5秒，且稳定性更强，在图像识别时间上领先传统人工判图模式。

同时，我们也清醒认识到，海关在新技术应用方面仍存在一定的障碍和制约，主要表现在：传统管理模式占用大量人力资源；利用互联网提供服务的内容、方式尚不充分；业务专家与人工智能、大数据等技术未能深度结合；各类新技术在海关应用不平衡，未形成有机大系统；现有安全技术手段需同步提升，要不断创新安全防护措施，实现有效防控和操作便利的平衡等。因此，海关数字化转型不是单纯的技术问题，而是一项复杂的系统工程。

三、把握新技术定位，探索新技术海关应用路径

在第四次工业革命中，人工智能技术成为新的生产力，大数据成为新的生产资料，区块链技术可以在互联网上构建可信赖的交易。为此，要准确把握新技术特点与定位，进一步规划新技术在海关应用的科学路径。

（一）新技术在智慧海关中的定位

人工智能是一种模仿人脑构建的计算机系统，可自我学习。在智慧海关中，

人工智能技术主要用于提高对风险目标的识别范围和精度，提高自动化处置能力，提高智慧海关执法作业的生产率。例如："非侵入式检查设备（NII）+AI"可以帮助海关对监管目标物更为精准、快速地识别。

大数据作为相对独立的生产要素，配合必要的加工方法和交付方式，共同构成智慧海关的生产资料。海关广泛收集数据，通过建立模型对企业、人员、货物等开展风险评估，并用自动化计算出的检查指令指挥一线作业，提升执法的针对性和有效性。同时，建立运行监测、问题诊断、决策指挥、调度执行、结果反馈、综合展示的数字化闭合管理机制，以及相配套的数据质量管理机制，实现真正的"数字化海关"。

区块链作为一种互联网信任技术，可为智慧海关各参与方建立数字信任关系，解决关企及其他口岸监管部门之间信息不对称问题，降低各方数据核查成本，提高贸易效率，同时可以保证监管效果，改善营商环境。

此外，云计算技术可以为智慧海关提供充足的处理能力，密码技术可以为智慧海关应用建立安全保护环境。

综上所述，在维护国门安全，促进通关便利，保障外贸产业链、供应链安全等主要领域，结合新技术定位，通过系统化设计、实施、集成及应用，可以全面提升海关监管服务能力。

（二）找准新技术应用的突破口

1.基于大数据构建海关智慧大脑

一是对企业、口岸相关部门、国际贸易关键环节的涉关数据进行收集整合，建立专家、人工智能、知识体系相结合的研判机制，提高大数据精准防控能力。

二是进一步完善海关大数据平台技术框架，建立分析、研判、处置、反馈等大数据应用，满足监管与服务工作需要。

三是提高系统并行处理能力和处理效率，对参数规则统一维护、统一加载、统一处置，提升机器"智慧"。

2.基于人工智能构建国门安全智能监管系统

一是研发新一代安全智能锁（俗称“电子关锁”），结合电子车牌和集装箱识别系统、电子地磅等卡口设备，实现海关对监管货物的自动监控、无线远程施/解封、自动快速通关。

二是集成全国海关视频监控、智能审图、电子地图、智能化单兵、智能化通道设施、海关信息系统、图像识别等，加强基于视频内容、审图内容、分析甄别结果等的关联化、综合性智能分析，提高对业务现场智能化监控、突发应急、机动部署、全天候管理等能力。

三是基于5G建设海关单兵通信指挥系统，实现“单兵—指挥中心”数字化指挥作战。

3.基于区块链构建可信赖国际贸易环境

通过使用区块链，贸易供应链中的相关实体将具有安全且可验证的身份，保证真实性，可以在证明货物来源方面发挥重要作用，通过追踪货物的来源或产地，及时应对全球健康、疾病和污染的挑战。目前，全球大部分区块链项目仍以“自底向上”的“逐点”示范为主，海关可以选择合适的应用场景积极开展创新试点，用信任促进国内国际双循环的贸易线路，进一步优化口岸营商环境。

（三）构建新技术应用保障机制

一是构建海关科技创新治理体系。结合智慧海关建设，同步加快建立健全以科技规划、科技研发、科技装备、科技安全、科技队伍、科技保障、科技激励等为主要组成的科技治理体系，保障新技术在海关改革发展中发挥战略支撑作用。二是强化业务科技一体化顶层推进机制。通过科学组织，把智慧海关各项工作综合成为新技术应用合理、经济上合算、研制周期短、运转协调的大系统。三是构建科技创新生态环境。以全面推广H2018系统为契机，为全国海关提供统一大平台、执法微应用、对外服务小程序、一体化安全管控措施，各直属海关在统一大平台上开展特色应用拓展，及时响应一线需求，调动全国海关科技创新积极性。

此外，要充分发挥市场机制作用，加大实施技术外包和服务外包力度，建立产、学、研、用一体化创新体系，建立创新文化，培育具有自主知识产权的创新产业链，支持中国海关新技术应用走向国际，进一步提高中国海关的国际影响力和竞争力。

加强重点共性应用建设 提升政府数字化履职和公共服务能力

张瑞书*

河北省政务服务管理办公室党组书记、主任

随着互联网、大数据、人工智能、云计算等新兴信息技术迅猛发展，我国已进入加快数字化发展、全面建设数字中国的新阶段。2022年4月19日，中央全面深化改革委员会第二十五次会议审议通过了《关于加强数字政府建设的指导意见》，强调要全面贯彻网络强国战略，把数字技术广泛应用于政府管理服务，推动政府数字化、智能化运行，为推进国家治理体系和治理能力现代化提供有力支撑。在以习近平同志为核心的党中央坚强领导下，各地数字政府建设加速推进，支撑政府数字化转型取得了明显成效。作为数字政府建设的基础设施，重点共性应用的基础支撑作用愈加凸显，但还存在着体系不完善、标准不统一、支撑能力不足等问题。准确把握重点共性应用的作用意义、特征规律、组成体系，科学谋划重点共性应用建设的实践路径，是数字政府建设的一项重点任务，是各地政府推进数字化转型必须率先解决的重大系统性课题。

一、从战略和全局的高度，充分认识重点共性应用在数字政府建设中的重要作用

数字政府是数字中国建设的重要组成部分和核心枢纽，重点共性应用在数字

* 现任河北省第十四届人民代表大会常务委员会委员，城乡建设和环境资源委员会副主任委员。

政府建设中发挥重要的基础支撑作用。所谓重点共性应用，是指通过信息化手段将政府管理中使用的身份凭证、印章、证照、档案、票据、信用信息、地理信息等要素转化为数字化工具，为数字政府建设中各类业务系统提供公共支撑，为政府部门改造传统的线下管理方式和流程提供手段，推动实现政府数字化转型。比如各部门审批业务系统使用的身份认证、电子签章、电子证照等应用服务，电子公文运行系统使用的电子签章、电子档案等应用服务。

（一）重点共性应用是支撑政府数字化转型的重要基础设施

从信息化到数字化再到智能化，是建设数字政府的必由之路。重点共性应用为政府数字化转型提供基础工具和应用载体，通过对身份凭证、印章、证照、档案、票据等的数字化，将政府管理和服务中使用的传统工具从线下复制到了线上，支撑政府部门在线上重构线下业务、改进业务流程，实现在数字虚拟空间高度还原现实应用情景，满足政府工作人员在数字化环境下的履职需要。因此，重点共性应用支撑体系是政府实现数字化转型的先决条件，没有重点共性应用的支撑，线上线下将脱节，业务系统之间难以有效串联，数字政府建设将成为无源之水、无根之木。应把重点共性应用作为重要基础设施提前谋划，系统、全面地进行建设，为数字政府建设打牢根基。

（二）重点共性应用是推进政府职能转变和治理效能提升的有力抓手

数字政府的建设过程就是实现数字技术广泛应用于政府管理服务的过程，功能丰富、融合一体的重点共性应用为政府履职和政务运行数字化、社会治理和公共服务智能化提供手段。

在政府管理运行方面，重点共性应用是数字机关建设的基础，电子印章、电子档案等重点共性应用解决了政务运行中公文电子化和可信认证问题，是建设政府一体化协同办公体系不可或缺的支撑工具，能够有效提升内部办公、机关事务管理等共性办公应用水平，进一步推动机关事务线上集成化办理，全面提升行政执行效能。

重点共性应用是重要的串联工具，通过对接各领域、各部门政务应用系统，实现各系统产生的数据和开展的业务跨系统共享互认、协同联动，形成跨部门、跨地区、跨层级的协同服务和监督监管能力，极大地提升政府管理运行效率和治理水平。

在公共服务方面，重点共性应用在政府为企业和群众提供的各类服务中发挥了“工具包”作用，身份认证提供了跨系统、跨部门用户信息统一和互认的工具，电子印章提供了线上服务中代替实体印章和手写签名的工具，电子证照提供了政府核发资质资格证书电子化和共享互认的工具，公共信用提供了信用数据归集、整合及共享查询的工具。这些工具在政务服务和公共服务中的广泛使用，一方面实现了线上线下标准统一、全面融合、服务同质，形成一体化的服务格局；另一方面为群众获取政府服务提供了普惠、均等的服务手段，以数据共享和服务协同代替群众来回跑办，最大限度实现了“简环节、减时限、降成本、优服务”，为群众提供了更加高效、便捷、智能的政务服务。

二、夯实数字政府建设的根基，建立覆盖全面、内容完善的重点共性应用体系

数字政府建设是一项系统性工程，覆盖全面、内容完善的重点共性应用体系为数字政府建设提供基础支撑，是数字政府建设的重要根基。重点共性应用体系应包括：身份认证、电子签章、电子证照、电子档案、公共信用、地理信息、支付平台以及其他重要应用等。

（一）统一的身份认证服务体系

通过对接权威、统一的自然人、法人信息库，使用人脸识别、生物识别等技术，将传统的使用身份证、营业执照等实体证件现场认证身份的方式，转变为线上比对信息、核验身份，实现在线实名、实人认证，为企业和群众提供多方互认、线上线下一体的数字身份。政府部门业务系统使用统一的身份认证服务，实现用

户统一注册、认证、登录以及信息管理，避免群众在政府办事重复注册用户，为企业和群众跨部门、跨区域办事提供信息一致、互通互认的用户服务。

全国一体化政务服务平台已经建成了统一的身份认证体系，为各级各类业务应用系统统一提供身份认证服务，实现全国“一号登录、全网互认、随处漫游”，全国自然人用户超过9.5亿，法人用户超过8700万。

（二）统一的电子签章服务体系

使用电子签名、数字认证等技术，将实体印章或手写签名进行数字化改造，统一制发电子签章并提供用章、验章服务，解决政府部门线上办公、审批及服务中纸质材料电子化和电子材料互信互认问题，实现与实体印章或手写签名同等的使用效果。政府部门业务系统使用统一的电子签章服务，制作签发各类电子文件，支持企业和群众使用电子材料办理业务，实现可信材料提交、送达、互认并合法存档，从源头上解决“最少跑一次”问题。

各地依托全国一体化政务服务平台开展了电子签章系统集约化建设，逐步形成了全国统一的电子印章服务体系。河北省在为社会主体提供电子签章服务方面进行了积极探索，建成了全省统一、完整规范的应用和管理体系，为全省350万市场主体提供“在线免费领章、网上办事用章、全省互通互认”服务，并在行政审批、社保、税务、公积金、公共资源交易等涉企业务中实现广泛应用。

（三）统一的电子证照服务体系

将政府部门签发的各类证照、证书、许可、批文、证明等实体文件进行电子化，加盖政府部门电子签章后制发电子证照，与实体文件具有同等法律效力，支持企业和群众在线上领取审批结果，并在网上办事时使用电子证照核验身份和资质资格，代替到现场核验实体证件和提交材料，同时为政府部门开展监督监管提供了更加精准、科学、有效的数字化手段。

各地依托全国一体化政务服务平台建成了统一的电子证照服务体系，全国电子证照达到900多种、54亿张。河北省持续扩大电子证照应用领域，深入开展140种涉企经营和民生服务高频证照电子化应用，在政务服务领域全面实现证照材料“免提交”，并实现营业执照、社保卡、不动产证书、医保电子凭证等高频电子证照社会化广泛应用。

（四）统一的电子档案资源体系

按照统一标准将存储于各类业务系统的电子数据和材料，转化成符合档案管理要求的电子档案，并提供电子档案存档、归档、查询及管理等服务，提高档案存档、移交、查询等工作效率。政府部门业务系统使用统一的电子档案服务，实现电子文件从形成到归档全周期、全流程管理，保证电子档案的真实性、完整性、可用性和安全性，支撑跨层级、跨地区、跨部门电子档案共享利用，提升政府行政效率和公共服务能力。

（五）统一的信用信息公共服务体系

跨部门、跨行业、跨区域归集、整合行政许可信息、行政执法信息、失信被执行信息等信用数据，实现分级分类管理，支撑信用公示、红黑名单管理、联合惩戒等业务开展，对外统一提供信用信息查询、共享等服务，为政府部门优化管理服务、提升管理效率提供支撑。

各地深入开展社会信用信息管理平台建设，逐步形成了统一的信用信息公共服务支撑体系。河北省将社会信用体系建设作为深化“放管服”改革重要内容统筹推进，信用平台实现省市县乡村五级覆盖，信息归集总量达到45亿条，开展了企业信用分级分类监管，通过“信易贷”应用发放贷款783亿元，有效缓解了中小微企业贷款难问题。

（六）统一的地理信息协同共享体系

将自然资源、地理信息等使用数字化技术进行转化并存储，实现地理信息数据同源、统一管理，并为政府部门及社会公众提供统一、集成的地理信息数据共享与服务，为政府部门在社会治理、自然资源管理、环境保护、应急指挥等领域提供地理数据支撑。

（七）统一的支付服务体系

通过整合线上各类支付渠道，打通非税收入支付平台，为企业和群众非税缴费、公共服务缴费等提供统一的支付手段，提高网上支付的便利性、安全性和可靠性。

除以上重点共性应用外，统一提供咨询问答服务的智能客服平台，统一提供快递寄送、信息查询服务的物流平台，以及统一提供电子票据开具、查验服务的电子票据平台等都是重点共性应用体系的组成部分。

三、立足新型基础设施的定位，适度超前布局重点共性应用支撑平台建设

与政务云平台、政务网络等传统基础设施相比，重点共性应用是一种新型基础设施，应坚持以下原则进行建设。

（一）坚持适度超前、集约建设

随着数字政府建设不断深入，越来越多传统业务流程将实现数字化改造，对重点共性应用的需求将呈现指数级增长。重点共性应用的建设应提前布局，并在系统承载能力、服务性能等方面做好储备。重点共性应用是新型基础设施，要求必须坚持集约化建设，尽可能提升建设层级，在节省经费的同时，有利于标准统一、数据共享和互通互认，为将来更深层次推进数字政府应用奠定基础。

（二）坚持标准先行、统一规范

政府部门各类业务系统要在重点共性应用的支撑下，实现数据共享和业务协

同，前提是标准统一，比如用户认证标准统一、电子印章制发标准统一、电子文件存档标准统一等。因此，应尽快在全国层面制定相关标准规范，包括技术开发标准、业务应用标准、系统对接规范、数据共享规范等，这样才能形成统一的重点共性应用支撑体系。

（三）坚持系统互通、数据互认

系统互通包括两个层面：一是重点共性应用与业务应用系统间要系统互通；二是重点共性应用之间也要系统互通。比如身份认证要与其他共性应用互联互通，支撑用户合法使用服务；电子证照要与电子签章、电子档案等系统互联互通，使用它们提供的签章和存档等服务。另外重点共性应用产生的身份信息、电子证照数据、签章记录、电子文件数据、信用信息、支付数据等要实现数据共享和互认，这是依托数字化技术再造政府管理流程、优化服务模式的基本前提。

（四）坚持开放共享、能力输出

重点共性应用除支撑数字政府建设外，还应担负起数字政府与数字经济、数字社会协同发展的桥梁作用，积极对外开放服务能力，为数字经济高质量发展赋能，为数字社会建设提供普惠应用。例如积极为金融机构开放公共信用信息查询服务，助力中小微企业融资，降低金融风险；为社会公众开放电子签章相关服务，支持企事业单位之间、个人之间在合同签订、商务合作等方面使用电子签章，提高社会协作水平，助力数字社会建设。

四、以实现全面应用为目标，持续提升政府数字化履职和公共服务能力

围绕“一网协同”“一网通办”“一网统管”，全面推广使用重点共性应用，不断创新行政管理方式，提升政府数字化履职能力，提高公共服务水平，促进数字

经济发展和数字社会建设。

（一）加强在推进政府履职和政务运行数字化中的应用

身份认证、电子印章、电子证照、电子档案等重点共性应用为政务业务系统提供一体化支撑，在政府内部运行管理和协同治理中有着广阔的应用空间。依托重点共性应用，打造一体化政务服务平台、信用信息公共服务平台、“互联网+监管”平台以及协同监管、城市管理、交通出行、基层治理等行业信息系统，实现政府部门间多系统互联、多业务协同、多层级联动，逐步实现政府内部运转“快响应”“零跑动”，形成一体协同、双向互动、共管共治的政府管理和治理体系，实现政务运行效率和社会治理水平的“双提升”。

（二）加强在优化利企便民数字化服务中的应用

推动政府数字化转型的重要目标是服务型政府建设，以满足人民群众对高质量政务服务和公共服务的迫切需要。依托重点共性应用支撑，持续加强一体化政务服务平台建设，面向群众需求不断优化业务流程、提升服务效能，构建全时在线、渠道多元、全国通办的一体化政务服务体系，提供智慧便捷的政务服务和均等普惠的民生服务，让广大人民群众共享数字政府发展成果。例如依托身份认证、电子签章、电子证照、电子档案等应用，支撑“全流程网办”“不见面审批”“跨省通办”等政务服务改革创新，大力推行企业和个人全生命周期“一件事”集成服务，探索“一业一证”“免申即享”“民生直达”“多卡合一”等智慧服务模式，让政府服务更智能便捷、易于获取，有力提升公共服务数字化、智能化水平。

河北省充分发挥重点共性应用的支撑作用，大力实施了“就近办、网上办、自助办”民生工程，通过在全省村（社区）、各类公共服务场所布设的2.4万台政务服务集成自助终端，把政务服务延伸到了群众身边，实现24小时不打烊服务。还聚焦基层急难愁盼问题，开发上线了河北省基层电子证明系统，实现了基层证明全程网上申请、开具和使用，解决了近千万在外工作学习的基层群众开具证明来回跑办、千里奔波、成本高昂问题，是重点共性应用支撑数字化便民服务的一项成功实践。

（三）加强对数字经济高质量发展的赋能

数字政府赋能数字经济的关键在于数据要素开放、创新主体培育以及市场秩序高效监管。重点共性应用所具有的政府管理要素数字化工具属性，能够有效为数字经济高质量发展赋能。例如依托统一的身份认证体系，为纳税、社保、市场监管、行政处罚等公共数据共享开放，提供精准、可信的授权、鉴权服务，支撑数据要素流转和价值开发；通过对外开放电子签章、地理信息、支付平台等服务，支撑数字化企业开展业务创新，加速新业态、新经济发展；通过不断完善的信用服务体系，解决数字经济市场主体多元化、虚拟化、隐蔽化所带来的平台企业垄断、监管缺失等问题，为政府实施联合惩戒和科学监管提供支撑，为数字经济发展赋予更良好的信用环境。

（四）加强为数字社会建设提供普惠应用

数字政府，一头是政府，一头是社会公众。作为政府管理的数字化工具，重点共性应用在推动数字技术与传统社会服务融合、加强数字资源供给方面发挥重要作用。在保证安全可控的前提下，有序推进重点共性应用服务能力开放，为社会公众获取政府所管理的资源提供权威、便捷的渠道，助力社会公众开展互信协作。积极推进不同共性应用汇聚的人口、法人、地理空间、社会信用、电子证照等基础数据资源共享，为科学决策提供实时数据、预测预警、大数据分析等综合信息支持，推动社会管理模式更加精细、智能，管理手段更加科学、有效。

构建“省级统建、市县应用”吉林特色模式

宋 刚*

吉林省政务服务和数字化建设管理局局长

数字政府是数字中国的重要内容，也是实现国家治理体系和治理能力现代化的重要驱动力。近年来，吉林省把推进全省数字政府建设作为深化政府改革最重要的任务之一，坚持改革引领、坚持整体协同、坚持数字赋能，构建以数字政府建设为先导，加快“数字吉林”建设，推动高质量发展的特色模式。

一、坚持系统化、集约化的理念，构建“省级统建、市县应用”数字政府建设新模式

抓住2018年党和国家机构改革的契机，吉林省委、省政府着眼优化协同高效，推进政府职能的重构再造，对全省政务服务、数字化建设、营商环境建设等职能进行深度整合，组建省政务服务和数字化建设管理局，加挂省营商环境建设办公室牌子。省市县三级上下对齐、一步到位，成为全国唯一一个专门设立相关职能机构的省份。

（一）建立新的体制机制

明晰的权责清单和规范化的政务服务事项清单，是数字政府建设的前提和根

* 现任吉林省工业和信息化厅党组书记、厅长。

本。改革中，吉林省将权责清单管理、政务服务事项管理职能整合，通过推进规范化标准化建设，推动权责清单与政务服务事项清单一一对应，并根据法律法规立改废释情况、机构和职能调整情况等及时动态调整，为全要素推进政府职能数字化转型奠定基础。

简政放权、放管结合、优化服务改革作为推动政府职能转变的“牛鼻子”。单打独斗往往效果有限，全面协同才能事半功倍，形成综合效应。改革中，吉林省将“放管服”改革协调指导（政府职能转变协调）职能整合，基于政府权责梳理和数字政府建设，运用数字化思维和信息化手段，优化省级以下政府的权力结构和配置，推动政府权力协同化、集约化、扁平化，促使政府审批监管服务更加贴近基层和企业群众，推动从政府部门“职能本位”转变为真正贯彻落实以人民为中心的发展思想。

习近平总书记强调，“加快发展电子政务，建设全流程一体化在线平台，以信息化推进国家治理体系和治理能力现代化”。改革中，吉林省将电子政务建设、政务信息系统整合共享、政务外网建设、政务公开、政府网站管理和社会信用体系建设等职能整合，推动平台再造、流程再造，数字化为政务服务赋能，推进跨层级、跨地域、跨系统、跨部门、跨业务的协同管理和服务。政务外网为政务数据搭建传输环境，数据融通共享为“互联网+政务服务”提供通道支撑，集约化“数字政府”网上应用推进全流程、跨地区、跨层级的网办升级，政务公开贯穿政务运行全过程，政府网站既为政务公开提供载体，又为方便企业群众办事和回应社会关切提供平台。同时发挥政府主导作用，基于大数据的社会信用建设降低信息不对称的影响，联合全社会力量激励守信、惩戒失信，改善经济社会运行环境。

政务信息化发展和基础设施支撑水平关乎数字政府整体效能发挥。改革中，吉林省将政务信息化项目立项审批和专项资金管理职能整合，从项目立项、硬件建设、资金使用、系统开发、部署应用和运营维护等全链条各环节实行统筹统建、归口管理，极大地避免了以前政务信息化项目建设“小、散、乱”、衔接不畅和重复建设的现象。

数字政府是打造优质营商环境的重要抓手。此次改革，进一步强化营商环境建设管理职能，聚焦营商环境建设的目标要求、过程监督、结果考核一体谋划、一体推进，以数字政府建核心、补短板、强弱项，带动各项工作全面提升，营商环境工作更有抓手、更见实效。

数字政府建设需要强有力的技术支撑和保障。这次改革，吉林省组建了国有控股的吉林祥云信息技术有限公司，以服务政府治理、便利企业群众办事为公司发展方向，由省政务服务和数字化建设管理局代省国资委进行管理，为数字政府建设提供“贴身”保障服务，保证全省数字政府建设自主可控。这种扁平化的管理模式，不仅避免了数字政府建设可能被企业“绑架”的风险，而且也防止了项目建设过程中的推诿扯皮。

（二）实施新的建设模式

坚持整体协同是数字政府建设的重要原则。借助改革创造的有利条件，结合省情，吉林省探索构建了“省级统建、市县应用”的新模式，有效支撑了数字政府建设高质量推进，为欠发达省份在政务数字化改革领域的突围和“换道超车”趟出了一条新路。

改革前，吉林省省级信息化建设是“分散的项目管理模式”，即各厅局分别向省财政厅提出信息化建设项目，财政拨款后，各个项目独立建设、独立运行。这种管理模式不但一次性投入大，而且运维成本高、系统升级难、数据难以共享、信息安全性低，特别是政府容易被企业“绑架”，失去在“数字政府”建设中的主动权。

改革后，吉林省省级信息化建设实现向“集中统一的任务需求管理模式”转变。即省财政每年度确定“数字政府”建设资金规模，省政务服务和数字化建设管理局通过征集省级政务部门政务信息化建设需求，并对需求进行分析整合，硬件部分依托“吉林祥云”大数据平台统一规划部署、统一分配需求资源，避免过去各厅局都要建设独立的硬件机房造成的网络资源、服务器计算资源、人员投入、管理投入等方面的成本浪费。同时，由于形成规模优势，提高了与硬件供应商的议价能力，降低了采购成本。软件部分可依托云服务中台，构建数字政府“数据中台”和“业务中台”，将各厅局软件系统中具有共性的软件需求进行抽象提取，形成组件化产品，如电子证照服务、即时通信服务、数据分析服务、敏感字检测服务等多个通用组件类产品，对外提供统一服务能力，降低软件开发成本。

“省级统建、市县应用”的建设新模式，不仅每年节省建设资金数十亿元，而且真正实现“主权在我、共享共用、持续升级、安全可控”。省政务服务和数字化建设管理局统筹全省数字政府建什么、怎么建以及推进数字政府核心体系的建设和应用；各地在省统模式下，数字政府基础设施支撑、政务信息化发展水平实现平衡，信息平台和系统整体效能充分发挥。比如，据不完全统计，2019年各厅局报省财政厅的省级政务信息化项目需求约28亿元，其中硬件需求近14亿元。通过新模式统筹建设“吉林祥云”大数据平台一期，仅用0.9亿元就解决了14亿元的硬件需求。2020年省级共征集政务信息化建设需求195项，其中纳入统一建设范围的需求61项，所需资金约为5.6亿元。发挥“吉林祥云”大数据平台智能中台的支撑作用，仅用3.09亿元统筹建设32个项目就支持了整合前61个项目需求，资金节约效果十分明显。再比如，采用新模式，统筹建设全省一体化政务服务平台，统一一套政务服务事项库、统一共享交换、统一身份认证、统一电子印章系统，一次性节约的系统建设费用超过30亿元、节省年运维服务费用超过2亿元。

二、打造集成高效的核心引擎，推进利企便民数字化服务能力实现大幅提升

按照“小步快跑、分期实施、持续升级”的理念，坚持打“歼灭战”“攻坚战”，统建“吉林祥云”云网一体化基础设施和政务信息化系统应用，统筹提供覆

盖省、市、县的政务数字化服务，顺利走过“补短板”的低谷期，网上政务服务能力大幅提升。

（一）统筹建设“吉林祥云”云网一体化基础设施体系

“吉林祥云”大数据平台“两地三中心”的基础架构已经形成，电子政务外网纵向骨干网和省级横向接入网传输能力从百兆级提升到万兆级，并实现了双链路负载均衡。全面完成政务云平台整合工程和省直政务信息系统“迁移上云”工作，推进“1+6”基础数据库建设工程，打造了真正意义的“政务云”，形成了主体统筹、个性化和差异化并存的新格局。

（二）全面建设新版“省市县乡村”五级规范化政务事项库

全面开展“省市县乡村”五级政务事项规范化工作，梳理确定并在全省复用政务服务事项通用目录和业务办理项，并纳入政务服务事项库实现动态维护管理，实现了同一行政职权政务服务事项在省市县乡村的名称、类型、依据、编码等16个要素基本一致，为政务服务无差别办理和全域通办奠定基础。

（三）建设“省市县乡村”五级统一使用的全流程在线审批系统

组织研发全流程审批系统，已在全省所有市（州）、县（市、区）的政务服务中心以及353个乡镇（街道）便民服务中心、24村（社区）便民服务站上线应用，实现了省市县乡村五级使用一套系统、一个平台进行全流程在线审批，线上线下服务实现了高效协同和集成融合。

（四）加快电子印章、电子证照系统建设和应用

制作并向国家备案电子印章9566个，覆盖省市县部门2266个。向全国一体化在线政务服务平台上报电子证照数据589种，电子证照种类排名跃升至全国第五。律师执业证、律师工作证在全国率先实现电子亮证、“省内通用”。

（五）全面建成覆盖“省市县乡村”五级的全省数据共享交换体系

推动建立政务数据共享协调机制，组织全省各级政务部门编制政务数据目录113992个。依托统建的数据共享交换平台，接入全省5897个部门（单位），归集库表、接口数据213亿条，实现数据共享交换2834亿条次；进一步推动共享“减证明、减材料、减要件”，电子营业证照、身份证2种证照信息已在“吉事办”和全流程审批系统实现办事免提交。

（六）打造“吉事办”品牌，推动政务服务“一网通办”“跨省通办”

建设“吉事办”（包括电脑端和移动端），打造统一规范的网上政务服务总入口、掌上办事总门户，综合提供在线预约、在线申报、在线咨询、在线查询以及公众评价等服务，累计有9906项政务服务事项实现全流程网上办理，112项政务服务事项实现“跨省通办”。“吉事办”移动端已接入服务应用311项，其中非查询类179项、占比58%。

（七）自主研发“吉祥码”，成为“数字吉林”建设的重要基础设施

面对新冠肺炎疫情，迅速行动，自主研发“吉祥码”，仅用7天时间就自主研发出全省统一的健康码——“吉祥码”，同时研发出了“码上行动”扫码管理系统，成为全国首批实现全省“统用一码，扫码通行”的省份，并与国家健康码实现了互通互认。两年多来“吉祥码”不断优化升级，全省累计设置扫码站点160余万个，超3000万人申领“吉祥码”，共扫码核验23亿人次。目前，已成为全国为数不多的实现“四码同屏”（即健康码、核酸检测结果、疫苗接种结果和行程码在手机屏幕上一屏展示）的省份，在助力疫情防控的同时，极大地方便了人民群众。

（八）全面推进政府网站集约化建设

2019年，吉林省作为全国十个试点地区之一，开展并完成了全省311个政府

网站的集约化建设。强化“网上政府”总门户作用，吉林省人民政府网站日均访问量突破163万人（次），综合指标连续两年处于全国靠前位次，政府网站监管工作处于全国第一方阵。

三、运用数字化思维和信息化技术，探索政府数字化治理新路径

在强化数字化政府服务能力的同时，吉林省将深化“放管服”改革、优化营商环境的工作推进模式进一步延伸发展为“数字引领、多点拉动”，实现了从“推”到“拉”的重要转变，在新动能的驱动下改革迸发出更大活力，呈现出更多亮点。

（一）深化工程建设项目审批制度改革

吉林省是全国唯一在“工改”工作中采用“全省统筹、省建市用”模式的省份，全省改革“一盘棋”，各市、县共同使用省里统一的审批流程、审批系统和政策体系，全流程审批事项减至81项，从立项到竣工验收审批时间从改革前的平均200多个工作日压缩至81个工作日以内，低风险项目全流程审批时限压减至13个工作日。在住建部的历次通报中，吉林省工程建设项目审批数据实时共享率持续保持100%、审批数据正确率保持在99.9%以上。

（二）数字赋能“诚信吉林”建设，带动各地城市信用监测指数实现大幅提升

依托统建的省市县一体化信用综合服务平台和全省数据共享交换体系，一举破解公共信用信息归集难题，使信用综合评价、联合奖惩管理、信用监督预警和信用修复等一系列功能真正有了用武之地，彻底扭转了各地城市信用监测指数在全国排名靠后的局面。2022年8月全国城市信用监测月报显示，在全国36个省会及副省级以上城市排名中，长春市连续两个月排名全国第五位；在全国261个地级市中，参评的7个地级市全部进入全国前50位，综合指数排名全国第一位；在

全国40个地（州、盟）中，延边州已连续保持20个月排名全国第一位；在全国383个县级市中，参评的20个县级市综合指数连续12个月排名全国第一位。

（三）全面推行行政检查执法备案智能管理改革

依托政务服务一体化平台，建设集行政检查执法备案智能管理系统、行政检查执法备案智能管理系统移动端（“我要执法”手机App）、统计分析系统和评价反馈系统为一体的行政检查数字化管理平台，并与国务院“互联网+监管”系统、全省“双随机、一公开”管理系统实现互联互通，全面推行“执法报备、手机亮证、扫码迎检、事后评价”行政检查执法监督管理模式，为全省行政检查执法建立“公开账单”，有效提升市场监管秩序和效能。目前，全省各地各相关部门依托智能管理系统累计认领行政检查执法事项35526项，备案管理行政检查执法及辅助人员62640人，实施备案管理行政检查执法96243次。

四、充分发挥数字政府建设成效，有力支撑数字抗疫

吉林省深入贯彻习近平总书记关于统筹疫情防控和经济社会发展的重要讲话重要指示精神，认真落实党中央、国务院的部署要求，坚决执行“动态清零”总方针，依托信息化手段全力筑牢疫情数字防线。

（一）全力保障涉疫信息系统安全稳定运行

第一时间启动应急响应机制，迅速完成“平战转换”。尽管日遭受攻击量翻倍、达到300万次以上，吉林省所有涉疫信息系统全天候支撑各地核酸检测、流调溯源和信息排查等工作，特别是健康码及核酸检测系统持续稳定运行。从实际使用效果看，“吉祥码”扫码管理模式和系统架构设计是非常科学、安全的。通过亮码端和扫码端双向校验，确保亮码扫码全过程闭环管理。通过数据缓存、排队策略和服务解耦等技术应用，有效应对了各类尖峰流量和大并发访问等突发状

况，确保了吉林省“数字战疫”工作平稳有序开展。

（二）迅速开发多个防疫应用以支撑防疫工作

围绕“吉祥码”陆续研发上线了全员核酸检测快速登记系统、冷链核酸检测系统、疫情防控管理指挥系统、核酸结果报送系统、基层治理智能管理系统、人员流动登记备案智能管理系统、返来吉人员登记系统、新冠抗原自测上报系统、“弹窗黄码”系统、“一退两抗”药品登记管理系统等十余套涉疫系统，运用信息化技术助力疫情防控工作规范化、科学化、精准化、高效化、流程化。

（三）全省统筹的数字政府模式彰显了吉林省防疫优势

通过统筹规划建设涉疫信息化系统，固化了工作流程，实现涉疫数据集中管理，确保了各工作环节规范透明。以核酸检测为例，全省核酸检测统用一套系统，结果纳入一库管理，各防疫部门通过一个平台监督查询。工作流程得到进一步规范，各环节效率得到大幅提升，全省目前已累计采样入库检测结果达10多亿条，群众采样后可通过“吉事办”第一时间获取结果，服务时效性、群众获得感持续增强。同时，由于全省采用“一张网、一朵云、一套系统、一个码”，各类防疫数据在全省范围内高效贯通，进一步彰显了吉林省防疫工作的数字化优势。

经过近四年的攻坚克难，吉林省从补短板、夯基础、上台阶，到各项指标逐一步入全国第一方阵，彰显了吉林数字政府统筹集约建设的巨大优势和“省建市用”模式的巨大潜力。下一步，将深入贯彻习近平总书记关于“统筹推进各行业各领域政务应用系统集约建设、互联互通、协同联动，构建协同高效的政府数字化履职能力体系”的重要讲话重要指示精神，落实国务院《关于加强数字政府建设的指导意见》总体部署，坚定地沿着“省建市用”数字化改革路线，聚焦强化统筹、健全体系、创新应用、数字赋能等关键点持续发力，进一步增强吉林省数字政府建设整体效能与发展合力，为全面建设社会主义现代化新吉林注入强劲动力、提供坚强保障。

以集约高效的平台支撑为数字政府建设提供有力保障

李宗磊

重庆市人民政府电子政务中心主任

2022年6月，经中央全面深化改革委员会第二十五次会议审议，《关于加强数字政府建设的指导意见》(以下简称《指导意见》)正式印发。文件的出台标志着我国数字政府建设有了总规划、总方略、路线图，迈上了改革发展的快车道。《指导意见》指出，强化系统观念，加强系统集成，全面提升数字政府集约化建设水平，统筹推进技术融合、业务融合、数据融合，提升跨层级、跨地域、跨系统、跨部门、跨业务的协同管理和服务水平。这既是数字政府建设应遵循的基本原则，也是推进数字政府高质量发展的有力保障。

近年来，重庆市认真贯彻落实党中央、国务院决策部署，充分发挥直辖市体制优势，不断完善数字政府顶层设计，扎实推进政府网站和政务服务平台集约化建设，着力构建“渝快办”全市一体化政务服务体系。通过全市政府网站和政务服务平台“一张网”，实现了“四个集约”(即数据、服务、应用和管理集约)和“八个统一”(即标准体系、技术平台、安全防护、运维监管、信息资源、政务公开、办事服务、互动交流的统一)，在服务成渝地区双城经济圈高质量发展、提升政务运行效能等方面成效明显，为深化“放管服”改革，优化营商环境，推动整体协同、敏捷高效的数字政府建设发挥了积极作用。

一、主要做法

集约化建设实施前，重庆面向公众的业务系统建设缺乏统筹规划和统一标准，存在建设分散、数据分割、网站管理水平参差不齐等一系列亟待改进的问题。自2016年以来，重庆市按照国家推进“互联网+政务服务”有关要求，坚持问题导向，聚焦关键环节，着力在建平台、促融通、优服务、保安全、强监管上精准发力，采取了一系列积极有效的改革举措，推动政府网站和政务服务平台集约化建设走深走实。其主要做法体现在以下五个方面。

（一）在“建”字上下功夫，夯实平台建设基础

一是建设统一技术平台，从平台架构、系统性能、功能应用、安全防护等方面科学谋划，采用“微服务”架构建成功能全面、扩展灵活、迭代快速的全市政府网站和政务服务统一技术平台。二是建设全市统一、标准规范、共享共用的政务服务信息资源库，提供数据归集、转换、清洗、利用、监管全生命周期的功能应用。按照“产生即入库”原则，汇聚沉淀全市各级各类政府网站政务公开、办事服务、互动交流、电子证照等数据300余项2.5亿条，日均共享调用超过20万次，为跨网站、跨系统、跨层级的资源共用和信息共享打牢基础。三是按照“一网通办”的系统架构、制度设计和路径安排，以“打破部门封闭、融合业务系统”为突破口，建立“渝快办”政务服务应用体系，对接国家政务服务平台，实现国家、市、区县、乡镇（街道）、村（社区）“五级纵向贯通”。

（二）在“融”字上下功夫，实现政务公开和政务服务融合发展

一是实现渠道融合。推动政府网站和“两微一端”等政务新媒体互联互通、整体发声、协同联动，一个App集成政务公开、政务服务、互动交流、督查监管等功能，实现数据同源、发布同时、资源同享、服务同根。

二是实现数据融合。依托全市统一信息资源库，汇集全市所有政务服务数据，打造全市政府网站与政务新媒体的信息服务“中央厨房”，为各级政府网站和政务新媒体提供统一信息源，按需使用。

三是实现系统融合。建立“渝快办”统一用户中心，实现用户统一注册、统一认证，全市各级各部门政务服务资源通过集约化平台统一对外提供服务。

（三）在“用”字上下功夫，提升数字政府服务水平

一是在信息搜索范围上实现“一站搜索、全站响应”，即在全市任何政府网站上查询信息，所有网站的关联信息和服务都会呈现。二是在信息搜索精准度上实现智能推荐，即根据查询内容，准确判定查询信息类别，根据类别展示相应结果。三是在服务搜索便捷度上实现“搜索即服务”，即输入办事服务关键字，直接列出办事服务入口。

（四）在“防”字上下功夫，筑牢政府网站“防火墙”

一是优化平台架构。将集约化平台的前台发布页面部署在互联网，后台管理系统部署在电子政务外网（与互联网逻辑隔离），大大降低了网络攻击风险。

二是强化平台安全保障。按照网络安全等级保护制度2.0标准，在传统安全设备的基础上，增加了云安全管理平台作为核心防护手段，使用网站防爬虫系统和网页防篡改技术，部署了网络安全态势感知系统，对平台的安全状况、攻击情况等进行全面监控和预警，全面提升了安全保障能力。

三是增强内容安全防护。增加了信息发布前错别字筛选功能、敏感词识别提醒功能，对通过平台发布的所有信息进行自动纠错，有效降低了内容出错概率。

（五）在“管”字上下功夫，规范平台运行管理

一是出台管理规范。厘清技术建设、内容保障、监管考核等职责，制定“1+8+3”的制度标准体系。“1”即平台管理办法，“8”即针对技术服务商、平台

管理、安全运维、人员管理制定了8项标准规范（包括平台建设、页面设计、基础数据、服务能力、安全防护、运维管理、人员管理和内容发布规范），“3”即测试规范、接口规范和操作手册。二是提升平台服务接入能力。建设平台服务应用管理系统，向各区县、市政府有关部门提供政务服务应用注册、审核、发布、监测等功能和统一服务渠道，各区县和市政府部门原则上不再新建独立对外服务的政务服务平台，充分依托市级平台统一对外提供服务。三是提升平台运维监管能力。建设了统一运维监管系统，对整个集约化平台的网络连通性、服务器资源使用比例、受网络攻击情况等进行实时精准监测，自动诊断问题所在并及时报警，降低了系统运维人员的工作强度，提高了工作效率。

二、试点工作取得的主要成效

截至目前，重庆市已建成系统功能优、安全性高、兼容性好、扩展性强的政府网站和政务服务一体化平台，全市各级各类政府网站资源优化融合、平台安全整合、数据互认共享、服务便捷高效、管理有序规范，网上政府服务能力大幅提升。其主要成效体现在“四个转变”上。

（一）实现平台建设由“各自为政”向“集约发展”转变

一是集约建设降成本。在建设过程中，充分考虑重庆实际，采用市级统建的模式，实现项目资金集中申请，建设进度集中把控，有效解决了各区县建设进度不一、水平参差不齐的问题，大幅度降低了平台建设运维的资金和时间成本。二是集约运行提效率。全市所有政府网站和政务新媒体入驻同一平台，实现信息一次采编、政府网站和“两微一端”同时发布，有效提升了工作效率。三是集中维护保安全。所有政府网站架构在同一技术平台上，功能优化升级、安全防护加固、IPv6解析一步到位，大大提升了安全风险防护能力。

（二）实现平台渠道由“入口难找”向“多端展示”转变

一是为全市各级各部门搭建了对外服务平台。按照国家要求，在集约化平台上统一搭建了全市各级行政机关政务公开和政务服务平台，统一名称、统一样式，根据不同行政机关职责，分别设计了政务公开和办事指南栏目细项，确保所有行政机关法定主动公开内容和权力清单事项不缺项、不漏项。二是为全市各乡镇（街道）和区县政府部门开设了单独网页。为确保每个单位有专属的对外服务载体，为全市每个乡镇（街道）、区县政府部门（共1901家）开设了单独网页，有效集成了每个单位的政务公开平台和政务服务、互动交流入口，解决了基层信息分散、服务入口难找等问题，实现了政务公开、办事服务、咨询投诉直达基层。三是为全市政府网站定制了手机版。顺应移动互联网发展趋势，建设全市政府网站（共86家）手机版，根据不同行政机关特定需求制作有特色的手机版页面，方便群众随时随地查阅政府信息。

（三）实现服务供给由“被动查找”向“主动推送”转变

一是开设专题栏目送政策。利用集约化平台开设“渝悦生活”“政策直通车”“优化营商环境”“疫情防控”“企业服务”等专题栏目，建设了“1+X”政策展示推送体系，向全市300余万市场主体全景展示、精准推送“找得到、看得懂、用得上”的政策服务。“渝悦生活”专区涵盖市民“住业游乐购”全场景，为新市民和青年人提供有温度的政务服务和生活指引。

二是运用智能客服送服务。依托智能机器人，通过大数据挖掘、自然语言处理等技术，向用户提供智能引导服务，实现在线实时疑问解答，提高办事信息推送精准度。

三是定制用户个人空间。立足平台系统融通、数据共享优势，加快推进散落于各部门的数据深度融合，实现与市场监管、不动产、社保、税务、公积金等信息系统互联互通，形成“一企一档”“一人一档”数据库，根据用户行为习惯推送所关注的新闻、政策、办事服务等相关信息，打造用户专属页面，实现“千人千面”。

（四）实现管理方式由“传统管理”向“智能监管”转变

一是建设大数据展示系统，实现多维展示。将统一信息资源库数据、网站入驻情况、网民搜索热词等进行定量分析，多维度展示。二是建设数据分析系统，促进精准管理。以用户数据、业务数据、系统数据等为基础，构建大数据分析系统，定期分析用户使用习惯、关注热点、行为轨迹等动态变化数据，掌握用户特定需求，提升管理精准度。

总体来看，通过开展集约化建设，有效提升了政府网站建设、管理和服务水平，同时在经济效益和社会效益方面也取得了明显成效。从经济效益来看，通过大力推进政府网站整合，全市政府网站由1119家整合至86家，并集成至统一平台，大幅减少了各级各部门升级改造政府网站的建设和运行维护成本。据初步统计，全市共节约升级改造资金2.1亿元，节约占比达84.3%；节约软件运维和硬件网络安全资金约5000万元/年，节约占比达 85%。从社会效益来看，集约化平台以服务为导向，汇聚各方数据资源，统筹规划建设全市政府网站，全面提升了网站规范管理水平，助推了利企便民、精准服务、整体协同、透明高效的一体化网上政府建设。

三、几点启示

通过近年来的探索与实践，重庆市走出了一条符合自身实际的数字政府集约化建设路径，也获得了一些有益的启示。

（一）坚持统筹规划，立足实际，因地制宜

加强统筹规划，坚持高标准设计、高标准建设和高标准管理，优化技术、资

金、人员等要素配置，严格预算和项目管理，在集约化建设规划上立足本地区政府网站建设现状，确立统建模式或分建模式，避免重复建设。

（二）着眼长远发展，开放融合，创新驱动

数字政府集约化建设既要立足解决当前问题，又要着眼长远发展，要按照国家关于数字政府建设“整体协同”的有关要求，科学编制本地区数字政府集约化建设方案。坚持创新驱动，积极运用大数据、云计算、人工智能等现代信息技术，探索构建互联互通的平台架构，支持新技术、新应用、新功能的无缝对接，并根据用户需求和技术发展趋势，持续升级完善平台功能。

（三）加强组织领导，分步实施，有序推进

市政府领导重视，市政府办公厅牵头推进，对数字政府集约化建设工作作出全面安排部署，提出工作要求，明确工作任务。在实施中，对平台架构、系统性能、功能应用、安全防护等进行严格把关，分批次、分阶段推进，帮助各级各部门协调解决网站迁移整合、服务应用接入、标准规范制定、应用系统集成等方面遇到的困难和问题，确保工作有序推进，高质量集约化完成数字政府建设任务。

以一体化为统领　深化政府数字化转型

迟有勇

哈尔滨市营商环境建设监督局局长

数字政府建设是党和国家作出的重要战略，是建设法治政府、服务政府，推动政府治理现代化的重要举措，是国家治理体系和治理能力现代化的有力支撑。哈尔滨市深刻领悟理解数字政府建设的战略要求和引领作用，抓住数字政府建设重大战略机遇，深刻认识数字政府建设的成效和面临的新挑战，全面深化加快推动数字政府建设。哈尔滨市以满足人民美好生活为宗旨，以一体化为统领，聚力体制机制顶层设计、融合大平台、重大应用体系和数字履职应用体系一体化建设，积极构建数字化转型发展新格局。

一、深刻领悟数字政府战略要求

深刻领悟政府数字化蓝图部署。党和国家高度重视政府数字化建设，习近平总书记多次亲自部署数字中国、数字政府建设，作出系列重要指示部署。《中华人民共和国国民经济和社会发展第十四个五年规划和2035年远景目标纲要》提出提高数字政府建设水平，将数字技术广泛应用于政府管理服务，推动政府治理流程再造和模式优化，不断提高决策科学性和服务效率。《国家“十四五”信息化规划》《“十四五”数字经济发展规划》《“十四五”推进国家政务信息化规划》等系列规划纲举目张对数字政府建设提出清晰要求，成为政府数字化发展的任务书、责任状和路线图。

深刻领悟政府数字化目标导向。要把坚持加强党的全面领导贯穿数字政府建设各领域各环节作为政治导向，不折不扣全面落实党和国家决策部署，确保政府数字化转型沿着正确方向前进；要把为国家治理体系和治理能力现代化提供有力支撑作为目标导向，推进政府治理体系和治理能力全方位系统性重塑推进数字化建设；要把满足人民对美好生活的向往作为宗旨导向，不断创新深化数字技术应用，推进打造泛在可及、智慧便捷、公平普惠的数字化服务体系建设。要把转变政府职能推进服务政府法治政府作为发展导向，不断推进管理体制改革、运行机制优化、工作模式创新，理顺政府与市场、社会关系，推动有效市场和有为政府更好结合。

深刻领悟政府数字化战略部署。中央全面深化改革委员会第二十五次会议审议通过《关于加强数字政府建设的指导意见》，对数字政府建设作出全面明确部署。数字政府建设是数字技术广泛应用的过程，实现政府管理服务全面数字化、智能化；数字政府建设是多体系一体协同推进过程，要建设智慧公平普惠的数字化服务体系、建设协同高效的政府数字化履职应用体系、建设科学规范的数字政府建设制度体系、建设集约统筹的数字基础设施体系和建设全方位安全保障体系；数字政府建设是数字化泛在过程，数据要素价值深度利用的过程，要建设高效统筹、开放共享、创新利用、深度赋能的数据要素体系，不断释放数据要素价值。

二、深刻理解数字政府引领作用

赋能公共决策科学化，实现政府治理现代化。数字政府建设提升政府决策能力，数字政府建设通过打破部门间的“信息孤岛”和“数据烟囱”，实现对数据的汇聚共享和开发利用，从而提高决策的科学性和准确性；数字政府建设优化政府公共服务，数字政府建设强化信息技术在政务服务中的运用，各地纷纷涌现出“秒批秒办”“一件事一次办”“不见面审批”等创新型实践，有效提高政务服务效能，提升人民群众的获得感和满意度；数字政府建设提升政府履职效能，数字政府建设推动政府履职全流程优化重塑、全过程监管，推动“放管服”改革向纵深发展，加快政府职能转变和履职能力创新。

赋能社会服务精准化，实现社会治理现代化。数字政府建设推动社会治理能力提升，随着数字技术的革新，为个人带来信息自由以及在社会议题上的参与讨论监督，促进社会组织自治能力提升和组织边界的模糊化，在强化政府、组织和个人的交流合作的同时，形成政府、组织和个人三者协作共治的社会治理新局面；数字政府建设支撑公共服务跨部门协同，通过数字政府建设加快推动政府机构改革走向统筹协同的道路，促进政务数据资源共享协同应用，进一步推动公共服务跨部门业务协同；数字政府建设推动数字技术与社会治理的深度融合，强化基层社会治理、社会治安防控、交通运输、应急管理等领域的信息化应用，不断提升社会治理科学化、精细化、智能化水平。

赋能经济发展规范化，实现经济治理现代化。数字政府建设推动政府经济治理履职效能提升，数字政府是以数字技术、数据要素融合政府的执行、决策、监督能力三大环节，构建基于大数据经济预测管理能力，实现数据驱动政府经济治理流程和治理模式变革，提高政府经济治理行政效能；数字政府建设推动数据价值释放，政府数字化建设将汇聚数据要素，通过公共资源数据开放，激活数据要素潜能，优化数据要素市场配置，赋能经济创新发展；数字政府建设推动行政权力规范化，行政运行数字化将把执法权力关进“数据铁笼”，为政府决策提供第一手科学依据，建设数字法治政府，构建法治化营商环境。

赋能生态环保智能化，实现生态治理现代化。数字政府建设提升生态环境决策智能化，数字技术广泛应用于自然灾害、事故灾难等生态事件，构建生态环境一张图，全面提升预警决策能力，发现生态环境治理中的“盲点”“痛点”和“难点”；数字政府建设提升生态环境处置高效化，生态环境数据跨层级跨部门共享，提升生态环境治理协同，提高生态治理效率；数字政府建设提升生态建设低碳化，数字技术应用于生态治理，提升碳排放和碳治理质效，提升绿色低碳发展能级，落实碳达峰和碳中和重大战略，推动生产生活方式绿色转型。

三、深刻认识数字政府成效挑战

近年来，哈尔滨市认真贯彻落实党中央国务院、省委省政府网络强国、“互联网+”战略部署，积极推进政府数字化转型，聚焦企业群众办事难点、痛点和堵点，深化“放管服”改革，在政务服务能力、数字基础设施建设、数据要素体系等方面取得了明显成效，有力支撑政府治理、行政协同、社会管理、执法监督质效提升。在全国32个重点城市网上政务服务能力评估中，哈尔滨市2018年位列全国第10名，2019年、2020年连续位列全国第6名。

（一）政务服务能力体系提升显著

政务服务水平不断提升。建设一体化政务服务体系，实现网上政务、窗口办事、掌上服务、自助终端“四端”一体化办事服务，基本建设成线上线下融合政务服务体系。持续提升服务事项覆盖度，政务服务事项总数达到1.8万件，网上可办率达到97.1%，在线服务成效显著，最多跑一次占比98.6%，零跑动占比64.5%，承诺时限压缩比76.7%。不断创新政务服务，更多行政许可、公共服务实现网上办、掌上办、就近办、异地办、马上办、随时办，“最多跑一次”“办事不求人”成为常态。持续推动政务服务向基层延伸，街道政务事项达到4.1万项，全市社区政务服务事项达到2万项，有效支撑哈尔滨规范化、阳光化和便利化法治环境和社会服务环境建设。

数字基础设施稳步建设。不断推动全市统一政务云体系建设，初步形成市级政务云平台集群和统一纳管调配与考核评价、安全监管，实现全市53个政务信息系统集约化支撑；不断推动全市统一电子政务网建设，形成覆盖市区县的政务网络体系，党政机关、国有企事业单位全部接入电子政务外网。

数据要素体系加速构建。哈尔滨市针对政务运行“流程复杂、办理时间长”

等堵点，依托数字政府建设，推进部门之间、行业之间、政企之间业务流程互联互通、信息即时共享共用，畅通政务数据共享交换的通道，归集政务数据资源近300类，包含数据子项2355个，可调用数据百亿量级。向全市52个部门提供数据共享应用1146个，开通可核查核验数据4.8万项。通过横向覆盖服务实体、纵向连接网络系统，达成系统建设线上、线下深度融合，切实降低的制度性交易成本，全面提供数字化、智能化治理能力水平，增强经济发展内生动力。

（二）政府数字化转型步入深水区

目前业务数字化和数字业务化向深度和广度不断全面推进，政府治理体系加速变革与新技术加速迭代升级深入碰撞，新技术系统深度嵌入政府管理服务全过程，政府治理模式和管理方法发生新变革，政府数字化转型面临新挑战。

数字政府顶层设计面临新要求。数字政府建设存在“九龙治水各自发力、三融五跨广而不深”的问题。数字政府建设是一个系统工程，是涵盖体制机制、流程治理、技术系统、思维理念的全面数字化改革，需要强化顶层统筹机制建设，强化政治统筹、组织统筹、能力统筹和机制统筹，需要以统一的思想上下一体发力，需要以统一的步骤横纵一体推进，构建自上而下的全市“一盘棋”数字政府建设领导管理体制。

数字政府管理方法面临新挑战。数字政府建设存在“治理技术替代治理能力、数字治理越位行政管理”的只见数字不见人倾向。数字政府建设是一个融合工程，是技术治理赋能政府治理、数字治理赋能行政管理、技术工具赋能管理工具的融合过程，需要避免以技术系统替代政府决策，以数字治理替代行政管理，构建政府管理首位引领不缺席、数字系统高效不越位的数字政府管理体系。

数字政府运营体验面临新挑战。数字政府建设呈现“政府建设得挺热闹、老百姓用得没感觉”的状态。数字政府建设是一个民心工程，是服务能力、服务模式、服务方式、服务理念的全面数字化，需要强化运营体系建设，强化业务运营、数据运营、体验运营和口碑运营，需要以让数据多跑路提升运营能力，需要以让百姓少跑腿提升用户体验，构建以人民为中心的政府数字化服务体系。

数字政府建设模式面临新挑战。数字政府建设呈现“新技术新模式不断涌现、新需求新理念不断催生”的环境。数字政府建设是一个创新工程，是理念思维、模式方法、流程机制、应用服务的全面数字化，需要强化创新环境建设，强化技术融合创新、平台建设创新、业务应用创新、研发运营创新，需要以小步敏捷快跑提升建设速度，需要以快速迭代优化打造极致体验，构建容错包容创新的数字政府建设体系。

数字政府安全保障面临新挑战。数字政府建设呈现“新系统不断迭代广泛应用、网络安全形势严峻复杂”的态势。数字政府是多种技术复杂融合系统工程，数据流动与信息安全保护之间矛盾凸显，政务信息系统供应商之间安全主体责任认定困难，需要以安全监管融合、安全标准整合、安全技术融合、安全数据融合、安全策略融合、安全运营融合建设实现整体安全。需要在统一安全管理的总框架下，加强部门协同、政企协同、横纵协同、层级协同的协同安全体系建设实现总体安全。

四、全面一体化推进数字政府建设

（一）构建一体化顶层设计体制机制

深化体制机制建设。强化党的全面领导机制建设，建立市委、市政府“一把手”牵头的数字政府建设领导小组，坚持整体谋划，全市“一盘棋”推进数字政府改革建设，创新完善工作机制，形成党委牵头决策定方向、党政一体联动共推进、主责部门强力协同推进，各部门各县（区）一体联动的体制机制，全面提升数字政府改革建设统筹协调水平。探索数字政府管建运模式改革，推动成立国资控股的数字政府建设运营主体，保障数字政府一体化建设和安全运营，汇聚和释放数据要素价值，发挥数字政府建设基础性、先导性的关键引领作用，构建数字生态支撑哈尔滨数字经济创新发展。

强化制度标准建设。出台数字政府标准体系相关法规制度，建立与数字化发展相适应的法治保障体系，强化标准引领保障能力，建立向上对接国家和省，横向覆盖政府部门，向下贯通县区、街道乡镇、社区（村）的制度体系，围绕公共支撑、数据要素质量和创新应用强化标准建设。

深化运营体系建设。强化数据运营体系建设，推动各部门各行业设立首席数据官（CDO）组织体系，实现数据的有效管理和正确使用，构建全生命周期的用户体验组织体系；构建数字政府评价指标体系，围绕用户体验、数据赋能、履职效能等维度，建立关键评价指标，实现各部门各地履职效能数字化评价机制；构建数字政府统一项目管理体系，建设市级集中化项目管理库和项目管理平台，实现项目建设效能数字化管理考核评价调度。

（二）构建一体化数字政府融合平台

加快数字政府融合“大平台”建设。构建贯通国家、省、市、县、乡、村（社区）六级的电子政务网络体系，加快推进5G政务网络建设，形成全市电子政务“一张网”；构建一体化政务算力网络，满足非实时算力、实时算力、安全算力多层次计算场景需求，打造统筹绿色智能集约的全市政务云，推动云网融合、算网融合、数网融合。

加强数字政府融合“大数据”建设。完善政务数据交换共享体系，打造大数据中心重要基地，提升数据治理能力；建设面向基层的高效安全数据回流支撑能力，推动高价值政务数据开放赋能哈尔滨市经济社会发展；建设全域公共数据开放平台，促进行业数据信息向统一平台对接整合，实现能联必联、应联尽联，推动公共数据汇聚治理开放和社会化应用；制定政务数据开放管理细则，加快完善数据共享平台，以政务数据开放共享推动公共数据资源开放共享。

深化数字政府融合“大系统”建设。统筹打造新型数字政府协同治理模式，显著提升经济调节、市场监管、社会治理、公共服务和生态环境等领域的数字治理能力，建设数字政府“大系统”。加快“一网通办”覆盖延伸，持续打造“e冰城”服务品牌，做好“一网办一次办”“办好一件事”“跨域通办”，突破地域、领域、时空限制实现服务融合；加快推动企业开办等“智能秒批”、毕业生落户等一件事集成办、临时身份证明等线上自助办，更好满足企业和群众的办事所需。

深化数字政府融合“大安全”建设。统筹构建数字政府安全运营支撑平台，推动各行业各领域政务应用系统按照统一安全标准体系开展集成对接，形成态势感知、智能分析、高效定位、闭环处置、攻防演练一体化的安全运营支撑体系；强化系统和数据安全能力建设，落实国家省市网络数据安全法律法规标准要求，形成系统级全生命周期安全支撑能力；强化政务云和电子政务网的安全计算、安全存储、安全接入的能力建设，提升大数据、物联网、区块链、人工智能等新型数字技术安全治理能力。

（三）构建一体化数字政府重大应用

推进重大应用协同融合场景建设。协调推进数字政府各部门各行业网络通、数据通、业务通，围绕黑龙江强省战略和哈尔滨“十四五”发展规划，聚焦经济社会发展迫切需要重点领域、关键环节，破除行业、部门、机制等障碍，整合各部门各地区数据资源实现融合共享利用，系统性一体化推进行业数字化转型。

推进城市管理科学高效场景建设。协同推进数字政府与智慧城市之间关系，以“一网通办”“一网统管”“一网协同”为抓手，深化经济调节、市场监管、社会管理、生态环境保护等领域数字化转型。建设“城市大脑”集群，实现政府部门数据、城市信息数据、政法综治数据、服务机构数据的汇聚互通，构建体征监测、分析研判、预测预警、决策支撑、分拨处置、应急指挥为一体的城市综合治理体系。

推进基层治理精准智能场景建设。依托哈尔滨市基层治理平台成果，以社区为最小单元，构建横向到边纵向到底的网格化体系，推进“多网合一”，加强“一网通管”的社会治理应用。全面构建市、区、街道、社区智慧社区综合信息平台，打造社区政务服务、便民服务、网格治理三个工作体系，形成层次分明、运行有序、互动衔接、数据共享的智慧社区管理运行体系。通过上下联动推进数字化转型，打造便民惠民智慧生活圈。

（四）构建一体化数字政府履职体系

加快推进各行业各领域政务应用集约建设。加快提升数云网支撑能力，推动各行业各领域政务应用系统应上尽上、应接尽接、应融尽融，实现算网集约高效支撑；加快政务应用系统整合，推进大数据、人工智能、物联网、区块链、电子印章、统一身份认证、安全等共性支撑能力建设，实现共性需求集约共享支撑；加快政务应用统一运维体系建设，推进集中化智能运维平台建设，提升网络、平台、应用、安全运维能力，实现运维支撑整体高效支撑。

着力推进各行业各领域政务应用互联互通。优化统筹管理体系，落实部门和区县“一把手”责任制，建立健全跨部门和跨层级统筹工作机制和市县一体联动的建设运行机制；强化规划衔接，建立规划相关审批机制，围绕中央省市规划要求编制各行业各领域实施方案，形成施工图；强化数字政府工程体系统筹，构建“技术架构统一、业务架构统一、数据架构统一、安全架构统一、运维架构统一、工程架构统一、管理架构统一”工程统筹体系；强化数据开放共享，严格落实国家省市政务数据共享交换法律、法规、标准、规划的要求，建设全市统一数据要素技术体系，开展各行业各领域政务应用数据共享开放和开发利用评估评价，推动数据要素全面赋能。

加速推进各行业政务应用协同联动。强化决策指挥调度能力建设，围绕中央省市重大决策、重大部署、重大工程的决策指挥调度需求，推进各行业的应用系统集成和数据资源整合，构建横向到边纵向到底的一体化决策指挥调度督查应用体系；强化各行业履职平台纵向支撑能力建设，推进跨层级履职事项清单建设，整合集成各层级平台和应用系统，构建行业数据共享交换平台，不断创新丰富行业治理和服务功能，重点拓展面向基层、社区、网格等服务支撑能力，实现跨层级一体化协同；强化各行业履职平台横向协同能力建设，推进跨部门履职事项清单建设，打通集成各行业平台和应用，依托政务数据交换共享平台，不断创新丰富跨部门治理和服务，重点拓展一网协同、一网通办、一网通管等协同履职能力，实现跨部门一体化协同。

当前哈尔滨市正处于全面建设坚持创新驱动发展打造区域性创新高地的关键时期，数字化发展是治理模式、生活方式、生产方式的系统性全方位变革，为我们抓住东北振兴，特别是国家支持深哈合作、哈尔滨新区和自贸试验区哈尔滨片区建设和黑龙江省实施强省会战略重大战略机遇提供了科技创新支撑和发展新动能，要以数字政府深化建设为突破口，带动全域数字化高质量发展，打造数字化创新高地。

7

第七章

数字政府建设创新实践

以数字政府建设助推中国式现代化

王益民

中央党校（国家行政学院）信息技术部主任、电子政务研究中心主任，

国家电子政务专家委员会副主任

党的十八大以来，党中央、国务院从推进国家治理体系和治理能力现代化全局出发，围绕实施网络强国战略、数字中国建设、大数据战略等作出了一系列重大部署，取得了显著成效，数字政府建设进入了新的阶段。党的二十大报告明确提出要“以中国式现代化推进中华民族伟大复兴”，系统阐述了中国式现代化的中国特色、本质要求和重大原则，这是对党的现代化理论的丰富、发展和创新。中国式现代化是中国共产党领导的社会主义现代化，是实现中华民族伟大复兴的根本之路，创造了人类文明新形态。以数字化驱动引领中国式现代化是使命任务和责任担当，更是顺应信息革命潮流的战略选择，为推动数字政府建设，加快政府数字化转型指明了方向。

一、数字政府建设对推动中国式现代化具有重要意义

中国式现代化，是中国共产党领导的社会主义现代化，既有各国现代化的共同特征，更有基于自己国情的中国特色。数字政府是建设数字中国的基础性和先导性工程，是推进国家治理体系和治理能力现代化的重要举措。推进数字政府建设，将有利于加快转变政府职能，建设法治政府、廉洁政府和服务型政府，对深入推进中国式现代化意义重大。

一是国家数字化发展水平已经成为现代化的重要标志。

进入数字时代,数字化发展水平已经成为衡量一个国家现代化程度和综合实力的重要依据，成为推动中国式现代化的关键动力。推进数字政府建设，既是促进数字化发展的必要步骤，也是实现中华民族伟大复兴中国梦的必然要求。近日，中共中央、国务院印发了《数字中国建设整体布局规划》，明确了建设数字中国是数字时代推进中国式现代化的重要引擎，布局了夯实数字基础设施和数据资源体系“两大基础”，强化了数字技术创新体系和数字安全屏障“两大能力”，是我国数字化发展的顶层设计。伴随信息技术的发展，各国都在积极推动数字化转型，将其作为引领创新、推动发展、增强竞争力的主导力量，以提升国家综合国力和国际竞争力，促进治理水平和执政能力的现代化发展，构建国家竞争优势。数字化、网络化、智能化日益成为推动我国实现现代化的关键因素，在重构资源配置、重塑经济结构、改变竞争格局方面起着关键作用，为中国式现代化注入源源不断的强大动力。

二是加强数字政府建设是激发社会发展动力的有效推手。

当前，数字政府建设进入全面提速期，将为社会发展带来新的生命力，推动经济社会高质量发展，形成数字治理的新格局，为实现社会主义现代化强国提供有力支撑。数字政府建设为改善营商环境提供持续动力，为均衡发展、普惠发展、公平公正提供有力支撑，能够推动基本公共服务均等化，促进社会公平正义，整体提高适应我国大规模人口的公共服务能力。同时，伴随新一轮科技革命和产业变革的蓬勃发展，数字政府建设对推动数字经济、数字社会发展的引领作用将越来越凸显，数字政府建设将持续提升政府运行效能，更好激发数字经济活力，优化数字社会环境，营造良好数字生态，加速社会财富的创造与积累，有助于推动社会财富的共享与普惠，提高经济整体发展的平衡性、协调性、包容性。

三是加强数字政府建设对加快转变政府职能具有重要作用。

数字政府建设将为政府部门运行提供数字化、协同化的新模式，是推进政府职能转变，建立责任明晰、依法行政的政府治理体系的关键，对于提升政府部门效率，焕发市场生命力和社会创新力具有重要作用。政府数字化转型旨在促进体制机制改革与数字技术应用深度融合，以提升政府部门运转的协同效率，加速转变政府职能，构建更加完善的现代政府体系，更好实现人民群众对美好生活的追求，为实现中国式现代化提供坚实保障。

二、数字政府建设为中国式现代化提供了坚实基础

在推动中国式现代化的进程中，数字政府建设将发挥重要作用，通过建立数据驱动的政务运作新机制，创新行政方式，实现政府决策科学化、社会治理精准化、公共服务高效化、内部运行协同化。近年来，数字政府作为一种全新的政府治理模式，以其先进的执政管理和服务手段，为推动中国式现代化进程提供了强有力支撑。

一是数字政府建设是中国式现代化的强大“牵引器”。

历经40多年，电子政务在中国取得了蓬勃发展，从“办公自动化”“三金工程”到“一站两网四库十二金”，再到“最多跑一次”和“一网通办、一网统管”，数字化已经成为推动政府职能转变、建立服务型政府的重要手段，更是不断推进国家治理体系和治理能力现代化的过程。习近平总书记在现代化模式的比较上曾有一番精到论述：西方发达国家是一个“串联式”的发展过程，工业化、城镇化、农业现代化、信息化顺序发展，发展到目前水平用了二百多年时间。我们要后来居上，把“失去的二百年”找回来，决定了我国发展必然是一个“并联式”的过程，工业化、信息化、城镇化、农业现代化是叠加发展的。实现“时空压缩”和“换道超车”的重要支撑力量就是数字化，必然要求“现代化建设、信息化先行”，发挥信息化数字化驱动引领作用，以信息化数字化推进和拓展中国式现代化。

二是数字政府建设是中国式现代化的关键“加速器”。

党的十八大以来，党中央、国务院高度重视数字化发展，将其作为推动重大

改革举措实施、支持重要问题决策研判、提高政务服务能力的有效抓手。《中华人民共和国国民经济和社会发展第十四个五年规划和2035年远景目标纲要》设立了"提高数字政府建设水平"专章，明确了数字政府建设的任务，表明数字政府建设已成为"十四五"乃至更长时期国家治理的重要内容。各地区各部门主动顺应政府数字化转型发展趋势，注重顶层设计与地方创新良性互动，形成了各具特色、职责明确、纵向联动、横向协同、共同推进的数字政府建设和管理格局。总体来看，与数字政府建设相适应的管理体制正在逐步健全，协调推进有力、技术体系完备、安全管理有序、制度规范健全的发展格局正在逐步建立，形成了政府主导、企业参与、社会协同推进的良好氛围，为中国式现代化建设提供强大动力，为中国特色社会主义事业发展提供了坚实基础。

三是数字政府建设是中国式现代化的重要"稳定器"。

近年来，各地区各部门积极推动数字化转型，数字政府建设获得了显著成效。数字政府建设在创新政府治理和服务模式、提升行政管理和服务效率、提高政府公信力和执行力、改进优化营商环境等方面作用日益凸显，助力数字经济、数字社会持续发展。2022年6月，国务院印发《关于加强数字政府建设的指导意见》，系统谋划了数字政府建设的时间表、路线图、任务书，对政府数字化改革建设进行了统一部署。党的二十大报告系统擘画了全面建设社会主义现代化国家，全面推进中华民族伟大复兴的宏伟蓝图，明确提出了加快建设网络强国、数字中国的目标，为推进数字政府建设、全面提升政府履职能力、创新政府治理理念和方式、形成数字治理新格局、推进国家治理体系和治理能力现代化带来了强大动力。目前，我国已初步形成"云、网、数、用"基础支撑体系，建成了世界上规模最大的国家电子政务系统，形成了政务服务、"互联网+监管"、政府信息公开、信用信息、投资项目监管、企业公示等一批相对成型、在实际工作中发挥显著作用的数字化综合平台。面向14亿多人口和1亿多市场主体打造了覆盖全国的一体化政务服务"一张网"，全国一体化政务服务平台实名用户超过10亿人。这些成就为中国式现代化道路实践打下了坚实稳固的发展根基。

三、高质量推进数字政府建设，持续赋能中国式现代化

近年来，我国的数字治理取得了显著成效，但是数字政府建设仍然面临一系列重要挑战，比如有些地方和部门对数字政府建设的改革属性和作用认知不够，仍然坚持传统的思维模式和工作方式，缺乏内生动力推动数字化改革；行政管理体制构建也相对滞后，单纯依靠信息技术推动发展的“天花板”效应已经显现；区域发展不均衡、法律法规标准不完善、信息资源共享难、专业人才匮乏等困难。政府治理数字化水平与现代化发展的要求相比仍有较大距离，需要持续推进数字政府建设，充分赋能中国式现代化取得新成就。

一是准确把握数字政府建设核心要求，努力开创数字政府发展全新格局。

推进数字政府建设要以习近平新时代中国特色社会主义思想为指导，深入贯彻落实习近平总书记关于网络强国的重要思想，立足新发展阶段，完整、准确、全面贯彻新发展理念，构建新发展格局，将数字技术广泛应用于政府管理服务，推进政府治理流程优化、模式创新和履职能力提升，构建数字化、智能化的政府运行新形态，充分发挥数字政府建设对数字经济、数字社会、数字生态的引领作用，促进经济社会高质量发展，不断增强人民群众获得感、幸福感、安全感，为推进国家治理体系和治理能力现代化提供有力支撑。我们必须坚持数字政府建设的基本原则，将坚持和加强党的全面领导贯穿数字政府建设各领域各环节，贯穿政府数字化改革和制度创新全过程，确保数字政府建设正确方向。

二是加强改革创新，以数字政府建设推进国家治理体系和治理能力现代化。

当前，政府数字化转型正处在重要时期，机遇与挑战并存。各地区各部门积极探索，产生了一系列富有示范带动效应的先进政策经验，推动数字政府建设在全国范围内有序开展。同时，转型过程中还存在诸多难点痛点问题，需进一步完善机构设置和体制保障，准确把握当前数字政府建设面临的形势，加强改革创新，

推动政府数字化转型的有效实施和服务效能的整体提升。数字政府建设要以实现国家治理体系和治理能力现代化为主线，促进政府履职数字化、智能化水平显著提升，强化顶层设计，完善统筹协调机制，打造人民群众满意的服务型政府，推动经济社会高质量发展。通过不断完善数字政府体系框架，推进整体协同、敏捷高效、智能精准、开放透明、公平普惠的数字政府建设进程，为社会主义现代化发展提供强有力支撑。

三是强化系统思维，以数字政府建设全力助推实现中国式现代化。

数字政府建设是一项系统性工程，需要把数字政府建设放到中国式现代化建设全局中来系统谋划和统筹推进，要站在全面深化改革的高度，更好发挥数字化在政府履行经济调节、市场监管、社会管理、公共服务、生态环境保护等方面职能的重要支撑作用，从整体上推动经济社会发展和治理能力质量变革、效率变革、动力变革。第一，通过数字化治理提升经济运行的动态感知能力，推进政府经济调节从“经验决策”向“数据决策”转变。第二，建立有效、完备、智慧的数字化监管体系，激发各类市场经济主体活力，推进经济社会高质量快速发展。第三，通过数字化服务提升人民群众的满意度，打造泛在可及、智慧便捷、公平普惠的数字化服务体系，不断深化一体化发展思路，坚持发展途径和推进方式的中国特色，创新数字化治理模式，全方位提升服务的数字化和智能化水平。第四，以数字化流程固化行政体制改革成果，深入推进数字技术的应用，提升政府的数字协同能力，建立高效协同的数字化履职能力体系。第五，建立完善的全周期安全保障体系，增强数字政府安全保障能力。构建以网络安全、数据安全、用户安全等为重点的全周期保障体系，提高安全保障能力和技术水平。第六，加强领导干部的数字素养和数字治理能力，主动适应信息化发展要求，强化互联网思维，不断提高对互联网规律的把握能力、对网络舆论的引导能力、对信息化发展的驾驭能力、对网络安全的保障能力。

习近平总书记强调“没有信息化就没有现代化”，以数字化为引领的新一轮技术革命正浩荡前行。当前，中华民族伟大复兴战略全局、世界百年未有之大变局与信息革命的时代潮流发生历史性交汇，我们必须全面贯彻落实党的二十大精神，抓住数字化发展的历史机遇，加快数字化发展、加强数字政府建设，为中国式现代化建设提供有力支撑。

数字政府建设北京实践：北京市深入推进数字服务建设　全面提升审批服务效能更大力度利企便民

张　强

北京市政府副秘书长，市政务服务局党组书记、局长

中央全面深化改革委员会第二十五次会议审议通过《关于加强数字政府建设的指导意见》，并强调“要把满足人民对美好生活的向往作为数字政府建设的出发点和落脚点，打造泛在可及、智慧便捷、公平普惠的数字化服务体系”“统筹推进技术融合、业务融合、数据融合，提升跨层级、跨地域、跨系统、跨部门、跨业务的协同管理和服务水平”。各地在推进数字政府建设时，要始终坚持以人民为中心的发展思想，牢牢抓住服务人民的“牛鼻子”，将各类数字技术广泛应用于政务服务、公共服务等方面，推动政府的服务内容更加丰富、服务方式更加智能、服务效果更加暖心，使人民生活的获得感、幸福感和安全感显著提升。

近年来，北京市以首都高质量发展为统领，充分发挥数字化转型的引领驱动作用，以提升企业群众获得感为目标，以企业办事便利化、审批服务协同化、支撑平台集约化为主线，依托国家和市一体化政务服务平台，重点从加强工作统筹与顶层设计、推进业务优化与平台建设、强化技术赋能与数据利用等方面持续推进数字服务建设，形成数字化、智能化的政务服务新格局，有力支撑了营商环境优化、京津冀协同发展等各项重点任务落地。

一、加强工作统筹与顶层设计，构建上下联动、整体协同的全市一体化数字服务体系

近年来，北京市先后出台了《北京市“十四五”时期智慧城市发展行动纲要》《北京市数字政务建设行动方案（2021—2022年）》《北京数字服务实施方案》等文件，成立了数字政务工作专班，在智慧城市整体框架下，大力推进以数字服务、数字监管、数字营商为核心的数字政务建设。聚焦企业群众办事服务需求，不断优化完善数字服务建设的顶层设计与整体规划，强化上下贯通、整体联动，形成了全市“一盘棋”的整体合力。

（一）加强工作统筹，形成整体联动、上下协同的数字服务建设推进格局

一是“高位推进+重点调度”。市政府主要领导亲自抓总体规划、抓顶层设计，对数字服务实施方案进行重点调度，把方向、定目标，明确时间表和路线图。主管副市长对数字服务建设中的重大事项、难点问题定期分析，对业务优化、系统建设、数据共享等重点任务定期调度，确保各项任务有序落地。二是“部门联动+市区协同”。数字政务工作专班加强统筹，建立常态化调度和议事机制，组织各区、各部门制定数字服务实施方案，明确实施路径、进度计划，持续推进业务优化、平台建设、运营创新等工作，定期报告进展，抓好组织落实。三是“政企合作+管运分离”。为强化工作力量，组建了专业化的数字政务建设运营公司，积极参与数字服务平台建设与运营，提供快速响应、持续优化的专业服务，有力支撑了数字服务体系构建与优化。

（二）强化顶层设计，构建集约先进、开放共享的数字服务平台体系

在智慧城市和数字政务的大框架下，数字服务平台以政务服务业务为牵引，

充分依托全市“七通一平”（即：城市码、空间图、基础工具库、算力设施、感知体系、通信网络、政务云和大数据平台）共性支撑底座，并与“京通”“京办”等全市统一的前端平台深度融合，积极推动身份认证、电子印章、电子证照、区块链等基础能力的统一建设，推动各部门技术融合、业务融合、数据融合，形成全市数字服务一张图，平台利旧率达71%。同时，强化技术赋能，持续深化技术与业务的融合，引入互联网成熟应用的平台架构，结合人工智能、区块链等先进的原子能力，利用低代码开发、多端适配、多端投放等架构能力，实现应用的灵活配置，快速上线，满足业务的优化迭代需求。

二、推进业务优化和平台建设，让政务服务从“可办”向“好办”“易办”转变

北京市以业务场景优化和平台功能建设为牵引，推动政务服务从“可办”向“好办”“易办”转变。深化业务优化，大力推进“一件事”集成式服务和单一事项业务流程再造，打造企业群众视角的极简化办理模式。加强数字服务平台建设，对支撑企业群众办事和服务审批的统一申办受理、数字化运营管理、统一用户空间等21个系统进行新建和升级，一次性补齐共性支撑短板，提升服务效能，形成了以“网上办、掌上办、自助办、智能办、跨省办”为代表的一体化服务格局，便民利企的服务能力和服务效率显著提高。

（一）大力推进“网上办”

建成了覆盖四级的网上政务服务体系。目前，68个市级部门和16区、经济开发区全部入驻市政务服务网，“办好一件事”、跨省通办、残疾人服务等重点专题应用持续优化，助企纾困、老年人服务、公共服务等特色专区上线，个人用户数达5015万，企业用户数达267万，除涉密等特殊情况外，政务服务事项全部应上尽上，市区两级已申请政务服务事项100%实现“全程网办”。大力推行场景式、

集成式服务，围绕企业群众反映强烈的问题，结合北京区域功能定位和产业发展方向，聚焦出生、入学、就业、退休、去世等个人全生命周期和开办、信贷、上市、退出等企业全生命周期，重构政府内部流程，建立跨部门、跨层级、跨地域协同机制，打造“一次告知、一表申请、一口受理、一网通办”的集成化服务，首批推出37个“一件事”服务场景。大力推进“一口申报”服务模式，聚焦重点高频事项开展单一事项业务流程优化，基于不同办事情形进行最小颗粒度拆解配置，并按照“应精简尽精简”原则，通过数据关联校验、电子证照共享等推动申请申请材料免提交、字段共享与自动填报，优化后全部入驻统一申办受理平台，实现事项“统一申报、智能分派、自动流转、一次办结”极简办理。

（二）持续强化“掌上办”“自助办”

为适应企业群众办事习惯向手机移动端发展的趋势，积极拓展政务服务移动端渠道，在“北京通”App、微信、支付宝、百度4个渠道小程序分别上线了教育考试、公积金、劳动就业等1100余项服务，接入了“在线导办”“一码办事”、北京12345等特色服务，目前四端月活人数达578万。企业群众在实体大厅综合窗口办事时，可通过“一码办事”功能，授权工作人员调取电子证照作为办事材料在线提交或核验，有效减少了纸质材料。推出移动端“企业服务专区”，集成了面向企业的300余项政策服务和办事入口，便利企业随时随地查看信息。将政务服务纳入“一刻钟生活服务圈”，企业群众可就近在216台政务服务自助终端，以及3家银行1199个网点的2614台智慧柜员机上，自助办理税务、社保等230项服务。

（三）不断优化“智能办”

为方便企业群众网上办事，让企业群众对各项政策和服务能问得清、找得到、看得懂，北京市政务服务网推出“在线导办”“统一用户空间”“引导式办事指南”等一系列贴心、精准、智能的个性化服务。“在线导办”打造了有温度的“线上综窗”，可通过文字、语音和视频等形式，为办事人提供“一对一”网上办事问题解答、信息填报指导、申请材料审核等实时交互服务。同时，智能客服系统作为智能助手，可依托人工智能技术和政务服务知识库的支撑，即时分析并回答企业群众咨询，为用户提供7×24小时不间断服务。“统一用户空间”打造个性、精准、智能的“贴心助手”，利用大数据、区块链等技术，研判用户需求、进行用户画像，打造“政策直达专区”，企业可通过政策月历查看现行政策与申报信息、通过政策体检查验申报条件符合度、根据自身条件匹配适合的政策等，实现惠企利企政策直接触达企业身边，同时，创新市区“共建共营”模式，推出“一区一特色”属地专享服务，自上线以来已为用户提供主动提醒、政策推送等个性化服务970万次。“引导式办事指南”提供简洁明了的“操作手册”，可根据办事人身份类型等基本信息，结合不同情形下的事项办理条件要求，通过“一问一答”的形式进行情景交互式引导，自动生成定制化、个性化的材料清单和办事流程，大幅提高指南的简便性、友好性和易用度，目前已提供1.45万个情景引导式办事指南。

（四）以“京津冀+雄安”为重点推进“跨省通办”

成立了京津冀政务服务合作工作专班，统筹推进三地政务服务“跨省通办”、自贸试验区政务服务“同事同标”等工作。依托全国一体化平台，推动128项国家“跨省通办”事项在北京市落地，改版北京市“跨省通办”专区和京津冀“一网通办”专区，推动151项国家“跨省通办”事项在我市落地，推出养老保险关系转移接续、失业保险申领等132项事项和140项高频服务线上全国通办，以及企业开办、公积金、社保、公共缴费等231项事项“京津冀+雄安”四地通办，分三批发布153项京津冀自贸区政务服务“同事同标”事项。聚焦雄安新区建设，整合北京市企业、户籍、职业技能、教育等数据，为雄安新区企业开办、积分落户、智慧房管提供跨区域数据共享，减少企业群众办事往返跑动，助力京津冀协同发展和雄安新区建设。

三、大力推进平台共性功能深度应用，提升全程电子化水平

北京市坚持业务牵引、以用促建，聚焦助力政务服务事项办事过程中减时间、减环节、减材料等便利化改革举措，大力推进电子印章、电子证照、电子档案的推广应用，推动审批业务全流程在线电子化办理，实现“全程网办”“一次不用跑”。

（一）电子印章赋能政企可信材料在线流转

电子印章是打通企业群众全流程网上办事“最先一公里”、深入推进“全程网办、一网通办”的重要基础。为加快实现电子印章的推广使用，北京市出台了《北京市电子印章推广应用行动方案（试行）》，以政务服务领域电子印章应用为突破口，推进电子印章在企业提交可信材料、政府全程在线审批等业务场景中的便捷应用，减少纸质材料和实体印章使用，切实降低社会交易成本。截至目前，全市各级政府部门已刻制4143枚电子印章，并在政务服务业务受理、补正、审批、出证等环节累计应用5500万次。以开具社保个人权益记录为例，办事人可在线获取加盖了部门业务专用章的电子个人权益记录，用于办理购房贷款、劳动关系转移等业务，月均业务量达60万次，有效减少了办事跑动次数和纸质材料打印。同时，为鼓励企业使用电子印章，北京市为新开办企业免费赠送一套五枚电子印章，包括法定名称章、发票专用章、财务专用章、合同专用章和法定代表人名章。企业可通过“电子营业执照小程序”随时领取、免费应用，并开发了企业侧电子印章管理和应用功能，实现在“发布药品广告批准”“地质灾害治理工程施工单位乙级资质审批”等事项中，支持企业可在线提交加盖了电子签章的电子申报材料进行业务办理。

（二）电子证照全面助力“减证便民”落地见效

北京市聚焦企业群众办事高频需求，大力推进电子证照汇聚、制证与应用，实现在办理政务服务事项过程中，凡是能通过电子证照实现信息查询、核验的，不再要求企业群众提供实体证照或纸质复印件，并在审核通过后同步颁发新生成的电子证照等电子版批复文件，便利后续共享复用，做到最大限度“减证便民”。以办理住房公积金贷款为例，以往借款人需要提供身份证、户口本、结婚证等8份材料，通过调用电子证照压减材料后，借款人信息能够通过电子证照进行核实，只需提供购房合同1份材料即可完成贷款申请。为进一步拓展电子证照在公共服务领域的应用，全面推出电子居住证（卡），非京籍人员可通过“北京市居住证微信公众号”和“北京通”App在线办理电子居住证（卡）申领、签注、地址变更等业务，实现全程网办、零跑动。截至目前，已累计核发电子居住证（卡）404万张（有效期内）、电子出生医学证明174万张，实现身份证、户口簿、营业执照等226类电子证照在教师资格认定等1508个事项中累计应用4000余万次。

（三）电子档案实现历史材料随时便利复用

为打通数字服务全程电子化“最后一公里”，加强电子档案管理和应用，北京市积极推进政务服务事项电子文件归档工作，出台了《北京市政务服务“一网通办”电子文件归档与电子档案管理办法》，对归档文件的汇聚、共享利用等工作进行规范。同时，建设了统一的政务服务电子文件归档和共享应用系统，将政务服务事项受理、审批、办结全流程中涉及的申请材料、批文批复、电子证照等电子化文件进行归档，截至目前，已完成市区两级1.93万项事项的电子档案配置，并持续推进电子档案“应归尽归”与共享应用。积极拓展电子档案的应用场景建设，在市政务服务网用户空间建设“一人一档 一企一档”电子档案库，用户可在事项办理过程中调用已归档的历史申报材料进行复用，减少材料重复提交，并可根据办事需要自行查询、下载所需要的历史材料、企业档案。目前已完成企业基本情况、住房租赁合同、商标注册证书等23类归档材料自动同步至用户空间。

四、以技术驱动业务改革深化，推动区块链在政务服务领域全场景应用

《北京市优化营商环境条例》明确提出，“构建以区块链等新一代信息技术为基础的数据共享和业务协同制度”，并规定了“区块链技术应用中产生的电子数据可以作为办理政务服务事项的依据和归档材料”，为区块链等新技术在政务服务领域中的推广应用提供了坚实的制度保障。北京市在推进数字服务建设过程中，坚持科技赋能的创新发展模式，利用区块链多中心、数字信任、可匿名、不易篡改的特征，以电子证照应用、数据共享应用等场景为切入点，在政务服务领域率先破解部门间“信任梗阻”，已在电子证照多端应用、告知承诺、京津冀“一网通办”等600余个场景落地，极大提高了利企便民服务能力和水平。

（一）实现证照材料免提交

推出电子证照多端应用和政务服务综合窗口“区块链+电子证照”场景，依托百度、微信、支付宝3个渠道的政务服务小程序，实现了电子证照在“北京通”App和手机小程序上的亮证管理、扫码授权等服务。企业群众在市、区政务服务中心综合窗口办事时，通过移动端“一码办事”功能，已实时全量汇聚的电子证照均可以免提交纸质材料，同时，办事人的授权记录、办理事项、办理地点、办理时间等关键信息都会上链存储，确保信息完整无误，可追溯，并同步在办事人手机上显示。

（二）赋能告知承诺“零材料”

在海淀区范围内率先试点住所（经营场所）标准化登记，搭建了登记数据库，依托区块链技术，房产登记信息和住所使用证明可自动生成不可篡改的区块链存证证书。企业申请登记时，系统自动调取存证证书，代替传统模式下的房产证明、

使用证明、委托协议等纸质材料，申请人自主承诺住所真实、合法、有效，即可办理营业执照和变更登记，无需提交任何证明材料，实现住所登记“零材料”。

（三）助力京津冀协同发展

依托全国一体化在线政务服务平台在数据共享和电子证照服务的公共支撑能力，利用区块链技术建设京津冀区块链数据共享平台，打通了京津冀三地电子证照系统，目前已有150个电子证照具备支撑京津冀三地业务系统证照查询、核验下载相关能力。

五、强化数据赋能，加快打造优化营商环境改革新引擎

数据作为五大生产要素之一，在数字化时代的基础性、战略性作用日益凸显，应加快激活数据要素潜能，有序开展数据资源开发利用，最大限度释放数据资源的价值与活力。北京市以建设国家营商环境创新试点城市为契机，以各区各部门推出的利企便民改革举措落地场景为牵引，深度整合国家和本市数据共享资源资源，推动跨部门、跨层级、跨领域间数据资源共享流通，全面提升营商环境改革成效，充分释放改革红利。

（一）深入推进政务数据治理和共享应用

在全国首创“目录区块链”系统，建立起部门职责、系统、数据之间的对应关系，并在此基础上开展政务数据资源编目工作，初步形成了包含1.7万个目录、25万个信息项的政务服务数据资源目录体系。重点聚焦政务服务领域事项办理过程中高频共享应用需求，分三批对357类2000年以来政务服务相关数据开展清洗，已将2.6亿条清洗后数据汇聚至市大数据平台，确保数据及时完整、准确可用。强化数据共享共用，充分利用国家政务服务平台和市大数据平台数据资源，在疫情防控、购房资格审核、公积金提取等高频办事场景进行数据在线查询或核验，助

力办事材料精简和体验优化，已经累计应用超57亿次。如，贷款服务中心通过大数据实时共享，实现在线查询企业工商、税务、社保、司法等各类数据和不动产抵押、知识产权质押、确权等专线数据，已累计审批通过贷款6.24万笔，共计约2569.3亿元，有效缓解小微企业“融资难”。

（二）全力支撑国家营商环境创新试点改革任务落地

为支撑北京市营商环境创新试点改革任务落地，积极推进国家和地方的系统联通和数据共享工作，从专网打通、系统对接、电子证照共享、数据共享4方面入手，推动对接国务院部门的18个专网、22个系统，调用国家22类电子证照和88项数据，支撑全市500个企业群众办事、部门监管等应用场景，并取得了积极成效。为进一步便利群众购房需求，北京市通过国家政务服务平台申请接入民政部数据服务接口，获取全国婚姻登记信息，将原来需要1个工作日的购房资格审核时间压缩到30分钟以内，压缩审批时限超过90%。数据共享不仅大大缩短了购房资格审批时限，审核结果还实现了在开发商和各中介机构处的有效利用。市交通委在办理涉及企业的255个事项中，通过共享市场监管总局的企业营业执照数据，申请人无需再提供纸质营业执照，并实现企业类型、经营范围、法定代表人、经营期限起止日期等字段自动填写留存。

数字政府建设是创新治理理念和方式、形成数字治理新格局、推进国家治理体系和治理能力现代化的重大举措。北京市将始终坚持以人民为中心的发展思想，将坚持和加强党的全面领导贯穿于数字政府建设的各领域各环节，以国家营商环境创新试点为契机，落实“十四五”国家政务信息化规划、数字政府建设指导意见等部署，坚持国际一流、首善标准，以更高站位、更宽视野，努力打造具有首都特色的数字政府，不断增强企业和人民群众的获得感和幸福感。

数字政府建设内蒙古实践：稳中求进
以政务服务之“变”推进数字政府建设

鲍建中

内蒙古自治区人民政府办公厅党组成员、一级巡视员

在新时代大潮中，数字化转型变革迭代深化。加快“数字政府”建设既是适应政府管理和服务现代化发展需求、推动政务信息化建设体制改革的重要选择，也是落实国家网络强国、数字中国、智慧社会等战略行动新的着力点。

当前我国数字政府建设已经从探索阶段转向纵深发展阶段，如上海“一网通办”“一网统管”、浙江“整体智治”的现代政府、广东整体政府理念下的“数字政府”等，各地通过自身的系统性推进以及整体化提升的创新引领，为我国全面推进数字政府建设积累了宝贵经验。内蒙古自治区数字政府建设虽起步较晚，和先进城市相比存在较大差距，但依然稳中求进，以“一网通办”为抓手，一网办、掌上办、一次办、帮您办“四办”改革为重点，持续提高政务服务“一网通办”水平，企业群众满意度、获得感与幸福感显著提升，为探索政府数字化转型路径起到推动作用。

一、内蒙古稳步推进数字政府建设的历程

在数字政府建设过程中，随着加快“放管服”的改革和政府治理模式的进一步转型，“互联网+政务”建设发挥了不可或缺的作用。

起步摸索阶段。从2015年以来，内蒙古自治区相继印发了《关于加快推进

“互联网+”工作的指导意见》《内蒙古自治区大数据发展总体规划（2017—2020年）》《关于加快推进“互联网+政务服务”工作的实施方案》等一系列“简政放权、放管结合、优化服务”的规范性制度创新文件；从2016年开始，内蒙古自治区明确提出“政务服务、政府系统办公业务两个平台和统一的政务大数据中心”的建设目标，内蒙古自治区本级实体政务大厅和网上服务平台建设得到有序推进建设。

集约建设阶段。自2018年以来，内蒙古自治区相继印发了《加快推进一体化在线政务服务平台建设的实施方案的通知》《内蒙古自治区“互联网+政务服务”标准体系指南》《内蒙古自治区加快推进一体化在线政务服务平台建设实施方案》等系列文件，强调平台集约建设、加强系统对接，“互联网+政务服务”平台、政府系统办公业务平台、国家电子政务内网内蒙古自治区政府管理区域“三大平台”基本建设完成，“互联网+政务服务”平台政府系统办公业务平台的集中上线，标志着内蒙古自治区电子政务建设进入新阶段。

优化提升阶段。自2021年以来，内蒙古自治区相继印发了《关于印发全面推行“蒙速办·一网办”“蒙速办·掌上办”“蒙速办·一次办”“蒙速办·帮您办”工作实施方案的通知》等系列文件，开启以政务服务“四办”（一网办、掌上办、一次办、帮您办）改革为工作重点，政务服务网上办事水平显著提升的发展新阶段，全力打造“服务有温度、办事有速度”的“蒙速办”政务服务品牌，通过建设全区统一政务服务网和“蒙速办”移动端，让更多政务服务事项可以通过网上可查、可办，让数据替群众跑腿。

二、探索政务服务之“变”

（一）理念之变：以人民需求为导向，贯彻以人民为中心的发展思想

1. 改革理念融入政府治理

政务服务数字化改革不仅仅是技术层面的改革，更是政府治理与服务理念的

革新，简政放权、优化政府服务，把改革的理念融入政府治理中。

近年来，内蒙古自治区全面深化“放管服”改革，通过采取一系列改革措施，秉持“互联网+”思维、改革的理念，全面统筹，分步实施，以政务服务理念之“变”，推动全区数字政府建设，政务服务标准化水平大幅提升，高质量智慧政务提速推进，统筹协调机制更加有力有效，政务服务融合化程度持续深化，极大地激发了市场活力和社会创造力。

2.从“有”到“优”的重心转变

相较于浙江、上海等地，内蒙古自治区网上政务服务工作起步较晚、基础薄弱。自2019年开始，自治区扎实推进数字政府建设，推动政务服务改革，在完成政务服务平台搭建、政务服务事项标准化等满足网上办事的基础上，自2020年推行政务服务“四办”（一网办、掌上办、一次办、帮您办）改革，全面提升政务服务网上“可办”向“好办”转变，持续提升网上办事水平，在国务院办公厅开展的省级政府网上政务服务能力第三方评估中排名连年提升。

3.从“追求效率”到“注重温度”转变

建设服务型政府，要始终坚持以人民为中心，以满足人民的需求为导向。内蒙古在政务服务优化中，针对老年人、残障人士等弱势群体，通过线下设置专门窗口、线上设置专区、提供帮代办服务来打造有温度的政务服务。另外，开设“帮您办”窗口，组建专业代办员队伍，围绕投资项目审批开展代办帮办，推动项目审批提速增效。工作开展以来，22个投资项目代办帮办事项在全区普遍落地，助力2000余个项目加快落地，改革效应逐步显现。

（二）机制之变：以创新机制建设，打造数据共享、业务协同联动服务模式

1.建立工作汇报机制，强化过程管控

为切实推进各项工作，内蒙古自治区政务服务局建立常态化政务服务改革工作汇报机制，形成以局长亲自调度指挥，建设单位每周汇报工作进展、随机通

报问题整改的常态化督促督导机制。同时，适时召开调度例会聚焦重点工作，点问题、促提升，强化过程管控，以重点工作全面过硬推动全区政务服务发展整体跃迁。

2.建立共享协作机制，提高数据供给

随着互联网信息技术日益发展，政府传统的办事方法已无法满足群众日益增长的办事需求，需要从用户角度出发，以人为本，创新服务模式，构建跨部门、跨系统、跨业务、跨层级、跨区域的协同联办业务模式势在必行。

内蒙古自治区建立政务数据共享交换平台，并从供需两端着手，梳理推出责任清单、负面清单、供需清单“三张清单”，实现数据供需精准对接。同时依托一体化在线政务服务平台和各级政务服务机构，着力打通业务链条和数据共享堵点，为“跨省通办”“一件事一次办”服务提供有力保障。

3.强化考评机制，提升政务服务效能

随着社会经济的不断发展，人民群众对政务服务工作的期盼和要求越来越高。实践表明，要让企业和群众切实感受到办事便捷高效，有实实在在的获得感，就要提高网上政府服务能力。内蒙古自治区坚持“以评促改、以评促用、评建结合”的宗旨和客观、公正、公平的原则，委托第三方专业机构对各盟市及区直部门网上政务服务能力进行科学评价，及时发现一体化在线政务服务工作中存在的问题，明确政务服务发展的着力点和努力方向，为提升全区政务服务水平提供数据和决策支撑。

（三）服务之变：以“四办”改革，打造“服务有温度、办事有速度”的“蒙速办”政务服务品牌

1.夯实政务服务基础，促“蒙速办·一网办”

当前各地不断强化一体化政务服务平台规范化、集约化建设，推动电子证照、电子印章规范应用和管理，不断加强政务信息系统的整合共享，推进“数据通”“业务通”“证照通”“跨域通办”的事项和场景越来越多。

内蒙古自治区以全面提升网上政务服务效能为目标，以升级一体化平台为重点，推进线上线下政务服务流程再造、数据共享，形成一网受理、协同办理、综合管理为一体的“蒙速办·一网办”服务体系，实现政务服务网上可办、网上易办、网上好办。

一是事项标准化，夯实政务服务基础。自2020年起开展事项标准化建设，对“四级”政务服务事项进行精细化、颗粒化、情景化梳理。全区政务服务事项基本实现“进一网、能通办”。

二是平台升级，强化政务服务支撑。按照集约化统建思路，建设全区一体化运行的政务服务平台，为各盟市、区直部门办事应用提供有力支撑，避免重复建设造成资金浪费。

三是一窗受理，强化综合服务功能。全区推行“综合一窗受理”系统应用，为各级服务大厅推行“前台统一受理、后台分类办理、综合窗口出件”的“综合一窗”“全区通办”“跨省通办”服务提供技术支撑。

四是入网上云，强化综合服务功能。一方面解决网络环境问题，将电子政务外网作为基础网络支撑，推动实现内蒙古自治区、盟市、旗县、苏木乡镇电子政务外网全覆盖，并做好带宽扩容。

五是证照电子化，加快政务服务免证办。有效归集电子证照数据，在支撑政务服务事项办理减环节、减材料、减时限、减费用等方面取得了初步成效，持续扩大电子证照应用范围和领域。

2. 升级移动端办事，打造“指尖上的政务”

移动互联网已深度渗透到人们的日常工作和生活中，正在成为企业和群众办事的主要渠道。多地掌上办、指尖办探索实践已经开花结果，涌现出一批以“粤省事”“浙里办”“随申办”“豫事办”“渝快办”等为代表的移动政务服务特色品牌，也为其他地区和城市提供了学习借鉴的样板。

内蒙古自治区提出的“蒙速办·掌上办”是以企业群众需求为出发点，全面推行政务服务掌上办，按照“一平台、多渠道、广覆盖”的思路，构建以移动政务服务平台为主渠道，移动端小程序、公众号等多渠道并存的统一规范“蒙速办·掌上办”服务体系。截至2022年7月，移动端注册用户达1550万，累计访问突破4.6亿次，自治区本级汇聚各类高频可办应用655项。

3.创新政务服务模式，助力政府数字化转型

党中央、国务院高度重视电子政务发展，提出以信息化推进国家治理体系和治理能力现代化，利企便民的“数字政府”正在加速建设。各地区各部门通过政务流程优化再造，以“智能化、移动化、一体化、便利化”为标志的政务服务新模式不断涌现，推动服务模式从“事项服务”向“场景服务”转变。

内蒙古自治区在全区推行“蒙速办·一次办”，将需多个部门、多个环节办理的事项，经过环节整合、流程优化，实行“一次告知、一表申报、一窗受理、一次办成”。目前已实现“新生儿出生一件事”全流程网上办理。同时，内蒙古自治区充分发挥国家政务服务平台统一身份认证，统一服务，统一数据共享公共支撑作用，积极创新“跨省通办”服务场景。

三、政务服务赋能数字政府建设的启示

政务服务标准化、规范化、便利化水平的不断提升，为推进数字政府建设提供强有力支撑。数字政府建设是一项全局性要求和战略性举措，是推动政府行政运行从条块分割、封闭的架构迈向开放、协同、合作的系统工程。围绕内蒙古自治区政务服务提升工作中积累的经验和突出的问题，从政务服务发展的全局视角出发，总结在满足企业群众实际需求和提高政务服务效能等方面的实践探索，凸显政务服务在建设数字政府中的助推作用。

（一）重视顶层引领作用

基于“数字政府”发展趋势及政策要求，以“十四五”发展为契机，以构建数据驱动的政府治理模式为核心，以“统筹规划，整合资源；需求导向，惠民为

本；统一标准，安全可靠；理顺机制，有序发展”为基本原则，打破传统以部门系统为主的建设管理思维，以“实现数据融合、业务融合、技术融合，以及跨部门、跨系统、跨业务、跨层级、跨地域的协同管理和服务”为目标，明确数字政府建设思路，高水平谋划“数字政府”规划建设。

（二）构建标准规范体系

随着社会主义现代化的不断发展，民众对政府服务的需求和质量要求不断提高，政务服务标准化已成为各级政府高效履职的重要手段。依托国家有关标准规范，建立完善的总体标准及数据标准、平台标准、应用标准、安全标准、管理标准、事项标准等各类标准，解决网络系统互通难、信息资源共享难、业务处理协同难等问题。

（三）创新体制机制建设

在数字政府建设新形势下，政府的管理也迎来了新的机遇和挑战，加强组织协调，建立统一领导、上下贯通、协同推进、执行有力的数字政府建设“一盘棋”工作协调保障机制对数字政府建设具有重要的影响意义。

（四）优化政务服务方式

在数字政府建设过程中，要牢牢树立以人民为中心的工作理念，将更好满足人民群众对美好生活的迫切需求作为数字政府建设的核心目标与第一要务，不断推进以政务服务为核心的应用场景建设，推行政务服务事项集成化办理，提升惠民服务水平，提高行政效率，实现政务服务“一网通办”。

（五）提升数据服务能力

以全国一体化政务服务和监管大数据库为基础，开展政务数据、信息系统等各项资源梳理，建设统一、互联的数据采集与共享交换平台，支撑人口、法人、信用、自然资源和空间地理、电子证照等数据库建设，完善政务数据采集、共享、开放、治理、维护、管理长效机制，强化数据资产管理能力、数据共享支撑能力、数据治理分析能力，提升政务数据的准确性、完整性、一致性。

（六）强化数字安全保障

在推进数字政府建设过程中，要坚持安全可控，构建“数字政府”安全保障体系，提高风险防范意识，加快区域网络安全平台建设，压实各单位网络安全责任，加强信息系统、信息网络等关键信息基础设施的安全防护，规避各个环节的安全风险，守牢安全可控底线。

四、结语：立足新阶段，开创新局面

下一步，内蒙古自治区将立足本地实际，紧抓六项重点工作，进一步增强政务服务实效，助力内蒙古数字政府建设。

一是“抓标准”。持续提升政务服务事项标准化能力，优化政务服务事项申请材料和办理流程，实现同一事项在全区各地无差别受理、同标准办理。

二是“抓数据”。抓好数据汇聚和应用。扩大电子证照在政务服务领域广泛应用，推动内蒙古自治区部门及时出台电子证照应用规范，汇聚更多高频证照。

三是“抓提升”。实施政务服务二期工程，升级“蒙速办”移动端，集约化建设政务服务“区块链”“智慧政务”等系统，提升平台整体支撑能力。

四是“抓融合”。通过推行线上“进一网”，线下“进一窗”，推动线上赋能线下、线下反哺线上，促进线上线下服务深度融合。

五是“抓集成”。推动关联性强、办事需求量大、企业和群众获得感强的跨部门、跨层级政务服务事项进行业务整合、数据联通、流程再造，提供集成化办理、套餐式服务。

六是“抓体验”。从提升服务质量出发，在抓高频应用的同时，更加注重提升服务的便利性、快捷性和高效性。

总之，“天下大势以渐而成，天下大事以积而固”，内蒙古自治区将积极贯彻落实党中央、国务院关于加强数字政府建设的重大决策部署，进一步加大力度，改革突破，创新发展，全面推进数字政府建设。

数字政府建设浙江实践：业务为本、循序推进

陈新忠

浙江省人民政府办公厅副主任、党组成员

党的十八大以来，习近平总书记多次就网络强国战略、大数据战略、数字经济发展、数字政府建设发表一系列重要讲话，作出一系列重大部署。2022年4月19日召开的中央全面深化改革委员会第二十五次会议上，习近平总书记强调，要以数字化改革助力政府职能转变，统筹推进各行业各领域政务应用系统集约建设、互联互通、协同联动，发挥数字化在政府履行经济调节、市场监管、社会管理、公共服务、生态环境保护等方面职能的重要支撑作用，构建协同高效的政府能力体系。围绕数字政府建设，浙江省通过开展政府数字化改革一系列举措落地见效。

一、政府数字化改革助力职能转变

改革是推动社会发展的重要动力。以数字化改革助力政府职能转变，核心是以数据流驱动业务流、决策流，推进国家治理体系和治理能力现代化建设。战略目标是打造“惠民服务最优省、营商环境最优省、市场机制最活省、监管质效最优省”。

如图1所示，数字化生产力通过“大脑+应用”、数据要素推动社会生产力变革，推动实现治理能力现代化；数字化引导企业、社会和个人等多元主体共同参与治理，通过一系列组织变革、管理变革和服务变革促进社会生产关系的变革，推动实现治理体系现代化，治理能力解决有章不循的问题，治理体系解决无章可循的问题。

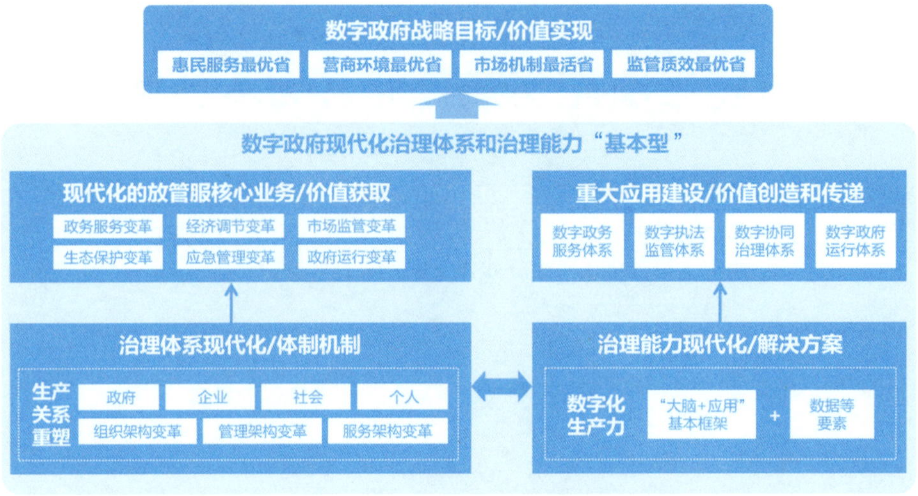

图1　数字政府建设战略路径

（一）以人民为中心

政府数字化改革要坚持以人民为中心的发展思想。从服务侧入手，要获取服务端为企业和群众服务的数据，给治理端进行分析，发现问题并解决问题，再回到服务端，做到更公平更高效的服务，提升用户体验。打通服务端和治理端的后台，即“服管融合”。量化闭环是政府数字化改革中最本质的路径改变，是政府履职方法的改变。如图2所示。

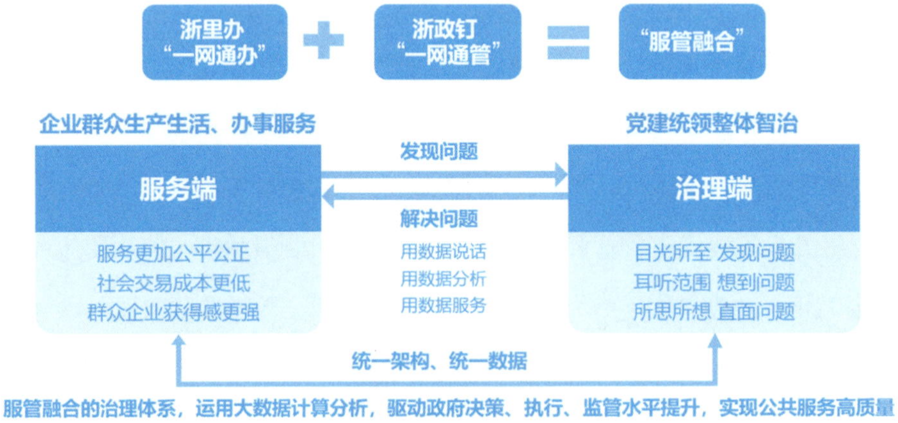

图2　“服管融合”

（二）“事—制—治—智”演进

按照系统论原理，政府数字化改革全过程分两个“V”字模型叠加：第一个“V”字是业务数字化，第二个“V”字是数字业务化。政府从做“事”开始，聚焦“一件事”，依次通过“事（一件事）—制（公平性）—治（科学性）—智（预见未来）”串起政府业务全过程，实现职能转变。按照“V”字形的系统理论，推动业务实现从宏观到微观、从定性到定量的演进和跃升。如图3所示。

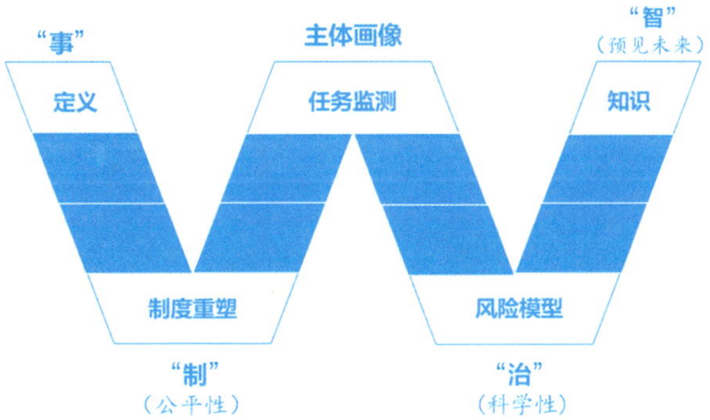

图3　业务路径：“事—制—治—智”

二、政府数字化改革的方法论

在经济调节、市场监管、社会管理、公共服务、生态保护、政府运行各领域，数字政府的应用形成了诸多成果和经验。将数字政府的方法归纳为五步法：第一，明确改革任务；第二，梳理核心业务；第三，谋划多跨场景；第四，应用集成开发；第五，以用促建、循环迭代、实战实效。如图4所示。

（一）明确改革任务

数字政府建设的第一个重要环节是瞄准业务需求找到改革突破口。数字政府建设需围绕高质量发展、现代化先行和共同富裕示范等重大战略部署，瞄准“十四五”重大任务、政府工作报告年度重大任务，找准重大决策部署落实的关

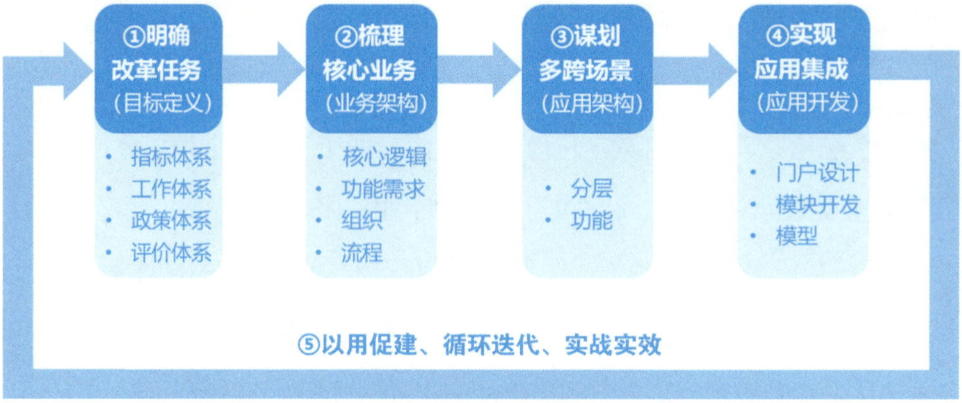

图4　政府数字化改革的方法

键路径以及满足群众和企业所需的制度供给的最佳结合点，找到适应浙江经济社会结构变迁和治理需求变化的改革突破口、制度重塑点。坚持致广大而尽精微，以小切口带动大场景，从一点突破、不断拓展，使复杂集成的改革变成简单具体可执行的任务。比如，针对中央关于强化反垄断和防止资本无序扩张的要求，浙江省市场监管局以解决“二选一”垄断、大数据杀熟行为等影响平台经济规范健康持续发展的问题为突破口，建设“浙江公平在线”应用，创新构建平台经济“事前—事中—事后”全链条闭环监管机制，为全国推动平台经济规范健康持续发展贡献了浙江经验。

改革任务是政府数字化改革的出发点。任何一项改革任务的落实，均需要按照系统论的方法，对其功能进行任务分解，改革任务要拆解到明确任务执行单位为止，任务才可落实可执行。

明确改革任务，可以从“四个体系”进行具体定义和描述。

1.指标体系

凡不可度量，即不可评价。指标体系是指能反映各项子任务进度的关键指标。建立改革任务的指标体系，就是要将改革任务进行逐层分解，明确协同关系，使得工作进展和成效可量化，形成“任务树”。如图5所示。例如，对于政府工作报告的重点工作任务，可通过不断拆解细化工作指标，让抽象的“文字报告”成为具象的、可度量的“数字化任务”。制定指标时要注意三点：一是指标

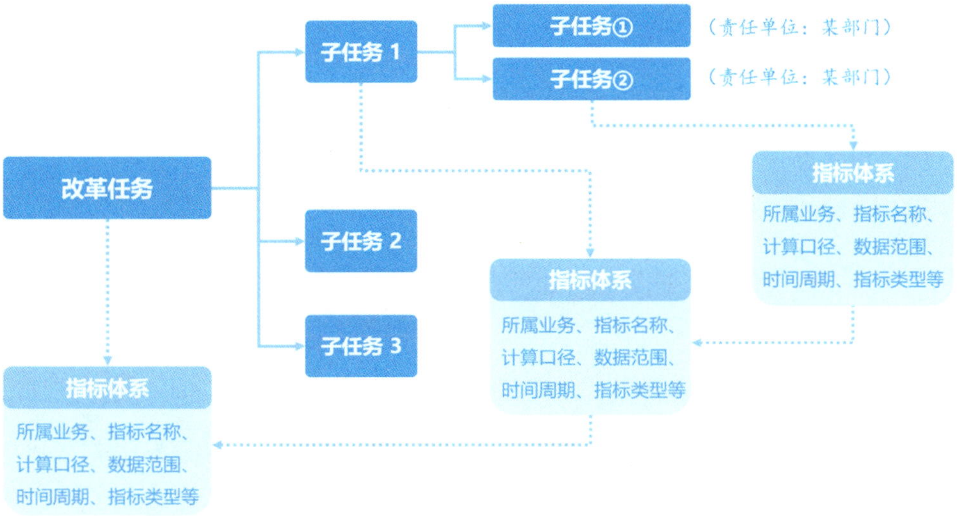

图5　改革任务拆解的“任务树”

要能反映业务的运行情况；二是要避免采用过程类指标；三是所有任务都需要配置指标。

2. 工作体系

工作体系是完成任务的组织保障和措施。建立工作体系，即要明确责任主体和不同主体间的协同关系，为政府数字化改革提供组织保障。政府数字化改革涉及跨层级、跨地域、跨系统、跨部门、跨业务的协同管理和服务，这种多跨属性对落实改革任务的协同性提出了高要求。

3. 政策体系

政策体系是完成任务所需出台的相关政策。改革任务的落实，还离不开配套的体制机制，即需要一整套的政策体系作为制度保障。政策体系所代表的是规则调整，意味着在推进政府数字化改革过程中，需要进行新的体制机制设计，以适应新的履职环境。

4. 评价体系

科学的评价体系可以清晰定义一项改革任务所要达到的具体目标。例如，新冠疫苗大规模接种是抗击新冠肺炎疫情的重要方式，也是一项守护人民健康的特殊改革任务。卫健部门可以通过数字化手段，根据人均接种疫苗的时间、日均接种数量等制定出合理的接种目标，实现对新冠疫苗大规模接种这项任务的清晰定义。

此外，科学的评价体系应当实现“良币驱逐劣币”的效果，要有利于通过流程改造不断提升协同效率、优化用户体验。

（二）梳理核心业务

核心业务梳理时要强调改革的理念，要回答“改革为了谁、依靠谁和服务谁”。核心业务梳理环节，要通过需求分析、场景谋划和重大改革研究，找到解决问题的思路。

其中，改革任务、核心业务和多跨场景之间的关系是：改革任务提出了具体的核心业务，核心业务要完成落实改革任务；场景应用既串联起核心业务，又以小切口解决了改革任务中的具体问题。政府数字化改革方法的全过程，分别产生了需求清单、多跨场景清单、改革事项清单，这“三张清单”是谋划多跨应用场景的重要手段。

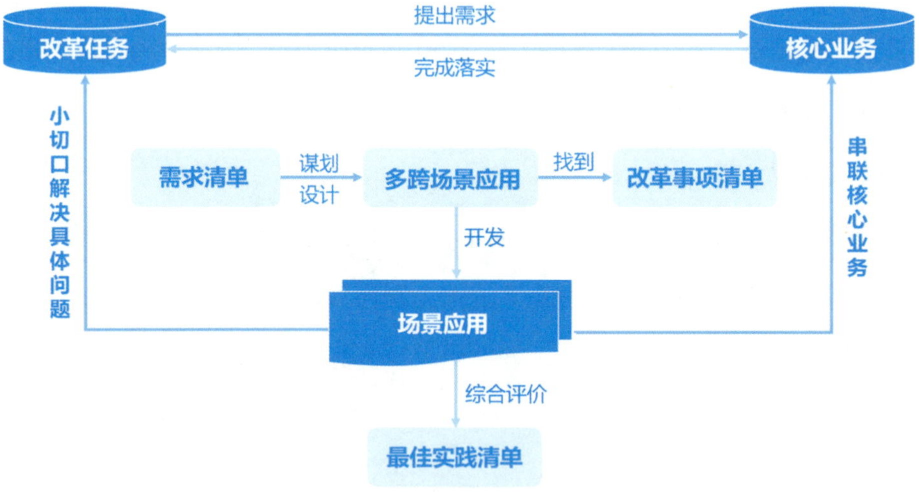

图6　改革任务、核心业务和场景应用的关系

梳理核心业务，即要找出任务关键业务逻辑是什么。梳理核心业务的成果是形成一份“需求清单”，明确数字化平台或应用的业务架构。需要指出的是，业务架构需要政府领导、业务人员和技术人员共同讨论完成。

具体要从以下四个方面进行梳理。

1.核心逻辑

业务逻辑决定了技术逻辑。例如，浙江省在建设“疫情防控精密智控综合集成应用”时，所坚持的核心逻辑就是“疫情防控措施要‘跑’赢病毒传播速度”。该应用的相关功能模块均围绕这一逻辑进行设计开发，实现全省疫情防控快响激活、多跨协同。又如，不动产的产权管理链条很长，涉及众多单位，浙江省自然资源厅在梳理“不动产智治”场景应用的核心业务时，以“产权”为切入口，由原来以不动产“登记”为基点跃升为以“产权”为基点重新谋划和设计多跨场景，让业务逻辑更清晰。

梳理核心逻辑，可以通过问题导向、需求导向、效果导向和未来导向来进行。梳理过程可以用提问的形式，围绕这四个导向做梳理。如图7所示。例如，浙江在建设“防汛防台在线”时，关于防汛防台业务的“三问”：过去经常发生什么问题？发生问题背后的原因是什么？需要通过数字化解决防汛防台业务的什么问题？通过“三问”，可以较好地梳理出“防汛防台在线”的核心逻辑。又如，为保障亚运会安全，杭州着手通过数字化手段加强亚运相关的地下空间管理，这种防患于未然、未雨绸缪的做法秉持了未来导向。

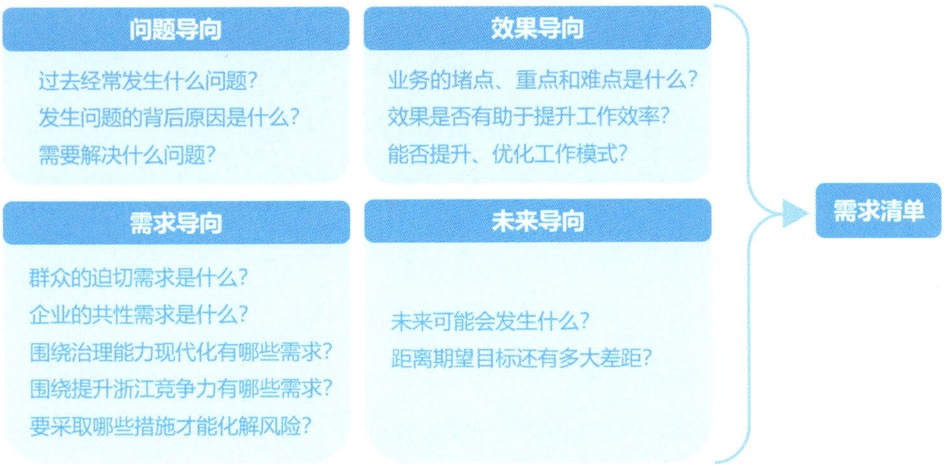

图7　梳理核心业务时常提的问题

在梳理核心业务时，还可以遵循“第一性思维”和开放思维，前者是回到事物的本源思考业务，后者是将业务放置于更大的场景空间中思考业务，找出业务的底层逻辑。

2.功能需求

政府数字化改革有多主体、多用户参与，数字化平台或应用要满足不同角色的功能需求。用户的功能需求可分为三种：第一，政府领导的需求是能实时掌握任务的落实情况，能快速查找到落实不顺利的原因，同时还需根据平台或应用提供的信息进行评价和决策；第二，工作人员的需求是通过平台或应用高效地执行任务，操作体验最重要；第三，群众和企业作为政府服务的对象，他们的需求在于要有良好的服务体验，并可以对政府的服务作出满意度评价，有反馈意见和建议的通畅渠道。

3.组织变革

所有业务的落实均需要组织保障。梳理核心业务还需要明确与业务相关的政府部门的职能和任务分组、匹配情况。例如，在“疫情防控精密智控综合集成应用”的建设中，横向涉及卫健、疾控、公安、大数据等多部门，纵向涉及省、市、县乃至镇街、村社多层级，各层级、各部门在疫情防控中的相应职能、任务均要予以明确，协同方能顺畅高效。

通过组织变革，释放“放管服”改革创造性张力，推进组织形态一体化、构架体系化、职权数字化，推动政府管理主体改变、职权移转、流程再造和手段革新，实现管理主体由线下组织间外部协同向线上组织内部融合改变，管理职权模式由线下管理“九龙治水”向线上“一网通管”改变，服务流程由线下多阶段碎片化向线上“一网通办”转变。积极引导央企、国企、运营商、民企等多元主体参与改革，形成立体多元、功能互补的社会化服务体系，增强改革内生动力。如浙江省农商行发挥基层服务网络优势，在山区26县打造6771个“就近帮办”政务服务网点，实现偏远山区、海岛群众“服务到村社，办事不出村”，提升政务服务基层“最后一公里”触达率，丽水80%的村实现3公里内“就近办”，以网下服务放大网上能力，推动政务服务泛在可及。

4.流程

流程即业务管理和服务的上下游关系。业务的执行是流程性的，政府数字化改革要以数据流推动业务流、决策流。只有梳理出清晰的业务流程，才能清晰地定义上下游业务协同关系。

（三）谋划多跨场景

场景即需求。在数字化产品设计中，常用“场景”描述产品基于用户的特定需求，如网购场景、在线支付场景。从场景的复杂程度看，应用架构可以划分为综合应用、多跨场景、单一场景三类。谋划多跨场景，意味着政府数字化改革进入了产品设计阶段，要确定数字化平台或应用的具体架构。谋划多跨场景要坚持“小切口、大场景”的原则。评价一个场景需要坚持价值性、牵引性、可行性和贯通性等。

1.分层

根据业务、部门和领域的不同，应用可以分为单一模块、业务应用、协同应用和集成应用，如图8所示。

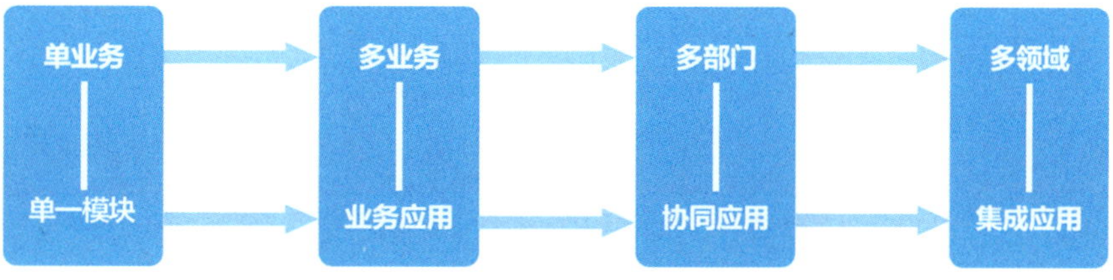

图8 应用类型和业务的逻辑关系示意

多跨场景包含不同的层级，主要分为以下三种：第一，展示层即驾驶舱，主要面向主要领导使用，辅助进行业务决策，其要求是做到“致广大而尽精微”，大要大到全局，小要小到每个颗粒度；第二，实现“一件事”集成，即通过多元主体参与、多源数据共享集成、多部门业务协同实现流程重塑，如围绕粮食安全谋划保好耕地“一件事”、选好种子“一件事”、种好粮食“一件事”、储好粮食“一件事”和供好粮食“一件事”；第三，业务数字化，即建设好单一的业务应用或模块，如“疫情防控精密智控综合集成应用”中的重点人员管控、核酸检测等模块。如图9所示。

图9　多跨场景的不同层级

有序推进从“一件事”改革到多领域的全方位全生命周期全链路集成改革，推动数字化治理方式的完善成熟。比如，“浙政粮安”应用，从粮食部门的储存“一件事”，拓展到多部门多层级多领域的保护耕地、育好种子、种好粮食、储好粮食、供好粮食、制好粮品六个“一件事”，集成建设“浙政粮安”重大应用。如图10所示。

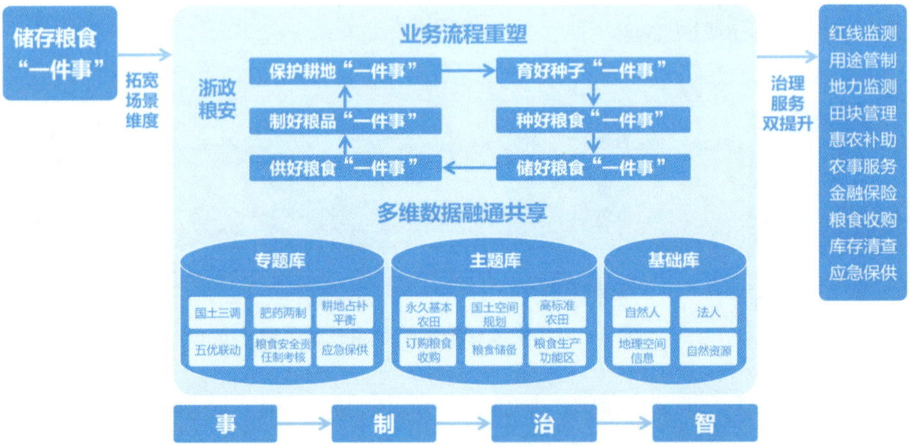

图10　“浙政粮安”重大应用“一件事”综合集成改革

2. 功能

基于场景谋划，还需进行应用功能的具体设计，明确各不同系统之间的接口关系。

（四）实现应用集成

应用集成即数字化平台和应用进入了产品开发阶段，要最终实现数字化和数据赋能。这一环节的工作偏技术性，需要进行门户设计、模块开发并确定相关的模型。

1. 门户设计

门户设计可分为两类：一是大屏驾驶舱、PC端门户的设计；二是移动端的门户设计。随着“掌上办事”“掌上治理”成为趋势，移动端在服务、管理和决策中的重要性正愈加凸显。

2. 模块开发

模块开发包括对象数字化、过程数字化和规则数字化，特别是要把一些规章制度优化到流程里面。

例如，浙江省“浙运安”应用通过“对象数字化、过程数字化和规则数字化”，以数字技术驱动业务重塑。其中，“对象数字化”即人、车、企等要素全部数字化，驾驶员、车辆、运输企业主体形成数字画像；“过程数字化”即车辆的“装、运、卸”全过程数字化；“规则数字化”即运输对象和行为的制度、规范、标准和流程的数字化。“规则数字化”既最难也最重要，这也说明了政府数字化改革的本质就是转型和改革。

3. 模型

模型是数据业务化的关键，是业务在数字空间中的一种特殊映射，其技术逻辑——算法——所遵循的仍然是业务逻辑，甚至可以说模型本身也是业务的“数字孪生”。模型的运行需要业务数据的输入，同时基于算法输出特定的结果。因此，模型的设计和运行，既要明确相应的数据源，还必须确定核心的业务逻辑。如图11所示。

图11　模型示意

4. 数据赋能

系统的构建一般分三层：最底下是操作层，主要解决流程问题；第二层是管理层，主要是解决管理问题；最上面是决策层，它所用的主要是数据赋能。

如图12中，左边是计算机行业中从数据到智慧的四个层级：从基础的数据出发，数据有了标签就有了信息，信息关联后就能成为知识，知识掌握全面了人就变得智慧了，可以做一些决策。右边实现从“事”到“制”“治”和“智”的逐层跃迁。

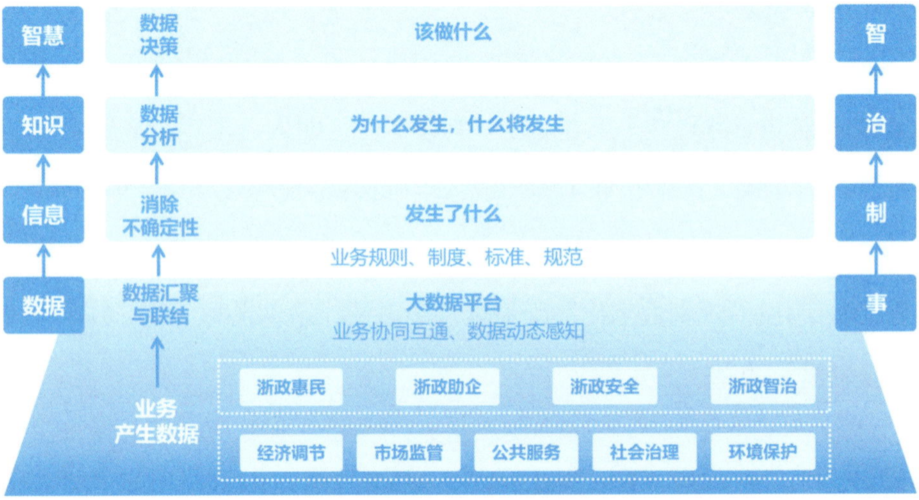

图12　计算机行业中从数据到智慧的四个层级

（五）以用促建、循环迭代、实战实效

在明确改革任务、梳理核心业务、谋划多跨场景和实现应用集成后，还需要坚持“以用促建、循环迭代、实战实效”，形成政府数字化改革的反馈机制，实现

“问题—反馈—整改”的闭环管理。这样，政府数字化改革才能迭代演进、不断完善。

政府数字化改革的上述方法需要层层递进，改革任务、梳理核心业务属于重要的基础性工作，跳过这两步直接进入谋划多跨场景或应用集成阶段，急于建设驾驶舱、数字化门户，就必然脱离业务实际，难以达成实战实效。

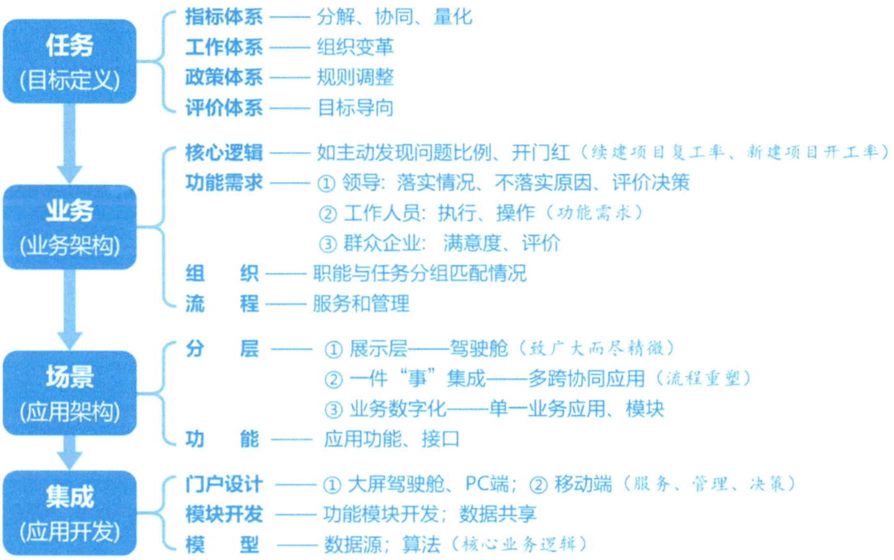

图13　多跨应用“一张图”

三、浙江政府数字化改革实践的经验和启示

浙江以数字化改革促进政府职能转变，推进政府数字化改革，带来了一系列的经验和启示。具体包括以下四个方面。

（一）坚定不移推动流程再造、制度重塑

如前所述，政府数字化改革的本质是业务重塑，这意味着政府自身是这项工作的主体，不触及业务改革内核的数字化工作是避重就轻、蜻蜓点水。政府要完成这场“刀刃向内”的自我革命，就必须以抓铁有痕的魄力，不断推动传统主要

在线下进行的业务转变为线上线下有机融合，实现业务高效协同、流程再造，并主动变革不适应数字化时代的体制机制，坚定不移推动制度重塑。

（二）深究底层逻辑，找出核心业务需求

核心业务需求来源于特定的改革任务，是改革任务的具体化。大道至简，虽然一项改革任务所涉及的业务纷繁复杂，但是核心的业务需求往往用一句话就能简洁扼要地定义。例如，经济类应用的底层逻辑是向企业提供涵盖多种要素、全生产周期的管理和服务，社会服务类应用的底层逻辑是满足个人或家庭的日常所需。推进政府数字化改革，就要深究业务的底层逻辑，找出最根本的业务需求。

（三）增强数字化素养，组建“两栖”团队

数字化素养是人们的数字化意识、数字化思维和数字化工具使用能力的集合。浙江推进政府数字化改革实践的重要经验，就是要不断增强组织的数字化素养，组建“两栖”团队，形成“两栖”能力——业务能力和技术能力。推进政府数字化改革是“七分业务改革，三分技术跃迁”，既需要以精通政府业务为基本前提，又要辅以对数字化技术的必要理解，两者有机互补、不可偏废。

（四）慎终如始促进迭代完善、增量开发

从数字化的科学规律看，打造一个功能齐备、实战实效的数字化平台或应用离不开规划、建设、运维和运营。应用是生命演进体，需要不断地迭代完善、增量开发。要紧密结合业务，以最小可执行单元为切入口，坚持小步快跑、“打一仗进一步”，“点线面体”逐个突破，实现数字化平台或应用的整体提升。

综上所述，加强数字政府建设，推进政府数字化改革是一项体系复杂、久久为功的长期工作，需要坚持以业务为本，秉持科学的推进流程，才能实现以数字技术赋能政府业务变革，为推进国家治理体系和治理能力现代化提供有力支撑。

数字政府建设河南实践：大力实施数字化转型战略　开创数字政府建设新局面

李明东

河南省行政审批和政务信息管理局党组书记、局长

近年来，河南省以习近平新时代中国特色社会主义思想为指导，深入学习贯彻习近平总书记关于建设网络强国、数字中国、数字政府和实施国家大数据战略等一系列重要讲话精神，始终牢记习近平总书记对河南“奋勇争先、更加出彩”的殷殷嘱托，认真贯彻落实党中央、国务院关于加强数字政府建设决策部署，明确提出全方位打造数字强省战略目标，将实施数字化转型战略作为全省“十大战略”之一，把数字政府建设作为基础性工程来抓，加快构建全省“一朵云、一张网、一平台、一系统、一道墙”，打造“豫事一网通”河南政务服务品牌，持续深化“放管服”改革，带动营商环境优化提升，不断开创数字政府建设新局面。

一、河南数字政府建设主要做法成效

（一）创新体制机制，凝聚形成全省工作合力

河南以体制机制创新为先导，系统性重塑行政审批和政务信息管理体系，进一步理顺数字政府建设管理体制机制，使资源配置更优化、权责关系更协同、服务保障更高效、工作合力更强大。

一是重塑政务信息管理职能体系。河南按照政事分开、事企分开、管办分离原则，推进事业单位重塑性改革、结构性优化、功能性再造，并在省直数据信息

机构重塑性改革过程中，构建了“局+中心+公司”的数字政府建设工作推进架构。河南报请中央编办批复同意，将原省大数据管理局更名为省行政审批和政务信息管理局，厘清了大数据管理局与其他部门职能交叉的问题，数字政府牵头部门职能职责更加明确；将39个省直数据信息类事业单位进行改革重塑，其中整合30个数据信息类事业单位相关职责和人员编制，组建副厅级省政务大数据中心，为省行政审批政务信息管理局推进数字政府建设和数字治理提供专业服务；新组建省属骨干企业豫信电子科技集团，为全面实施数字化转型战略、加快推动“1+18”数字政府集约化建设运营提供省级平台企业支撑，构建形成了省行政审批政务信息管理局负责行政管理、省政务大数据中心负责信息技术服务保障、省级数字政府功能性企业负责建设运营的“三位一体”协同推进机制。

二是建立完善制度规范体系。强化制度规划引领，印发实施《河南省数字政府建设总体规划》及其实施方案和《河南省政务云管理办法》《河南省进一步优化政务服务便民热线实施方案》《河南省系统性重塑行政审批制度整体性优化政务服务环境改革方案》等政策文件，出台《河南省大数据标准化建设规划》，为全省数字政府建设提供了较为完备的规划制度标准保障。

三是持续完善工作推进机制。为加强对数字政府建设统一领导，成立了由省长担任组长的省数字政府建设工作领导小组，领导小组办公室设在省行政审批政务信息管理局，组建省数字政府建设专家委员会，成立了完备的省、市、县三级政务服务和大数据管理机构，基本形成了省级统筹指导建设管理和各地市、各部门协同联动的工作模式。2018年7月以来，省政府共召开41次优化营商环境暨深化“放管服”改革工作例会，从“联、通、办”抓起，用数据说话，研究解决数字政府建设中的问题难点，为工作开展提供了强有力的领导推进机制。

（二）强化基础能力建设，夯实数字政府建设平台支撑

河南抓住与国家一体化政务服务平台、“互联网+监管”系统对接建设战略机遇，持续开展一体化政务服务能力提升集中攻坚，按照“集约建设、共建共享”

的原则，加强政务云网和线上线下支撑平台建设，为推进“三融五跨”提供基础保障。

一是加快建设全省统一的政务云。为打破“信息孤岛”和“数据烟囱”，加快构建全省“1+18”省市一体、资源整合、管运分离、数据融合、业务贯通的数字政府云，为各部门提供弹性云资源服务，推动各级各部门非密政务信息系统向政务云平台迁移。截至2022年8月底，省政务云开通云主机10924台、高性能物理机1094台、存储和备份51.19PB；按照“应上尽上”原则，全省72个厅局的498个政务信息系统迁移上云。

二是持续优化升级政务外网。建成全省安全等级高、性能可靠的政务“一张网”，加快推进部门业务专网向政务网络整合迁移，各级各部门原则上不允许新建业务专网，目前已纵向联通国家和省市县乡五级，横向连接16983个各级部门，部署业务系统2124个，网络承载能力满足各级各部门应用需求，成为全省覆盖范围最广、接入部门最多、承载业务应用最丰富的网络平台。

三是完善提升一体化政务服务平台功能。按照国家标准要求，坚持平台一体化、政务服务一体化和公共支撑一体化，建成覆盖省市县乡村五级的河南政务服务网，标准化发布省市县三级办事指南35.83万、乡村两级办事指南200.3万，基本实现用户“一次注册、全网通行”，自然人注册用户7800万，法人注册用户88万，全省政务服务事项基本实现网上可办，日均办件量超2万件。持续推进“四减一优”（减环节、减材料、减时间、减跑动，优流程），省本级行政许可事项承诺时限平均压减超过70%，不见面审批事项比例达到95%以上。国家发布的评估报告显示，河南省一体化政务服务能力在全国32个省级政府中位列第八，较2018年全国排名第24位上升16个位次。

四是加强政务服务中心建设。坚持线上线下政务服务“两手抓”，在大力提升网上政务服务能力的同时，同步加强各级政务服务中心建设，更好满足不同群体对多次层政务服务的需求。建成启用省级政务服务中心，推进审批事项、审批系统、审批环节、审批人员“应进必进”，省直39个部门、220余名审批人员、

2330项事项进驻集中办理，按领域分类设置84个综合窗口，以接口方式将90.2%的审批系统与省统一受理系统联通，实行线上线下业务一个系统受理、一个平台办理、一个后台协同。设立省市县政务服务中心176个、乡村两级便民服务中心（站）43926个，基本实现全覆盖，综合窗口受理率为98.65%、相比2018年提升45个百分点。7×24小时自助服务实现各级政务服务中心全覆盖，并向村（社区）、园区、校园、商场、楼宇和银行、邮政、电信网点等场所延伸，推动政务服务事项实现“就近办”。

（三）建库聚数赋能，推进数据高效有序共享

河南坚持把数据赋能作为数字政府建设的关键和发展方向，建立完善政务数据共享协调机制，统筹汇聚全省各类数据，持续推进数据治理，为数字政府建设提供数据资源强大支撑。

一是建立政务数据共享协调机制。为破解政务数据“不愿共享”“不敢共享”“不能共享”等难题，印发实施《河南省建立健全政务数据共享协调机制加快推进数据有序共享的实施方案》，明确完善工作机制、加强技术支撑、强化服务管理等重点任务和责任分工，促进政务数据高效共享和有序开发利用。

二是构建全省一体化政务大数据体系。按照“一总多分”架构，加快建设“一库聚数、一站赋能、一体共用”的省大数据中心作为公共支撑能力基座。省级依托省大数据中心平台，完善综合人口、综合法人等基础库，联通共享信用信息、自然资源和空间地理等基础库，建设部门业务资源数据库和相关专题库。各地按照统一的建设对接指南，推进省大数据中心平台分节点建设、改造，建设本地部门业务资源数据库和特色专题库。

三是深化政务数据共享利用。建成贯通国、省、市三级数据共享交换平台，以数据应用为牵引，以供需对接为手段，推动49个省直部门编制数据目录2334条，省本级归集数据量达到167亿条，有力支撑全省各项政务应用。加强数据治理工作，推进综合人口库、综合法人库、电子证照库等基础数据库建设，综合人

口库和综合法人库分别汇聚治理数据3.26亿条和1.07亿条。推动电子证照应制尽制，全省累计制证277类、2.3亿张，其中112类实现电子证照与实体证照同步颁发。大力推进电子证照推广应用，通过居民身份证、营业执照、不动产登记证明、医保凭证等电子证照应用，推动社保卡申领、电力开户、涉企不动产办理等148个政务服务事项实现实体证照免提交；全省9989家宾馆224.6万人次使用居民身份证电子证照办理酒店入住；1771.7万人次使用电子医保凭证就诊或购药，使用医保金额17.8亿元；电子驾驶证、电子行驶证和道路运输许可证等交通“三类九证”用于交通执法检查和运输管理。

（四）深化场景应用创新，提升企业群众办事获得感

河南坚持把满足人民群众对美好生活的向往作为数字政府建设的出发点和落脚点，坚持需求导向、问题导向和应用导向，深化各部门各领域场景应用，真正让数据多跑路、群众少跑腿。

一是开创“全豫通办”新模式。坚持标准引领，推进要素模板化，省级统一制定事项要素模板，用信息化手段固化改革成果，在全国率先推行事项名称、设定依据、办理条件等32个要素省市县三级统一，改革前，平均每个事项在全省使用18套申请材料；改革后，统一一套申请材料、统一一个办理结果。出台河南省政务服务“统一受理、全豫通办”操作规程，在市县政务服务中心开设“全豫通办”窗口367个，首批800个事项实现线下全省通办，让跨层级、跨区域办理事项不再全省来回跑、折返跑。

二是打造“跨省通办”新品牌。为方便企业和群众跨省办事，按照国家安排部署，结合河南实际，制定出台《河南省政务服务“跨省通办”实施方案》，积极与冀、晋、沪、浙、粤等25个劳动力输出输入、临边接壤省份的108个县市区开展协作，参与或组织了8个区域性的“跨省通办”联合体，实现了公司设立登记、食品小经营店登记等576个事项实现“跨省通办”。

三是创造“指尖办事”新速度。加快打造为河南提供公共服务和政务服务

的移动端官方总入口“豫事办”，2021年、2022年连续两年入选省重点民生实事，通过持续优化系统功能，加强“豫事办”分厅建设，逐渐实现全省移动政务服务能力的汇聚。“豫事办”注册用户数突破7100万，接入了19家省直厅局和17个省辖市、济源示范区共计5188项应用，每天有200多万人通过“豫事办”办理相关业务。通过政务数据共享，实现了社保、医保、公积金、高考成绩查询等高频民生事项掌上办理，同时开设了疫情防控专区，上线来（返）豫报备、核酸检测结果查询等功能，在便民服务、疫情防控等方面发挥了积极作用。

四是提供金融服务新方案。以解决中小微企业融资难、融资贵、融资繁为目标，按照“中小微、线上、信用、实时、可比”的框架和路径，按照“普惠、公益”的原则，运用大数据思维搭建了全国首个省级金融服务共享平台——河南省金融服务共享平台，让数据成为中小微企业融资增信的“真金白银”。平台归集共享税务、社保、电力、信用、公积金、不动产等24个部门及市县218类涉企数据4亿余条，推出企业贷款“310”线上贷款模式（企业“3分钟”完成线上贷款申请，银行“1分钟”完成相关数据调用，实现纸质材料免提交和全程“0跑腿”），免费为银企双方提供贷款申请、融资需求发布、政策直达等100余项“一站式”线上金融服务。平台自2019年3月上线，至2022年8月底，共入驻30家金融机构，上线221款信贷产品，累计为55631家企业放款超过1416亿元，荣获第四届“绽放杯”5G应用征集大赛智慧金融专题赛一等奖，入选国务院办公厅《深化“放管服”改革优化营商环境典型经验100例》。

五是推出“豫事快办”新场景。按照整体政府和群众眼里“一件事”思维，加快推进“一件事一次办”，推进政务服务事项集成化办理，在河南政务服务网开设“一件事”服务专区，企业开办、不动产登记、人才服务、水电气暖过户、开便利店等495个事项实现“一件事一次办”，群众办事便捷度和好评率大幅提升。

六是推广“数字适老”新体验。开发符合老年人网上办事需求的“老年模式”网站版本，上线无障碍浏览辅助工具，实现字体放大、页面缩放、辅助线辅助定位、语音辅助等功能，全面实行网上老年人办事家属代为认证、远程认证、代为办理等服务措施，切实解决老年人运用智能技术困难、不便现场办理等问题。

七是开展社会治理新探索。推行“一张清单”统监管，依托省“互联网+监管”系统编制监管事项目录清单，逐项明确监管事项对应的行政许可等事项。梳理法律法规规章2385部，拆分法条22.8万条，建立数字化、条目化、结构化法律法规库，在此基础上，推动监管事项与行政执法事项、随机抽查事项等有效衔接。大力实施“互联网+监管”，将348万户法人、900万名特定自然人、49.5万特种设备等纳入“互联网+监管”系统覆盖范围，全省27万多名工作人员使用平台开展业务，归集行政检查、行政处罚等监管行为数据2210万条，汇聚各类监管数据24亿条，日均共享调用900万余次。河南2019年、2020年连续两年被确定为国家“互联网+监管”试点省。国家发布的评估报告显示，河南等7个省（区、市）处于创新引领阶段。2022年5月，国务院办公厅电子政务办公室《电子政务工作简报》专题刊登《河南省积极探索“互联网+监管”创新应用 充分运用数字技术助力提升监管效能》，向全国推广河南典型经验。

（五）聚焦服务中心大局，着力为重大工作赋能增效

河南坚持把服务“国之大者”“省之要者”作为数字政府建设的着力点，以实施相关政务信息化项目和数据赋能为支撑，更好推动国家重大战略实施和省委、省政府中心工作落实。

一是积极推进以数据有序共享服务黄河流域（河南段）生态保护和高质量发展试点工作。在国务院办公厅牵头指导下，积极推进部省数据共享试点，印发实施《河南省人民政府办公厅关于印发河南省以数据有序共享服务黄河流域（河南段）生态保护和高质量发展试点实施方案的通知》，成立分管副省长任组长的试点工作专班，建立健全部省数据共享交换机制，按需共享数据245项，赋能黄河防洪保安全体系构建、推动水利管理智慧化、提升洪水灾害防御气象服务能力、推进郑州防汛监测预警应急指挥智慧化、推进自然资源调查监测和生态修复、推进林草湿荒生态综合监测、推进非天然地震监控精准化、加强生态环境要素综合

监管等8大应用场景落地，服务黄河流域生态保护和高质量发展，为“数据共享+国家重大战略”提供“河南样本”。

二是筑牢疫情防控数字防线。新冠肺炎疫情暴发后，积极运用数据资源和信息技术手段助力疫情防控和复工复产。建设推广河南省健康码，及时高效做好赋码转码工作，已为9400多万群众提供健康码服务超120亿次。按照“1+2+3+16+N+18”系统架构，即建设1个省级疫情防控管理平台，常态化和应急状态2种应用场景，3个界面端，16个疫情防控应用，联通整合N个涉疫业务部门，建成覆盖省、市、县三级的河南省一体化疫情防控管理平台，支撑各方面、各条线、各层级疫情防控工作，实现全省疫情防控工作“一盘棋”。开发建设全省统一的“场所码”系统，实现群众“扫码”“亮码”全省统一，极大地方便了疫情防控期间群众出行和生产生活。建设启用“四保”白名单企业（项目）运行调度平台，服务全省五大行业白名单企业（项目）44941个，覆盖工业生产、商贸流通、交通运输、文化旅游、重点项目等领域总产值（投资额）70%以上的企业（项目），确保疫情静态管理和应急状态下白名单企业稳定生产，确保不停工不停产不停运，为高效统筹疫情防控和经济社会发展提供有力支撑。

三是大力提升机关效能。为在全省推行“13710”工作机制（“1”即1天内要研究部署，“3”即3天内反馈初步落实情况，“7”即一般性工作原则上7天内落实解决，第二个“1”即重大问题包括一些复杂问题要在1个月内落实解决或拿出解决的时间节点和方案，“0”即所有事项都要跟踪到底、销号清零，做到事事有着落、件件有结果），建成省“豫正通”平台（领导驾驶舱和“豫快办”督办平台），作为集可视、可达、可管、可批、可督功能于一体的河南省党政机关决策指挥平台，共纳入18个省辖市（含济源示范区）、39个省直厅局和102个县（市）的1900余项重要经济社会发展指标并定期更新。截至2022年8月底，省领导已通过“豫正通”平台作出批示12208件，纳入省委、省政府督办事项1437项，成为省市县领导指挥调度和全省推行“13710”工作机制的重要载体，有力推动了省委、省政府决策部署的落实。

（六）坚持安全可控，守牢数据安全底线

河南全面贯彻落实总体国家安全观，将安全作为数字政府建设的生命线和先决条件，建立完善涵盖基础设施、网络、系统、数据、平台等全要素多层次的数字政府安全保障体系。

一是建立安全规范。严格贯彻落实《中华人民共和国数据安全法》《中华人民共和国个人信息保护法》《关键信息基础设施安全保护条例》等要求，制定出台《河南省政务数据安全管理暂行办法》，明确了全省各级政务部门非涉密政务数据收集、存储、传输、共享、开放、使用、销毁等行为及相关管理工作要求，进一步健全政务数据安全防护体系，为政务数据上一把“安全锁”。研究编制河南省政务信息系统安全建设指南、数字政府安全保障体系建设实施指导意见等政策文件，确保工作有法可依、企业和个人信息安全有效保障。

二是落实安全责任。强化政府部门数据管理职责，健全网络安全工作责任体系，全面落实主体责任和监督责任，各级各部门按照职责分工统筹做好数字政府建设安全和保密工作，强化数据安全监管，切实防范公共数据篡改、泄露和滥用。

三是加强安全防护。建设省政务信息系统安全综合监管平台，加强对信息系统日常运行情况的监测，定期对信息系统开展安全检查，认真组织开展攻防演练，建设覆盖“云、网、数、端”的纵深防御体系，实现数字政府网络安全态势实时监控，有效保障了冬奥会冬残奥会等重保期间网络安全保障工作，以及各类政务信息系统和基础设施平稳、高效、安全运行。

二、河南数字政府建设未来展望

当前，河南数字政府建设已经从夯基筑台的起步阶段迈向全面提升的2.0新阶段。《关于加强数字政府建设的指导意见》的印发实施，为加快数字政府建设指

明了新的前进方向、提供了根本遵循。展望未来，河南将以习近平新时代中国特色社会主义思想为指导，认真贯彻落实党中央、国务院决策部署，全方位加快数字政府建设，建立健全制度、技术、数据、应用、安全“五位一体”推进新模式，系统性重塑行政审批制度，整体性优化政务服务环境，努力打造成为全国数字政府建设的标杆省，带动河南营商环境进入全国第一方阵。

（一）加强顶层设计，加快构建数字政府新机制

充分发挥省数字政府建设工作领导小组作用，牢固树立全省“一盘棋”理念，建立统一规划、统一架构、统一标准、统一部署、统一管理的工作运行模式，形成纵向联动、横向协同的组织领导和推进机制。适应政务信息化项目快速迭代特点要求，建立综合论证、联合审批、绿色通道等项目建设管理新模式。健全完善数字政府框架体系和数据基础制度体系，制定河南省数字政府建设实施方案，出台《河南省数据条例》，完善平台建设、安全防控等标准规范，为数字政府建设提供体制机制、法规制度和标准规范保障。

（二）强化基础支撑，加快构建数字政府新底座

围绕构建全省一体化政务大数据体系，迭代提升省大数据中心平台、一体化政务服务平台和“豫事办”“互联网+监管”系统等功能，加强重点共性应用支撑能力建设，全面建成全省“一朵云、一张网、一道防火墙”的数字政府支撑体系。建设“一朵云”综合管理平台，对接各级政务云平台、部门资源池，实现全省政务云“统一门户、统一纳管、统一监控、统一运维、统一调度”。打造一体化、可视化的电子政务外网管理运维体系，实现省市县乡（镇）四级党政机关、事业单位电子政务外网全覆盖。构建一体化安全防护体系，强化关键信息基础设施安全保护和数据全生命周期安全管理，确保政务信息系统网络安全、系统安全和数据安全。

（三）突出整体性优化，加快构建政务服务新模式

加快推进政务服务标准化规范化便利化，以便捷、高效、共享、优质为方向，以行政审批制度改革为牵引，以最大限度精简审批事项、优化职能配置、重塑办事流程、融通数据支撑为重点，以“一件事一次办”为抓手，深化技术融合、业务融合、数据融合，提升跨层级、跨地域、跨系统、跨部门、跨业务的协同管理和服务水平，全面提升一体化政务服务体系线上线下融合度、协调度和覆盖率，推动更多政务服务事项网上办、掌上办、就近办，加快实现清单之外无审批、大厅之外无审批、平台之外无审批“三个无审批”，2025年底前全面实现极简审批、免证可办、免申即享、有诉即办、审管协同“五个全覆盖”。

（四）注重数字智治，加快构建政府治理新形态

全面推进政府履职和政务运行数字化转型，推动政府在履行经济调节、市场监管、社会管理、公共服务、生态环境保护等五大职能的数字化、智能化，全面提升政府治理体系和治理能力现代化水平。充分利用省“四保”白名单企业（项目）运行调度平台，推动防疫与生产双线嵌合运行，加强投资、消费、就业、税收、财政、金融、能源、物流等重点领域监测分析，提升经济调节的科学性、预见性和精准性。加快推进省内监管业务系统接入省“互联网＋监管”系统，构建智能化风险预警模型，实现风险信息自动发现、同步推送、智能提醒、及时处置。以省“豫正通”平台和一体化协同办公平台带动数字机关建设，全面提升政府履职效能。

（五）坚持数据赋能，加快构建数字资源新体系

持续开展数据普查，全面摸清各级各部门数据资源底数，推进数据供需对接、有序共享。建设完善全省一体化电子证照、电子印章、电子签名、电子材料应用等通用支撑系统，为各级各部门开发业务提供支撑。开展好“以数据有序共享服

务黄河流域（河南段）生态保护和高质量发展”国家试点工作。坚持把安全贯穿数据治理全过程，推动政务数据、公共数据、企业数据、个人数据分类分级确权授权使用，推进数据汇聚融合、协同治理、开放共享，促进数据高效流通使用、赋能实体经济，充分释放数据要素价值。

数字政府建设贵州实践：持续优化数字化服务 打造更加利企便民的数字政府

饶晓亭

贵州省政务服务中心主任

中央全面深化改革委员会第二十五次会议要求："要把满足人民对美好生活的向往作为数字政府建设的出发点和落脚点，打造泛在可及、智慧便捷、公平普惠的数字化服务体系。"当前，各地各部门正在深入贯彻落实《关于加强数字政府建设的指导意见》，不断提升政府在经济调节、公共服务等方面的履职能力。近年来，贵州坚定不移推进大数据战略行动，深入实施数字政府建设行动，依托一体化政务服务平台，推进"五个通办"改革，让数据多跑路、百姓少跑腿、政府提效率。本文以贵州政务服务数字化改革实践为例，探索分析数字政府破解企业和群众反映强烈的办事难、办事慢、办事繁问题，让数字政府更加惠企便民。

一、持续优化政府服务，探索数字政府建设的主要做法

（一）省级统筹，整体联动，完善覆盖全省的政务服务"一张网"

2015年，贵州省委、省政府推进"进一张网、办全省事"改革，运用大数据技术和思维，由省级建设全省统一的政务服务平台，构建以统一身份认证系统、事项清单库、审批服务系统、综合受理系统、证照批文库和N个辅助支撑系统的"5+N"平台建设体系，实现上联国家、横联部门、下通市县乡村四级。于2015年5月23日正式上线运行，打通省内自建业务系统，替代省内自建系统131个，

并完成与国家政务服务平台对接，实现六级联通，为数字政府建设奠定基础。

强化省级统筹。以全覆盖、全联通、全方位、全天候、全过程的“五全服务”为目标，坚持统一顶层设计、统一开发建设、统一推进应用、统一办理平台、统一数据共享的“五个统一”建设原则。

强化协同联动。各级各部门在贵州政务服务网进行受理审批，为大范围的协同联动奠定基础，通过“集成服务”改革，以企业群众办事视角，对业务进行整合，推进集成套餐服务100项，推进部门间协同办理。以一窗“2+2”改革为契机，通过贵州政务服务网综合受理系统，推进业务标准化和收件智能辅助，全面实现政府服务在政务大厅按照“企业和法人”进行综合无差别收件。

强化集约节约。由省级一点统筹建设，市县乡多点接入应用，不再动用政府自建另建政务服务平台，不再耗费人力打通各类自建业务系统。让群众和企业“进一张网、办全省事”，有力推动了“一号申请、一窗办理、一网通办”服务模式落地，确保了业务高度协同、数据自动集聚。通过集约化建设，全省节约建设资金约6亿元，每年运维经费将减少6000余万元。

（二）统一标准，再造流程，夯实政府服务数字化业务基础

以“全省通办、一次办成”改革为契机，由省直部门牵头，全面推进贵州省政务服务流程和方式系统性重塑，推进各级各部门政府服务“标准统一、异地受理、远程办理、协同联动”，大幅提高全省政务服务标准化、协同化、智能化水平，为政府服务标准化和协同化奠定基础。

抓业务标准统一。印发《贵州省推进政务服务事项标准化工作方案》《贵州省推进政务服务事项实施清单标准化工作方案》，针对各地在推进过程中常见的问题和困难，编制《政务服务事项办事指南模板领取指引》，指导全省按统一要求、按时序深化政务服务标准化工作。

抓标准精准核查。抽选市县政务服务业务骨干和第三方评估团队成员，按照业务骨干搭配第三方团队的模式，组成8个政务服务标准化事项办事指南模板核

查小组，对全省涉及的42个行业、3284个办事指南模板进行核查，核查出办事指南模板异常信息10802条，目前相关省直部门已全部按照核查信息完成指南模板修改完善工作。

抓动态更新完善。进一步完善纠错系统，新增纠错问题截图、标准化事项库事项动态调整信息提示、办事指南模板修改标记提醒等功能，更加便利地方随时精准反馈纠错信息和掌握事项以及办事指南模板变动更新情况。建立政务服务事项标准化改革成效第三方评估机制，制定评估内容和实施方案，重点核查线上线下“两张皮”问题，确保改革不流于形式。

（三）集中攻坚，多方协同，推进自建业务系统融通和数据应用

印发《贵州省政务服务数据融通攻坚工程实施方案》，加快推动政务服务领域网络通、数据通、业务通，推动跨层级、跨地域、跨系统、跨部门、跨业务协同管理和服务，探索对政务服务理念、方式、流程、渠道等进行全局性、系统性、根本性重塑，推进政府服务数字化，持续提升网上政务服务水平和质量。

组建统一的工作专班。由省大数据局、省政务服务中心会同有关单位组建工作专班，全面推进省内自建业务系统与贵州政务服务网融通。列入政务服务数据融通攻坚工程的省自建业务系统对接整合所涉及经费，列入省级政务信息化建设计划。涉及自建系统整合的省直单位编制具体的系统融通实施方案，与省大数据局、省政务服务中心三家联合印发实施，同时，明确专人进驻省政务服务中心集中办公，专门负责数据融通对接实施工作。

明确差异化的对接方式。明确按照“‘一窗式改革’、前台综合受理、后台分类审批、综合窗口出件”的要求，整合省内自建业务系统，推动与贵州政务服务网深度对接。明确原则上没有系统支撑业务的，使用贵州政务服务网综合受理系统办理；业务能迁移的按个性化需求优化完善后，使用贵州政务服务网综合受理系统办理；需要保留的自建系统，按照“统一服务入口、统一用户体系、统一办件共享、统一‘好差评’、统一证照共享应用”的要求，与贵州政务服务网综合受

理系统完成线上线下融合对接。全面推进政务服务流程和方式系统性重塑，以数据通、系统通、业务通促进线上线下深度融合。

构建广泛的应用场景。由省大数据局、省政务服务中心和负责管理证照的省直单位联合印发三批电子证照共享应用清单，推动48个证照电子化共享应用，实现在贵州政务服务网办事免提交。切实推进电子证照应用，企业群众在贵州政务服务网进行业务自助申报时，用户通过点击“获取共享证照”按钮选择对应的材料，系统自动获取电子证照材料，无需再手动上传。鼓励地方大胆应用数据，黔东南州推出“五个免提交”，探索实现证照、批文批复、政府文件、证明材料、其他申请材料等一律不得要求申请人提交，打造“少填、少报、少走、快办”的审批服务新模式。

开展严格的成效评估。严格按照工作要求，对自建业务系统整合情况进行考核评估。省政务服务中心、省大数据局组织第三方评估机构，对数据融通攻坚工程涉及的自建系统融合、数据共享应用、数字化转型成效等开展第三方评估，评估结果作为全省高质量考核的重要依据。对未按进度推进、未按标准完成任务的单位，将在相关考核指标中扣减相应分值，确保各部门严格按照系统融通标准完成各项任务。

（四）强化整合，省市共建，切实打造政府服务“总客服”

以企业群众办事需求为导向，充分运用大数据和信息化支撑，打造统一服务热线。强化省级统筹规划，强化跨层级、跨部门协同联动，强化热线数据分析和反哺应用，将12345热线打造成为整体政府的“总客服”。

加大整合力度，实现一号对外。通过直接合并、双号并行等方式，对国家部门设立在贵州省接听的热线和贵州省各部门设立的各类热线开展清理整合，已归并各类热线270余条，清理各类便民服务电话3920门。建立紧急类信息通报工作机制，健康码诉求联动处置工作机制，将12345热线业务工单事项分为四级28个大项1797个小项，提升话务人员的即时应答准确率，实现一号对外服务。

适应市民需求，实现多渠道服务。积极拓展各种互联网、多媒体服务渠道。省级12345热线开通多媒体人工在线客服，配置多媒体座席，提供集网站、微信、手机App等多媒体渠道的“7×24小时”人工在线互动交流服务。同时，省级热线平台还统一承接中国政府网、国家政务服务平台、省政府门户网站、人民网“省长留言板”和“省长群众直通车”等渠道网民留言办理工作，实现企业群众诉求“一号对外、多维受理、集中调度、依责办理、统一评价”的闭环办理模式。

强化协同联动，高效回应关切。打造统一的热线工单转办平台，强化业务协同。将省级103家省有关部门、中央在黔机构等全部纳入协同联动处置范围，通过统一转办平台，高效推进群众诉求的转办、跟踪、处置和监测。进一步压实办理部门和市县工作责任，如安顺市政府建立工作机制，第一时间将12345热线突出问题推送给政府和部门“一把手”进行处置，规范办理流程和处置闭环机制，企业和群众反映的诉求处置办理得到有效保障。

二、围绕企业群众关切，政府服务能力和效率不断提升

经过持续多年的努力，贵州通过大数据、信息化大大提升了政府服务的数字化水平，提高部门间协同服务能力和数据治理能力。2020年7月7日，李克强总理视察贵州省政务服务中心，对贵州打造“贵人服务”品牌，推进“一网通办”“全省通办”给予充分肯定。

一是政府服务能力显著提升。贵州政务服务网持续迭代升级，省市县三级网上可办率达100%，全程网办率达59%，实现3368个办理查询事项“指尖办、移动查”，网上政务服务能力始终保持在全国前列。在中央党校（国家行政学院）电子政务研究中心开展的评估中，贵州省政府网上服务能力连续五年全国前三，中西

部地区第一[①]。在《中国数字政府发展研究报告(2021)》中，贵州省多项指标位列全国前列[②]。

二是数字政府支撑不断完善。出台了《贵州省大数据发展应用促进条例》《贵州省大数据安全保障条例》《贵州省政务服务条例》，构建“一云一网一平台”数字政府基础支撑体系，完善全省政务服务事项标准化，已累计汇聚发布国家数据目录14289个，挂接数据资源12156个。已打通自建系统85个，实现350余种电子证照数据归集，营业执照、身份证等48个电子证照已实现共享应用。

三是群众满意度不断提升。全国工商联发布了2021年度“万家民营企业评营商环境”调查结果。结果显示，民营企业对营商环境满意度连续3年持续上升。其中，贵州省排名第13位，同比上升3位[③]。从贵州省政务服务好差评数据看，好评率连续两年上升，其中，非常满意占比同比增加6个百分点。从热线服务满意度看，群众满意率始终保持在95%以上。

三、新形势下的中西部地区数字政府建设思考

一是数字政府建设应当更加关注企业群众获得感。近年来，党中央、国务院持续加快政府职能转变，不断深化“放管服”改革，优化发展环境。“放管服”改革的最终落脚点在于优化服务，建设人民满意的服务型政府。《关于加强数字政府建设的指导意见》用大量篇幅对政府服务提出要求，要求充分发挥全国一体化政务服务平台“一网通办”枢纽作用，推动政务服务线上线下标准统一、全面融合、服务同质，构建全时在线、渠道多元、全国通办的一体化政务服务体系。因此，数字政府建设应当最大程度利企便民，让企业和群众少跑腿、好办事、不添堵，

① 《2021年省级政府和重点城市一体化政务服务能力调查评估报告》，中央党校(国家行政学院)电子政务研究中心。

② 孟天广、张小劲：《中国数字政府发展研究报告(2021)》，经济科学出版社2021年版。

③ 《万家民营企业评营商环境：贵州省排名第13位　比去年上升3位》，人民网—贵州频道，2021年11月26日。

把企业和群众办事方不方便、快不快捷放在重要位置。切实推进政务服务数字化，通过“互联网+政务服务”逐步让群众享受到政府的快速高效服务。

二是数字政府建设应当更加注重省级统筹。数字政府需要不断丰富完善，不断升级迭代。需要强化顶层设计，明确方向，科学规划，急用先行，不断完善。尽量减少因不适应大方向推倒重来的情况，尽量不要产生新的堵点。中西部地区的信息化水平相对滞后，应当充分学习发达省份的先进经验，发挥信息化改革阻力小的后发优势，强化顶层设计和省级统筹，减少“数据烟囱”，避免投入浪费和再走别人走过的弯路。同时，在加强基础性信息化平台统筹保障基础上，强化数据和接口标准化，鼓励基层业务创新和应用创新。

三是数字政府建设应当更加注重政务服务平台支撑。中央党校（国家行政学院）电子政务研究中心主任王益民撰文认为[①]，全国一体化政务服务平台的建成运行，为推进数字政府建设的任务奠定了坚实基础。这从广东、江苏、甘肃等地的数字政府建设总体规划中也得到了印证。比如,《江苏省“十四五”数字政府建设规划》将政务服务作为数字政府建设的核心指标，把一体化政务服务平台作为除数据基础支撑以外的核心平台之一。又如,《甘肃省人民政府关于加强数字政府建设的意见》的总体目标首先明确，到2025年，全省一体化政务服务平台功能大幅提升，政务服务事项做到标准统一、整体联动、业务协同，“一网通办”“一网统管”“一网协同”全面实现。中西部地区在经济调节、市场监管、社会治理等方面，信息化发展、数据积淀条件相对滞后，以政务服务平台为突破口，推进数字政府建设，更加服务实际，更能在较短时间内发挥数字政府红利。

① 王益民：《以全国一体化政务服务平台建设为契机，加快推动数字政府建设》，中国电子政务网 2020年6月2日。

数字政府建设的武汉实践：用数据共享驱动政府数字化转型

张贵达

武汉市政务服务和大数据管理局党组书记、局长

随着科学技术的飞速发展，人民生活水平的提升，政府职能逐步从“管理型”向“服务型”转变，政府建设逐步向标准化、数字化转变。在政府数字化转型中，我国经历了从电子政务到“互联网+政务服务”和数字政府三个发展阶段。而当前的数字政府阶段更多的是强调构建数字思维，以数据共享为基础，以便企利民服务需求为导向，探索数据价值，有效发挥数字生产力。

一、数据共享对数字政府转型的重要作用

随着数字化时代的到来，加快推进政府数字化转型是发展未来经济的重要引擎，对推进社会高质量增长具有重要意义，各国更是纷纷将数字化战略上升为国家战略。中国能否在此时把握时代的脉搏，主动拥抱数字化，将变得格外重要。在党的十九大报告中，党中央明确提出了新时代建设网络强国、数字中国、智慧社会的发展战略，要求各级政府快速适应数字化社会环境，更好地运用互联网、大数据、人工智能等技术手段建设数字政府，推动政府职能转变，增强政府执政能力，为新时代借助数字技术赋能政府治理体系和治理能力现代化提供根本遵循。

由于技术的不断发展，人们经常使用便捷、优质、高效的在线服务，这使得

他们期望在政府提供的公共服务中，能够获得同样的体验。根据中国互联网络信息中心(CNNIC)发布的第49次《中国互联网络发展状况统计报告》显示，截至2021年12月，我国网民规模达10.32亿，互联网普及率达73%。报告表明，新时代，网络、数据已经成为人民生活中不可分割的一部分，这些都促使各级党政机关和群团组织等不得不积极运用微博、微信、App等新媒体，发布政务信息、回应社会关切、推动协同治理，不断提升地方政府信息公开化、服务线上化水平。

数据共享是适应新时代发展的必然选择。打破利益固化的体制壁垒，强化各政府机构基础信息的采集力度，消灭“信息孤岛”是推动社会治理智能化的先导力量，通过技术创新和制度创新来改变传统意识形态下低效的信息传递模式，重塑政府的业务模式、服务模式，优化行政审批流程、加强监督管理、提升服务质量是提升经济调节有效性的必然途径。

数据化时代将推动政府管理走向一个全新阶段。然而，能否深刻把握数据时代社会运行规律、充分利用大数据等信息技术优化政府运行流程？如何从政府、行业、企业等不同层次出发，加快推动政府数字化转型？这两点对于推进国家治理体系与治理能力现代化具有重要意义。

二、数据共享在数字政府转型中面临的瓶颈

数据只是客观世界的记录，若要为人所用，必须要经历反复萃取、提炼和升华的过程。我国政府信息化经过多年的建设，形成了以各委办局为主体的各种应用系统，有效实现了政府的信息化办公，但政府现有系统的管理分散，制度规范不健全，造成重复采集、口径不一；各部门的指标数据自成体系，标准不一，系统间的互联互通、信息共享困难，各个业务系统也难于有效整合；拥有海量的数据，数据的综合价值和深度挖掘价值却没有得到充分体现。数据共享在数字政府转型过程中还面临着不少瓶颈。

一是数据孤岛亟待打破。电子政务经过多年的发展，虽然建成了大量纵横向

业务系统，但建设时期、建设主体、业务领域等的不同导致业务数据标准格式不统一，系统异构，数据共享不充分，数据孤岛、数据壁垒依然存在。

二是数据完整性不够。在数据大爆炸的时代，存在想用的、能用的数据无处可寻，可用的、可信的数据极端匮乏，这种数据缺乏的现状影响制约着业务应用和数据产业链的形成。

三是网络安全水平有待提高。一个数据极其充沛的时代，也是一个隐私保护极其脆弱的时代，随着虚拟用户的增加和大量高敏感信息的在线存储，很多公民被不断的“数据泄露—倒卖—诈骗/骚扰”灰色链条所困扰，政府部门在保护数据隐私、加强网络安全建设方面还有待加强。

三、武汉市深化数据共享改革探索的路径

近年来，武汉市在国家政务办的领导下，以数据共享为抓手，全面推进政府数字化改革。

（一）强化组织领导，构建“三更新、三到位”工作体系

成立由市委书记任组长、市长为副组长的数字政府和智慧城市建设工作领导小组，各部门建立由主要负责同志统一领导、分管负责同志具体负责的数据共享机制，健全市区上下联动、协同推进的工作机制，形成全市“一盘棋”的工作体系。构建“三更新、三到位”（目录实时更新、数据实时更新、服务实时更新；体制机制到位、共享应用到位、资源开放到位）的工作体系，对已编制完成的事项和数据资源抓优化、补短板，确保事项流程规范、数据全量汇聚、按需共享、实时更新。

（二）强化平台运用，不断夯实城市数字底座

城市大脑大数据能力平台通过构建全市统一的数据中枢，建立覆盖从目录

编制、需求收集、归集链路、治理加工、质量探查、疑义反馈、安全脱敏到对外服务的全生命周期管理能力。一是通过集成组件调用、代码编写、调试等一体化的套件工具，实现拖拽式的可视化开发，简化了数据治理过程中代码的编写和部署；二是通过解析代码和程序的依赖关系进行数据血缘分析，避免了元数据处理过程中人工记录的繁琐和失误；三是将数据治理的业务经验提炼成标准库、规则库等，利用机器学习识别方法进行对标，实现自动化的数据标准化；四是调度监控数据治理程序自动化运行和异常告警，减少人工干预的需要；五是在政务数据的开发应用中，运用数据沙箱和数据建模分析能力实现数据“可用不可见”。

打造全国首个“城市一朵云”，整合现有数据中心和网络资源，建设集政务云、信创云、企业云为一体的武汉云；制发了《武汉市加快推进武汉云建设实施方案》，统筹推动全市各类政务信息系统上云用云，实现信息资源的共享和集中管理。武汉云已于2021年9月启用运营，成为武汉市城市转型和产业转型的重要数字底座，并向潜江、鄂州等城市圈城市延伸使用，推进城市圈一体化发展。电子政务外网实现市、区、街、社区（村）四级连通，共连通政务网4696个。

城市数据大脑作为智慧城市核心引擎和数字经济基础设施，已初步具备大数据、人工智能、区块链、应用支撑四大功能，大数据中枢具备数据汇聚、治理、开发、共享、开放等服务能力，依托大数据中枢建设了市大数据能力平台，向上连通省大数据平台，向下连通各区大数据平台，横向打通市级各部门，形成省—市—区三级联动的数据共享体系。

（三）强化制度保障，大幅提升数据汇聚治理能力

出台《武汉市公共数据资源管理办法》，进一步规范了公共数据资源的采集、汇聚、共享、开放和应用管理。制定《武汉市公共数据资源元数据标准》《武汉市公共数据资源分级分类指南》和《武汉市公共数据开放平台接口使用规范》3项标准，推动公共数据有序安全开放。按照一数一源多源校核的原则，融合公安、卫健、民政、人社、医保、市场监管等部门数据，初步建成人口和法人等基础库，

并在城市大脑大数据能力平台挂接，已推送至各区使用。对全市公共数据资源进行了梳理，形成数据资源目录29550条，其中政务事项主线数据目录24422条。大数据能力平台汇聚数据资源78亿条，累计提供数据交换总量190亿条，日均共享数据6000余万条，支撑应用场景339个，开放数据1400余项近1.7亿条数据。完成与国家、省、市级12个部门23类政务资源信息共享集成，归集电子证照近5000万本。

以应用为导向，形成武汉智慧城市应用场景清单和智慧城市重点应用数据需求清单，推动医疗、交通、养老等领域109项数据汇聚共享。以优化群众企业办事体验为导向，针对政务服务事项中的数据堵点卡点实行清单销号管理。制定出台了《武汉市数据要素市场化试点工作方案》，成立武汉市数据要素市场化试点工作领导小组，选取医疗、金融等领域试点数据要素市场化场景建设，推动数字产权评估与交易中心筹建工作，组织编制了数据产权评估交易中心建设方案，已报送省政府批准。

（四）丰富数据应用，促进服务水平不断提升

一是政务服务领域。加大电子证照推广应用力度，不动产、税务、民生服务等领域新增32项电子证照上链应用。一体化24小时自助政务服务机上线高频事项314项，鄂汇办（武汉旗舰店）上线便民服务事项245项。深化在线帮办能力，推进企业登记、注销数据实时共享，推动全流程网办，实现电子营业执照、电子印章同步免费发放，提升企业开办便利度。推动与投资项目审批系统互联互通，实现水电气接入外线工程并联审批系统上线。在湖北政务网上线武汉城市圈“跨市通办”专区，目前已通过全程网办、多地联办等方式办理“城市圈”事项超8万件。依托国家一体化政务服务平台，建成“长江经济带通办专区”，同步接入国家政务服务平台“跨省通办”服务专区，并配置武汉、长沙、南昌、合肥四城市“跨市通办”事项入驻专区。上线“链税通”服务，利用区块链技术实现了不动产交易和缴税上链办理，实现新建商品房网上办理不动产证时间减半，已完成上链

交易24万笔。

二是惠民服务领域。将健康码升级为市民码，推进民生服务“一码互联”，建成民生服务移动端总门户“i武汉”，制定“市民码”标准，上线医疗服务、社保、交通等公共服务130余项，汇聚全市24个部门8大应用场景和9大特色服务专区，“i武汉”共2954万人注册，累计访问量42亿次。

三是城市管理领域。搭建城市运行管理平台，打通公安、城管、水务等部门数据资源190余项，上线城管智能处置、渍水快处、城市交通、桥梁运行管控等智能应用场景，促进城市精细化治理。

四是社会治理方领域。以汉阳区为试点，开展社区系统终端整合工作，建设社区工作平台，整合联通48个社区系统终端，通过城市大脑大数据能力平台向社区共享人口、房屋、社保、残疾人、婚姻、养老等18类数据资源，减轻社区工作负担，提升基层工作效率。依托武汉市公共卫生应急指挥与疫情大数据，与国家、省、市共45个系统实现数据互通，23家市直单位涉疫数据，每日自动、实时比对各类数据9000余万条，实现疫情防控“一网全监测、一键达基层”。

五是事中事后监管领域。健全完善监管规范体系，依托省“互联网+监管”系统，强化“双随机、一公开”监管、重点监管、审慎监管的协同联动。市、区多个部门的智慧监管应用系统与省“互联网+监管”系统实现了对接，提升了监管效率，如市交通运输局运用省“互联网+监管”移动执法App，提升了执法便利度。

四、数据共享驱动政府数字化转型的趋势

（一）推倒“数据烟囱”，刀刃向内改革

政府数字化转型，不仅是技术层面的革命，更是一次体制机制刀刃向内的改革。部门间数据共享是政府数字化转型的前提，加快各级、各部门业务系统整合对接，将林立的“数据烟囱”推倒，形成数据资源池，全量归集部门数据，推动

数据实现跨部门、跨层级共享是驱动数字化转型的基础。

（二）驱动“数据中台”，精准服务应用

在数字化时代，政府越来越多承担数据中台的枢纽角色，利用大数据来服务企业和群众。面对海量数据，每一级政府作为数据中台的整合能力，体现着各地数字化转型的实力。聚焦企业群众的需求，依托大数据的技术创新，形成场景化应用，让不同的数据模块拼接在一起，产生适合不同场景的化学反应是未来数字化转型的重要方向。

数字政府建设南京实践："需"化场景精准保"供" 全面助推数字政府高质量建设

陈友明

南京市政府副秘书长

中央全面深化改革委员会第二十五次会议审议通过了《关于加强数字政府建设的指导意见》(以下简称《指导意见》)，确定了要把满足人民对美好生活的向往作为数字政府建设的出发点和落脚点，打造泛在可及、智慧便捷、公平普惠的数字化服务体系的目标要求，让百姓少跑腿、数据多跑路。《指导意见》将近年来我国从电子政务到数字政府建设所积累的实践经验进行了系统的总结，坚持问题导向，突出发挥数字化转型驱动治理方式变革，必将进一步发挥数字政府建设在提升政府治理现代化水平中的引领作用，必将在我国数字政府建设发展历程上产生重要的里程碑意义。

一、理解《指导意见》精神，明确共享开放数据资源体系建设的总体框架

《指导意见》将构建数据资源体系从强化基础支撑建设中独立出来，单独成为数字政府建设五大体系之一，体现了数据资源体系在数字政府建设中地位关键、作用重要。构建共享开放数据资源体系，将推动政务数据资源从内部赋能到要素价值的转变，为数字政府高质量建设提供有效支撑。

（一）定责是前提

《指导意见》从数字政府建设的整体性角度出发，对政务数据资源做出了统一的规划、标准和框架体系设计。在此基础上，按照整体协同、分工协作的原则，为各地各部门界定数据权责，形成各方面职责清晰、分工有序、协调有力的政务数据治理、共享、开放、应用工作格局指明了方向。

（二）治理是基础

《指导意见》强调数据质量要全过程管控，并提出建立数据纠错反馈机制。为下一步依据数据权责，构建部门自治、政府综治的数据治理格局，健全完善自然人、法人、空间地理等基础数据资源库和经济调节、市场监管、社会管理、公共服务、生态环境等主题库、各类专题数据库奠定了基础。

（三）共享是目的

《指导意见》从需求侧出发，提出建立基于业务需求导向的供需对接配合机制。有利于指导各地各部门以业务需求为出发点，在加强数据需求梳理形成数据责任清单的基础上，有效推动数据治理迭代和业务需求的深度对接，促进政务数据高效有序共享目标的实现。

（四）开放是趋势

《指导意见》鼓励公共服务机构向社会开放数据，加速政务数据、公共数据与社会数据的深度融合应用，顺应了当前多元社会主体在社会经济活动中对相关数据的迫切需求，贯彻了将数据作为社会发展的新型生产要素的思想，体现了数据要素在赋能经济发展和社会治理、推动治理体系和治理能力现代化工作中的重要作用。

二、对照总体要求，查找共享开放数据资源体系建设的突出问题

近年来，在国家的统一部署下，各地区各部门有序推进政务数据共享开放工作，相继出台有关政策，搭建共享平台，打通数据通道，数据共享开放工作局面有了根本性的转变。但总体来看，受数据供需对接不通、数据质量不高、数据共享渠道不畅、数据安全存在风险隐患等因素影响，政务数据有序共享的推进速度及共享质量仍有待提高。

（一）政务数据供需脱节

一是社会群众对数据共享的迫切需求与政府部门的供给能力存在落差。部分政府部门依然采用传统管理思维模式，立足政府办事角度，未从办事群众需求侧角度出发，办事难、办事慢、办事繁，材料重复提交等问题仍未彻底解决，政府部门共享数据的能力与现状，与社会群众需求的迫切性还存在一定的差距。二是政务数据供不应求、供不符求。政务数据共享以业务协同为牵引，涉及跨区域、跨层级、跨部门的配合，但因存在供需双方权责不明确、共享范围和边界不清晰、供需对接不畅等现象，导致数据供需错位。三是统筹协调机制不到位。国家层面统筹协调机制需要进一步健全，业务数据对接协调难现象仍然存在，政务数据共享进度和质量难以保证，地方一体化平台与垂管系统之间互联互通有待进一步改善。

（二）政务数据质量不高

一是政务数据家底不清晰。据不完全统计，全国32个地方中，仅有一半政府部门开展了信息文件目录升级，而信息文件目录挂接了资源的又仅有二分之一，造成许多数据需求部门无法精确搜索所需信息，无法获得相匹配的数据资源。二是数据质量管理制度不完善。政务数据全生命周期质量管理体系尚未建立，数据

采集和管理责任人不明确，数据信息校对和审核机制不健全，对数据准确性和可靠性管控不够。三是数据管理规范不统一。各地区各部门政务数据共享格式大多不一，数据编目、归类、采集、汇集等口径不一致，导致汇聚的数据偏少、质量偏低，整合共享难度大。

（三）政务数据通道不畅

一是央地共享不足。从央地层面看，大量政务数据由垂管系统归集并沉淀在部委和省级部门，在未经上级允许的情况下，基层单位数据本地留存难、空心化现象突出。二是条块共享不畅。从条块层面看，部委系统与地方平台数据共享难度大，各地方信息系统建设与垂管部门系统相对隔离和独立，数据对接共享存在困难。三是技术体系不兼容。各部门政务信息系统采用不同软硬件平台和数据库接口规范，政务数据共享兼容能力不足，互联互通难度大。

（四）数据安全风险凸显

一是数据标准不一风险。在政务数据跨部门、跨行业融合利用过程中，各行业标准不同，多个领域政务数据难以统一管控，容易造成数据的非授权访问等风险发生。二是平台载体安全风险。政务数据共享交换平台节点多、链路长，遭受计算节点破坏、传输数据篡改和渗透攻击的风险高，容易引发共享交换平台系统安全风险。三是开放管理失控风险。数据共享开放扩大了数据访问的范围，政务数据资源多方调用、分布式存储需求较高，存在共享管理责任明确难、数据共享范围界定难等风险隐患。

三、大胆先行先试，探索共享开放数据资源体系建设的南京实践

南京市是国家“互联网+政务服务”工作首批试点城市，参与了《“互联网+政务服务”技术体系建设指南》的起草，在“应用驱动、供需互促”的原则下，

聚焦数据赋能和流程再造，以政务数据供需对接、精准匹配为切入口，先行先试，开展业务重构，积极探索数据在政务服务业务领域的深度运用，为有效提升政务服务标准化、规范化、便利化水平积累了实践经验。南京市网上政务服务能力连续三年在全国32个重点城市评估中位列第二。

（一）强化顶层设计，提升数字治理能力

市政府专设数据保障组，加强对数字治理能力的高位管理。一是出台相关文件规范，印发《南京市整体推进城市数字化转型“十四五”规划》《政务数据管理暂行办法》《南京市政府投资电子政务项目管理办法》《南京市政务数据归集、共享、开放实施细则》等，对数字治理工作的项目管理、治理细则、政务数据共享考核评价等工作进行强化保障。二是建立政务数据供需对接机制，对于具体的政务服务数据共享需求，由供需对接系统统一受理和提供服务，并通过数据共享交换平台推动数据共享对接更加精准顺畅。三是建立业务场景落地响应机制，以跨部门跨业务应用为抓手，以业务协同为重点，聚焦业务服务场景数据需求，将供给部门的数据与应用部门的场景进行组装和匹配，以专题库的数据组织形式，赋能应用场景的快速落地。

（二）夯实工作基础，增强数据共享效能

一是强化“一朵云”。为各级各部门开发业务应用提供公共技术能力支撑，强化全市新一代政务云的建设，目前共汇聚22个公共能力组件，提供容器、微服务、低代码开发平台等开发工具。二是推进“一平台”。强化全市统一数据共享通道建设，目前市政务数据共享交换平台汇集的总数据条数约为237亿条，服务全市应用场景构建。三是推广“一证一章”。深化电子证照、电子印章共性支撑能力和公共服务组件建设与应用，建立全市统一的电子证照、电子印章互认体系，目前已汇聚电子证照超过3675万张。

（三）拓展服务场景，强化数据应用匹配

以政务服务“宁满意”为抓手，从政务数据供需对接、精准匹配视角出发，进一步减环节、减材料、减时限，以群众办事的痛点堵点为着力点，不断拓展服务场景。一是建成“不动产登记集成服务”南京模式，整合19个部门相关业务、25个办事系统工作流程和2000余个共享数据字段，实现“一套材料、一窗办理、一键缴费、一网办结”，在国务院大督查中被全国通报表扬。二是打造工程建设“并联审批”南京样板，覆盖市、区（园区）130余个审批部门，以数据串接审批全流程，189项要件信息实现系统内精准匹配，被住建部作为“全国工程审批制度改革首批可复制可推广经验”向全国推广。三是建设“宁企通”惠企政策直达南京特色，打造全市惠企服务总入口，2022年1月1日正式上线以来，汇聚惠企政策219条，事项472个，惠及1200余家企业，推动惠企政策“精准匹配、一站直达”，实现政策一站汇聚、服务一屏推送、事项一次办理、资金一笔拨付、兑现“一网监管”。

（四）加强规范管理，保障数据资源安全

一是完善数据安全管理制度，建立数据安全组织机构，明确职能部门及岗位职责，编制《政务数据安全管理指南》南京地方标准，统筹数据安全管理。二是强化数据全生命周期技术管控，在数据传输、存储、共享、开放、销毁各阶段中，落实数据安全保障措施，防止数据泄露、滥用、篡改。三是加强数据安全运营管控，通过数据分类分级、安全监管、权限管理、第三方安全监测等手段，有效防范安全风险。

四、把握关键环节，确保共享开放数据资源体系建设的有效实施

对照《指导意见》要求部署，结合南京实践，在构建共享开放数据资源体系

过程中，我们认为，要以推进数据供需对接、精准匹配为切入口，更加注重目标导向、问题导向、需求导向，上下协同、统筹推进，形成叠加合力，发挥乘数效应，助推数字政府高质量建设。

（一）建立三类机制，促进全方位数据共享开放

一是建立权责清晰的数据管理机制，落实政务数据共享主体责任，特别是要强化国家部委对地方数据应用的共享支撑力度，明确数据归集、共享、开放等职责，强化政务数据源头管理。二是建立高效的数据共享协调机制，统筹推进政务数据共享工作，审议政务数据共享重要规划和政策，协调解决重点、难点、共享争议等问题，加快政务数据共享法规规章制度、标准规范和安全机制建设。三是建立科学的数据共享开放评价机制，依据数据共享开放的数量、数据更新情况、数据质量问题解决情况等建立评价体系，以评促改，提升数据共享开放的质效。

（二）制订三张清单，实施全量化数据汇聚工程

按照“应汇尽汇”的原则厘定三张清单，施行全量数据汇聚。一是厘清数据供给家底，开展部门业务数据资源的梳理，形成部门完整的数据供给目录清单，为精准匹配提供清晰、准确的数据家底。二是梳理数据需求清单，围绕“一网通办”“一网统管”“一网协同”等应用场景，梳理形成数据需求清单，为精准匹配提供有序、明确的数据需求。三是编制共享责任清单，拉通数据需求部门、数据供给部门共同编制数据共享责任清单，避免供需部门双方数据理解差异，导致数据供需错位。

（三）突出三个重点，建立高质量数据资源体系

一是建立数据治理新规范，按照国家、地区的数据标准规范，开展数据源头治理工作，建立健全本部门、本行业数据治理规则库。开展全口径数据综合治理工作，制定统一标准的数据探查、定义、清洗、比对、校验、质检方法，确定治

理方案、流程、规则。二是推进数据治理全闭环，按照“一数一源一标准”的要求，对在数据治理过程中发现的不符合要求的异议数据，以及在业务使用反馈中发现的异议数据，由数源部门安排专人在规定的时间内进行处理和反馈，不断提升数据的准确性。三是探索数据资源应用新模式，围绕服务优化、业务协同、决策支撑等应用需求，不断丰富人口、法人等基础数据库，加强基础数据库之间的互联互通；根据场景需求，建立主题库专题库动态响应机制，实现数据对业务的快速、精准支撑。

（四）优化三项举措，打造高效能数据交换通道

一是集约化管理数据共享交换通道，对本地区已构建的数据共享交换通道，积极纳入国家政务大数据平台数据共享系统进行统一管理，严禁本地区部门之间或部门与社会公众之间使用体外“数据通道”进行数据资源的流通。二是提升数据共享交换通道能力，为实现数据共享交换平台的“松耦合、强拓展”目标，数据共享交换通道需支持市场所有主流数据库、支持与主流中间件产品直接连接使用、支持离线交换和实时交换等能力。三是强化垂管系统数据支撑能力，以满足业务需求为出发点，建立部门垂管业务系统与地方业务系统双向共享的对接保障机制和数据回流机制。

（五）构建三重体系，保障全领域数据安全可控

一是建立数据安全制度体系，制定政务数据安全顶层规划，完善政务数据安全相关的规章制度和标准规范，制定应急处置预案。二是建立数据安全技术体系，通过数据脱敏、数据加密保护等先进技术手段，实现对政务数据资源的安全保障。三是建立数据资产管理体系，明确分类分级管控，明确数据资产安全责任部门及人员，强化政务数据资产安全管理和数据流转中的安全监控，避免出现安全漏洞。

数字政府建设杭州实践："一网通办"五位一体的创新实践

范永晨

杭州市数据资源管理局二级巡视员

近年来，杭州市认真学习贯彻习近平总书记考察杭州城市大脑运营指挥中心时的重要讲话精神，按照国务院关于数字政府建设规范化、标准化、集约化要求，运用数字化改革的理念思路方法，统筹推进"一网通办"办事入口、网络载体、业务中台、数据底座、事项管理等"五位一体"建设，推动现代政府建设水平整体跃升，展现了杭州市政务服务"重要窗口"的头雁风采。2021年，市本级有办件的政务服务事项1824个，全年总办件728.5万件，线上（移动、PC、自助）办件653.8万件，占总办件89.75%，比上年增加24.87个百分点；线下（大厅）办件74.7万件，占10.25%，比上年减少24.87个百分点。

一、统筹"一网通办"透出，强化"两端"主入口地位

适应全国一体化在线政务服务平台（以下简称"国家平台"）、浙江政务服务网"浙里办"（以下简称"浙里办"）统筹新形势，着力推动办事"入口"与"业务中台"有序分离，各展所长、各司其职。

（一）强化服务端"国家平台"和"浙里办"服务总入口地位

杭州市将全国通办事项上线国家平台"地方政府服务窗口"，高频事项纳入

全省、长三角“一网通办”。开通“浙里办”杭州城市频道，将原先分散建设的各类政务服务和城市应用，移动端、应用（APP）、公众号和手机小程序等各载体，纳入“浙里办”统一入口，实现各类办事事项同源发布、同步更新。“浙里办”统领起全市政务服务与公共服务统一接入、统一发布、统一管理、统一监测的使命。目前，“浙里办”杭州城市频道累计注册用户达1258万人，平均日活用户数超45万。

（二）强化治理端“浙政钉”治理总入口地位

整合各类移动政务、内容资讯、掌上政务、业务协同、学习咨询等五大类等应用，担负起省、市、区、镇四级的跨层级、跨部门、跨领域业务协同使命。目前，已集成“数字驾驶舱、智慧河道云平台、杭州公务员、杭州财政、杭州亚运在线”等微应用94个，总点击量达358124人次。

（三）强化“一部门一平台”数据中台地位

依据“三定方案”，全面推进各部门核心业务标准化、数字化全覆盖，奠定现代政府“在线运行”的数字基础，推动形成“移动优先、PC补充、自助辅助、窗口兜底”的政务新服务。

二、统筹“一网通办”载体，畅通政务外网信息高速公路

着眼于统筹、整合，在全市范围内扩大数字政务网络覆盖面，切实打破数字政府的信息孤岛，建设完善畅通的跨部门、跨层级开放共享数字政务网络。

（一）优化顶层设计

坚持规划统一、经费统筹、分级部署，基于MPLS VPN技术，构建“标准统一、横向到边、纵向到底”的全市电子政务外网体系，纵向支撑各部门数据传输

和业务系统需要，横向实现全市14个区（县、市）政府部门互联互通。目前杭州市电子政务外网已覆盖所有区、县（市）、镇（街）、社区（村），接入市本级联网单位近362家，接入设备3462台，政务外网专线385条，为数据共享等提供统一、互联互通、高效平稳的网络基础。

（二）三种模式整合专网

整合联通全市部门专网，推进部门非涉密业务专网与政务外网对接，撤销原专网自有线路，并入政务外网，结合部门实际工作需求，采用统一调整为政务外网VPN2地址、专网VPN3与政务外网VPN2逻辑隔离、专网VPN3通过NAT转换接入政务外网等3种模式，将各部门存量部门专网与市政务外网整体合并。目前已完成财政专网、监狱专网、建设专网、交通专网、统计专网等16条专网的整合工作，完成了业务专网和电子政务外网边界划分，依托电子政务外网完成业务流程重塑，数据传输安全进一步得到保障。

（三）界面集成整合专网

对于部分没有统一规划整合的专网，按照定时、定向、定点、定人的原则，着眼“一屏统揽”的工作要求，建设专网与政务外网的“公共接入区”，部署防火墙和视频、数据安全交换系统，保障政务外网与专网界面集成，实现管理“一网通办”。

（四）纵向对接国家部委专网

依托省一体化平台，满足应用场景需求，坚持资源整合，杜绝重复建设，全面推进国家部委与国家平台、国家平台与省平台互联互通，实现与杭州市互联互通。

三、统筹“一网通办”底座，夯实城市数字资源基础

（一）做优“一朵云”

谋划全市政务“一朵云”，加强多级异构云平台之间的互通和融合管理，搭建全市统一的政务云资源中心。加强电子政务云平台集约化建设，全面推动IDC机房上云。规范云资源申请标准，采用“初始基配、不足升配、冗余降配”策略，做好市部委办局政务云资源的申请、增配、降配、注销等审核工作，提升云资源使用率。目前，共有71家直属单位用户。依托省数字资源管理系统（IRS），实现云资源在线管理、申请调用“一本账”，目前云资源5728台，云资源与各类应用关联率达99%以上。

（二）建强“一平台”

按照“四横四纵+两端”体系，高标准打造一体化智能化公共数据平台，打通部门间数据壁垒，有序推动数据共享、开放，形成数据资源高效配置、组件共建共享新格局。截至目前，累计归集69个部门4391张表6.05万个字段1648.14亿条数据，比上年新增101.77亿条；累计发布数据接口4549个，比上年新增3090个；接口调用112.3亿次，比上年增长4.6倍；累计开放数据18亿条，比上年新增4.44亿条；累计开放数据接口1107个、累计调用量160.54万次，比上年新增3251个、新增调用量31万次。加快推进专题库以及数据仓建设，建设政策兑付、民生直达、地下空间、死亡人口等专题库106个，数据仓14个，为多跨场景提供坚实数据支撑。

（三）深化“一治理”

建设数据质量反馈平台，建立省、市、区三级联动的数据问题反馈治理机制，深化推动“一数一源一标准”。聚焦采集、归集、治理、加工、共享、开放、

安全各环节，开展数据全量全要素归集，按照“有目录无数据”“有数据无目录”和“目录以外无数据”三个阶段建设时序，全面深化数据全生命周期治理，目前，数据处理平均时长由一年前的5个工作日缩短为8小时。

（四）强化“一安全”

组建数据安全联盟，推广“无菌车间”做法，开展安全攻防演练和安全专项检查。建强数据安全管控平台，接入59个市级部门的269个应用系统安全日志数据和13个区县数据安全管控平台。加强安全等级保护服务，全市完成等保备案应用系统1392个，备案率达75.41%，为183个市级部门应用系统提供统一等保服务，节约等保资金549万元，安全监测能力初步实现云、网、端、应用、数据全覆盖。加强日常安全监测，及时发现并处置高危漏洞、高危端口、违规外联和弱口令等安全隐患。开展挖矿病毒专项治理。加强数据安全保障，推动分类分级、态势感知、权限管控、数据脱敏，抓好水印溯源、传输存储加密、数据使用侧监管。

四、统筹“一网通办”管理，推动业务协同话语统一

依托浙江省一体化在线政务服务平台，将全市业务系统和数据整合为一个规范标准、高效协同的有机整体，实现统一事项标准、统一办件库、统一好差评、统一办事体验，推动全市政务服务、政府部门间办事“一网通办”“最多跑一次”。

（一）统一事项库

建立健全政务服务事项动态管理机制，依托省统一事项库，实现省级、市级事项要素信息统一管理，确保政务服务事项统一流程、统一表单、统一材料。市县两级部门政务服务管理机构根据行使层级，按照应认领尽认领、应取消尽取消的原则，做好政务服务事项基本目录、实施清单的发布。市县两级机构编制部门

负责统筹政务服务事项的合规性审核，市县两级司法行政部门负责统筹政务服务事项的合法性审核，实现政务服务事项动态更新、联动管理。目前已实现3093个事项实现办事指南标准化，实现“一事项一表单一流程”。同时进一步做好部门间“最多跑一次”事项标准化建设，通过制定统一的事项标准，规范办事指南中的基本信息、申请材料、经办依据、办事流程、备注等内容，进一步整合申请表单、精简办理材料、压缩办理时间、优化办理流程，做到部门间办事“一套材料、一次提交、一窗受理、一网通办、一次办结”。杭州市部门间“最多跑一次”平台累计接入63个部门，共接入事项962项，累计办件469880件，已办结411516件，办结率87.58%，按期办结375142件，按期办结率91.16%。

（二）统一办件库

依托浙江省办件库，做好全市办件统一汇聚工作，对政务服务办件数据实现应归尽归、全量归集，不定期对办件归集异常检验规则进行更新，尽量降低异常办件数据，提升办件归集质量。2021年，市级部门收件729.8万件，已办结717.4万件，办结率98.3%；全市收件4295.9万件，已办结4242.7万件，办结率98.8%。

（三）统一“好差评”

建立“好差评”制度，依托浙江政务服务网、“浙里办”App、大厅窗口、自助端、短信、热线电话等六个评价渠道，实现做到现场服务“一次一评”、网上服务“一事一评”、社会各界“综合点评”和政府部门“监督查评”，不断倒逼政府效能改革。杭州市“好差评”系统累计对接市级统建系统27个，区、县（市）级自建系统3个。累计办件评价5942万件，97.6%差评得到回访，每个有效差评都完成整改，按期整改率100%。群众对整改情况的追评好评率达100%。

（四）统一办事体验

依托事项同源、标准统一，有效实现多端办理体验一致，群众企业一次办理即可快速掌握，下次办事自动代入，破解“办事入口多、学习成本高”等难题。按照“线上一网、线下一窗、最多一次”原则，推动线上线下深度融合，市本级政务服务事项进驻率达90.18%。深化市、区、镇（街道）、社区四级便民服务站点建设，全市劳动就业、社会保险、医疗卫生、养老服务等4个领域126个政务服务事项全数下沉，实现市域各级无差别受理、同标准办理，全市建有综合型办事大厅市级1个，区县级13个，镇村190余个，15分钟社区便民中心2000余个，累计办件量为3256210件。同时，积极向社会第三方渠道共享政务服务，有力破除各渠道“低水平重复建设、体验不一致”等难题。目前，实现同源发布的第三方渠道13个、涉及事项548项。大力支持政银合作，依托银行基层服务渠道，融合政务服务“一网通办”事项，提高加快发展县政务服务便利化水平，实现“办事不出村”。

五、统筹“一网通办”项目，建设集约化业务中台

建设杭州市信息化项目全流程管理系统，依托数字技术，以数字化手段管理信息化项目。2019年至2021年三年共申报项目643个，评审通过纳入项目库272个，项目评审通过率42.3%，提高了全市财政使用绩效，规范了财政资金使用方向，推动了职能部门优化绩效管理和主体责任落实。

（一）平台“一体化”

建立以项目管理全流程管控为平台、以评审专家为支撑，以数据资源制度性归集为目的的制度体系，实施五库联动（评审库、项目库、专家库、运维库、数据资源目录库）、建设八个中心（即数据局、财政局、发改委、审计局、建设单位、专家、监理、开发商等八个主体的个人空间库），推动数据共享的有效联结，实现智慧电子政务项目信息及项目管理信息的归集、整理、入库、共享。

（二）项目“一本账”

编制《杭州市政务信息化项目建设管理办法》，汇聚项目预算信息、项目进度信息、项目全过程流程信息、项目全过程电子档案、项目全过程评分信息等数据，建立以项目生命周期为准线的信息档案库，形成全市“一网通办”所涉政务信息化项目动态项目库，构建全市“一网通办”项目“一本账”，摸清全市政务服务项目底数，避免碎片化、低水平重复建设。

（三）管理“全周期”

建立从政务信息化项目申报、评审、计划确认、立项管理、采购管理、建设管理、变更管理、验收管理、运行管理、综合评价等全流程十个环节全生命周期管理模型和规范要求，构建项目全流程数据基础库，实现全流程跟踪管理。编制《政务信息化项目综合评价指标体系》，设置5个一级指标，13个二级指标和47个三级指标，将项目绩效评价贯穿项目管理全流程。全市40个政务信息化项目平均绩效得分为73.68分。7个项目为“优秀”评级（80分及以上），占比17.5%，22个项目为“良好”评级（70—80分），占比55.0%，11个项目为“合格”评级（60—70分），占比27.5%，无“不合格”（60分以下）项目。

数字政府建设深圳实践：聚焦“三个一网”打造智慧城市和数字政府标杆

刘佳晨

深圳市政务服务数据管理局局长

近年来，深圳市按照党中央、国务院关于建设网络强国、数字中国、智慧社会的重大战略部署，以建设一流数字政府、打造国家智慧城市标杆市为目标，聚焦政务服务“一网通办”、城市治理“一网统管”、政府运行“一网协同”，积极推进新型智慧城市和数字政府建设，促进社会治理体系和治理能力现代化。

一、强化政务服务“一网通办”，在全国率先推出基于数据审批的政务服务新模式

为深入推进“放管服”改革，进一步优化政务服务流程，深圳市不断提升主动、精准、整体式、智能化服务水平，近年来，陆续推出“秒批”“秒报”“免证办”“全市域通办”等改革措施，打造泛在可及、智慧便捷、公平普惠的数字化服务体系，让百姓少跑腿、数据多跑路。

（一）首创“秒报”“秒批”等“秒系列”改革

深圳市累计实现“秒批”改革事项360项。在此基础上，大力推广电子证照结构化数据自动填充和推送工作模式，已实现高龄津贴认证等730个事项少填信息、少报材料、少跑现场、少带证件的“无感申办”（即“秒报”）服务。推出了

申报端实现秒报，审批端实现秒批的“秒报秒批一体化”政务服务模式，已上线253个“秒报秒批一体化”事项。

（二）着力打造“无实体卡证”城市

通过建立政务服务电子证照替代的业务规则和规范流程，打造电子证照系统和业务系统，实现线上、线下办事电子证照替代实体卡证，打造“免证办”政务服务模式，覆盖企业和群众日常生产生活需用证照90%以上。

（三）推出“全市域通办”改革，政务服务事项通办便利度显著增强

全国率先探索政务服务“全市域通办”改革，通过“异地收件、属地受理”“辅助申报”“快递申报”等多种方式，让申请人可自主选择市内各级（市、区、街道、社区）行政服务大厅进行业务申请或材料提交，实现政务服务事项跨区域、跨层级无差别收件登记。深圳“全市域通办”改革具有网点覆盖广、事项纳入全、数据支撑强等突出特点，除少量确因政策法规限制、材料复杂专业性强等原因暂时无法通办的事项外，人社、卫健、交通等民生事项已纳入通办范围，通办事项占全市（含各区）事项80%以上。随着改革的深入推进，公安、市监等高频事项也将逐步推进纳入。在通办网点覆盖面上，市内各级（市、区、街道、社区）行政服务大厅均可进行全市业务申请或材料提交，真正打通为民服务“最后一公里”。

二、深化政府治理“一网统管”，提升超大城市治理体系和治理能力现代化水平

习近平总书记在深圳经济特区建立40周年庆祝大会上提出，要注重在科学化、精细化、智能化上下功夫，发挥深圳信息产业发展优势，推动城市管理手段、管理模式、管理理念创新，让城市运转更聪明、更智慧。2019年以来，深圳市以

市政府管理服务指挥中心为核心，加快推进城市治理体系和治理能力现代化，通过接入各类全市各类应用系统，汇聚各部门业务数据，构建了城市生命体征监测一级指标，在三防、应急、疫情防控等多方面发挥辅助领导指挥决策作用。在此基础上，深圳市大力推进以城市三维空间数字底板为基础的“一网统管”建设，进一步提升“看”“用”“管”的能力，助力政府治理从“经验治理”到“科学治理”转变。

（一）建设市政府管理服务指挥中心

推进市政府管理服务指挥中心建设，已建成实体指挥大厅，开发经济运行、科技创新、政务服务、疫情防控等15大业务专题，以及1套应急指挥系统，建设了大、中、小屏等多元化应用渠道，为市领导和各区、各部门提供“一图全面感知、一键可知全局、一体运行联动”的智慧化管理服务能力。

（二）统筹推进政府治理“一网统管”

出台《深圳市推进政府治理“一网统管”三年行动计划》，明确工作目标和“一网统管”基本架构，全面部署各项工作。发挥指挥中心龙头牵引作用，围绕经济调节、市场监管、社会管理、公共服务和生态环境保护五大职能，优化政府管理体系和工作流程，推动建立省、市、区、街多级联动体系，构建横向到边、纵向到底、全闭环的数字化治理模式。

（三）加快基于BIM/CIM的数字孪生城市建设

加快全市域时空信息平台（CIM平台）建设，逐步构建全要素融合的城市三维空间数字底板，加快BIM技术推广应用，推动重点片区开展BIM/CIM试点应用，探索构建数字孪生城市。其中，南山区已经在后海片区完成试点片区建筑BIM建模、4平方公里城市CIM模型优化，汇聚经济、生态、水务、城管等102项政务专题数据，经济运行、自然资源、生态环境、水务治理、基层社会治理、风险防控与应急指挥、消防救援、住房建设等八个领域，开展100多项智能化应用试点建设。

（四）打造@深圳—民意速办全市一体化民生诉求服务体系

全力推进民生诉求服务改革，建设畅通便捷的渠道体系、职责明晰的事项清单体系、高效智慧的分拨处置体系、客观科学的评价考核机制、精准全面的数据分析研判体系和改革创新长效机制，打造“纵向贯通、横向协同、智能管理、民意速办”的民生诉求综合服务平台，全面畅通和规范群众诉求表达、利益协调、权益保障通道，确保民生诉求快速、高效办理，实现群众诉求真办结、真解决。

三、推进政府运行“一网协同”，加速政府协同办公数字化进程

深圳市以政府运行“一网协同”为抓手，全面推进政府内部运行和管理数字化、移动化、整体化，加快建设一体化协同办公平台，促进跨部门业务高效协同，着力提升政府运行效率。

（一）推动“一网协同”平台建设

深圳市于2022年4月出台《关于建设一体化协同办公平台促进政府运行“一网协同”工作方案》，明确以统一协同办公门户为枢纽，加快推广应用智能政务办公系统，高效有序接入各类办公系统，于2022年底初步建成一体化协同办公平台，推进办公平台与业务系统的协同应用，促进行政协调和工作协同扁平化；于2024年底实现更多领域、更大范围、更深层次的一体化办公协同，持续深化政府运行“一网协同”，为数字政府奠定更坚实基础。

（二）夯实“一网协同”支撑能力

按照广东省有关部署，加强对行政机关电子印章规范管理，已组织全市政务服务部门申请制作和使用省统一电子印章，申办率达100%。组织全市政务服务系

统接入省统一身份认证平台，依申请事项和公共服务事项单点登录率达100%，为电子政务一体化发展奠定基础。结合本市工作需求，加快建设市可信统一身份认证管理平台、统一电子印章管理平台，推动与省平台对接，进一步提升深圳市身份认证和电子印章服务支撑能力。

（三）探索“一网协同”内部应用

在党政机关内部开展办事服务“一次了”改革，建成“一次了”平台，完成内部事项标准化梳理工作，持续推进与相关部门业务系统的对接。目前，平台可提供121项党政机关内部事项服务，业务量共计1780笔。

四、加快培育数据要素市场，率先破解要素市场改革难点

《深圳建设中国特色社会主义先行示范区综合改革试点实施方案(2020—2025年)》(以下简称《方案》)提出要加快培育数据要素市场，赋予深圳在率先完善数据产权制度等方面改革探索的新使命。深圳市围绕《方案》授权的改革探索空间，在完善数据产权制度、推进数据开放共享、开展数据交易等方面先行先试，推动数据要素市场化配置改革的体制机制创新。

（一）快立法，建立数据产权保护的制度框架

为规范数据处理活动，保护自然人、法人和非法人组织的合法权益，促进数据作为生产要素开放流动和开发利用，深圳市于2021年7月6日发布《深圳经济特区数据条例》(以下简称《条例》)，并于2022年1月1日起实施。《条例》是国内数据领域第一部基础性、综合性立法，也是自2020年3月党中央、国务院首次提出培育数据要素市场战略以来，国内第一次以地方立法形式，系统性探索数据权益、个人数据保护、公共数据管理等数据要素市场相关基础制度，为国家数据领域立法工作提供了非常有益的探索经验，并极大地促进了国家和其他省市加快数

据立法工作进程。

（二）搭平台，建立数据流通平台体系

深圳已建成“政—政”数据共享平台、“政—企”数据开放平台、“企—企”数据互通的数据要素流通平台体系，建立比较完善的政府数据开放共享制度，是国家发改委确定并授牌的唯一一个国家“政务信息共享示范市”，在《中国地方政府数据开放报告》中，深圳市数据开放指数排名全国地级（含副省级）城市第一。自2019年开始，深圳市每年举办开放数据应用创新大赛，促进政府、企业、社会共同开发利用数据，培育开放的数字生态，释放数据价值。加快推进粤港澳大湾区大数据中心建设，预计2022年底完成项目一期建设，积极探索数据交易市场建设，印发《推进设立深圳数据交易所工作方案》，扩大数据交易范围。

（三）促流通，探索建立跨境数据监管制度

在前海深港现代服务业合作区开展“数据海关”试点，促进深港数据跨境流通；开展数据经纪人试点，探索培育数据要素交易生态体系；开展数据生产要素统计核算试点，建立数据资产统计调查制度，明确数据资产统计范围、统计指标和统计方法。

五、推进新型基础设施建设，夯实智慧城市发展“数字底座”

深圳市持续推进云、网、数等信息基础设施建设，加快推进城市数字底座建设，落实新型基础设施建设步伐，为数字政府和智慧城市建设提供有力的支撑保障能力。

（一）以数字底座建设为重点，推进新型基础设施建设

建立“两地三中心”一体化城市大数据中心总体布局，加快推进坂田、深汕

鹅埠同城双活，以及省内（韶关）异地灾备中心落地建设；构建全市统一集约政务云，已为全市77家单位822个信息系统提供超1.2万台云主机服务；打造全市政务网络“一张网”，光缆里程超6000皮长公里，拓宽网络覆盖面，基本实现市、区、街道、社区“四级”全覆盖，政务外网统一互联网出口带宽达16G；推动市级物联网感知平台立项建设，完成全市物联感知系统和应用建设情况调研以及项目可研究报告编制。

（二）以数据中枢建设为依托，强化数据开放共享服务能力

建立全市统一的公共数据资源目录体系，推动各区各部门逐步将数据向城市大数据中心数据底座汇聚，实现全市政务信息系统和公共数据资源“一本账”管理。截至2022年10月底，共享平台已接入86家单位和11个区，实现省、市、区跨层级、跨部门互联互通，平台发布资源目录数达1.5万类，归集数据总量达270亿条，形成2119万人口、387万法人、1610万房屋、752类9655万张有效电子证照和19亿条公共信用信息等基础数据库。促进公共数据开发利用，已推动48家数源单位在市公共数据开放平台向互联网开放数据，已开放数据接口2891个、数据集2916个、数据总量12亿条，涵盖教育科技、卫生健康等14个领域，平台注册用户12.1万名，数据接口累计被调用1亿多次，数据集累计被下载61万多次。

六、深圳市智慧城市和数字政府建设的成效和未来展望

深圳市坚持以习近平新时代中国特色社会主义思想为指导，深入学习贯彻习近平总书记在深圳经济特区建立40周年庆祝大会上的重要讲话精神，努力打造数字政府、数字经济和数字市民“三位一体”的数字深圳，各项工作取得较好成效。深圳市智慧城市发展水平、政府网站绩效考核连续三年位居全国第一，一体化政务服务能力取得四连冠，在全国营商环境评估中“政务服务”一级指标实现两连冠，在2020中国开放数林指数中位居地级（含副省级）市排行榜首位，在

“2020年度亚太智慧城市评选”中荣获“2020亚太区领军智慧城市”桂冠，在全球智慧城市大会上从全球48个国家和地区、350座申报城市中脱颖而出，荣获“全球使能技术大奖”，在2021年数字政府服务能力评估暨第二十届政府网站绩效评估中“深圳政府在线”荣获副省级城市政府网站绩效评估第一，在广东省数字政府网络安全指数评估连续两年排名第一。

接下来，深圳市将坚持稳中求进工作总基调，充分发挥“双区”驱动、“双区”叠加、“双改”示范效应，坚持“改革不停顿，开放不止步”，加快建设具有深度学习能力的数字孪生城市和鹏城自进化智能体，打造国际新型智慧城市标杆和“数字中国”城市典范，成为全球数字先锋城市。

后　记

2022年4月，习近平总书记主持召开中央全面深化改革委员会第二十五次会议，审议通过了《关于加强数字政府建设的指导意见》，并由国务院正式印发。习近平总书记在主持会议时强调，要全面贯彻网络强国战略，把数字技术广泛应用于政府管理服务，推动政府数字化、智能化运行，为推进国家治理体系和治理能力现代化提供有力支撑。习近平总书记的重要讲话高度阐明了数字政府建设在党和国家事业发展全局中的重要地位，为新的历史起点、新的历史方位上数字政府建设指明了方向，具有重大的理论意义、实践意义和时代意义。

《关于加强数字政府建设的指导意见》是首部国家层面数字政府建设的指导性、改革性文件，文件就主动顺应经济社会数字化转型趋势，充分释放数字化发展红利，全面开创数字政府建设新局面作出了系统部署。文件的出台既是落实党中央有关决策部署的重要举措，也是当前各地区各部门推进数字政府建设工作的行动指南。

为深入学习贯彻党的二十大精神，全面落实党中央关于加强数字政府建设的重大部署，帮助各级领导干部全面、准确掌握文件精神，引导社会各界充分认识和深入贯彻文件要求，中央党校（国家行政学院）电子政务研究中心邀请文件起草组成员、政府领导和相关专家，对文件形成的思想脉络、主要目标、重大任务举措等，进行全面深入专题解读，编制出版了《数字政府建设领导干部读本》。

《数字政府建设领导干部读本》以国家数字政府建设顶层设计和战略部署为依据，紧扣文件精神，以“加强数字政府建设，推进国家治理体系和治理能力现代化”为主线，注重理论与实践相结合，汇聚国内政府管理、数字治理、电子政务、法律、信息技术等领域专家的思想和观点，反映数字政府建设现状，研判数字政府发展趋势，探讨数字政府建设实现路径，总结数字政府建设典型经验，为全面开创数字政府建设新局面提供借鉴参考。

本书的编写过程得到了行业主管部门、地方政府、研究机构以及社会各界的大力支持。在此，衷心感谢国务院办公厅电子政务办公室、国务院办公厅政府职能转变办公室的指导和支持。同时，感谢中共中央党校出版社的鼎力支持，是他们的专业与细致使本书得以高质量出版。